新时代 她探索

——妇联工作理论研究汇编（上）

XINSHIDAI TATANSUO

FULIAN GONGZUO LILUN YANJIU HUIBIAN

广州市妇女联合会 编

SPM
南方出版传媒
广东人民出版社

图书在版编目（CIP）数据

新时代　她探索：妇联工作理论研究汇编／广州市妇联编．—广州：广东人民出版社，2018.11
ISBN 978－7－218－12698－2

Ⅰ.①新…　Ⅱ.①广…　Ⅲ.①妇女工作—广州—文集　Ⅳ.①D442.865.1－53

中国版本图书馆CIP数据核字（2018）第066786号

XINSHIDAI TATANSUO——FULIAN GONGZUO LILUN YANJIU HUIBIAN

新时代　她探索——妇联工作理论研究汇编

出 版 人：肖风华

特邀编辑：吴　珊　黄美珠
责任编辑：卢雪华
封面设计：邵家雅
责任技编：周　杰
制作统筹：广州六字文化传播有限公司 Guangzhou Liuyu Culture Communication Co., Ltd.

出版发行：广东人民出版社
地　　址：广州市大沙头四马路10号（邮政编码：510102）
电　　话：（020）83798714（总编室）
传　　真：（020）83780199
网　　址：http：//www.gdpph.com
印　　刷：广州家联印刷有限公司
地　　址：广州市天河区吉山村坑尾路3－2号
开　　本：787mm×1092mm　1/16
印　　张：28.25　字　数：500千
版　　次：2018年11月第1版　2018年11月第1次印刷
定　　价：78.00元

妇女工作，就像一部厚厚的、精彩的书，打开了，就放不下，读下去，你会觉得魅力无穷，终身受益。妇联组织，就像一所大学，走进来，你会获得丰富的知识，历练出为人民服务的本领，体会到人生的真谛。

——全国人大常委会原副委员长、全国妇联原主席　顾秀莲

前　言

重视和善于调查研究，是中国共产党的传家宝。在中国特色社会主义步入新时代的伟大历史时期，妇联组织作为与生俱来带有红色基因的“党的女儿”，继承和发扬党的优秀传统，把握时代要求，回应妇女呼唤，通过扎扎实实的“大学习、深调研、真落实”工作，将妇女群众紧紧团结在党的周围，将党的领导、党的主张、党的关怀送到妇女心坎上，不断增强政治性、先进性、群众性，是妇联组织当前的重要历史使命和科学履职的客观要求。

习近平总书记在同全国妇联新一届领导班子成员集体谈话时强调，要大兴调查研究之风，畅通联系妇女的渠道。新时代妇联系统的调查研究，要深刻领会习近平新时代中国特色社会主义思想的丰富内涵和其中蕴含的妇女发展理论，为妇联组织创新推动新时代中国妇女事业发展提供思想基础、科学指南和动力源泉；要深刻认识党的十九大提出的重大战略部署，聚焦增强群众工作本领，深入研究妇联组织增强政治性、先进性、群众性的有效举措，为妇联改革创新提供理论依据；要深刻认识中国特色社会主义进入新时代的历史性变革，聚焦广大妇女群众对美好生活的向往和不平衡不充分发展之间的矛盾，深入研究与妇女切身利益密切相关的重大现实问题；要注重激发广大妇女工作者和妇女研究者的积极性和主动性，推动理论研究的成果转化为妇女事业发展实绩；要让调查研究真正成为提升妇女群众工作本领的基本功，破解妇女事业发展难题的主抓手，改进妇联工作作风的突破口，推动妇联组织改革创新的奠基石。

身处开拓奋进的伟大新时代，广州市各级妇联组织在创新发展的火热实践中，坚持用理论创新助力改革发展，坚持重心下移、问题导向，聚焦群团改革和妇女儿童发展重难点问题，开展了激情迸发的“她探索”。在实践中逐步完善了制度化、常态化的调研工作模式，形成了一批含金量高、操作性强的理论研究成果，促成了广州市儿童公园群落建设、公共场所母婴室建设等一批具有全国影响力的民生项目落地，获得了“全国妇女工作十大创新案例”“全国优秀巾帼志愿服务项目”等系列殊荣。用理论创新助力新时代妇联工作改革创新，初步探索出一条具有时代特征、体现广州特色、符合妇女特点的新路子。

我们精选了16篇近年来的调研成果结集成《新时代　她探索——妇联工作理论研究汇编》一书公开出版发行，以飨同侪。希望该书的出版，能在各级妇联系统激发更加活跃的调查研究风气，能在更广泛的领域展现其理论和应用价值，助力妇联组织保持和增强政治性、先进性、群众性，在新时代扬帆再起航，在新征程接续再奋斗，书写新时代中国特色社会主义妇女事业的广州篇章。

编　者

2018年11月

目　录

GAI GE CHUANG XIN

改革创新

广州市妇联组织建设及 2018—2022 改革发展五年规划专题研究报告

党的十九大标定了中国发展新的历史方位，也为新时代妇女事业发展树立了航向标，为包括妇联组织在内的群团改革描绘了路线图。深入贯彻落实党的十九大，深入推进妇联组织改革，必须立足新时代，坚持以妇女为中心的工作导向，正确把握中国社会主要矛盾的新变化，围绕大局开展工作，把妇女群众日益增长的对美好生活的需要作为工作的出发点和落脚点，推动新时代中国特色社会主义妇女理论与实践不断创新发展。广州妇联要回应新期待，加强与广州妇女发展密切相关的重大现实问题的研究与解决，聚焦民生短板，必须深入研究广州妇女发展不平衡不充分的突出问题，重点聚焦全市妇女发展的痛点问题，积极推进妇联改革进程，丰富与提升增强全市各级妇联组织政治性、先进性、群众性的有效举措，以改革促发展、以改革聚民心、以改革创未来。

一、近年广州妇联建设的经验及反思

（一）广州妇联建设的经验

1. 品牌构建布局合理

近年来，广州妇联引入品牌化思路，系统梳理生成了包括“花城人家”“红棉睿丽”“万事兴”和“玫瑰公益”在内的四大品牌项目。上述品牌涵盖了家庭教育、家庭服务、妇女创业、关爱维权、公益行动等一系列的妇联主要业务职能，是对传统妇联业务的重大升级改造。一方面，进一步整合妇联业务职能，避免妇联工作过度零散化，实现集群效应；另一方面，借助品牌传播，树立妇联形象，突出广州妇联特色。广州妇联的四大品牌，在内容上抓住了妇联的核心，涵盖了妇联章程赋予的职责；在形式上透过更有辨识度的命名与包装，确立了妇联的新风貌。与此同时，妇联在品牌化构建的过程中也实现了传统业务的品质提升，将广州妇联的品牌化上升到战略高度，推动了妇联的发展。

2. 产品输出步步为营

广州妇联一直坚持在服务群众的方式方法上动脑筋、想办法，不断丰富妇联的公共服务产品供给。几年来，广州妇联为城乡居民提供的服务产品种类日益丰富、品质也大大提升，从覆盖全市的儿童公园与儿童活动中心建设，到每个村居都在建设的妇女儿童之家，再到公共场所日益增多的母婴室，以及“花城人家”线上家政服务平台与正在积极推进的普惠型托幼服务，市妇联透过产品输出，不断拉近与居民的距离，增强居民对妇联的认受性，从而使广大群众在日常生活中可以随时随地看得到妇联、找得到妇联、体验得到妇联。广州妇联的产品投放策略及步骤逐步成熟，从敏感到群众的切身需要，到借助调查研究进行对策论证，再到产品设计与投放，群众服务满意度跟进与回访，市妇联已经深谙公共服务产品运维的逻辑。

3. “互联网 +”打造闭环

广州妇联借助“互联网 +”思维，形成妇联线上线下工作的连接，达到妇联工作闭环的效果。在广州妇联的实践中，一方面实现了线上报名、线下参与的服务闭环，另一方面实现了线上群众提需求、线下妇联设计服务的研发闭环，还正在构建借助线上产生数据与线下数据分析的数据闭环。闭环思维已经成为广州妇联在推进“互联网 +”战略的重要共识，从而实现了线上线下资源的有效整合，未来妇联还将借助线上线下互相引流的方式，扩大妇联的受益面，进一步增强妇联在妇女群众中的黏度。

4. 妇联扩面填补空白

按照哪里有妇女，哪里就要有妇联的精神，广州妇联在过去两年里扩面工作成效明显。首先是完成了全市所有村居的“会改联”与街镇一级的“区域化妇联”建设工作，基层妇联职位数量近3万名，大大充实了基层妇联工作力量。其次是大力在“两新”组织中建设妇联，指导广州市黄埔社区优势力社会工作发展中心成立全国首个社会组织妇联，花都区狮岭镇蓝山县异地务工妇女成立全市首个流动妇联，扩大了妇联组织的覆盖面。市妇联还在农村地区建立了多个乡村儿童活动中心，示范家长、学校数量也实现了成倍增长，这些都是妇联覆盖面增加的重要体现。

5. 注重联动搞活全局

几年来，广州妇联不断做大“联”字文章，扩大妇联的关系网与朋友圈。围绕在市妇联周围的专家队伍，无论从人数上，还是从类型上都大大提升；越来越多的企业及社会组织与妇联携手合作；越来越多的阵地平台实现共建共享。妇联联动效应增强的背后，反映出市妇联在联动机制与策略方法上日益精进与成熟，在与谁联、如何联、联动之后做什么、怎样维系等问题上越来越清晰。广州妇联已经迈入了“大妇联”阶段，换句话说，围绕妇联稳步发展的“生态圈”正在逐渐形成。

6. 调查研究科学施策

广州妇联已经形成“没有调查就没有发言权”的工作氛围，几年来先后围绕“妇女之家怎么建”“妇联信息化发函”“母婴室建设”“家庭暴力状况”等数十个议题展开深入调查，透过妇联各部门与研究室，并联合外部研究机构，共同为妇联发展出谋划策。这些研究成果为科学施策提供了重要依据。更重要的是，借助调查研究，广州妇联掌握了大量的数据与基础信息。对许多困扰妇联建设的难题进行深入挖掘的同时，也为妇联发展找到了更多出路与对策。

7. 小结：广州妇联的“三字经”

广州妇联在过去的几年里，敢于担当、直面问题，走出了一条符合广州实际的妇联道路。从广州妇联发展的轨迹中，可以感知妇联工作的成效，关键在于能影响到多少妇女，团结了多少妇女群体，凝聚起多大的力量。上述六个方面只是广州妇联发展经验的一小部分，广州妇联工作重点围绕“联”“家”“法”三个字做足了文章。首先，把“联”字做大：当前社会结构已发生变化，必须联合更广泛的群众，特别是要稳固已联系的群体、联合新出现的群体，跳出机关妇联的小框框，构建社会化“大妇联”的新格局；其次，真正把“法”字做实，以全面贯彻落实男女平等基本国策和中国妇女、儿童发展纲要及省市妇女权益保障规定等为抓手，全力推动建立完善保障妇女权益的法律政策体系，加强监督执法力度，探索适应时代变化的妇女维权新方法；最后，把“家”字做深，明确将家庭作为妇联工作的主阵地，理顺家庭工作机制，整合创新推进家庭工作的新机制。

（二）广州妇联建设的反思

1. 部门各自为战缺乏全局与长远战略

在此次妇联换届调研中，我们有机会逐个访谈了市妇联所有部室，有鉴于此，我们发现一方面各部门大多只关注自身部门业务，部门间的合作很多都是“名为合作，实为单干”。另一方面，我们曾尝试借助“GE 战略模型”（GE Matrix/Mckinsey Matrix，又称 GE 矩阵，是美国通用电气公司于 20 世纪 70 年代开发的投资组合分析方法，主要根据事业单位在市场上的实力和所在市场的吸引力对这些事业单位进行评估，从而判断其业务的强项和弱点）。帮助各部门清晰未来五年业务发展的布局，思考不同业务随着社会发展的需要，从妇联所能以及群众所需两个维度，确定业务投放的比重，从而明确哪些未有的业务应该创设、哪些现有业务需要增加或减少、哪些不适宜的业务应当删除。但实际调查效果并不理想，很多部门的“GE 分析结果”并不具备实际参考价值，原因是很多部门缺乏对未来部门发展的战略构想，更多的是服从上级的任务与安排，对于对象群体的需求掌握并不确切，战略规划难以设计。这从一个侧面反映出，制约妇联发展的根本仍然是自身体制机制的问题，一方面要打破部门藩篱，形成全局观念；另一方面又要着眼长远，胸怀战略，这恰恰是妇联改革最难实现的部分。

2. 事业单位力量相对参差需整合优化

在对广州市妇联4个事业单位的调研后，我们对市妇联的4个事业单位进行了比较分析，发现这4家单位存在“疏、慢、弱、散”的问题。

（1）市儿童活动中心过于疏离于妇联工作。

市儿童活动中心是市妇联最早成立的事业单位，从人员规模、业务经费以及专业素质上是目前最占优势的部门，但是我们发现与其优势地位相伴随的是，儿童活动中心也最为独立、与市妇联机关最为疏离的部门。其中最为明显的是，市儿童活动中心与儿童部之间的合作较少，儿童工作在妇联机关与儿童活动中心之间并未形成特别顺畅且有足够流量的合作通路。这在某种程度上弱化了儿童部的显性作用，也弱化了儿童活动中心在全市儿童工作中应该发挥的示范带动作用。当前，广州各区都逐步成立了儿童活动中心，市妇联儿童部、市儿童活动中心与各区妇联及各区儿童活动中心之间的合作定位也亟待明确。如能做好，广州妇联的儿童工作必将上一个大台阶。

（2）市妇干校教学研发与传授过于薄弱。

市妇干校是第二成立的机构，但是妇干校的工作人员多半之前并未从事妇女干部教育培训工作，因此市妇干校在课程研发与传授方面力量严重不足。当前，妇联干部的培训需求更加多元，培训规模与频率都大大增加，市妇干校也必将面临转型升级的压力。对此，市妇联要从全市妇干培训质素的高度，给予市妇干校必要的支持。在自身能力不足的前提下，如何引入外部力量加以强化可能是近期要重点考虑的问题。

（3）市妇女劳动力市场转型略慢于现实需要。

市妇女劳动力分市场，是第三成立的机构，在当前市妇联大力推进妇女创业支持的背景下，劳动力分市场也面临要转换频道、快速升级的压力。既要兼顾弱势妇女就业培训，也要对接“红棉睿丽”创业基金，进行妇女创业的教育与引导。“她经济”的时代，市妇联昔日的品牌阵地能否适应发展的需要，亟待破题。

（4）市妇女儿童社会服务中心业务过散亟须明晰主线。

市妇女儿童社会服务中心是最新成立的机构。由于没有太多历史包袱，该中心也成为市妇联进行社会创新的试验田，与此同时，该中心也面临业务繁杂、主线不明的困扰。我们认为，社会创新也应划定边界、确定焦点，只有集中发力才能获得长足进步。因此，在经历一次次的业务叠加之后，中心需要对自身优势领域进行确认，明确主业，形成持续发展的业务品牌。

3. 妇联各项服务的群众吸引力有待加强

传统妇联工作主要借助宣传教育等阶段性活动开展，很多时候是上级妇联以较为普遍的妇女、儿童及家庭的需要为依据，向下布置任务进行组织发动。但随着社会发展，女性不再作为一个同质化的群体出现，不同教育程度、职业岗位、收入水平、生活背景和社会地位的妇女，其生存、成长和发展等的需求各不相同，按照统一模板设计的服务形式，远不能满足多样化的妇女需求。传统妇联组织相对封闭、单一的工作模式，已很难吸引新时期妇女群众的参与。此次调研中发现，绝大多数“妇女之家”仍以节庆慰问和单次活动为主，即便召开讲座培训，也难以吸引到足够数量的听众，许多“妇女之家”鲜有年轻女性的参与，“妇女之家”成了“老人之家”。我们认为，必须借助妇女儿童之家的打造，创新基层妇联的服务方式，拓展服务内容，并把各项服务的开展与服务型基层妇联组织建设紧密结合起来，开门办妇联，倾听妇女群体的心声，设计接地气的项目，开展顺民意的服务，多做雪中送炭的实事，多办温暖人心的好事，多抓不可替代的工作。只有吸引更多妇女群众参与，加强广大妇女对妇联组织的认同感和信赖感，才能真正增强妇联组织在妇女群众中的吸引力和凝聚力。

4. 妇联工作以点带面的效果仍不明显

妇联工作多数遵循着“先试点，再推广”或“搞示范，促成长”的工作逻辑，从工作推进的策略上，这样做无疑是好的。但是需要提醒的是，“试点”与“示范”不能仅仅停留在点的层面，点的意义是要靠面的推广来实现的。“一花独放不是春，万紫千红春满园。”“试验点”或“示范点”建设只是妇联工作的第一步，这些点不是终点，而是起点，不能将妇联工作停留在打造一个个“试验点”“示范点”的“盆景阶段”。要重视和发挥试点、示范的引领辐射作用，形成经验做法和复制推广，只有这样，“小盆景”才能变成“大风景”。“点好做，面难推”不仅是摆在广州妇联面前的难题，实则是众多地区妇联乃至整个政府创新工作共有的困境。

5. 穗港澳合作需创设长效机制与项目

广州妇联一直以来都十分重视穗港澳合作的推展，彼此互访频繁，但是遗憾的是，各方并没有生成可以深度合作的长效机制与服务项目，这在一定程度上制约了各方合作的深度与广度。接下来，我们建议广州妇联应走到借助穗港澳合作、借助港澳经验，提升广州妇联业务水准，破解妇联社会服务难题的轨道上来。唯有此，穗港澳妇联合作才能真正开花结果，日益精进。

二、京、沪、渝、深四地妇联对标研究

（一）四地妇联的整体战略

纵观四地妇联的整体发展战略，其中北京与重庆在妇联改革与发展中较为突出政治性与先进性，上海与深圳着重体现先进性与群众性、创新性。北京与重庆两地妇联的战略与全国妇联落实党的十九大要求表述高度统一，只是服务各自所处城市的功能站位不同。与之相较，上海与深圳的发展战略个性较为明显：

首先，上海妇联将自身改革的战略表述为“三维同心圆”结构，同心圆核心层是各级妇联组织，同心圆外围层是妇联阵地，最外围层是妇联的工作品牌、各项活动、服务项目。上海妇联借助“同心圆”实现了连接、吸引、辐射、影响、覆盖最广大妇女群众的作用，在改革中格外重视和强调协同作战能力，并清晰了妇联组织、阵地、项目三者的关系，致力于打组合拳，形成妇联工作格局意识。在操作层面上，则概括为“三点四新”。“三点”指的是：第一抓住关键点，激发基层妇联干部队伍和阵地的活力；第二寻找空白

点，因地制宜地拓展妇联组织建设，扩大妇联覆盖面；第三把握需求点，推进满足妇女儿童和家庭需求的直接服务。“四新”指的是四个新兴领域：新技术、新产业、新业态、新模式四类重点经济社会领域中妇联的参与和引导作用。

其次，深圳妇联在改革中强调突出“三个坚持”。一要坚持改革为先，一手抓组织建设，一手抓“互联网＋”，打通线上线下两条战线，打通联系和服务群众的“最后一公里”；二要坚持创新为本，抓创新就是抓发展，积极创建儿童友好型城市为深圳发展注入新活力，助力深圳未来可持续发展；三要坚持落地为优，联系和服务妇女作为工作生命线，在建阵地上下功夫，为全市妇女儿童提供更好的公共服务。

（二）四地妇联在群团改革中的着力点

1. 北京妇联在群团改革中的着力点

北京市妇联进一步将妇联改革工作向纵深推进，要加强执委思想建设，切实提高政治站位；要加强执委能力建设，切实做好联系服务妇女群众工作；要加强执委制度建设，切实发挥执委作用。具体来说，有以下几点：增强广泛性和代表性，改进机构设置，改革干部选拔，注重面向基层；群众工作群众做，加强基层服务型妇联组织建设，着重夯实基层基础，进一步筑牢联系服务妇女群众的根基，借助“姐妹驿站”建立妇联基层工作阵地；强化职能，履行好服务大局与服务妇女的双重使命打造“网上妇女之家”，构建“互联网＋妇联”新格局，着力增强全媒体时代妇联组织的吸引力、凝聚力、影响力；加强党委领导和政府支持，完善保障机制。

2. 上海妇联在群团改革中的着力点

（1）全方位重视基层工作。

截至2016年4月底，上海市妇联主席班子专挂兼配备完成，市妇联常委中基层妇女群众比例由25.3%提升到29.4%，市妇联执委中基层比例由57.5%提高到58.4%，远超改革方案目标。上海村委会主任中女性比重22.33%，列全国第一位；村委会成员中女性比重32.48%，列全国第二位。

（2）全力支持女性社会组织。

上海“十三五”规划中，专门列出一项女性调整性指标是“法人为女性的社会组织比例逐步提高”。上海市妇联从2011年起评选上海市优秀女性社会组织，从2014年起评选市优秀女性社会组织工作，并就“女性为法人主体的社会组织”开展专门课题研究。今后将大力培育和扶持服务性、公益性、互助性的妇女组织，通过政府购买服务等方式，让其承接政府和社会公益性服务项目，使得越来越多的女性在基层社会治理中发挥作用。

（3）全面做好女性教育培训。

2014年起，上海市妇联将推进女子教育联盟持续发展作为妇联的重点工作，成立女子教育联盟专家咨询委员会，加强女子教育前瞻性研究，促进研究成果与教育实践的结合。依托上海开放大学女子学院加强女性精品课程资源库、社会性别资源库和女性微课程建设，完善家政服务学历教育专业课程，开办家政大专班。切实发挥三级妇女终身教育网络作用，形成不同区域的女子教育特色，为提升妇女综合素质创造良好条件。

（4）全情投入“上海女性”传播。

上海市妇联借助官方微信公众号——上海女性，不仅大大拉近了与年轻女性的距离，更完成了由妇联单向度传播向与广大上海女性市民双向互动的O2O转变，上海市妇联借助移动互联网培育和维系妇联的忠实用户。

（5）全心运作妇联慈善基金会。

上海市妇联旗下有上海市儿童基金会和上海妇女发展基金，并下设不同种类的专项基金，例如上海市儿童基金会设有“爱心助学基金”“阳光基金”“儿童成长基金”等专项品牌基金，支持筹建多个实体项目，奖励社会各界热心于儿童工作并作出显著贡献的人士，为儿童少年家庭教育研究和发展、儿童文艺的繁荣和创作、儿童用品的研发和生产，为上海特教事业和残障、困难儿童恢复健康和完成学业提供资助。上海妇女发展基金自建立以来，连续四年开办“妇女创业者培训班”，累计4000名女性得到免费培训；开展妇女就业问题研究，拓宽妇女就业渠道。

3. 深圳妇联在群团改革中的着力点

深圳市妇联按照全国和省妇联的整体部署，以重构基层组织新形态为改革突破口，以打造网上妇联新平台为改革着力点，在家庭工作机制上焕发新活力，在维护妇女权益上开辟新路径，打造品牌，精准服务，各项改革初见成效。

（1）强基层，重构基层组织新形态。

深圳市妇联召开五届三次执委会议，增补常委2名、执委12名。增补后市妇联执委会基层妇女代表比例提升13.8%，提高了执委会的广泛性和代表性。

（2）聚共识，构建妇联改革新格局。

深圳市妇联通过“阳光系列服务”“视觉健康”“阅芽计划”“社区儿童运动馆”等公益服务项目充分整合社会服务的专业资源，激发社会组织的创造力，促进社会组织与区、街道及社区服务资源的融合，探索形成“妇联+社会组织”“妇联+专业机构”“妇联+基层组织”多种资源整合的服务模式。构筑深圳市妇女工作“项目化带动、专业化服务、品牌化打造”的崭新格局。

（3）增活力，探索家庭工作新机制。

深圳市妇联多措并举促进家庭文明建设的规范化和品牌化，以家庭和美促进社会和谐。利用“互联网+”积极开拓线上线下多个家庭工作阵地。在《深圳特区报》开设《鹏城家故事》双周专版；拍摄《家在深圳》纪实微电影，通过讲好家故事，传播好声音，以好家风支撑起好的社会风气。

4. 重庆妇联在群团改革中的着力点

（1）扶正“倒金字塔”，基层妇女掌话语权。

重庆市妇联彻底颠覆了组织体系中的“倒金字塔”，推动全市行政村由妇代会改建妇联组织，在乡镇、街道建区域性妇联组织。目前，全市8273个村改建妇联，1011个镇街建区域性妇联，2711个社区妇联完成换届，选举基层执委16.4万人。

（2）简编制、增兼职，妇联机关增活力。

重庆市妇联按照小机关、大网络、强基层和全覆盖的思路，探索扁平化管理模式，减少中间层次，对市妇联机关进行了三精简，即精简编制人员、精简内设机构、精简事业单位。重庆市妇联召开四届七次执委会议，从基层优秀女性中选举产生 2 名挂职副主席和 4 名兼职副主席。市妇联班子中专职比例由 75% 降为 40%。各区县妇联积极提高挂兼职比例，共有挂职副主席 47 人，兼职副主席 85 人，实现了挂兼合理搭配。

（3）创新群众参与机制，群众说了算。

重庆市妇联依托党群服务中心，牵头在女性集中领域联手建立了群团基层服务站。潼南工业园区群团服务站是由妇联牵头，联合工会、团委共建的全市首个群团服务站。群团服务站的建立让工业园区群团工作向整体联运、多方协作、资源共享发展。工业园区妇委会改建为妇联后，通过 70 个企业女工委和 25 个妇女小组，实现了园区妇女组织全覆盖。

（4）打造服务品牌，项目化服务妇女儿童。

重庆市妇女社会组织服务中心建成并挂牌两个月来，共 78 家社会组织、400 余人次来访，17 家组织申请入驻孵化。中心出台项目化运行办法，向社会公开发布 13 个项目，将直接服务妇女群众的活动交由社会力量承办，采取“妇联组织 + 公益性服务 + 市场化”模式运营。

（三）四地妇联的工作亮点

1. 北京妇联的工作亮点

北京市妇联围绕国际交往中心建设，以女性独特优势推动与“一带一路”沿线国家和周边国家的友好城市建立合作联系，加强与首都外事资源的联通整合，着力在女性创业、文化交流、项目合作等领域打造首都妇联特色的国际品牌活动，进一步加强妇女交流交往基地建设。广泛团结港澳台妇女爱国力量，充分发挥港澳执委、特邀代表的优势作用，加强与港澳台地区和海外华侨妇女组织的交流合作。做好新形势下的统战联谊工作，加强对侨务、民族宗教妇女人士的团结引导，完善与人大女代表、政协女委员、民主党派妇委会经常性、长期性联系的工作机制。

同时，北京市妇联坚持在妇女和家庭中培育和践行社会主义核心价值观。贯彻落实习近平总书记在会见第一届全国文明家庭代表时的重要讲话精神，全面实施《北京市和谐家庭行动计划实施方案（2016—2020 年）》，完善家庭文明建设工作领导协调机制，挖掘推广家庭文明建设示范基地和优秀项目。

打造寻找“首都最美家庭”活动新亮点，创新动员手段、寻找环节和引导路径，吸引更多家庭参与首都精神文明建设；在党政机关中深化“廉洁家庭”建设，引导党员干部筑牢反腐倡廉的家庭防线。提升家庭教育指导服务水平，编制实施《关于指导推进家庭教育的五年规划（2016—2020年）》，深化“树家教，育家风，伴成长”宣传实践活动，推进网上“家长学校”“伴随成长”等家庭教育平台持续发展，助推1—3岁托幼试点工作。

2. 上海妇联的工作亮点

（1）妇联实体与妇联工作相得益彰。

上海在20世纪90年代初期率先建成服务妇女儿童事业、服务民生的经济实体——巾帼园，按照“急政府所急，想社会所需，补市场所缺，做自己所能”的服务定位，运用“企业化管理、市场化运作、专业化打造、产业化发展”的经营理念及模式得到长足发展。

（2）妇联研究与妇联发展相辅相成。

上海市妇联形成了包括上海市妇女学学会、上海市婚姻家庭研究会和上海市家庭教育研究会三大妇联智库平台。在此基础上，积极与在沪高校进行合作，先后成立了复旦大学妇女研究中心、上海市社会科学院妇女研究中心和上海大学妇女研究中心等17个妇女研究中心，构成上海妇联发展的智库群。同时重视与北京的合作，与中国社会科学院人口所和上海市政府发展研究中心签订战略合作协议，中国社会科学院人口所在市妇联建立“国情调研基地”。在上海妇女研究论坛成功举办10多届的基础上，2014年上海市妇联率先发布《2014年上海妇女儿童理论研究课题指南》，首次开展妇联决策咨询研究专项课题招标，力求围绕社会热点难点问题提出新思路和新举措。

（3）妇联论坛与妇联倡导相互响应。

1999年以来，上海“为了孩子”国际论坛已成功举办了11届，上海市妇联作为主办单位，并以此为契机发布妇女儿童相关研究成果，倡导关注妇女儿童权益。通过各类妇女发展国际论坛，上海市妇联积极深化与国际妇女组织、海外女侨胞及华人妇女组织、驻沪总领事夫人团、境外驻沪机构等的联络，拓展友城妇女交流合作平台。

3. 深圳妇联的工作亮点

（1）党政重视，带建显成效。

党建带妇建，在深圳市妇联的积极推动下，儿童友好型城市建设纳入中共深圳市委六届二次、四次、五次全会的工作报告，2016 年市委常委工作要点和市政府“十三五”规划，为深圳发展注入新活力。在深圳市妇联的积极推动下，女性参政议政比例显著提升。在新一届市级领导班子中，市五套班子均有女性成员，本届女人大代表 143 人，占 28.5%，女政协委员 103 人，占 20.6%，分别比上届提高 4.2% 和 1.9%。

（2）理念创新，工作有亮点。

深圳市妇联一直把联系和服务妇女群众作为工作生命线，扎实推进各项工作，亮点频出。2015 年三八国际妇女节，深圳市妇联举办全国首个女子马拉松赛事，借此传递做阳光女性的理念，倡导健康向上的生活方式。赛事报名费的四分之一以及募捐到的所有善款注入深圳市慈善会·市妇联贫困妇女儿童救助基金，更好地帮扶贫困妇女和罹患重大疾病的儿童。2016 年，启动 0—6 岁儿童早期阅读公益项目“阅芽计划”。惠及数十万 0—6 岁儿童，唤起社会对儿童和女性更多的关爱与尊重。

（3）精准统筹，服务有实效。

为摆脱传统式、经验式和说服式的老“三式”维权，深圳市妇联制定出台《2015—2016 年度市妇联系统“维权工作坊”活动方案》，对全年“维权工作坊”的目标、形式、要求和时间安排做出统一部署。为做实“维权工作坊”，深圳市妇联积极构建婚姻家庭纠纷人民调解机制，已形成《关于建立深圳市家事纠纷调解工作机制的指导意见》。截至目前，参与活动的律师、心理咨询师、婚姻家庭指导师、社工师和巾帼志愿者共 450 人次，社会组织近 10 个。市、区妇联维权干部中有 70% 以上已获得心理咨询师、律师、婚姻家庭指导师、社工师等资质证书，成功打造出一支专业化维权干部队伍。

（4）发力网络，妇建有新招。

近年来，深圳市妇联全力打造升级网络新平台，2015 年 9 月完成门户网站升级改版，同年 12 月开通“深圳女声”微信公众号，粉丝增至上万人，单篇文章最高阅读量达 17 万次，平台阅读量过百万；各区妇联和女性公益组织在“深圳女声”上组成微信“集结号”，实现一键共享共联。

4. 重庆妇联的工作亮点

（1）创新推进网上工作，积极构建“妇联工作 + 互联网”新格局。

重庆市妇联把网上妇女工作作为妇联改革创新的重要突破口。2016 年底，重庆市妇联“网上妇女之家”正式上线，推出“维权咨询、志愿公益、创业商城、女子学院、我秀我家、相约幸福、需求调查”七大服务项目，PC 端和手机端同步运行，为广大妇女群众提供精准服务。网友们可通过 12338 热线电话及在线咨询，获得维权律师团帮助；可以秀出家庭故事，晒出家风家训，参与“最美家庭”征集活动；可进入创业商城，了解女企业家创业故事，获取创业就业资讯；可从 300 多堂微课中选择学习课程；还能加入巾帼志愿者队伍，享受交友服务。

（2）拓展新兴工作领域，最大限度实现广泛联系覆盖。

创建妇女社会组织服务中心，建立联席会议制度，下发四级联动引导服务女性社会组织、孵化培育女性社会组织实施方案，构建社会组织分级备案主管和团体会员传帮带机制。举办女性社会组织创新驱动培训班，聘请专家学者作为公益智库首批顾问，通过公益对话、名师授课、模拟路演等方式开展立体式培训，全方位提升社会组织参与妇女工作、服务妇女儿童的能力。

（3）打造品牌项目，支持女性创业创新。

“渝大嫂”巾帼生态养殖扶贫循环项目，通过打造田园优选农产品生鲜电商平台，多举措助力女性创业增收。首届“渝创渝新”创业创新大赛，以发现新模式、新业态、新产业为抓手，挖掘和培育一批成长性高、创新力强的初创公司，吸引国内外优秀人才来渝创业。重庆市妇联成立“巾帼创业创新”导师团，联合市科委成立 1000 万“重庆市妇女创业种子投资基金”，持续为创业创新女性提供创业指导和融资服务，更好地促进重庆女性创业创新工作。

三、广州妇联未来五年规划

关于未来五年广州妇联的工作规划，拟从“人、事、局”三个维度展开，全力做好妇联人才队伍建设、妇联各项事业发展、妇联未来格局塑造这三篇大文章，科学谋划广州妇联的发展前景。

（一）未来五年的妇联队伍建设

无论怎样的改革与创新，关键还得靠人，做好新形势下的妇联工作，关键是要建设一支让党放心、让妇女群众满意的高素质妇联干部队伍。广州妇联未来的五年规划，根本在于推动全市妇联干部尽快形成知大局、想长远、干实事的思维与能力。

1. 切实提升广大妇联干部的思维转变

加强对广大妇联干部的教育培训和实践锻炼，坚持用科学理论武装妇联干部头脑，升华妇联干部的思维模式和业务能力，切实把妇联建设成为培养优秀女干部的摇篮，是广州市妇联加强队伍建设的重要目标。对此，我们建议广州市妇联干部在未来五年的发展中，要重视和引导广大妇联干部形成以下几种思维模式：

（1）党建思维。

习近平总书记在党的十九大报告中指出："党政军民学，东西南北中，党是领导一切的。"办好中国的事情，关键在党。始终把抓好"党建带妇建"作为妇联工作的大前提和总纲领，进一步提升广州市各级妇联干部的党建思维，强化妇联领域内的"党建＋"，使党建工作贯穿妇联工作的全过程，是今后全市各级妇联干部学习贯彻党的十九大精神的关键。未来五年，认真贯彻落实党的十九大对群团组织提出的要求，自觉坚持党的领导，履行政治责任，组织动员广大妇女坚定不移跟党走，为党夯实长期执政的妇女群众基础，是进一步增强广州市妇联组织政治性的核心思想。坚持围绕中心、服务大局，团结带领广大妇女在新时代中国特色社会主义伟大实践中发挥半边天作用，为党的事业贡献巾帼力量，是进一步增强广州市妇联组织先进性的重要体现。坚持立足基层、服务妇女，依法代表和维护妇女合法权益，为党凝聚妇女人心，是进一步增强广州市妇联组织群众性的主要方式。

深入学习和贯彻党的十九大精神，就要用好党建思维凝聚广大妇联干部的强大动能，凸显妇联组织维护妇女权益、推进男女平等、保障社会稳定的红色引擎，激励和鞭策各级妇联组织按照党的十九大提出的“八个本领”的要求，不断加强学习和实践，努力增强群众工作本领，真正成为妇联工作的行家里手。

（2）战略思维。

妇联干部擅长做具体事务，任劳任怨、不辞辛苦是广大妇联干部给人们留下的最深印象。新时代的妇联工作不仅需要低头拉车，还必须学会抬头看路。当前的妇联改革，寄希望于广大妇联干部要树立政治意识、大局意识，以更高的站位、更为全面的视角看待社会发展变化，以高度的政治责任感和历史使命感，扎扎实实做好组织妇女、引导妇女、服务妇女和维护妇女合法权益的各项工作，努力开创新时期妇联工作新局面，这就需要广大妇联干部尽快树立总览全局的战略思维。

广州市妇联干部在未来五年要逐步树立起来的战略思维包含系统性思维、预见性思维、开放性思维、创新性思维四个主要方面，具体如下：

①系统性思维：就是着重从整体与部分、结构与功能、优化与建构、信息与组织、控制与反馈、妇联小环境与社会大环境之间的相互联系、相互作用中，综合地看待妇联工作，做到以小见大，相辅相成。

②预见性思维：就是要能够对妇联的发展状况和趋势作出符合规律的前瞻性认识与思考，不仅看到当下，还要着眼未来，要快速适应急剧变化的社会形势，在迅速发展中捕捉先机取得主动。这就要求广州市妇联干部在未来五年中要明确历史方向感，增强时代敏感性，树立危机意识，强化机遇观念，增强思维的超前性，预先看到广州城市发展的未来趋势，谋划妇联未来发展的策略及行动。

③开放性思维：就是要多视角、多方位、多层次看待妇联发展中遇到的问题及挑战。这就要求广州市妇联干部在未来五年里必须站在更高的起点上，用更广阔的视野，学习研究一切有利于妇联发展的经验，在尊重差异中扩大认同，在包容多样中达成共识，在激烈竞争中掌握主动。

④创新性思维：是指妇联干部要在创新意识的推动下，在已获得的信息、经验、知识、成果等的基础上，重新组合、升华，产生新的思路或顿悟，从

而形成有价值的新观点、新理论、新方法、新成果。

（3）用户思维。

提高妇联组织在妇女群众中的辨识度和影响力，增强妇女群众的获得感、幸福感和对妇联组织的信任感、归属感，真正做到妇联工作由广大妇女一起参与、共同来做的目标，就必须使全市的妇联干部具备将妇女群众装在心里的“用户思维”。

“用户思维”要求广州的各级妇联干部首先要识别用户，即哪些群体是妇联需要重点跟进与互动的用户；其次要了解用户，一旦确立目标用户之后，妇联就要深入地分析与了解用户的需求及痛点；再次要赢得用户，妇联要用有效的领导、贴心的服务与创意的手段增强用户黏度；最后是与用户共赢，妇联在成就用户的同时也实现了自身组织的发展壮大。

在实际工作中，广州市妇联干部可以经常思考下列6个“用户想要”，用于指导我们更好地服务妇联用户：

①用户想要看到什么，这就是妇联要呈现的内容；

②用户想要知道什么，这就是妇联要传播的思想；

③用户想要得到什么，这就是妇联要提供的服务；

④用户想要改变什么，这就是妇联要创造的机会；

⑤用户想要维护什么，这就是妇联要维护的权益；

⑥用户想要参与什么，这就是妇联要搭建的平台。

未来五年广州妇联，会将倾听用户心声、同理用户需求、解决用户痛点、赢得用户口碑作为落实妇联改革的重点，为广大羊城妇女群众营造好的妇联用户体验。

（4）产品思维。

长期以来妇联主要以活动包打天下，广州妇联在发展中已经深刻认识到活动所能承载的妇联职能有限，活动的持续性与品牌性较弱，不利于妇联工作在群众中真正落地生根。群团改革大背景下更加凸现妇联组织的公共服务属性，因此积极承接政府转移出来的部分服务于妇女儿童的公共服务职能，并结合妇联章程开发出更多妇女儿童及家庭喜爱的公共服务产品，是能够增强妇联吸引力与凝聚力的关键。

未来五年广州市妇联干部还要逐步清晰产品设计中的两条主线：一是在横向上，要了解不同类别的妇女需求，拓展新的服务对象，不仅要关注原有的妇女群体，如女干部、女教授等上层群体和下岗女工、贫困妇女等下层妇女群体，还要关注随着社会变迁出现的新的妇女群体，如流动妇女、“两新”组织中的妇女以及新社会阶层中的女性群体需要；二是在纵向上，提供立体化的公共服务，首先要重点关注弱势妇女的民生，为她们解决生活的困难，其次要关注女性心理健康、婚姻家庭、卫生保健，提高妇女的生活质量，最后还要引导、促进、帮助妇女参与社会事务，提升妇女的政治参与意识及能力，促进女性的全面发展。

（5）问题思维。

习近平总书记指出：“每个时代总有属于它自己的问题，只要科学地认识、准确地把握、正确地解决这些问题，就能够把我们的社会不断推向前进。”同时，他还强调“突出问题导向”。问题思维已经成为新时期妇联改革的前进基石，改革就是为了发现问题、解决问题，为此广州市妇联干部在未来五年中要长于发现问题、勤于分析问题、善于解决问题，将问题思维贯穿于妇联工作的始终，敢于正视老问题、勇于直面新问题，将问题视为砥砺广大妇联干部成长的动力。

我们建议，未来五年广州市妇联干部的问题思维培养，主要基于以下三个方面：

首先要多想问题。很多工作之所以难做，就是因为对自身问题缺少必要的反思，对群众态度缺少充分的了解，对问题本质缺少深刻的认识，对妇联发展缺少科学的规划。找不出问题的关键，自然会感觉力不从心，无处下手。有了强烈的问题思维，才能自觉地想问题。

其次要分析问题。妇联干部要想在工作中站稳脚跟并保持恒久竞争力，就必须勤学多思，学思结合，用分析的力量推动工作发展。在复杂问题的分析中，要善于运用调查研究的方法，理清问题头绪，找到问题的症结，这是妇联干部工作成熟的表现。

最后要解决问题。调查研究就像“十月怀胎”，解决问题就像“一朝分娩”。妇联干部要学会通过深入一线调查研究，准确了解问题的本质，拿出新办法，形成新举措，把重大问题研究好、敏感问题处理好、棘手问题解决好，是今后一段时间党和政府对于妇联干部的殷切期望。

2. 切实强化妇联队伍的整合优化

妇联的改革既需要人的变化，同时也着眼于机构改革与队伍建设。未来五年，广州妇联将进一步加强“内优外联”的整合。所谓“内优”，指的是进一步明确和优化妇联各所属单位的职能定位，加强妇联机关各部门之间、机关与事业单位之间、妇联与团体会员之间的无缝连接；所谓“外联”，指的是进一步加强妇联与党政部门、妇联与企业、妇联与社会组织、妇联与传媒及研究机构等的互动合作。

（1）妇联内部的组织优化。

①妇联机关各部门之间的深度整合。当前妇联工作的内容往往是纵横交错的，跨部门运作是常有的事情，只分工不协作的部门化工作是难以回应日益交叉的妇联整体运作需要的。未来五年，市妇联将重点对内部职能进行优化，强调妇联整体一盘棋的意识，形成妇联合力。一方面借助信息化手段，建立有利于部门之间、上下级之间沟通交流与信息互换的平台。另一方面借助项目化机制，探索在妇联部门内部和部门之间建立多个功能交叉（以任务为中心）的项目团队，它们由清晰明确的共同目标紧密联系在一起，一同攻坚克难，进一步提升妇联干部的项目策划、实施及品牌推广等方面的能力；与此同时，进一步密切部门之间的相互配合与协作能力。

②妇联机关与事业单位之间的协同作战。强化事业单位的公益属性，发挥其延伸和丰富妇联公共服务供给载体的作用，是当前妇联事业单位改革最为显性的功能。

首先，应站在妇联全局高度审视各事业单位的定位，建议如下：

单位名称	组织定位
广州市儿童活动中心	代表妇联面向全市儿童服务的品牌主阵地，全市儿童教育与服务的研发、培训与体验基地
广州市妇女干部学校	代表妇联对全市妇联干部及广大基层女性组织教育培训的主平台，并能根据实际需要研发出适应妇联发展需要的培训教材

（续表）

单位名称	组织定位
广州市劳动力市场妇联分市场服务中心	代表妇联组织全市妇女就业、创业等培训、咨询、扶持的中介平台
广州市妇女儿童社会服务中心	代表妇联研发、运作社会创新服务的综合性平台，帮助妇联探索新的社会服务领域及可能性的试验田

其次，清晰事业单位与妇联改革发展的契合点。透过上述的定位分析，不难发现以上4个妇联事业单位均与目前广州市妇联要发展的中心工作有关，市儿童活动中心主攻儿童服务创新、市妇干校主打妇女干部及女性素质提升、市劳动力市场妇联分市场服务中心主抓妇女就业与创业、市妇女儿童社会服务中心主打社会服务与创新。主营业务清楚的基础上，还要将市妇联的改革重点与品牌打造予以植入，具体如下：

单位名称	改革重点与品牌打造
广州市儿童活动中心	儿童服务的社会化与品牌化，全市儿童服务的标准与行业引领的打造
广州市妇女干部学校	“会改联”的软件建设与基层妇联干部能力提升体系的打造
广州市劳动力市场妇联分市场服务中心	“红棉睿丽”品牌的经营与发展
广州市妇女儿童社会服务中心	“花城人家”的品牌经营与发展，各类妇联事业社会创新与实验

最后，在充分放权的基础上注重引领与监督。在促进妇联事业单位发展方面，市妇联机关的宏观调控和引导作用比微观干预更加重要。进一步强化市妇联在公益服务提供中的政策制定者和业务规划者的角色，不断完善行业标准和行为规范，才是能够让事业单位成为妇联改革尖兵的关键。

③妇联与团体会员之间的优势互补。进一步加强团体会员工作，充分发挥其凝聚社会、协调资源、集合力量的作用，才能形成妇联工作强大的社会合力，推动实现妇女事业和妇女工作的可持续发展。

首先，找到新的合作切合点。积极探索新形势下加强和推进妇联团体会员工作的新思路、新形式、新方法，在凝聚力量、拓展网络、强化服务、发挥作用等方面进行大胆尝试，其中最为关键的是要找到彼此合作的切合点与兴奋点。我们建议市妇联可以借助实地走访，深入了解各团体会员当前现状，寻找交集，确立合作的切合点，促成合作事项。

其次，发挥团体会员的优势。重视发挥不同团体会员所代表的不同阶层、不同界别、不同行业女性会员的积极性、主动性和创造性，注重挖掘和运用团体会员各方面的组织优势、人才优势和工作优势，在加强对团体会员的指导、服务的同时，引导团体会员为妇女儿童事业奉献才智，为社会发展贡献力量，让团体会员在市妇联的事业中找到增长点，将团体会员的组织优势纳入妇联资源库，将团体会员中的人才优势纳入妇联人才库，实现优势绽放，是今后市妇联壮大力量的重要手段。

再次，加强联系实现互融共进。始终把团体会员工作作为妇联工作的重要组成部分，做好与团体会员的“联”字文章，在活动内容上相互渗透，在活动方式上互相借鉴，在活动效果上互相促进，才能充分发挥各自优势，不断促进团体会员工作的新发展，将妇联品牌业务与团体会员作连接，实现同频共振。

最后，加强服务与引导。始终坚持从实际出发，搭建信息共享、交流合作、建言献策的平台，充分尊重团体会员的发展意愿，帮助解决实际困难和问题，引导她们提高素质，在服务中实现指导，焕发团体会员创造热情，增强妇联组织凝聚力，才能在团结中走向共赢。

④市妇联与各区妇联及基层妇联之间的上下联动。在群团组织中，妇联是唯一依托政府行政建制设立，即在县级以下地方直至村居社区仍设有机构的组织，因此也是在社会基层扎根最深的群团组织。从中央到村居社区，共有6个层级的妇联组织，市及以下共有四级妇联组织，如何定位不同层级妇联组织的核心职能，并做好上下联动，发挥妇联独有的组织优势，是未来五年乃至更长一段时间各级妇联要深入研究和探索的重大问题。

首先，市一级妇联，重在全市妇联工作的顶层设计与源头维权，特别是在政策层面上要有大作为。另外，市妇联要以调研为突破口，发现问题、研究问题，以问题意识推动品牌创新，确立广州妇联的大格局。

其次，区一级妇联，重在全区妇联的项目设计，有针对性地发展区域特色，对基层妇联进行指导，协调各方力量，整合妇联资源，为基层妇联更好地发挥作用提供业务指导与跟踪服务。区一级妇联还要借助各区妇联工作平台发挥服务引领的作用，尤其是在妇女维权、儿童服务、家庭教育等领域有所作为。

再次，镇街一级妇联，要加快区域化妇联建设，补齐基层组织短板，打破行政壁垒和条块分割界限，打开大门、拆除围墙、走出机关建镇街妇联。纵向上要把辖区内所有村居妇联组织都纳入镇街妇联组织体系之中，横向上要把组织覆盖拓展到辖区内所有机关、企事业单位、各类社会组织、联谊组织中的妇女群众，统筹辖区内各方妇女工作力量和工作资源，实现区域内组织联建、人员联管、活动联办、资源共享。

最后，村居一级妇联，要在“会改联”的基础上，选好、用好、发挥好基层妇联执委的作用，将村居社区中的妇女骨干最大限度地吸纳到村居妇联工作队伍中来。与此同时，要切实推进村居“妇女儿童之家”建设，面向居民群众开展活动、提供服务、组织学习，活化基层妇联工作的氛围，提升妇联在群众中的吸引力与凝聚力。

（2）妇联外部的联合拓展。

妇联能够做大事、做成事的重要法宝在于发挥“联”字优势。妇联组织是一个开放的系统，开放性表现在它不可能孤立地存在，而必须和周围的环境进行密切的互动，在互动中获取必要的生存资源，实现有效的产出并以此获得合法性地位。

①处理好与党政部门的关系。妇联是党和政府联系广大妇女群众的桥梁和纽带，同时代表党和政府发挥维护妇女权益、优化妇儿服务的职能。各级妇联可以根据广州的实际情况，阶段性地划定妇联工作与党政部门之间的边界，分清哪些是妇联应该干的而且有能力和精力干的，哪些是妇联没有能力干但其他党政部门在干的，哪些是其他党政部门没有精力干但妇联可以借助自身优势干的。第一种情况是妇联工作的主体，应该扎扎实实地落实好；第

二种情况是妇联应该和其他政府部门搞好合作关系，借助党政力量推进的，妇联要起到协调督促的作用；第三种情况可视作妇联努力的方向，妇联可以在这片事业的蓝海中凸显妇联存在的价值和影响。

②处理好妇联与企业及社会组织的关系。未来五年，广州妇联应抓住广州企业众多、社会组织发达的区位优势，与更多的企业及社会组织合作，找到交叉的共同点，一方面学习借鉴企业及社会组织的先进的运作理念和运作方式，另一方面加强对“两新”组织的引领，一同为妇女群众创造更多更好的公共产品与服务。“两新”组织妇联建设和功能发挥，可以作为未来五年广州妇联横向发展的重点工作，更好地适应广州市场经济和社会环境变化的需要。吸收民间妇女组织作为团体会员，在“两新”组织内部建立妇联，吸收新社会阶层女性参与妇联工作是广州妇联创新的重要面向。注重同企业及社会组织中的女性建立合作互补的伙伴关系，共同推进服务，使更多广州女性受惠。市妇联可着眼于各组织间资源和行动的整合与协调，尊重企业及社会组织的主体性和创造性，与之建立互信互惠的协作网络，并借助这些网络及时了解和反馈各群体、各阶层妇女的愿望与需求，从而实现哪里有妇女哪里就有妇联的战略部署。

③处理好妇联与传媒及研究机构的关系。传媒组织与研究机构是妇联工作的重要助力，一方面实现妇联工作的广泛传播，另一方面给予妇联工作的深入探究。对此，我们建议市妇联在未来五年，应注重在这两方面建立自己的专家库与战略合作同盟，实现快速响应、优势叠加。在传媒方面，既要重视传统媒体的作用，也要发挥互联网时代线上传播的威力。在研究方面，应重视在法律、社会研究、社会工作、心理学、产品设计、家庭教育等各类型的研究资源的连接与协作。

（二）未来五年的妇联事业发展

1. 妇联工作社区化

社区是妇联工作建设的出发点和落脚点，是妇联组织的神经末梢，重视基层、加强基层、服务基层、活跃基层，是打通妇联工作“最后一公里”的关键。妇联工作必须接地气、进社区，才能将工作落实、落细、落到基层。

（1）建设妇联社区化平台。

妇联一方面要建好、用好“妇女儿童之家”，同时要坚持党群共建共享工作阵地的建家理念，积极争取各级党组织支持，在基层党组织活动阵地、党群服务中心、公共文化站点等融入妇联元素，共建共用党群基层活动和服务群众的平台阵地。将妇联“自己建”与“嵌入基层党建”结合起来，进一步提升妇联工作的融合度。进一步强化“妇女儿童之家”示范点建设，使之成为全市“妇女儿童之家”规范化、品牌化的体验店与教练场。为此重点在以下三个方面做好文章，力求在前两年见成效，后三年逐步推广：一是体现规范化，按照《关于在全市开展“妇女儿童之家”建设的意见（试行）》和《广州市妇女儿童之家SOP标准作业指南》的要求，严格做好规定动作，增强建家工作的标准化和规范化，成为文件落地与指南落实的标杆型“妇女儿童之家”；二是体现系统化，示范“妇女儿童之家”要按照集约资源、互联互通的理念，积极争取党委和政府的支持，主动对接相关职能部门，深化与各类社会组织的共建活动，在集聚力量、联合联动上下功夫，为“妇女儿童之家”建设提供更多的人、财、物等各类资源，将其打造成创业就业之“家”、维权关爱之“家”、文化教育之“家”、快乐成长之“家”；三是体现品牌化，要抓住自身区域特点，探索适合区域特点的建家模式，将本社区妇女、儿童及家庭最为需要的服务作为突破点，按照差别化建设、特色化服务的要求，发挥自身优势，因地制宜开展活动，形成“一村一品”“一家一品”的特色之家。

（2）培养妇联社区化队伍。

目前，广州2673个村居社区的“会改联”工作已经全面完成，涌现出2万多名基层妇联执委。此次基层妇联透过“会改联”的工作，尽可能地把政治素质好、工作能力强、热爱妇女工作、群众威信高的女性都吸收到妇联组织中来，极大增强了村居妇联的吸引力和凝聚力。但如何培养好并发挥好基层妇联执委的作用，使其成为基层妇联工作的生力军，是今后五年广州各级妇联要认真研究的新问题。对此，我们建议广州妇联可参照“扩大力量与提升质量并重”的原则进行：

首先，扩大妇联基层工作力量。指导区级及以下妇联发展壮大以妇联干部为骨干、以女性社会工作者和巾帼志愿者等为补充的基层工作队伍，通过购买公益岗位、选聘女大学生村官和社工等方式充实镇街、村居妇联专职工作队伍。纵向将扎根在村居妇女小组长、女性社区网格员或楼栋长，横向将活跃在城乡社区的巾帼致富带头人、女性兴趣组织带头人、广场舞活动带头人和在村居妇女群众中有热心、有影响、有特长的女性居民等最大限度地吸纳到村居妇联工作执委队伍中来。有效解决区、镇街妇联专职工作人员短缺和村居妇联工作人员不足的问题。确保各镇街拥有至少 1 名妇联专职工作人员和 31 名执委，村居 1 名专职妇联主席与 15 名执委。

其次，要重视对妇联专职工作人员与执委的培训。未来五年，市妇联要依托市妇女干部培训学校，并结合外部专家与培训力量，分批分步骤地组织全市基层妇联新任主席、副主席、执委作为培训工作重点，确保基层妇联主席、副主席、执委在任职期间至少接受一次面对面的培训，帮助她们了解妇联工作，掌握做好妇女群众工作的本领，从而增强履职意识，提高履职能力。与此同时，建议市妇联可以与专门进行妇联研究的机构合作，开发妇联干部线上培训教程，让广大妇联干部随时随地可以接收到所需的培训内容与知识。

再次，要尽快制定并实施适用于全市妇联队伍使用的制度规程。基层妇联队伍较之过去有十几二十倍的增长，如何适应这一变化，除了加强培训之外，还要建立长效机制。市妇联及各区妇联，要尽快从各地实际出发，针对新的基层妇联组织建设的变化及需要，总结制定出简洁明了、务实管用的各项制度，促进基层妇联组织规范化运转，巩固基层妇联组织改革成果。

最后，切实推进妇女广泛参与基层民主管理的步伐。借助“会改联”的契机，从基层妇联执委中发现妇联人才，建立妇联参政议政的人才储备库，将基层妇联执委中的优秀代表纳入女性“两委”后备人才队伍。鼓励妇女积极参与岗位胜任能力、参政议政能力、竞选技巧等的培训，营造良好氛围，宣传妇女在经济社会建设中的重要作用，引导广大女性积极参政议政，确保妇联在基层社区治理中的地位。在条件成熟的村居，要积极推动女性当选

“两委”正职，努力实现女性担任正职比例达到10%的要求。

（3）实施妇联社区化项目。

当前，广州妇联的许多项目已经在社区落地，例如“万事兴”工程的反家暴中心、服务困境妇女的“康乃馨”项目、支持妇女创业的社区众创空间等。未来五年，广州妇联可以更为系统地梳理自身在社区投放的项目，实现妇联社区项目的集群化，一方面精准投放适宜社区需要的项目，另一方面透过社区项目了解社区居民的需求，更好地满足项目设计的需要，实现妇联与社区居民需求间的闭环。

首先，要加强妇联项目的整体设计。妇女是妇联的目标群体，现阶段妇女群体需求类型多元化，需求层次差异化，急需建立健全妇联及其他妇女组织的项目研发与供给体系，在妇联的社区化项目上，要进一步进行系统整合，建立与市妇联打造的“四大品牌”间的直接关联。在项目研发时，可以将妇女的需要进行更为整体的考量，从而使妇联的社区化项目更加精准。我们建议可以将妇联在社区中的服务依照妇女层次进行立体划分，一是帮扶弱势妇女群体，要借助各项帮扶政策给予她们及时的支援，起到兜底的作用；二是培育中间妇女群体，主要给予就业与创业支持，提供家庭教育的指导与家庭服务的选择，起到引导的作用；三是联系精英妇女群体，拓宽女性交流平台，搭建其参与各项事务的平台，支持其透过参与公益行动回报社会，起到联系的作用。

其次，要打通不同项目资源供给间通路。目前，广州妇联现有的四类项目资源供给渠道，其实并非完全独立，未来的完善策略是进一步加强妇联在承接政府职能中的作用，做大妇联承接政府购买服务的资金盘。在此基础上，妇联可以用于支持自身购买服务以及扩大公益创投的资金比重；在与其他组织进行合作中，也可将合作项目纳入公益创投与购买服务中去，扩大参与范围，更好地实现资源的优化整合。

2. 妇联工作品牌化

品牌的根本目的在于将产品、服务与对手相区别，让组织的形象与众不同，并为大众所认知。品牌化是赋予产品和服务更为世人所熟知的能力，是提取妇联组织力图向群众沟通的要素，并使其按照更有价值和意义的方式进行升华的重要手段。在过去五年，广州妇联不断更新工作理念，通过服务整合的方式，着力打造“花城人家”“红棉睿丽”“万事兴”和“玫瑰公益”四大品牌，收到很好的效果，广州妇联品牌化战略已经初具规模。

（1）清晰妇联品类做到精准打造。

品牌定位是妇联对服务产品、项目和自身形象进行设计，使其在目标群众心中占据独特位置的特定行为。因此，定位必须精准，才能将妇联品牌植入群众心中，以使妇联工作的成效最大化。广大妇女群众作为妇联的重要顾客，要服务好这个群体，妇联就得细分妇女服务领域的品类，针对性地着力打造在该品类的品牌服务，并占据用户的心理位置。在具体的品类选择上，可以有以下三种策略：

①从受众群体的特点出发。对目标群体做出精准界定，这是品牌塑造的基本策略。对于广州妇联而言，首先要确定哪些类型的妇女群众是妇联重点开展工作的对象，以此设计相应的服务，而之后的一系列推广性行为也要瞄准这一目标受众展开。以广州市妇联“万事兴”为例，它的特定群体就是那些受到家庭暴力等困扰的妇女群众，它的定位是维权，目的就是当提及广州的妇女反家暴工作，就能想起“万事兴”。

②与同类型品牌进行对标。既要与竞争品牌形成差异，同时也要向对手学习如何运作品牌。建议广州市妇联可以同其他地市妇联以及广州市内其他部门进行对标学习，取长补短、制造差异、凸显优势。例如广州市妇联所做的“玫瑰公益”创投项目，就要自觉与民政局的公益创投进行对标，体现妇联创投的特点；广州市妇联打造的“妇女儿童之家”，就要与东莞的白玉兰家庭服务中心、深圳的阳光家庭服务中心等进行对标，体现广州特色。

③注重实效讲求量力而为。妇联毕竟不是企业，绝不能为了品牌而品牌，要充分用好妇联的资源，做到量力而为，做到花小钱办大事的效果。以广州市妇联“红棉睿丽”为例，该品牌的定位并非是由广州市妇联包揽一切，而是强调“联”字效应，撬动社会资本，支持女性创业，实现品牌叠加。

（2）注重服务设计做到内容为王。

一旦确定了品牌的定位，那就必须有实质的服务内容作为支撑，才能真正留住群众的心。具体而言，有以下三个要点：

①拓宽渠道，既要自营又要联营。广州市妇联一方面要引领在妇联内部不断生产新的服务与产品，丰富品牌内容；另一方面，可以通过购买服务、公益创投、慈善信托、公办民营（PPP 模式）、项目合作等方式进行多方合作，围绕妇联业务，做大妇联文章，扩大妇联的影响力。

②方向引领，项目化思维运作。无论是自营还是联营，广州市妇联始终要坚持所有妇联品牌一盘棋的思维，市妇联要为所有品牌项目指明方向。而各品牌执行方，则可以遵照项目思维，将每一个品牌业务作为项目进行运作，规范项目流程、升级项目成效、扩大项目影响。

③更新迭代，不断优化用户体验。广大妇女群众的需求随着社会发展而发生变化，妇联品牌的内容设计与实现方式也要随着变化。要不断在 1.0 的基础上思考 2.0 怎么做，哪些做加法、哪些做减法，开发标准指引，联动各方力量，提供更优质的服务给老百姓。

（3）借助有效传播增加受众黏度。

品牌化不仅仅是标识上的统一，还需要传播策略上的整体运作，借此增加妇联品牌的辨识度。妇联的传播在某种程度上比企业的商品品牌传播更难，一方面需要借助大众传媒增加曝光率，但更重要的是借助妇联庞大的基层组织体系，实现妇联终端的传播价值，重点在终端能见度与终端感受两方面。在终端能见度方面，可以优化妇联品牌的 VI 设计，统一品牌形象标识。在对外宣传方面，从过去的单向性的宣传策略转向互动性的传播策略。广州市妇联可以设计代表妇联品牌的卡通形象，以及邀请优秀女性代表或典型女性作为市妇联或某个品牌项目的形象代言人，这些都有助于让市妇联以更加亲民的形象与公众进行互动。

3. 妇联工作信息化

广州市妇联已经对未来三年的信息化平台建设进行专门规划，并将“互联网＋妇联”上升到战略高度来考量。当前广州市妇联现有（含在建）的信息化服务系统共有4个，包括家政服务平台、家教平台、公益平台和儿童服务中心教务平台。之前各平台之间并无业务和数据之间的关联，市妇联已经决定将妇联所有信息化平台进行整合，打造妇联信息化综合终端“花城人家”，形成一张大网、一个终端的妇联信息化大枢纽，且根据业务的发展预留足够的扩展空间，确保信息化系统能根据业务和社会发展的需要进行优化。

（1）信息化本身是妇联信息共享与治理的开始。

信息化平台建设将是打破妇联信息孤岛，实现妇联信息共建共享、互联互通的重大举措。但这对于过去妇联以部门条块式分工作业的模式是一次不大不小的变革，建议市妇联可以以此为契机，以信息化建设带动部门协同作业的转变。市妇联机关要逐步建立健全信息化组织领导机构，建立上下联动的信息化工作机制，市妇联主要领导担任信息化建设领导小组的组长，负责统筹全局。市妇联现已成立的信息化中心，负责信息化工作的技术支持与信息采集。其实接下来关键是要解决人的问题，即广大妇联机关干部的信息化意识与能力的提升才是最根本的。

（2）信息化将经历软硬件由磨合到适应的过程。

信息化的硬件设备与网络系统，相较于妇联自身的信息化管理与使用要容易得多。硬件只是基础，关键还要看软件。信息化给予市妇联的改变将是潜移默化的，同时也将是全方位的。一旦从内部办公信息化过渡到妇联外部服务业务的信息化，妇联本身已经迈入“互联网＋妇联”阶段。互联网的全部特性也将表露无遗，透明化、交互化、快速化等将形塑着妇联未来的发展。互联网最重要的一个点就是“快”，这就要求妇联干部也要有“快”的思维，快速掌握社情民意、快速回应群众需求、快速进行技术革新与服务的升级。妇联干部不能没有迭代意识，就是要实时把握用户需求，注重微创新、快创新，循序渐进，不断试错，不断完善妇联信息化产品。妇联是否能够适应这一快速的变化，必然要经历一个从磨合到适应的过程，为此必须做足够的准备。

（3）信息化将对妇联的信息分析应用提出挑战。

信息化的发展势必形成大量的妇联运维数据，对于数据的设定、提取、分析、应用就显得尤为必要。而妇联工作当前的数据指标尚未完全明确，到底哪些数据是必须要搜集的，哪些数据是要重点监控的，哪些数据是要进行交互分析的，这都是在大数据时代妇联工作需要解决的新问题。对此，我们建议广州市妇联可以在未来五年里，探索和完善与广州这座特大型国家中心城市发展相匹配的“性别统计大数据”，市妇联可以呼吁广州的各类统计数据中要进一步增强性别意识，在人口基础信息库、法人单位信息资源库等所有在个人层面采集的数据库中，确保性别作为基本信息被采集，确保相关数据能够满足分性别分析需求，根据经济社会发展的新形势及时更新和完善具有性别敏感的分性别统计指标，并公开发布。与此同时，妇联在自身信息化平台中要合理布局数据采集体系，从而借助妇联自身平台汇总更为细致全面的妇联大数据。市妇联要建立对妇联大数据的定期分析与检核机制，透过数据应用指导妇联决策，一方面提升妇联在参与政策法规与公共政策制定时的科学有效性，另一方面服务于妇联精准设计各类服务项目，及时掌握妇女需求数据，制定精准服务菜单，实现快速响应。

4. 妇联工作国际化

广州作为对外开放的窗口，是粤港澳合作的中心区，也是海上丝绸之路的起点，如何加强外部联系，凸显广州妇联的国际化，是未来五年市妇联的又一重点工作。妇联的国际参与，一方面可以借鉴其他国家和地区在联系与服务女性方面的经验，吸收国际妇女运动的最新成果；另一方面，也可以把广州妇联的经验进行传播。

（1）在对象选择上要突出重点。

国际化首先要确立好对象，建议广州妇联可以重点在两个方面做文章，一方面是将粤港澳合作作为首要重点，更大力度地加强与香港、澳门妇联姐妹会之间的战略合作，尤其是在服务妇女、儿童及家庭项目方面进行深度融合；另一方面可以选择广州的友好城市作为妇联密切联系的国际支点，在发达国家和地区以及“一带一路”沿线分别确立建立友好关系与互动往来的重点城市。

（2）在参与方式上要提倡多元。

目前国内妇联组织主要通过以下三条渠道参与国际事务：一是参加国际会议，这成为妇联积极发挥国际影响力的重要方式；二是开展民间外交，妇联一直是中国民间外交的主体，妇联开展的多层次、多渠道的“妇女外交”拓宽了中国对外交流的渠道；三是参与国际项目合作，这是将国际妇女事业的成果与国内实际状况相融合的重要途径。我们建议广州妇联可以综合上述三种方式，积极参加国际会议，展示广州妇联风采，传播广州妇联故事；开展广州妇联外交，透过女性组织间的交往，深化友谊，传播善意；科学选择国际合作项目，借助项目升级服务水准，提升广州妇联项目的国际化程度。

（3）在深化交流中要生产内容。

推进国际参与，要把参与实践和妇女发展有机结合起来，以参与促进女性发展，以女性发展提升参与的实际效果。未来五年，广州妇联要在国际化的过程中生成内容、形成品牌，必须要在内容上下功夫。内容方面，可以创造新内容，也可以巩固已有内容。例如广州市妇联和广州大学卫斯理安学院合作建立的“广州市妇联女性人才培养基地”可以在未来五年中进行深入挖掘，将此作为广州妇联培养国际化女性人才的摇篮。除此之外，建议广州妇联可以在未来与港澳妇联形成业务合作的项目机制，每年举办一次社会服务论坛，进行项目研讨等。

（三）未来五年的妇联格局创造

1. 适应改革需要，完成三大转变

（1）尽快完成妇联的角色转变。

妇联改革对妇联角色提出了新的要求，未来五年广州妇联要完成妇联角色的转变。这种角色转变，意味着市妇联应把自己的角色重点从自上而下地发挥桥梁纽带作用转移到自下而上地代表妇女群众的利益，从党和政府的施政助手转向党和政府稳固的施政基础转变。这种转变不是弱化妇联的角色，而是进一步将妇联作为群团组织的特性凸显出来，有助于突出妇联密切联系

妇女群众的组织形象，从而在与政府明确分工的格局中形成新的优势。妇联不是可有可无的，而是变得更加不可或缺。政府行为往往受到政策法规的约束，对新的社会需求反应较慢，而妇联只要是涉及妇女群众利益的事情，便可迅速反应，及时引导妇女发展的潮流。广州妇联要借助思维的转型与业务的升级，扮演广州女性的贴心人、传感器的作用，这既是群众的需要，也是党和政府的期待。

（2）尽快完成妇联职能的转变。

集聚妇联优势，确立与政府部门分工协作的公共参与新架构，是未来妇联可以发挥作用的大前提。过去，妇联在参与公共管理和服务时所承担的公共职能相当广泛，几乎涵盖政治、经济、社会、文化等所有领域，与政府职能存在明显的同构。这既有传统计划体制的影响，也有妇联作为性别组织而涉及面广的因素。但是职能过多过泛，就不利于凝聚有限资源有效地开展工作，也难以避免发生缺位和越位的问题。在这样的情况下，妇联不可能也没必要把与妇女有关的所有事物都纳入自己的工作范畴，而应该在市委和市政府的中心工作、妇女群众的需求和妇联职能三维交叉点上寻找自身的最佳定位，确立自身的优势职能领域。

透过研究妇联章程并联系妇联三大职能，我们认为未来五年广州妇联的职能大致有以下三类：

一是任务型职能，扮演倡导者和实施者的角色，由党委政府提出任务，妇联来实施，这类职能是市妇联必须要履行的，唯有此才能兑现妇联的政治属性，但是建议市妇联要有所主张、有所侧重、有所区别地完成好党委政府的工作，体现妇联特色，发挥妇联优势。

二是补充型职能，即由于政府和妇联对社会需求的反应有慢有快，一些社会有需要但政府未及时做的事情，妇联可以先行去做，并借助妇儿工委以及妇联自身的体系管道，及时汇报妇联工作的成效，体现妇联价值，赢得更大的妇联工作空间与资源。

三是开创型职能，即市妇联从自身特定性质和妇女儿童发展的前瞻性出发，妇联可以创造性地提出引导社会潜在需求的项目，提供原创性的公共产品与解决方案。此类职能市妇联一方面要在体制内宣传，得到体制的认可与支持；另一方面要在社会层面进行引导，从而树立妇联的影响力与存在价值。

（3）尽快完成妇联业务的转变。

市妇联业务已经进行了进一步的梳理与重整，现划分出“六大板块”与“四大品牌”，接下来，市妇联还将在业务执行方式上进行转变，具体如下：

一是将下游维权变为源头维权，市妇联将更加重视代表妇女利益，参与和推动政府立法，为女性发展营造更好的公共政策环境。应将主要着眼点定位于发现、汇集新时代下妇女群众对美好生活的要求与不平衡不充分间的矛盾，既能把社情民意及时反馈到党政决策部门，又能向党委政府提供高质量的决策建议和解决方案。把市妇联参与政策法规制定、监督政策法规实施、监测政策法规影响三个环节有机统一起来，推动性别平等进入决策主流，使女性需求在决策层中达成共识并成为政策法规，同时有效地付诸实施，跟进并监督广州“两纲”的执行情况。

二是变妇联直接服务为助推多种力量共同为女性服务，营造妇联工作的生态圈。未来五年，市妇联的业务模式的发展成效，不在于市妇联自身做了多少，而在于市妇联与支持妇联工作的伙伴一起做了多少，只有这样妇联才能越行越远、越做越强。

三是将社会倡导与产品输出相结合，在倡导社会关爱妇女儿童的同时，妇联也要有看得见摸得着的服务产品。母婴室、儿童托幼服务、女性众创空间、“妇女儿童之家”这些都是妇联在进行倡导的同时，生产出的新产品与新平台，妇联只有“一手抓倡导，一手抓产品”，才能实现妇联关爱的可视化与生活化，唯有此妇联才能被更多女性所感知、接受、喜爱、拥护。

2. 勇于开拓创新，实现三维发展

（1）推动“妇联＋”战略，扩大妇联广度。

在以往的广州妇联工作中，已经形成了“妇联＋”战略的三大支点：一是通过有组织地录用、培训现有妇联干部，有计划地引进专业人才，建设以妇联为主体的专业化妇联工作队伍；二是通过借用“外脑”、引进智力，组织一支较为稳定的包括法律、心理、社会工作、传播、创业等多种学科在内的外围专家队伍；三是通过更加紧密地团结各妇联团体会员、机关妇委会、工会女职工委员会、企业、社会组织等，建立妇联工作横向支持系统。未来五年，广州妇联的“妇联 +”战略，将在进一步巩固三大支点的同时，通过组织创新推动不同层次、不同类型的女性组织及个人的整合，形成参与妇联事业的合力。“妇联 +”一方面加职能部门，发挥妇联在体制内的多部门联动效应；一方面加各类学科，丰富妇联的知识面；一方面加不同地区，扩大妇联的眼界，形成更大的影响力。

（2）注重顶层设计，提升妇联的高度。

广州妇联将深入分析和研判，融入广州发展大战略中的站位与角度，落实和创新在全国妇联改革中的选点及作为。在立足自身实际的基础上，根据形势需要选择或调整妇联参与的切入口。例如在参与决策层面，市妇联将重视拓展对人大、政协的互动，同与妇联密切相关的党政部门形成稳定的联系渠道，积极献言献策。与此同时，加强对妇女群体社情民意的吸收和综合，定期开展阶段性的妇女儿童发展状况调查，充分利用现有政策空间组织女性市民参与政府和立法、执法机构的相关听政会议，提高对女性公共决策的影响力。抓住机会，善于解决问题，在重难点问题的突破中展现妇联的作用。

（3）坚持科学施策，加大妇联的深度。

妇联工作要去除表面化、形式化，就必须钻研问题，找寻问题的根本原因。因此，必须加强对妇联问题的深入研究，并将研究成果转化为妇联下一步的行动。妇联的品牌化、信息化、社区化建设都需要进一步深耕细作，多问几个为什么，不断探寻最优解，将是未来五年广州妇联能够砥砺前行的关键。许多工作也许再往前一步就会开辟更大的局面，例如广州市儿童福利会的发展，目前已经朝向社会化转变的过程中，如能参照《中华人民共和国慈善法》的要求，将其升级为具备公募资格的妇女儿童基金会，则可为广州妇联未来的社会资金筹募与公益慈善项目的推展奠定坚实基础。

3. 讲求结果导向，构建妇联新版图

未来五年的广州妇联发展，将最终实现妇联改革的目标，实现妇联转型

升级，广州妇联的新版图将会硕果累累。所有的战略规划，都要绘制蓝图，阐述结果，我们也尝试将妇联发展的未来图景进行简单的勾勒，具体如下：

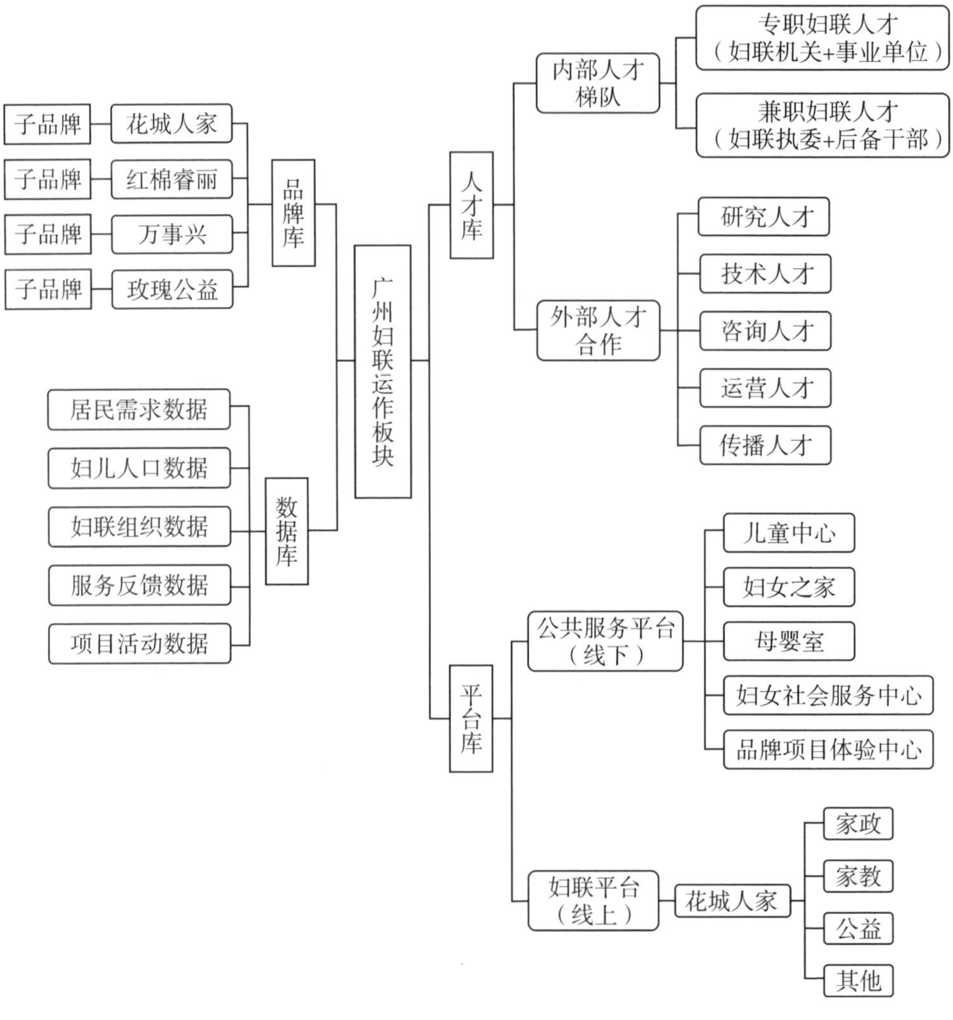

广州市妇女联合会

广州开发区优公益社会工作研究中心

广州市妇联组织改革创新研究报告

2015年7月10日，中共中央印发了《关于加强和改进党的群团工作的意见》（以下简称《意见》），这是中国群团工作和群团改革的纲领性文件。《意见》中提到，当前中国群团工作与新形势新任务的要求相比仍存在许多不适应。如群团组织基层基础薄弱、有效覆盖面不足、吸引力凝聚力不够问题突出，特别是在非公有制经济组织、社会组织和各类新兴群体中的影响力不强；有的群团组织工作和活动方式单一，进取意识和创新精神不强，存在机关化、脱离群众等问题。中共十九大指出，当前中国已经进入中国特色社会主义新时代，中国社会主要矛盾已经发生转换，要推进国家治理体系和治理能力现代化，创新社会治理，打造共建共治共享的社会治理格局。中共十九大报告也对群团组织提出了新要求。通过全国总工会、上海和重庆的群团组织改革试点，为全国的群团组织改革积累经验，为全面的群团组织改革指明了方向。新时代的新形势下，广州市妇联面临的一系列问题也需要通过改革创新来解决。

《广州市妇联组织改革创新研究报告》通过分析中国群团组织的指导思想和基本角色，借鉴各地试点改革经验，结合广州本地实际问题，提出自己的改革目标和主要措施。报告共分为五部分：第一部分分析中国妇联组织改革的历史变迁与指导思想；第二部分分析广州市妇联组织的社会服务工作成就与绩效；第三部分分析广州妇联存在的问题及其原因；第四部分分析中国群团改革试点单位的改革方案和经验；第五部分提出广州市妇联组织改革的基本思路和主要措施。

一、妇联组织改革的历史变迁与指导思想

中华人民共和国成立以来，妇联组织虽屡经变迁，但始终不忘初心、不改初衷，作出了巨大贡献。中国妇联组织的发展，经历了不同的历史阶段，体现出不同的时代特征。为了适应新的时代要求，改革开放以来，中国工会、共青团和妇联等群团组织还相继进行过多次改革，并积累了大量丰富的改革发展经验。回顾中华人民共和国成立以来妇联组织改革的历史变迁、把握妇联等群团组织改革脉动的历史规律，对于当前中国特色社会主义新时代的妇联组织改革无疑是裨益甚多的。当前，《意见》是妇联群团组织工作改革创新的纲领性文件。认真学习《意见》，深入领会中央精神，才能做好本地群团改革工作。同时，从政治学、行政管理学等学科理论出发探讨妇联的基本角色，有助于确立改革发展的方向，寻找改革的措施。

（一）中华人民共和国成立以来中国妇联组织的发展变化

自中华人民共和国成立以来，中国妇联组织顺应时代潮流，不断发展进步。在中华人民共和国成立之后的不同时期，中国妇联工作在宏观制度环境、妇联组织中心任务、妇联组织功能定位、妇女工作面临的主要问题、妇女工作范围和工作重点及工作方式、妇联运作机制等方面都有较大变化，呈现出不同的时代特征（表1）。自1949年首次召开全国妇女代表大会以来，除“文革”时期遭受破坏被迫停止外，中国妇联组织已经召开了11届全国妇女大会，在不同的历史时期分别发挥了巨大作用。系统梳理历届全国妇女大会，同样可以发现中国妇女工作有着明显的时代特征（表2）。与中国妇联组织的历史变迁相适应，妇联组织的机构职能与社会定位也顺应不同时代的要求做出了多次调整（表3）①。

① 本文表1、表2、表3、表4均转引自北京大学刘继同教授在2016年广州中山大学的演讲。

表 1　中国妇女工作历史发展阶段与时代特征基本情况一览表（1949—2016 年）

分析层面	1949—1977 年	1978—1989 年	1990—2001 年	2002—2016 年
宏观制度环境	社会主义建设	四个现代化建设	市场经济体制	全面建设小康社会
妇联中心任务	经济与国家建设	四化与妇女素质	妇女发展与维权	男女平等与主体性
妇联功能定位	服从国家经济建设中心任务	参与、教育、代表、服务、维权	参与、教育、代表、服务、联谊	服务大局、妇女桥梁纽带、社会支柱
妇女主要问题	婚姻、家庭、母亲、妇女儿童福利	环境、观念、体制与妇女主体问题	环境、观念、素质与妇女发展问题	观念、权益保障、主体性能力素质
妇女工作范围	保护婚姻、母亲、家庭、儿童、经济生产	政治、经济生产与妇女儿童权益	妇女发展、维权、儿童保护、法制	经济、健康、教育、福利、法律保护
妇女工作重点	参加生产、妇女儿童家庭福利事业	提高素质与维护妇女儿童权益	妇女素质、儿童保护与权益保护	妇女发展、维权、男女平等、儿童保护
妇女工作方式	准行政、群众性、群体化和运动式	运用行政、法律、经济、社会方法	活动吸引服务凝聚群众工作方式	多元化与社会化综合性与行政化
妇联运作机制	服务中心、组织建设、准行政化、群体化和活动化	服务中心、体制改革、行政化与社会化均趋加强	社区型、竞赛化、社会化、行政协调与法制化机制	党委领导政府重视妇联协调各方参与的社会化工作格局

表 2　中国妇女工作时代特征与全国妇代会工作报告主题状况一览表

时间	届次	报告人	主题
1949	1	邓颖超	中国妇女当前的方针任务报告
1953	2	邓颖超	四年来中国妇女运动的基本总结和今后任务
1957	3	章蕴	勤俭建国、勤俭持家，为建设社会主义而奋斗

（续表）

时间	届次	报告人	主题
1978	4	康克清	新时期中国妇女运动的崇高任务
1983	5	康克清	奋发图强，开创妇女运动新局面
1988	6	张帼英	自尊、自信、自立、自强，为深化改革、振兴中华建功立业
1993	7	黄启璪	全国妇女团结起来，为建设有中国特色的社会主义努力奋斗
1998	8	顾秀莲	高举邓小平理论伟大旗帜，团结动员各族各界妇女为实现中国跨世纪的宏伟目标努力奋斗
2003	9	顾秀莲	以“三个代表”重要思想为指导，团结动员全国各族各界妇女为全面建设小康社会而奋斗
2008	10	黄晴宜	高举中国特色社会主义伟大旗帜，团结动员各族各界妇女为夺取全面建设小康社会新胜利而奋斗
2013	11	宋秀岩	高举旗帜，凝心聚力，团结动员各族各界妇女为实现中国梦而奋斗

表3　中国妇联组织机构职能与社会定位历史发展状况一览表

时间	报告人	妇联组织机构职能与社会定位的历史发展状况
1953.4.16	邓颖超	战斗、生产、教育是当前三大要务
1983.9.2	康克清	坚决维护妇女儿童的合法权益，抚育、培养、教育儿童少年健康成长，充分发挥妇女在建设社会主义物质文明和精神文明中的重大作用
1988.9.1	张帼英	参与职能；教育职能；代表职能；服务职能
1993.8.31	黄启璪	各级妇联坚持以经济建设为中心，全面履行自身的社会职能；把妇联组织建设好，充分发挥其参与、教育、代表、服务、联谊职能，形成具有宣传、教育、培训、科研、维权、生产等多功能的服务网络
2013.10	宋秀岩	充分发挥党和政府联系妇女群众的桥梁纽带作用以及国家政权的重要社会支柱作用；努力建设学习型、服务型、创新型妇联组织

中国妇女儿童事业取得的伟大成就，吸引了世界各国人民的目光。1995年，联合国第四次妇女大会在中国隆重召开。就在当年，中国首次发布了《中国妇女发展纲要（1995—2000年）》。此后，中国还于2001年和2011年分别发布了《中国妇女发展纲要（2001—2010年）》和《中国妇女发展纲要（2011—2020年）》。2011年，中国制定的国民经济和社会发展“十二五”规划纲要，第一次分专节对促进妇女全面发展、保障儿童优先发展作出规划；2012年，党的十八大报告第一次把“坚持男女平等基本国策，保障妇女儿童合法权益”写进了党的施政纲领。纵观1995年以来的《中国妇女发展纲要》，可以发现中国妇女儿童工作优先发展领域的些许变化（表4），这些变化也反映了中国妇联组织的发展变化。中国三个妇女发展纲要的变化主要体现在如下方面：一是政治权利历史特征，广泛多样政治权利缩小为明确具体的“妇女参与决策与管理”；二是“政治权利和参与决策”优先次序的变化，总体发展趋势是排位日益靠后；三是“就业和劳动保护”转变为范围更广泛和内容更丰富的“妇女与经济”；四是“教育和职业培训”转变为更广泛和多样的“妇女与教育”；五是“法律保护”转变为内涵更多元的“妇女与法律”；六是“改善妇女发展的社会环境”转变为更加多样的“妇女与环境”；七是“扶持贫困地区妇女事业的发展”的阶段性特征明显，仅在1995—2000年的发展纲要中出现，后两个阶段均不见踪影；八是在《中国妇女发展纲要（2011—2020年）》十年规划中，首次出现“妇女与社会保障”的优先领域，与此同时，在《中国儿童发展纲要（2011—2020年）》十年规划中，也首次出现“儿童与社会保障”的优先领域，说明妇女、儿童的“社会保障与社会福利”问题首次成为国家社会政策议程的重要议题，社会历史意义深远；九是三个妇女发展纲要中，最优先领域的发展变化尤其耐人寻味，从1995—2000年纲要中的“政治权利和参与决策”，经过2001—2010年发展纲要中的“妇女与经济”，到2011—2020年发展纲要中的“妇女与健康”，可以发现，妇女的主体地位与妇女自身健康福祉成为妇女发展议程中最优先领域，凸显妇女身心健康状况的基础性与重要性地位，反映妇女健康成为妇女需要体系中最优先的内容。

表 4 《中国妇女发展纲要》框架范围内容与优先发展领域变化状况一览表

发布时间	纲要时段	纲要框架的范围内容与优先发展领域
1995 年	1995—2000 年发展纲要	①政治权利和参与决策；②就业和劳动保护；③教育和职业培训；④卫生保健；⑤计划生育；⑥法律保护；⑦改善妇女发展的社会环境；⑧扶持贫困地区妇女事业的发展
2001 年	2001—2010 年发展纲要	①妇女与经济；②妇女参与决策与管理；③妇女与教育；④妇女与健康；⑤妇女与法律；⑥妇女与环境
2011 年	2011—2020 年发展纲要	①妇女与健康；②妇女与教育；③妇女与经济；④妇女参与决策与管理；⑤妇女与社会保障；⑥妇女与环境；⑦妇女与法律

通过对中国妇联组织几十年发展变迁的历史梳理，不难发现妇联组织发展演变的些许规律[①]：

一是妇联组织的工作目标由妇女儿童发展回归到了妇女儿童福利：由妇女运动到妇女解放；由妇女解放到男女平等；由男女平等到性别平等；由妇女工作到妇女发展；由妇女权益到妇女保障；由妇女福利到妇女福祉。

二是妇联工作的理论基础由妇女儿童问题转为妇女儿童需要：由女性弱点到女性特色；由妇女问题到妇女诉求；由妇女问题到环境问题；由素质问题到能力问题；由个人麻烦到社会问题；由个人问题到社会问题，由妇女儿童问题转为妇女儿童需要；由界定社会问题转为积极回应“社会需要”。

三是妇联组织的工作对象由妇女儿童转为国家公民。

四是妇联工作的范围内容由领域化转为体系化：由妇女运动到妇女解放；由婚姻自由到参加生产；由妇女工作到男女平等；由婚姻家庭到妇女发展；由家庭生活到社会生活；由妇女素质到制度保障；妇女工作范围扩大、内容增多。

五是妇联工作的重点由妇女儿童群体转向家庭友好政策：由新法接生到婚姻自由、男女平等；由解放妇女到托幼服务、母婴保健；由减轻家务劳动到就业与家庭平衡；由巾帼建功行动到评选“五好家庭”；由下岗失业到妇女贫困、家庭贫困；由思想政治教育、家庭道德建设到家庭教育工作；由妇

① 转引自北京大学刘继同教授于 2016 年在广州中山大学的演讲，未经本人核对。

女儿童维权到推动反家庭暴力立法；由妇女儿童人群服务到推动家庭友好服务。

六是妇联工作的工作方式由活动化转向项目化：由社会运动到社会动员社会组织；由思想政治教育到五好家庭评选；由“双学双比”“巾帼建功”“五好文明家庭”三项主体活动到妇女儿童发展纲要；由宏观发展纲要到微观专门项目；由单纯行政方式到行政、经济、综合方式。

七是妇联组织的工作方法由行政化转向专业化：由传统政治运动转向现代社会专业化方法；由群体化、同质性转向个性化、特色化、多元化；由无学科专业到多学科专业——社工、法学、社会学、管理学、心理学、教育学、医学等；由单纯政治经济方法转为教育行政法治综合性；服务性质由单纯消极的补救、治疗转为全面积极的预防、治疗、帮助、康复、发展、投资等；工作方法由封闭性、准行政化、群体性政治运动、思想政治教育转向行政化、社会化、个性化、专业化。

八是运行机制由群团化转向社会化：妇联职能由政治、经济职责转向社会职责；由工作单位向单位、社区、家庭混合转变；由基层妇联组织转向区、街道、社区网络；工作人员由单纯妇联专兼职到社会力量；工作经费由单纯行政拨款到多元社会筹资；服务机构兴办主体由妇联一家变为多元主体；服务类型由发展维权到现代多元社会服务。

九是妇联组织的发展动因由单一化转为多元化：由传统封闭简单转为现代开放多样环境；由国内、国家因素到全球国际外交影响；由政治、经济因素到社会、文化因素；由思想解放理论创新转为紧迫社会问题；由社会文化历史传统转为社会结构变迁；由工作经验性发展转为国家规划性发展；由妇女儿童客体被动发展转为妇女儿童主体自觉发展。

（二）改革开放以来中国群团组织改革的历史进程

1978 年中共十一届三中全会以来，中国在政治、经济、文化、社会等领域开展了持续多年的改革开放，包括工会、共青团、妇联组织在内的群团组织也不例外。回顾改革开放以来中国群团组织改革的历程，大致可以分为三个阶段，每个阶段都有不同的侧重点，体现出不同特点，取得了丰富的改革经验。

第一阶段：1988 年体制改革起步。20 世纪 80 年代，中国各领域改革方兴未艾。1987 年中共十三大提出政治体制改革的要求，随后工会、共青团、妇联都推出了相应的改革方案。1988 年 7 月，中共中央书记处原则同意《全国妇联体制改革的设想（送审稿）》。文件指出，妇联体制改革的目标是：把妇联建设成为社会职能明确，充满活力，能够代表和维护妇女利益，对广大妇女具有吸引力和凝聚力，带领广大妇女在两个文明建设和民主政治建设中发挥重要作用的妇女群众团体。8 月，团中央印发《关于共青团体制改革的基本设想》，此文件是上报中共中央政治体制改革研究室，经中共中央书记处原则同意、共青团十二大讨论通过的。此次共青团改革是为了更好地体现团的性质，形成充满生机和活力的运行机制，而不是改变团的性质；是为了进一步明确团的社会职能，而不是改变团的任务；是为了理顺党团关系，而不是摆脱党的领导。改革的内容是：明确团的社会职能，使团在党的领导下，充分体现本组织的社会地位和存在价值，更好地发挥社会职能；改革团的组织制度，克服官气和行政化倾向，焕发自身活力，把工作重点放在基层，健全民主集中制；明确代表和维护青年利益工作的原则和任务，增强团组织的凝聚力和吸引力；转变活动方式，放开搞活基层，充分调动广大团员、团干部的工作积极性；确定共青团在国家政治生活和社会生活中的法律地位，有效地履行自己的社会职能；拓展团的活动经费的来源，减轻国家财政负担，为祖国多作贡献。9 月，全国总工会十届六次执委会议审议通过《工会改革的基本设想》。文件认为，工会改革的目标是遵循党的纲领和路线，把中国工会建设成为独立自主、充分民主、职工信赖的工人阶级群众组织，在国家和社会生活中发挥重要作用的社会政治团体。这些体制改革刚刚起步，就遇到 1989 年春夏之交的政治风波。1989 年 12 月，中共中央下发《关于加强和改善党对工会、共青团、妇联工作领导的通知》，工青妇体制改革在贯彻落实这一文件的过程中得到进一步实施。

第二阶段：1993 年机关机构改革。为了与中共十四大提出的建立社会主义市场体制的要求相适应，1993 年 3 月，中共十四届二中全会通过《关于党政机构改革的方案》，提出要加快转变职能、理顺关系、精兵简政、提高效率，并对民主党派和工青妇等社团机关的改革提出要求。据此，工青妇积极行动，分别出台各自机构改革方案。《共青团机关机构改革方案》指出，在充分发挥共青团政治功能的前提下，完善和拓展共青团的社会功能，更好地发挥党的助手和后备军作用，更好地发挥党和政府联系青年的桥梁和纽带作用，更好地发挥国家政权的重要社会支柱作用。

第三阶段：2001 年机关机构改革。为适应建设社会主义民主政治和市场经济的要求，形成充满生机与活力、密切联系群众、符合自身特点的组织机构和运行机构，2000 年 12 月，中共中央办公厅、国务院办公厅下发《关于印发〈21 个群众团体机关机构改革意见〉的通知》，启动了群团机关机构改革的工作，并要求 2001 年上半年完成改革任务。2001 年 4 月，中央机构编制委员会办公室举行群众团体机关机构改革工作会议，提出改革的四项任务：一是完善群团机关的领导和管理体制；二是理顺关系、合理划分职责；三是改进运行机制，克服行政化倾向；四是精干内设机构、精简人员编制。工青妇等群团组织按照统一要求，制定各自机构改革方案，积极推动实施。

通过对改革开放以来中国群团组织三次改革历史经验的上述梳理，不难发现，第一，中国群团改革大多是在总体改革的大背景下进行的，基本上属于党政主导下的改革，或者说是形势倒逼改革。第二，群团改革要取得成效，需要相关部门的协同配合，实施配套的改革以达到协作共治，单靠群团组织自身单骑独进的改革难以实现预期目标。第三，必须充分认识到群团改革的复杂性、长期性。同以往的行政体制改革很相似，中国历次群团改革的出发点都是“克服行政化”“加强基层建设”等，但总是反反复复。第四，有些改革是涉及全面的整体性改革，需要科学合理的顶层设计；有些则是内部机构调整，属于微调。

（三）新时期妇联组织改革的指导思想

如果说 2013 年中共十八届三中全会吹响了经济改革再出发的号角，那么 2015 年《意见》的出台和中央党的群团工作会议的召开则揭开了群团改革再出发的大幕。《意见》是今后群团组织改革的指导性文件，也是广州妇联改革创新的纲领性文件。文件中的“三性”和“四化”等是核心词语。随之开展的几个地方群团改革试点工作是改革总体思路的具体化。2017 年，中共十九大指出中国已经进入社会主义新时代，并进一步提出要“推动工会、共青团、妇联等群团组织增强政治性、先进性、群众性，发挥联系群众的桥梁纽带作用，组织动员广大人民群众坚定不移跟党走”。通过分析《意见》、十九大报告以及相关的改革试点材料，我们可以抓住其中的核心思路。

1. 妇联改革创新的基本方向

《意见》中明确提出的群团组织改革发展的基本方向——“三性”，即政治性、先进性和群众性。政治性是“群团组织的灵魂”，群团组织坚持党的领导，贯彻党的意志和主张，严守政治纪律与政治规矩；先进性是要求群团组织主动适应市场经济以及互联网带来的社会变革，构建新模式，推进国家治理的现代化；群众性是让群众成为工作的中心，让群众当主角，在多元利益诉求的时代，群团工作需要深入基层，提升服务群众的能力。这三个方面的工作并非彼此孤立，而是相互关联、相互促进，重新激发群团组织新的活力。“三性”也是广州市妇联改革创新的基本原则和基本方向。

2. 妇联改革发展面临的一般性问题

在党的群团组织主要文件中总结了现阶段群团工作的几个突出的一般性问题，这些问题无疑也是当前妇联改革发展所面临的一般性问题。

（1）群团组织面临的主要问题。新形势下，群团组织难于发挥其基本的桥梁和纽带功能，在中国的政治体系和社会变革中有弱化的趋势。近期的中央群团工作报告中指出了新形势下的群团组织工作面临的问题：有的地方和部门党组织对群团工作重视不够，对群团工作的特点和规律缺乏深入研究，对发挥群团组织作用缺乏有力指导和支持。群团组织基层基础薄弱、有效覆盖面不足、吸引力凝聚力不够突出，特别是在非公有制经济组织、社会组织和各类新兴群体中的影响力亟待增强。有的群团组织工作和活动方式单一，进取意识和创新精神不强，存在机关化、脱离群众现象，群团干部素质需要进一步提高，作风需要改进。

（2）群团组织自身的“四化”现象。“四化”问题是中央对群团组织工作中普遍存在的脱离群众现象的概括。2015 年 7 月，习近平总书记在全国群团工作会议的有关讲话中指出了群团组织工作遇到的新情况和新问题，其中对群团组织存在的“四化”现象深为关切。“四化”即机关化、行政化、贵族化、娱乐化。所谓“机关化”主要体现为工作按部就班，“热”在机关，“冷”在基层，习惯于坐在机关传达、转发上级文件精神和工作要求，不能经常接触群众；“行政化”体现在将妇联视同于党政机关，而不是作为一个群团组织，习惯于沿用机关的工作方式方法，习惯于用会议贯彻会议，用行政命令来下达任务，以文件落实文件，用简报文章来反映成绩，和群众隔了一张皮，相差“最后一公里”；“贵族化”体现在搞活动热衷于讲排场比档次，不计成效和影响，一些干部担当意识不强，喜欢安逸享乐；“娱乐化”体现在以活动代替工作，民主管理法律维权技能欠缺。“四化”现象的实质是群团工作脱离基层、脱离群众。

（四）新时期妇联组织的基本角色

中国妇联组织是党的群众组织，是国家政权的重要社会支柱，既有管理性也有服务性。妇联组织的改革和创新是一项政治和社会管理体制改革的实践活动，所涉及的学科包括政治学、行政管理学、社会学、经济学、法学等，其中最主要的理论基础是政治学、行政管理学相关理论知识。

1. 妇联组织的政治性底色

组织的基本角色定位对于分析群团组织发展和组织的改革创新方面的问题的重要性不言而喻。政治学研究国家政权的组织形式以及运行机制。政治统治系统理论为中国群团组织的功能和角色定位提供了理论依据，比如“桥梁和纽带作用”“党对群团工作的领导作用”等，《意见》中大量文字逻辑性表述是马克思主义政治理论的运用和体现。

通过对《意见》和习近平总书记一系列群团工作讲话的研究和分析，我们可以看到中央对于群团组织改革创新的工作部署中，既强调群团组织的政治性，又强调面向基层服务群众的社会服务，政治性与社会服务性哪一种是其基本的底色？在一些群众的观念中，妇联组织是一个政府行政部门，而在党政部门看来，它只是一个群众性社会团体。一些政府领导在工作中也忽略其政治性特征，导致妇联组织在政治系统中被边缘化。然而在《意见》中所提的“三性”之一就是“政治性”，“政治性是群团工作的灵魂，是第一位”。因此，妇联组织的基本性质为政治性。

妇联组织的政治性底色体现在其产生背景和基本功能定位上。中华全国妇女联合会（全国妇联）成立于1949年中华人民共和国成立前夕，是中国共产党成立的妇女组织。“其基本功能是代表和捍卫妇女权益，促进男女平等，亦同时维护少年儿童权益，以及在全国女性中组织对中国共产党和中华人民共和国政府、政策的支持”。

妇联组织的政治性底色也体现在妇联（群团）组织的基本体制上。妇联组织由中国共产党创立并领导，其基本构架是自上而下与中国的政党和政府组织机构对应设立，各级妇联组织主要受本级党委领导，上级妇联组织对下级组织有工作指导作用。

妇联组织是国家政治统治体系的一部分，是“党和政府联系群众的桥梁和纽带”：自上而下作为党和政府各项政策的辅助执行者和支持者，妇联组织是我党落实中心任务、开展妇女群众工作的得力助手；自下而上将社会各阶层女性要求和愿望传递给党和政府。政治性职能表现为国家统治意志的实施，中国的妇联及其他群团组织是国家政治统治系统一个不可缺少的组成部分，是国家对社会治理或统治的桥梁和纽带。另一方面，作为“桥梁和纽带”，群团组织不同于其他专门的政府组织部门（财税部门、警察部门等），其不具有对社会的直接的规范性和强制性。

群团组织的主要政治职能包括两方面：其一，执行性功能。执行党和政府的妇女儿童权益保护政策。其二，沟通性功能。建立党与群众之间的密切的联系机制，在国家政治体系中作为政治沟通渠道，其基本的要求是上令下达以及下情上传，团结群众，凝聚民心。执行性和沟通性功能对组织的要求各不相同，但又相互影响。

政策执行方面，妇联组织往往是与其他政府组织合作形成合力，例如与公安司法部门合作保护妇女儿童权益。由于妇联组织缺乏直接的强制力，这方面的政策执行往往取辅助性和协调性作用。但是在当前中国社会违法犯罪问题中，涉及妇女儿童权益受损的占很高比例，往往需要妇联组织的辅助性执行功能。

在政治沟通方面，自上而下的沟通主要是通过宣传党的政策。党需要妇联这样的群团组织来弘扬主旋律和主流的价值观。自下而上的沟通则体现为党依靠妇联群团组织来了解群众、了解社会，妇联组织通过扩展自己的工作网络来收集政策信息，为党的决策提供参考。

从党群工作会议文件可以看出，妇联组织的政治性功能的发挥问题主要出现在组织的基层。“最后一公里现象”使得妇联执行性职能和沟通性职能难以得到充分实现。

2. 党领导的群众性组织

从以上论述中可以看出妇联（群团）组织的角色既有政治性质也有群众服务的性质，妇联不是典型的政府组织，也不是典型的社会群众组织。

“党领导的群众性组织”这一表述比较准确地概括了妇联组织的中国特色性。按照国家和社会的逻辑，妇联（群团）组织定位为既服务于党和政府又服务于社会的“双重服务目标”模式，具有半政治、半社会的特点，是一种“中国特色的群团组织”：非政府职能部门、非社会公益组织，不是半官方的民间组织，而是一种半民间的官方组织。

妇联作为“党领导的群众性组织”，其基本特征为：其一，基本属性为政治性，可以理解为党和政府的一个特殊工作部门，政治性和党性极强。近期的党的群团工作会议中强调：坚持党对群团工作的统一领导；妇联和其他群团组织工作“要加强不是削弱”，要“围绕党和国家的中心任务”开展工作，“服务大局”等等，说明了妇联组织更类似于政治组织而非一般的社会组织团体。其二，妇联工作的立足点是服务基层、服务群众，代表妇女利益，为妇女儿童提供公益服务。妇联组织开创的如“母亲健康快车”“妇女之家”“家庭教育”“两癌检查”等的一些服务平台和主题活动，都是立足于基层群众的需求而设计。妇联组织通过结合政府和社会资源（社会捐赠、非政府组织等）来提供社会公共服务。其三，妇联组织通过提供社会服务直接或者间接支持政府。直接参与执行党和政府的社会公共政策的执行和监督环节，例如扶贫帮弱，推进社会公平方面，妇联组织有能力在其范围内更好地帮助弱势的或贫困女性及家庭；“间接支持”是指妇联通过服务于社会帮助党和政府凝聚民心，提高群众对政府的信任，推动党和国家其他各项方针政策顺利落实。

“党领导的群众性组织”这种亦官（方）亦民（间）、亦政（府）亦社（会）的特殊角色设计具有较强的可塑性——在国家治理和能力建设中能够发挥正式的政府组织部门和典型的非政府组织（NGO）以及其他社会组织所不能发挥的作用。例如，在需要时可以承接一些政府部门的职能，辅助执行公共政策；在需要时直接走向社会发起公益行动，免费提供公益服务。但是，如同政府失灵、市场失灵一样，这种政府性半社会化的组织也会失灵，出现机关化、行政化、贵族化和娱乐化的“四化”问题。

3. 妇联组织的公益服务特色

妇联（群团）组织不是一般的党政部门，不是典型的政策执行部门。“三性”中的“群众性”要求工作的立足点在基层、在群众。“以群众为中心，让群众当主角要进万家门、访万家情、结万家亲，经常同群众进行面对面、手拉手、心贴心的零距离接触”。这表明了群团组织角色定位的草根性。另一方面，在习近平总书记讲话中，将“群众性”和“服务性”放在一起加以强调。习近平总书记指出，群团组织要着眼党和国家工作大局，立足职责定位、立足所联系的群众。要强化服务意识，提升服务能力，挖掘服务资源，坚持从群众需要出发开展工作，更多地把注意力放在困难群众身上，努力为群众排忧解难，成为群众信得过、靠得住、离不开的知心人、贴心人。

从群众的需要出发，服务群众，这规定了群团组织的草根服务性。

妇联组织的社会服务职能基本表现为其代表和捍卫妇女权益，促进男女平等。妇联组织必须服务于广大的女性特别是弱势群体中的女性。在中央讲话中也提出群团组织“依法依章程独立自主开展工作”，可以看出妇联组织具有一定的社会自主性。近期中央对妇联（群团）组织出现“四化”问题的分析中指出了群团组织脱离群众的倾向，要求通过贴近群众，提供更多更好的社会服务，取得群众的信任和支持。妇联不同于一般的社会组织，其社会服务的方式、手段和类型都具有一定的特殊性。

妇联组织同其他政府组织（如警察和教育）一样，利用人力、物力和财力为社会提供满意的公共服务。鉴于其组织以及服务的对象特殊性，目前，妇联组织提供的公共服务具有如下特征：

其一，服务的提供方式以行政性组织为主导，人力、物力和财力主要来自政府部门或者妇联组织与其他部门合作提供。

其二，服务的内容以女性权益保护为主，特别是弱势群体中的女性。具体的项目有女性的家庭服务和家庭教育、女性职业选择和创业的帮助、女性的疾病救助等等，这些服务种类既包括了个别化服务，也有共享性服务，既有无形的服务（如信息和精神帮助），也有实物形式的帮助（如钱财、物品）。

其三，以免费服务为主，服务质量和绩效的评价主要来自妇联组织的干部人事管理系统。

二、广州市妇联组织社会服务：成就与绩效

妇联外部的社会工作和社会服务主要体现在基层，基层组织是整个组织架构的末端和“窗口”。妇联通过窗口直接与社会群体和普通群众接触。组织的能力和绩效在此环节中得以体现。因此，《意见》中提出的社团改革，其重心和落脚点就是群团组织的基层改革和建设问题。基层组织的工作以“项目”“平台”以及“活动”等载体方式呈现出来。在新形势下，广州市妇联组织工作一直在探索之中，创造了许多具有本地特色的具有时代特色的工作形式、工作载体。下文将先分析这些社会工作载体，然后考察其运作中的绩效与问题。

（一）广州市妇联“平台类”工作载体分析

“服务平台”是妇联组织开展社会工作，提供社会服务的最重要阵地。目前广州市在平台搭建方面投入的时间、经历以及资源最多。这里介绍三个主要的平台搭建和运作状况。

1. 社区妇女之家

自 2010 年起，广州市按照全国妇联的要求，开始在所有村级组织和社区活动场所建立“妇女之家”，目前已经如期完成了 2673 个村（社区）“妇女之家”的设立工作。为让其有效开展工作，主要开展如下的创建工作：

（1）树立典型。广州市妇联评选出 39 个省市级“妇女之家示范点”，供学习模仿。

（2）建立规范。对妇女之家的各类考核指标进行量化，推动妇女之家工作的规范管理。

（3）创新服务模式。妇女之家的人力资源供给方面采用“妇工 + 社工 + 义工”的模式；工作形式方面采取“传统经验 + 专业化技能”，如有的“妇女之家”通过巾帼文明岗、巾帼创业平台吸引妇女创业就业，有的“妇女之家”成立互助小组关爱弱势群体。

2. 妇联网络服务平台

信息网络时代，人们习惯于通过网络发出诉求，满足自己的需求。广州市妇联组织为更贴近广大网民，更好地开展妇联的社会服务，重点打造家庭领域三大网络平台：家政服务、家庭教育、公益慈善。

（1）家政服务公益 O2O 平台。整合政府资源，吸收家政企业，“网上 + 客户端 + 电话”模式，开展网上家庭公共服务。

（2）家庭教育联盟 O2O 平台。创建“互联网 + 传统教育”，整合本地甚至全国的教育资源。

（3）“妇女儿童公益慈善 O2O 平台”。汇聚妇女儿童公益项目的资源流、项目流和信息流，为供需双方提供双向选择平台。

此外，还有“广州妈妈”等网络服务平台。

3. “女性人才”平台

为推进女性进“两委”，广州市妇联与市委组织部合作建立“女性人才库”。依托广州大学卫斯理安学院成立了“女性人才培养基地”，为“妇工 +

义工＋社工”队伍输送人才。注重从基层选拔优秀干部进入妇联，向社会公开招聘妇联直属事业单位干部。定期邀请学者和专家对各级妇联干部进行轮训。组织妇联干部和工作人员到社会服务机构“体验式学习”。

（二）“项目类”工作载体分析

（1）妇女儿童社会公益项目。包括辖区内儿童公园、儿童活动中心建设。在华美教育慈善基金会支持下，全市7个农村社区成立了乡村儿童活动中心。在争取计生和民政部门的支持下，全市推广“失独母亲玫瑰计划”。这项计划在资源方面，来自宣传部和文明办等部门的切块资金，华美教育慈善基金、广州市福彩公益金等10多个公益基金投入。

（2）“广州妈妈爱心互助”。该项目吸引115万妇女参加，筹集资金5400多万元，救助1231名患病妇女。

（3）推行“玫瑰计划”服务站。目前在3个区共设9个站，为4000多个失独家庭服务。

（4）“两癌”检查。联合卫生部门推进农村妇女“两癌”检查。除了本地农村妇女，目前正向7000名外来女工提供免费的“两癌”检查。

（三）“活动类”工作载体分析

（1）“最美家庭”活动。依托“妇女之家”广泛发动群众，通过组织推荐、公众举荐、网络自荐方式推选出“最美家庭”。开展最美家庭进社区、最美家庭书香飘、最美家庭教子有方，结合平安家庭和无烟家庭等活动，宣传好家风、好社风。

（2）举办“羊城小市长”活动。通过青少年网上知识竞赛、社会调查、拓展训练、体能测试、特长展示、看漫画讲故事、无领导小组讨论等活动，全方位考核小选手。该活动吸引了几十万的儿童参加。这样的活动提高了妇联品牌的影响力，有助于青少年的身心健康和全面发展。

（3）“巾帼维权”行动。开展“平安家庭”创建工作，建立反家暴和社会化维权机制，推动人大执法检查。下一步的工作是开展“法治广州·巾帼行动”，探索建立妇女信访代理协理制度和公益诉讼制度，建立妇联新闻发言人制度，积极回应突发事件和舆论热点。

（4）“巾帼关爱”行动。对留守流动妇女儿童、贫困残疾妇女、单亲特困母亲等特殊群体的关爱服务。

（四）广州市妇联组织基层工作载体运作状况综合分析

对上述广州市妇联工作载体及其活动进行归纳，不难发现：

（1）妇联基层组织工作服务的对象为妇女儿童以及家庭组织。服务的内容为家庭文明、家庭教育和家政服务，以及为特殊困难人群提供公益慈善服务。

（2）妇联工作服务提供为多种和多元模式，存在着专办、主导和参与等方式。实践中主要是主导模式，即广州市妇联组织倡导，政府部门帮助，其他社会组织参与。目前妇联组织正在建立“枢纽型”组织形式向社会群体提供服务。

（3）服务的三种工作载体各有优点（表5）。“平台类”稳定，持续性强，能长期服务于大众，但需要持续的资源投入；“项目类”具有突破性，能解决突出的社会问题和急需的社会服务，但需要多方参与；“活动类”借助媒体传播扩大其影响力，能起到一定的宣传教育作用，但时间短。

表5　广州市妇联组织基层工作载体及特征

	工作内容	工作模式	政治导向性	社会服务性
平台类	家政服务、家庭教育	专办者、主导者	较强	普惠性强
项目类	家庭教育、家庭文明、女性公益服务	主导者、参与者	强	针对性强
活动类	家庭教育、家庭文明	参与者、主导者	较弱	弱

“工作模式”是指开展工作的主体问题。是否由妇联独家进行，还是通过联系其他组织共同完成，或者参与和支持其他部门或组织的相关活动，依次为专办、主导、参与三种方式。

“专办”模式可控性程度高，工作任务可持续性强，用于塑造妇联组织品牌的核心价值，是妇联组织开展工作的最重要阵地。缺点是需要动用的人力、物力、资金等资源最多。

“主导”模式动员的社会资源多，容易产生重大的社会影响力。缺点是对合作方的依赖性较强，难以持续。

“参与”模式能节省组织内资源，有益于与其他组织形成良好的合作关系。缺点是工作的不确定性，影响力较小。

妇联组织的工作绩效主要考察其职能的实现程度。作为“党的群众性组织”的角色，具有政治导向性与社会服务性职能。这里从政治导向性和社会服务有效性两个方面对这些载体的运作状况进行考量。

“政治导向性”主要是指妇联作为党和政府的助手角色，响应党和政府近期的重大政策、法律宣传解释活动。可以看成是其政治功能的发挥。当然，一些群众性和社会服务其本身也包含了“政治性”，这里只是作简单的分类。政治导向性角色包括对党和国家政策进行宣传、沟通、辅助执行政策方面的工作及效果。

“社会服务性”是直接向社会组织和群众提供所需要的基本服务，比如社会救济、疾病医疗、家政等等，此类服务关系民生问题。社会服务的有效性主要考察服务的覆盖程度、服务活动的经常性、服务的方便及时性等。妇联组织的社会服务能力和绩效决定了组织整体的影响力，也是《意见》中强调的群团组织改革的主要方面。比较其中的优劣，广州市妇联组织的基层工作需要在平台和项目方面加强建设和完善。

三、广州市妇联组织发展面临的问题及原因

妇联组织与其他群团组织是中国共产党的群众路线的重要载体，在党与群众之间起着桥梁和纽带作用。随着中国经济和社会迅速发展，党和国家的治理进入了一个新的历史时期。中国共产党的群团组织发展也进入了一个新的阶段。近期中共中央有关群团组织的工作指示和部署中分析了群团组织中存在的“四化”现象。对照中央的文件和报告，我们发现广州市妇联组织的发展过程亦存在着一定问题。

（一）广州市妇联组织体制特点

全国各层次的群团组织工作中存在的“四化”问题程度虽不同，但是这

四类问题具有一定的普遍性。“四化”中的“机关化”和“行政化”就是群团组织的官僚化问题。

1. 广州市妇联组织机构设置特征

（1）横向职能部门设置上，妇联市级机构设置比较完备。广州市妇联组织的机构设置包括横向的职能部门设置和纵向的层级设置。从横向来看，市妇联机关包括办公室、组织联络部、宣传部、权益部、发展部、研究室、儿童部等7个部门，广州市政府的议事协调机构——广州市妇女儿童工作委员会办公室也设在市妇联（图1）。机关行政编制42+1（单列）名，现有在职干部37+1（单列）人，工勤6人。市妇联直属事业单位6个，包括市儿童活动中心、妇女干部学校、人力资源市场妇联分场、妇运史办、妇女儿童社会服务中心、市儿童活动中心艺术幼儿园，编制130名，在职员工98人。还有女企业家协会、女知识分子联谊会等17个团体会员。但是在其他层级的横向职能部门设置来看，则是上宽下窄。基层组织人员配置少，不设立与上级对应的职能部门。

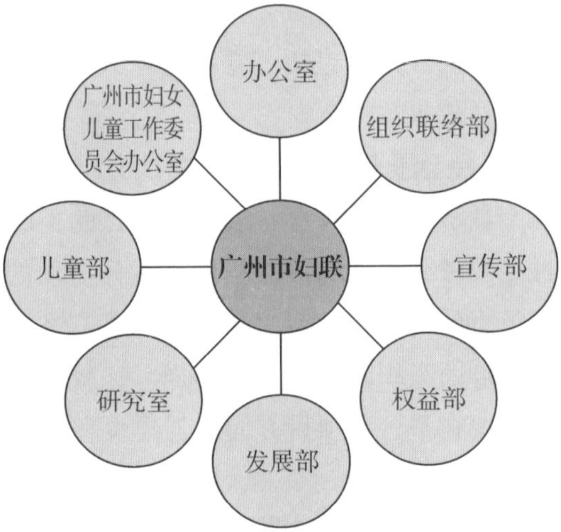

图1　广州市妇联机构设置图

（2）纵向层级设置上，设立了四级妇联组织。按照政府行政体系组织方式，广州市妇联组织设立了四级组织。市妇联下有区县级妇联11个，街镇妇联165个，社区妇联1258个，农村妇代会1141个，社区“妇女之家”2673个。机关事业单位、民主党派妇女组织395个，工会女职工委员会47227个，登记注册的妇女社团26个。从层级体系来看，妇联组织结构上小下大，层级较多，呈金字塔形结构。最基层的“妇女之家”和工会女职工委员会数量庞大，是妇联组织开展工作的重要窗口。

2. 妇联组织的“机关化”“行政化”趋势

受传统的政府组织体制的影响，妇联组织横向上机构主要集中在市级，纵向上层级过多，任务靠权力链条层层下达，基层情况层层上报。这种组织结构模式是典型的“官僚制”的组织形态。从理论上讲，“官僚制”组织的优点明显：自上而下，程序化分工明确，权责明晰，统一指挥和行动等等，像一架多部件组合的机器。但是这种理性的组织模式在现代社会生活中也越来越显示其弊端：刻板，压制人的个性和积极性；形式化，对外界的变化反应迟钝，容易导致人浮于事，效率低下。官僚制组织形态对妇联组织的消极影响是：其工作难以接近群众，对群众的需求不敏感。容易出现“机关化”和“行政化”现象。“热”在机关（工作事务停留在机关内部），“冷”在基层（社会群众没有感受到服务），差“最后一公里”。

解决行政组织的“官僚化”问题需要通过组织内部部门设置的调整和权力体制的改革实现。目前政府改革的理论和实践经验表明：“放松管制”“扁平化”等等，是僵化的“官僚制”组织的主要解困之道。上海的群团组织改革试点方案围绕“小机关，强基层，全覆盖”的组织改革目标，提出扁平化改革方案（窗口化、平台化、项目化），正是这一基本理论的具体实施。

（二）广州妇联基层组织及工作存在的主要问题

广州市妇联基层组织的主要问题表现在：

（1）基层组织的服务网络不健全。其一，组织纵向层级制严密，但横向联系松散，妇联组织之间缺乏交流合作。其二，妇联基层组织网络建设不足。尽管按照国家规定设立了数千个“妇女之家”、数万个工会女职工委员会，但随着社会经济的发展，社会组织成倍增加，一些新型社会组织还未设立自己的妇女组织，覆盖面不够。对体制外草根社会组织、“两新”组织、新生代群体妇联组织未能入驻。

（2）基层组织运行的经费不足。目前全市已经解决了街道（乡镇）和村社区妇女组织工作经费问题，但是机关（系统）妇委会的经费未列入财政预算，绝大多数要依靠工会经费支持，使得机关单位妇联组织难以自主开展活动。在企业单位中已经设立的妇女基层组织的办事人员大多是兼职，组织的存在都只是形式，无法开展活动。

（3）基层妇女干部素质偏低，其政治地位低。一方面，基层妇联干部整体上学历不高，素质和能力都有待提高。她们过分依赖传统的权力行政方式开展工作，缺乏主动服务的意识和社会工作能力，运用网络新兴媒体联系服务妇女群众的能力不足。另一方面，妇联成员参政比例低。从广州市城乡基层村居两委换届选举的情况看，女性担任农村村委会主任比例低，女性在基层民主政治中影响力不足，难以动员社区和社会资源开展妇联工作。

（4）妇联所提供的社会服务不能满足社会需求。由于妇联的基层组织面临着以上三个主要问题，以至于所提供的服务缺乏吸引力，服务多样性、持续性和普惠性不足。其一，对妇女群众需求的多样化状况认识不足，呈现出一定的权贵化倾向，对普通妇女群众的吸引力和凝聚力下降。其二，家庭建设领域的公共服务供给分散，缺乏必要的协调机制，难以形成整体性的效力。其三，习惯于活动化社会工作方式，对长期性的服务平台建设不足。工作开展以活动式为主，无法扎根基层，不够接地气。

（三）广州市妇联工作问题的深层原因分析

妇联组织中出现这些问题的根源有外部客观的原因，如社会变革，也有内部自身原因，如观念的原因以及自身结构的原因。有体制上的，也有社会的。

1. 妇联的行政组织体制原因

中国妇联组织体制源于传统计划管理体制。行政组织体制包括机构设置和权责体制。由于妇联以及其他群团组织为中国计划体制时代的产物，妇联与政府机构同构同型。产生之初，其职能就是服务于国家的政治性目标。其组织特征是等级性的“官僚制”：层级节制，自上而下，高耸的组织结构；其内部常规工作一般使用层层的指令性方式分配；外部的社会工作也习惯于使用行政手段开展；工作重管理轻服务，绩效考核重数字轻质量。官僚制组织形态是社会发展到一定阶段的产物，有其优越性和合理性。但是官僚制的缺陷也在实践中暴露出来：行政人员相互制造工作，机构臃肿，人浮于事，资源浪费，效率低下，严重情况下腐败现象可能会在个人和单位之间蔓延。

现有的妇联的行政组织体制阻碍了基层组织的发展。

（1）现有的组织体制导致妇联组织设置的头重脚轻，基层组织力量薄弱。在集权型的体制下，少量的行政资源集中在上级妇联组织，妇联组织高层设置比较完备，但基层专门的人事配备不足，一些基层办事服务机构没有专门办公人员。基层组织本身人力和物质资源缺乏，开展活动必须获得上级支持和社会的援助；基层工作待遇低，工作环境差，工作量大；妇联机关招聘的员工不愿意下基层；基层妇联组织人员数量少，素质低，服务和创新能力不足。

（2）现有的管理和激励机制导致基层组织也“行政化”。现有的妇联组织体制阻碍了妇联基层组织的社会服务能力发展。基层的“眼睛”向上看而不是向下看：基层单位和人员的评优、考核和晋升等激励机制实施在于上级部门；工作任务等待上级安排，与服务对象需求有距离。按照行政区划设立的妇联基层组织尽管人员专职化和工作规范化，但主动服务意识不足。现有的激励机制也难以培养出精通妇女群众基层服务的专家。一方面基层的服务所需的资源不足，另一方面“机关化、行政化”的形式化工作却浪费大量的行政和社会资源。基层社会服务项目和平台重视建设但缺乏持续的支持。大量的妇联服务项目和平台搭建起来，却缺乏有效的运行管理而被浪费和中断。

2. 传统行政文化原因

传统行政体制中形成的“官僚”行政文化包含在整个组织体系中。文化形成习惯和观念。妇联的基层组织是妇联组织的外部工作的主要窗口，传统行政文化的缺陷在窗口部位容易显现出来，表现为基层社会服务意识与自主竞争意识的缺乏：

其一，缺乏社会服务意识。没有认识到妇联的工作的服务性和基础性，工作脱离女性群众、脱离社会。把组织当成国家机构的组成部分，过分强调其政治职能，忽视了其工作的基本立足点是服务于女性社会群体。妇联组织的任务习惯依靠上级层层传达，等待上级指令，不把妇联组织当成是社会服务的提供者，不关心社会群体的需求。按照《意见》的分析，群团组织存在的“四化”现象都与现代公共部门的共服务理念缺乏相关。

其二，缺乏竞争和变革意识。中国的社会组织迅猛发展，其他的社会NGO也在提供妇联类似的服务。这些组织在服务的生产和提供方面更关注“市场”——现阶段女性的需求，能够很快抢占原来属于妇联组织的地盘。这种公共服务多元竞争的局面已经形成，而且还会不断强化。由于妇联工作的机关化、行政化，基层组织不关心其服务对象及其社会需求正在发生的变化，例如“两新”组织、网络社会等等，没有得到深入研究。花费了大量的人财物力，但提供的服务形式化、简单化，缺乏精耕细作，难以吸引新时代的广大女性群体。看不到这样的变化，等待的就是不断减少的“市场份额”和组织的萎缩，这是妇联组织面临的一大挑战。

3. 社会环境的原因

不断变化的社会环境是所有的正式组织都会面临的问题，原有的组织运行方式不能适应新形势。中国的改革开放带来了社会和经济的巨大变化：新型的社会群体不断涌现，新的社会问题层出不穷，新的社会需求不断产生。对于妇联群团组织来说，如何将党的政策深入贯彻到多样化的、变化的社会群体中，将是一个十分重要而现实的问题。另一方面，在社会需求日益多元化的情况下，如何创新服务平台和项目为不同女性群体提供所需服务也是一项重大难题。

新形势下，妇联作为党的群团组织有效履行其职能和任务，面临着三个方面的挑战：

（1）政治引导力的挑战。在社会群体的多元价值追求环境下，如何宣传党和国家倡导的主流价值观？如何帮助党和政府提高其威信和信任？如何推动国家的妇女权益保护政策实施？这是妇联组织重要的政治任务。除了直接利用其发达的组织网络，发挥妇联的政治功能，还需要向女性群体以及家庭组织提供有效的服务来团结群众，凝聚民心。通过社会服务的广覆盖来扩展妇联的政治引导力和政策执行力。

（2）新形势下提供社会公共服务能力的挑战。妇联在数量和质量上能否满足多元社会的妇女儿童群体的公共需求。

（3）应对组织自身改革的挑战。妇联组织须通过组织体制变革、观念的转变来适应外部的环境和任务的变化，这样的变革可能会导致一些单位和个人利益受损，如何处理整体与部分的利益是改革成败的关键。

四、国内群团组织机构状况以及试点单位的改革比较分析

目前上海市和重庆市群团组织以及全国总工会作为群团改革试点地区和单位已率先启动。这里结合试点单位提出的群团组织改革方案以及官方媒体所作的宣传报道，进行分析和归纳。

（一）2015 年改革之前中国群团组织机构状况

2015 年，党中央发布《意见》，开启了中国新一轮群团组织改革的序幕。群团改革的一个重点方面是精简机构和人员，转变职能。中国幅员辽阔，各地差异巨大，各地群团组织虽然在根本性质上是一致的，整体上也没有太大差异，但由于各方面原因，各地妇联组织在机构、人员编制等方面还是存在许多不同，群团组织中，工会、共青团和妇联也存在一些差异。我们认为，系统梳理全国各地妇联组织机构状况以及工会、共青团和妇联在国家、省、市层面的大状况，对于有效推进广州市妇联组织改革有一定的参考借鉴价值。

全国现有 31 家省级妇联组织。由于各方面原因，各地妇联发展既呈现出许多共性，但也存在一定的区域性差异。表现在妇联组织结构方面，我们发现，各省级妇联组织机构的设置在机构数量、机构名称以及职能配置等方面都略有不同（表 6）。

表 6　全国省级妇联内设机构一览表（不含机关党委和妇儿工委办公室）

省份	机构数量	机构名称
北京	10	办公室、组织部、宣传部、研究室、联络部、妇女发展部、权益部、社会工作部、家庭儿童部、老干部处
上海	8	办公室、组织部、宣传部、权益部、联络部、妇女发展部、综合管理部、儿童和家庭工作部

（续表）

省份	机构数量	机构名称
天津	8	办公室、组织联络部、宣传部、权益部、儿童工作部、城乡工作部、实业发展部、老干部处
重庆	10	办公室、理论研究室、组织联络部、宣传教育部、农村工作部、城市工作部、维护妇女权益部、儿童工作部、妇女儿童事业发展部、人事部（离退休人员工作处）
广东	6	办公室、组织联络部、宣传部、发展部、权益部、儿童工作部
广西	9	办公室、组织部、宣传部、妇女发展部、权益部、儿童工作部、权益部、对外联络部、后勤服务中心
湖北	8	办公室、调研室、组织联络部、宣传部、妇女发展部、权益部、儿童工作部、离退休干部工作办公室
黑龙江	7	办公室、研究室、组织联络部、宣传部、发展部、权益部、儿童部
吉林	7	办公室、研究室、组织联络部、宣传部、权益部、妇女发展部、家庭儿童工作部
辽宁	7	办公室、组织联络部、宣传部、权益部、妇女发展部、儿童工作部、老干部处
山东	7	办公室、研究室、组织联络部、宣传部、发展部、权益部、儿童部
山西	7	办公室、组织部、宣传部（调研室）、妇女发展部、权益工作部、儿童工作部、离退休人员管理处
河南	7	办公室、组织部、宣传部、妇女发展部、权益部、儿童工作部、研究室
河北	7	办公室、组织联络部、宣传部、妇女发展部、权益部、家庭儿童部、离退休干部处
陕西	9	办公室、组织部、宣传部、城乡工作部、权益部、儿童工作部、联络部、研究室、老干部处
四川	8	办公室、组织部、联络部、宣传部、妇女发展部、权益部、儿童工作部、离退休人员工作处
贵州	8	办公室、理论研究室、组织部、宣传部、妇女发展部、权益部、儿童部、离退休干部处
云南	6	办公室、组织联络部、宣传部、妇女发展部、权益部、儿童工作部

（续表）

省份	机构数量	机构名称
海南	7	办公室、组织联络部、宣传部、妇女发展部、权益部、儿童工作部、机关工会
福建	7	办公室、组织部、宣传部、联络部、妇女发展部、权益部、儿童工作部
江西	7	办公室、组织部、宣传部、妇女发展部、权益部、儿童工作部、国际联络部
浙江	6	办公室、组织联络部、宣传部、妇女发展部、权益部、儿童工作部
江苏	6	办公室、组织联络部、宣传部、妇女发展部、权益部、儿童工作部
内蒙古	6	办公室、组织联络部、宣传部、妇女发展部、权益部、儿童工作部
新疆	8	办公室、组织联络部、宣传部、妇女发展部、权益部、儿童工作部、纪检监察室、老干部处
西藏	5	办公室、组织宣传部、权益部、城乡工作部、培训中心
青海	6	办公室、组织部、宣传部、发展部、权益部、儿童工作部
甘肃	6	办公室、组织联络部、宣传部、妇女发展部、权益部、儿童部
宁夏	6	办公室、组织部、宣传部、发展部、权益部、儿童部

通过表6可以看到，全国省级妇联中，内设机构数量和名称虽不尽一致，但差异不算太大。整体而言，省级妇联中，内设机构数量最多的是北京和重庆两个直辖市，都设有10个部室；其次是广西和陕西，都是9个部室；设有8个部室的较多，共有6个省份；设有7个部室的最多，共有10个省份；设有6个部室的也不在少数，共有8个省份，但有一半是内蒙古、青海、甘肃、宁夏等人口较少的省份；设有5个部室的则仅有西藏1个省份。值得注意的是，中国经济最发达的广东、浙江和江苏3个省份的省级妇联内设机构都是偏少的，都是6个部室，但其中广东省人口最多，广东省妇联联系的妇女群众显然也是最多的。可见，广东妇联组织在全国妇联组织体系的前几轮改革中属于改革最彻底、机构最精简的一个。

省级妇联内设机构如此，那么，各省会所在地的市妇联组织机构状况又是如何的？我们同样可以进行简单对比。

表7 部分省会城市妇联内设机构一览表（不含机关党委和妇儿工委办公室）

城市	机构数量	机构名称
郑州	8	办公室、研究室、组织部、宣传部、发展部、儿童部、权益部、联络部
成都	8	办公室、研究室、组织部、宣传部、发展部、儿童工作部、权益部、就业部
长春	7	办公室、组织部、宣传部、城市工作部、农村工作部、维护妇女儿童权益部、儿童部
武汉	7	办公室（研究室）；组织联络部；宣传部；妇女发展部；权益部；家庭工作部；社会工作部
济南	7	办公室、研究室、组织联络部、宣传部、发展部、权益部、儿童部
广州	7	办公室、研究室、组织联络部、宣传部、权益部、发展部、儿童部
西安	6	办公室、组织联络部、宣传部、妇女发展工作部、权益工作部、儿童工作部
南京	6	办公室、组织联络部、宣传教育部、妇女权益部、城乡工作部、儿童工作部
长沙	6	办公室、组织联络部、宣传部、妇女发展部、权益部、儿童工作部

通过表7可以发现，中国省会所在地城市的妇联组织内部机构数量主要集中在6—8个部室，广州设有7个，数量居中。但值得一提的是，广州市在所有省会城市中人口数量最多，广州妇联的工作对象无疑也是最多的。广州虽仅为省会城市，但在经济发展与政治社会管理等方面无疑处于与北京、上海相并列的“第一梯队”，广州的人口体量、经济总量都与北京、上海相差不大。在省会城市中，广州妇联机构数量处于中等，但与北京、上海相比，广州市妇联显然更为精干。

群团组织改革涉及工会、共青团、妇联等不同组织，那么同为群团组织的另两家组织工会和共青团的组织结构状况优势如何呢？我们不妨以各自的全国、广东省和广州市三级机构为例进行对比分析。

表8　工会、共青团、妇联三级组织机构比较

组织类型	机构数量	机构名称
全国总工会	21	办公厅、组织部、宣传教育部、研究室、权益保障部、劳动和经济工作部、基层工作部、网络工作部、社会工作部、法律工作部、女职工部、财务部、国际联络部、全国总工会经费审查委员会办公室（审计室）、机关党委、机关离退休干部局、资产监督管理部、中国工运研究所、信息中心、中国职工对外交流中心、机关服务中心
团中央	11	办公厅、组织部、宣传部、城市青年工作部、农村青年工作部、学校部、少年部、统战部、维护青少年权益部、国际联络部、机关党委
全国妇联	9	办公厅、组织（联络部）、宣传部、妇女发展部、权益部、儿童工作部、国际联络部、机关党委、离退休干部局
省总工会	19	办公室、组织部、宣传教育部、保障工作部、劳动保护部、经济工作部、女职工部、财务部、经费审查委员会办公室（审计室）、机关党委办公室（与纪检监察室合署办公）、研究室、老干部工作处（内设）、基层组织建设部（加挂广东省民营企业工会联合会牌子）法律顾问室、对外交流中心、实业发展中心、职工技术协作中心、机关后勤服务中心、省港大罢工纪念馆
团省委	10	办公室、组织部（直属机关党委、纪检监察室）、宣传部、权益部、城市青年工作部、农村青年工作部、统战联络部、学校部、少年部、机关党委办公室
省妇联	7	办公室、组织联络部、宣传部、发展部、权益部、儿童工作部、机关党委
市总工会	13	办公室、组织部、财务部、宣传教育部、经济工作与劳动保护部、生活保障部、基层工作部、法律工作部、女职工部、国际联络部、事业发展部、审计室、离退休干部管理处
团市委	11	办公室、组织部、宣传部、青工青农部、权益工作部、学校少年部、联络部、社会工作部、广州市青运史研究室、广州市志愿者行动指导中心、青少年发展基金会
市妇联	7	办公室、组织联络部、宣传部、研究室、发展部、权益部、儿童部

通过表8对工会、共青团和妇联系统的三级组织对比分析，不难看出，在组织机构方面，工会是名副其实当之无愧的“老大哥”，无论是全国层面还是地方层面的组织机构都比共青团和妇联庞大许多；共青团居中，其组织机构比工会少、比妇联多，且有意思的是，三级共青团的组织机构数量上下一致，都是11个；妇联则最为“瘦身”，从中央到地方在三类组织中都处于相对“弱势”的地位，机构最为精简。

（二）三个群团试点单位的改革目标与具体措施

1. 上海市群团组织改革方案

上海市群团组织改革的基本目标是：建立“小机关，强基层，全覆盖”的组织体系，增强其群众性服务性。为增强基层力量，设计了相关配套的具体改革方案：减少中间层级，推动组织扁平化，内设机构精简幅度不低于25%；减少机关人员，充实到一线工作中，提高一线员工比例，群团机关职位兼职化；改革群团干部的管理方式，专、挂、兼职结合，专职干部实行遴选制；打造网上群团，有形的实体组织与无形的工作网络结合，提高服务的广度和深度等等。

2. 重庆市群团组织改革方案

重庆市群团组织改革的基本目标是：“小机构，大网络，强基层，全覆盖”的组织体系。具体的改革方案：基层乡镇至少配备1名专职群团工作岗位，并采用专职、兼职挂职结合，购买社工服务；区县级群团增加编制（来自市级精简），采用事业部制；市级机构和人员均有大幅度的精简；在市级领导机关领导人事制度改革，挂（兼）职干部来自基层一线和新型领域阶层，无须职位和级别对等，采用新的考核方式；经费的投入与使用方面，设立“群团事业发展基金”，通过“财政投入＋社会募集”增加投入，这些经费不能用于行政运行支出，一律用作社会服务提供；以公共服务中心为依托，建立基层社团服务站，与基层党建、公共服务中心、文化活动场所，共享共建，统筹协同，形成合力；扩大对新领域新阶层的有效覆盖，在非公经济和社会组织内群团建设与党建同步。

3. 全国总工会改革方案

全国总工会改革的基本目标是：增强“三性”，去除“四化”，做强基层，着力创新。具体的改革方案：提高领导机构中职工代表的比例；建立扁平化组织结构，整合优化机关职能和机构设置；更多的经费直接用于基层和普通职工群众；开辟网上申请入会；提高基层一线工人、工程技术人员在劳模评选中的比例；突出维护职工的基本权益；提升农民工入会和服务工作；探索工会服务职工满意评价制度；强化工会资产服务职工功能；开通全总微博、微信和移动客户端等。

三个试点单位的改革方案已经提出并着手实施。三者大致相同，具体措施略有不同。

（三）试点方案的比较分析

1. 组织结构的改革

组织的改革从形式上看有组织结构和领导体制的改革创新，从内容上看有职能范围和实现方式上的调整变革。从试点单位的改革方案来看，改革的重心主要放在基层和服务两个方面。围绕这两方面进行组织的结构改革（如扁平化，领导干部群体的比例等）和领导体制的改革。

表 9　群团改革试点单位组织结构比较

	机关部门	基层	扁平化	领导体制
上海	精简	增强	有	兼职化，遴选
重庆	精简	增强	无	专、挂、兼结合
全总	精简	增强	有	提高职工代表比例

机构改革方面三个方案都体现了“简机关、强基层”的基本原则。但扁平化减少中间层方案只有上海和全国总工会，重庆并未实施。在领导体制的改革上力度都比较大，增加了兼职和挂职比例。

从本次上海和重庆两市妇联机关改革来看，两地均提出“小机关”的改革思路。重庆的具体做法是将原有的 11 个内设机构通过撤销、合并等方式精简为7个（含市妇女儿童工作委员会办公室），重庆市妇联机关及所属事业单位编制由 214 名精简为 171 名，精简了 20%。但重庆此前本身机构规模较大、结构不尽合理，如原曾分别设有城市工作部和农村工作部，在本轮改革中被精简。上海市妇联机关原有 8 个部室：办公室、组织部、宣传部、权益部、妇女发展部、联络部、综合管理部、家庭和儿童工作部，改革后最终确立了 6 个部门：办公室、组织部、宣传与网络工作部、权益保障部、发展联络部、家庭儿童部，加上单独设置的上海市妇女儿童工作委员会办公室，上海市妇联机关现共有 7 个部室，与重庆市妇联机关数量持平。上海市妇联还按照精干高效、“减上补下”的原则将机关行政编制从 69 人精简到 50 人，精简了 30% 左右的编制。可见，上海的做法主要是以调整优化为基础，适当精简机构和人员编制。

2. 基层改革

基层的改革包括经费的增减、人事管理、服务平台的建设（实体服务中心、网络服务）等。

表 10　群团改革试点单位基层改革比较

	经费投入	一线员工	服务中心	网络平台
上海	未知	增加	共建共享	有
重庆	增加	增加	共建共享	有
全总	增加	增加	工会资产	有

基层组织的改革在经费投入方面，两个方案“增加”，主要来源是“政府财政和社会募集”资金（群团组织的增加财政投入不能用于增加机关行政开支）。在新型组织和新行业的群团工作方面都强调需要拓展，在利用网络和信息化技术方面都强调需要建立网上服务平台，在一线员工数量方面主要通过内部调整（减机关加基层）以及外部招聘（社会招聘的专职岗位只限一线

基层）增加。但在对一线员工的激励和考核方面，三个方案似乎只在“评模”“代表资格”等政治荣誉方面增加比例，没有系统提出新的基层人员考评措施。这可能是需要进一步改进的地方。因为即使基层经费、人员都增加了，如果没有合理的“基层员工人事管理制度”，依然还会存在“四化”现象，也无法走完“最后一公里”。

五、“以增强基层服务效能”为导向的广州市妇联改革政策建议

广州市妇联改革创新的思路应包括职能范围的拓展，组织结构的调整，以及运行机制的变化。这里借鉴全国群团组织的试点单位改革方案，结合本地妇联工作的经验，我们提出“以增强基层服务效能”为导向的改革建议。

1. 服务职能的拓展：拓展妇联基层的社会服务职能，承接更多的公共服务，扩大妇联品牌的影响力

如前所述，妇联组织有自己传统的工作内容和工作阵地，但是由于受传统行政文化的影响，职能不能得到实现。需要转变传统的管理和控制的工作方法观念，形成“提供服务群众”的方法和观念。

在拓展职能方面，妇联组织角色的特殊性，对于女性问题的解决以及家庭类的社会公共管理服务有其独特的优势。因此，在中国政府职能转变的背景下，妇联组织应主动承担其女性社会公共事务。为此，市妇联提出主动承担更多的公共服务职能。例如，妇联可以作为委托主体和购买主体，接受和购买政府新增的服务项目，如女大学生创业、妇女就业培训、心理辅导、法律服务、婚姻家庭纠纷调解、家庭教育服务、困难妇女儿童群体关爱服务等，同时支持符合条件的女性社会组织参与政府购买服务。

2. 组织结构改革：扁平化，扩大基层组织的规模

（1）调整组织结构，强化市妇联在社会服务提供中的领导指挥地位。妇联组织扁平化的优点主要包括：一方面，市妇联能够直接掌握各基层服务网

点的动态，减少行政信息传递过程中的失真，便于监督和检查；另一方面，有利于市妇联将财力、人力和物力配备到基层一线，减少中间层级的损耗。具体设想：加强市妇联的领导决策体系建设，强化信息部门和咨询部门。为适应妇联基层性、群众性和服务性的改革，妇联的领导机关的机构设置和职能部门需要进一步调整。妇联的决策和管理高层的工作重心应放在妇联组织的整体性社会服务的战略设计、绩效考核制度设计上，不需要对经常性的、具体的工作进行指令和指导，避免文山会海。减少基层人员在应付上级事务上的时间和精力。

（2）增加基层组织的服务平台，将组织的触角延伸至“两新”社会组织和网络新媒体领域。

（3）增加基层的各种资源配备。在物力和财力方面，上级政府部门财政预算向基层倾斜。另外，除了涉及社会公平的公益性强的服务，一些特殊社会服务项目可以合理收费，补充服务经费的不足。在人力资源方面，妇联组织内部的人力资源向基层下沉主要从两个方面进行：外部招聘的人员应面向基层服务岗位，内部机关工作人员也应向下分流或者短期进入基层一线服务；专职与兼职结合。

3. 运行机制改革：组织管理权力适度下放到基层，创新基层组织和员工的激励机制

（1）保留监督检查权，给基层更多的决策自主权。下放权责，给基层组织更多的服务权责。好的服务往往与本地的情况密切关联，只有基层有更多的权责，才能自主开发服务项目，选择服务对象。

（2）改革妇联的基层组织的绩效评价方式，以“单向的上级评价”为主向“消费者评价与上级评价结合”的模式转变。当前妇联基层组织出现的问题也与不恰当的绩效评价机制有关系。传统的妇联组织主要完成上级明确指派的任务，因此发文件、开会、组织学习成了主要的工作，评价组织和人员的绩效基本方式是单向的上级评价。现在，以社会服务为核心的妇联组织生存和发展的空间在于其基层的服务能力和质量，其中是否能够满足“消费者”——女性群体的需求是关键。因此在绩效评价中，在上级考评的基础上，

需要结合服务对象对服务质量进行反馈和评价。

（3）在妇联基层试行职务和级别分开制度，增加基层一线人员的工作荣誉感和成就感。目前中国政府改革中正在试行的职务和级别分开制度，应该可作为妇联基层改革的一种思路。基层妇联干部依据工作年限和业绩，在不晋升职务的情况下，可以提高其级别和待遇，有助于那些懂得女性需求、了解基层群众困难的基层干部长期留任。

4. 社会服务模式改革：改变服务供给的过分单一的模式，建立多元竞争的服务供给模式

（1）建立多元服务供给模式。面向基层、面向群众，多元竞争服务模式应是妇联组织提升社会服务质量，推动组织发展的必然选择。社会公共服务的供给分为生产和提供两个阶段，这两个阶段的不同主体参与，丰富了服务的供给模式。单一模式，生产和提供完全由政府组织承担。多元模式则是生产由企业、非营利组织完成，提供由政府承担，即政府购买服务。它是一种服务职能的社会化：政府行政组织退出该领域的供给，但设立该领域的进入门槛，通过招标和颁发许可证让符合资质的社会组织生产和提供。

妇联组织类似于政府组织，也可以参照政府的公共服务理论来进行改革。妇联组织提供的女性社会服务可以进行如下初步分类。

其一，公益性的服务由妇联组织直接生产和提供。所谓公益性的公共服务不收取费用或者难以收取费用，其形成的基础是服务本身的自然性质以及来自政府的政治要求。由于这类服务的公益性、免费性以及所具有的政治全局性，其他组织不愿意参与或者无法参与，需要由妇联组织直接供给。

其二，部分的公益性服务可联合 NGO 生产，由妇联组织提供。女性弱势群体的社会救助问题具有部分公益性，难以收费，成员数量少且分散，妇联组织可以通过联合 NGO 进行针对性帮助。

其三，时尚性的社会服务和产品由企业生产，妇联组织提供。时尚是当代女性最普遍的追求，妇联组织应在此领域有所作为，在时尚项目和时尚活动中引领社会主义的价值观。妇联组织出资金，通过项目招标，选择符合资质的优质企业来生产和开发女性服务项目，服务的最终提供者是妇联品牌。

（2）重视对女性社会服务市场的研究，增加妇联的社会服务品牌竞争力。服务本身也是一种商品。如同商品生产一样，在生产前需要了解该产品的市场：需求的状况、该行业的壁垒和竞争程度等，然后依据自身的优势确定进军的细分行业。加强女性服务的市场调研，把握现代社会女性需求以及其他竞争对手状况。

妇联组织在提供社会服务的过程中，需要“接地气”，了解现代社会不同女性群体的需求，同时也应考察那些能提供类似服务的其他社会组织的服务能力和质量，从而确立自己的服务对象和服务类型，以便在服务的市场竞争中取胜。

其一，调查女性群体的需求。进入新时期，中国社会出现复杂化多样化趋势：城乡二元结构；成员贫困的和富裕的两极分化严重；生活方式传统的、现代的和后现代并存。这种趋势决定了女性群体需求的多样化。作为服务的提供者，妇联组织需要及时、科学地进行市场调研，获取相关信息。

其二，调查相关的NGO。作为女性社会服务的类似提供者，一些NGO如红会，与妇联一样属于同行，同行之间也存在着一定的竞争性。有必要对它们的服务进行考察和评价，为妇联组织的社会服务战略布局提供支持。

其三，结合调研，分析自身优势，确立妇联的社会服务战略布局。妇联组织与其他组织相比有自身的优势：作为党的群团组织，具有先天的体制资源优势；作为传统妇女的娘家人，具有女性社会服务的老字号招牌优势。要利用体制资源和新的社会资源让老字号招牌焕发生机。

广州市妇女联合会

华南师范大学政治与行政学院

广州市妇女干部素质现状与提升调研报告

习近平总书记指出："群团干部队伍是党的干部队伍的重要组成部分，是做好党的群团工作的重要组织保证。"党的十九大报告提出要建设高素质专业干部队伍，强调要统筹做好选拔妇女干部。这意味着，在新时代里，各级妇联的干部培训机构要进一步发挥好妇女干部教育培训的主体作用，认真准确把握全市妇女干部素质与教育培训现状，重点抓住妇女干部素质与教育培训突出问题，通过创新发展，显著促进广大妇女干部素质提升，加快培养选拔大批高素质妇女干部。

本次调研主要采用问卷调查和座谈访谈两种调查方法。问卷采用线上、线下有机结合的复合形式进行发放，对全市所有妇女干部进行抽样调查；座谈访谈按照供给、需求两个维度，先后开展了三次集体座谈和两次个别访谈活动，进一步全面、深入了解相关信息。

一、广州市妇女干部素质与教育培训现状问题

（一）妇女干部素质主要现状问题

1. 总体受教育程度有待进一步提高

数据显示，大部分妇女干部的学历是本科，占比为58.18%，少数妇女干部的学历为硕士，占比为10%，两者合计68.18%。相比较而言，本科及以上学历的占比仍较低，尤其是高学历干部的比例偏低。同时，大专及以下学

历的干部仍占一定比例。高中、中专及以下的占比为6.67%，大专的占比为25.15%，两者合计31.82%。学历为高中、中专及以下的妇女干部主要是："60后"干部（14.67%）、村级干部（41.94%）、城乡社区妇女组织干部（18.18%）、乡科级以下干部（10.77%），这些妇女干部受教育程度和理论知识水平均较低，需要进一步加以提高。但是，考虑到年龄、工作性质和工作要求等方面的因素，不同的妇女干部其素质要求和教育培训形式也应有所差别。

从学历提升的调查情况看，目前接受更高层次学历教育的占比为13.03%，非学历教育的占比为18.18%，两者合计31.21%，均没有接受的占比为68.79%。没有接受更高层次学历或非学历教育的干部主要包括：社区干部（77.46%）、高中、中专及以下干部（59.09%）、大专干部（60.24%）、兼职干部（73.81%）、街道或乡镇干部（73.03%）、社区干部（77.46%）、城乡社区妇女组织干部（77.27%）、乡科级干部（70.59%）、乡科级以下干部（68.72%）。当然，对于那些学历较高或较为年长的干部而言，学历提升已不属理论水平提升的主要渠道。只有那些受教育程度较低且较为年轻的干部，才更有必要进一步提升学历水平。

可见，仍有相当比例的妇女干部受教育程度及理论知识水平较低，接受更高层次学历或非学历教育的情况也不甚理想，不利于妇女干部运用科学理论去思考、分析和解决实际问题，也不利于妇女干部素质的持续提升。随着理论水平以及知识、技能更新要求的提高，受教育程度和理论水平越来越成为干部素质及其提升的重要组成部分，必须高度重视和重点解决领导干部、机关干部和优秀后备干部的受教育程度或理论知识水平问题。

2. 工作经验和实践技能有待进一步提高

调查发现，大部分妇女干部都具有较长的工作年限，相当比例的干部从事妇女儿童工作，并担任较长年限的现职。这说明大部分妇女干部具备丰富的工作经验和实践技能。但是，仍有相当比例的干部从事妇女儿童工作的年限比较短，比如工作年限为0—5年的占比达55.45%，担任现职年限为0—5年的占比达63.64%，两者的占比均超过了50%。上述干部通常多为年轻干部、转岗干部和挂职干部。由于工作年限较短，导致这些妇女干部相对比较缺乏工作经验和实践技能。基层工作如基层妇女工作，往往具有多样性、复杂性特征，对基层妇女干部的工作经验和实践技能要求更高，缺乏工作经验和实践技能不利于基层工作的有效开展。

随着广州市妇联“会改联”任务的推进落实，大批新入职妇联干部普遍缺乏相应的工作经验和实践技能，难以有效开展基层妇女群众工作，不利于服务妇女群众。解决这些问题，一方面需要通过以“干中学”为主的方式逐步积累；另一方面则需要采取比较有效的教育培训方式，加强基层妇联干部的岗位业务培训和技能培训。

3. 专业化水平和敬业精神有待进一步增强

兼挂职干部是妇女干部队伍的有机组成部分。由于精力分散或任职时间不长，通常兼挂职干部的专业化水平和敬业精神相对较弱。妇联兼职干部通常是各行各业妇女干部的优秀分子和精英，在维护妇女权益、促进妇女事业发展方面发挥着重要的积极作用。挂职干部则有助于充实妇联干部队伍，尤其是通过吸收高素质的挂职干部，可以显著提升妇联干部队伍素质的整体水平。调查显示，从事妇女儿童工作的兼职干部占比为50.91%，挂职干部的占比为3.94%，两者合计54.85%。妇联干部的多元化，有助于优化妇联干部队伍结构，但是兼挂职干部在妇女理论、专业理论、岗位知识和工作技能等方面往往相对缺乏。因此，兼挂职妇女干部过多，客观上可能会影响高素质专业化干部队伍的建设。数据显示，个人素质与岗位需求匹配程度方面，兼挂职干部均较低，尤其是挂职干部，认为“完全或比较匹配”的占比仅30.76%，“基本匹配”的占比为69.23%。

4. 基层妇女干部素质问题突出、面临较大挑战

妇女干部队伍呈金字塔形结构，处于金字塔底部的基层妇女干部，占整个妇女干部队伍的绝大多数。基层妇女干部通常与基层群众、妇女群众直接接触，因而她们的政治素质、理论水平、思想道德素质、工作经验以及仪表仪态等综合素质状况，直接影响工作效果，并且影响妇女干部个人、妇联组织在妇女群众中的形象和印象。调查发现，担任街道或乡镇妇女干部的占比

为6.97%，社区妇女干部的占比为21.52%，村妇女干部的占比为9.39%，合计37.88%。从职位级别看，乡科级干部占比为25.76%，乡科级以下占比为59.09%，合计84.85%。随着广州市“会改联”任务的逐步完成，村（居）妇联干部将大幅增加。

广州市基层妇女干部的综合素质和能力仍普遍较低，突出问题是受教育程度较低，并且政治素质、理论水平、思维能力、沟通技巧以及业务能力等各项素质和能力均有所不足。有关大专学历的调查发现，街道或乡镇妇女干部的占比为15.73%、社区的占比为33.80%、村的占比为38.71%；乡科级干部的占比为16.47%，乡科级以下的占比为32.82%。有关高中、中专及以下的调查发现，街道或乡镇妇女干部的占比为1.12%、社区的占比为5.63%、村的占比为41.94%；乡科级干部的占比为1.18%，乡科级以下的占比为10.77%。

基层妇女干部不仅受教育程度较低，提升学历、进行自学的意愿不强，并且参加正规教育培训的意愿不强或机会不多。基层妇女干部接受更高层次学历或非学历教育的占比普遍较低，自学介于“比较经常”与“一般”之间，参加正规教育培训的程度也普遍较低，平均得分略超过“一般”水平，甚至相当比例的干部比较少或几乎没有参加过正规教育培训。可见，基层妇女干部不仅规模较大，而且素质和能力水平普遍较低，是广州市妇女干部队伍众多素质问题中的突出问题和主要挑战。

5. 参与继续教育的积极性、主动性略显不足

知识经济时代，妇女干部必须加强继续教育和学习。然而调查发现，目前正在接受更高层次学历或非学历教育的妇女干部的占比分别为13.03%、18.18%，合计占比31.21%；没有接受学历或非学历教育的占比为68.79%。说明没有进一步接受学历或非学历教育的占比仍较高，尤其社区干部、城乡社区妇女组织干部的占比更高，分别为77.46%、77.27%。

有关自学的调查发现，妇女干部“经常”自学的占比为29.7%，“比较经常”的占比为27.27%，“一般”的占比为34.55%，“比较少”的占比为7.58%，“几乎没有”的占比为0.91%。“一般及以下”的占比合计43.04%，

属于一个相对较高的水平。从不同维度看，挂职干部、社区妇女干部、村妇女干部、城乡社区妇女组织干部，以及乡科级及以下干部的自学得分均不高。

另外，学习意愿作为一种教育培训的内驱力，是影响妇女干部教育培训的关键因素。妇女干部有“很强”学习意愿的占比为18.48%，“比较强”的占比为53.33%，“一般”的占比为26.06%，“较弱”的占比为2.12%，后两者占比合计28.18%。说明仍有一定比例的干部学习意愿不强或较弱，尤其是基层妇女干部。因此，加强妇女干部教育培训，首先必须采取有效措施，进一步激发妇女干部的学习意愿。

（二）妇女干部教育培训现状问题

1. 教育培训供不应求矛盾较为突出

妇女干部教育培训的需求呈快速增长态势。尽管各级党委、政府和妇联组织创造了各种条件，提供了诸多资源、机会，以及制度、行政甚至经费上的各种支持和便利。但从总体上看，系统性、专业性和权威性的妇女干部教育培训仍比较缺乏。并且现有的教育培训活动大多是以专题或会议形式举办的思想政治学习、党风廉政教育或业务学习，不仅如此，这类培训多数以单位内部集中学习或邀请部分外部专家进行授课的形式进行，联合外部相关教育培训机构进行系统学习的机会不多。尤其许多基层单位受各种因素影响，较少甚至没能为基层妇女干部提供正规、系统的教育培训机会。数据显示，仍有部分妇女干部较少甚至几乎没有参加过正规教育培训，主要包括：兼职干部（26.78%）、挂职干部（53.84%）、民间组织干部（35.71%）、社区妇女干部（29.58%）和村妇女干部（25.80%）。进一步调查发现，“组织上没有安排”被认为是重要原因之一。由于资源有限，正规教育培训很难做到全员覆盖，尤其是高水平的教育培训，比如广州市妇女干部高校研修班。同时，外出调研、参观和考察的机会也较少。

仅从各级妇联教育培训机构的设置情况看，区级以下妇联基本没有设立妇女干部教育培训专门机构。妇女之家、家长学校等机构，无论从性质还是建设情况看，均无法满足基层妇女干部教育培训的迫切需求。从在线教育情况看，目前广州市各级妇联基本没有提供专业化的在线教育平台。所以，虽然妇女干部接受正规、系统教育培训的机会不断增加，但仍然难以满足日益增长的需求。尤其一些比较专业、面向基层妇女干部的教育培训严重缺乏。因此，如何通过总量增长，让更多甚至所有妇女干部接受各级各类教育培训，从根本上缓解供不应求的局面，是未来妇女干部教育培训发展必须加以重点解决的突出问题。

2. 教育培训层次、水平有待提高

随着人才要求的提高，各单位普通员工、广大妇女群众素质以及广大群众服务需求的不断提升，妇女干部的素质和能力也必须进一步提升，以便更好地进行管理和服务妇女群众。尤其需要认真贯彻习近平总书记关于党的干部的系列讲话和重要指示精神，培养一批具有坚定理想信念、善于明辨是非、能够把握正确政治方向，以及掌握高深理论、能够进行不断创新和果断决策的高层次妇女干部。调查结果表明，具有硕士以上学历的妇女干部占比较低，其中厅局级干部的占比更低。因此，必须进一步提升教育培训的办学层次和水平，加强高层次、高素质人才的培养。

可以从合作机构、内容安排和授课教师等主要方面考量教育培训的层次和水平。当前，广州市妇女干部教育培训与国内外高水平教育培训机构之间的合作仍不够紧密，缺乏长期良性合作机制，尤其缺乏对国外和广东本土优质机构与专家的广泛、深入挖掘。在内容安排上，仍较为注重政治性、教育性、业务性以及实践性，宏观性、科学性、前沿性、专业性、系统性方面较为欠缺。基层妇女干部的教育培训，主要立足于短期需要，不利于培养大局意识、整体意识、核心意识，不利于掌握并正确运用科学理论知识，不利于培养前瞻思维和创新精神。

高水平、专家型师资比较短缺。部分教师的授课内容比较陈旧、授课方式过于传统单一，甚至缺乏应有的专业水平。从总体上看，主要表现为理论与实践脱节，教育培训内容与女性特征、工作需要脱节，降低了教育培训的质量和效果。尤其基层妇女干部的业务培训，严重缺乏经验丰富且教学水平较高的实战专家。有些单位领导对相关业务培训不重视、敷衍了事，培训讲师要么缺乏经验，要么不善于教学，严重影响学员的参与热情和兴趣，造成部分基层妇女干部消极对待甚至抵触教育培训。

3. 教育培训对象与结构有待优化

妇女干部教育培训的资源配置，必须遵守“效率优先，兼顾公平”原则。应当首先把有限资源分配给最有需要、效率最高，且最能发挥作用的干部身上。然而，现实情况是教育培训资源远未实现优化配置。具体而言，有些参加过教育培训的妇女干部并没有真正需求，她们参加的真正目的或主要目的并非学习或素质提升；反之，有些有真正需求的干部，却没有或很少获得这样的资源。另外，尽管部分干部的目的是学习和素质提升，但是教育培训的内容并非她们所需或者所能理解、接受的。典型的事件就是重复培训，抑或是教育培训的内容过于高深，有些干部无法理解和消化吸收。调查还发现，部分单位选派学员比较随意，没有进行认真思考和准备，有些干部可能纯粹是因为比较空闲而被选派。从教育培训的终极目标进行评判，哪怕有真正的培训需求，学习的能力和效率也很高，但是如果学员所学的知识和技能并没有机会用于改进工作或充分发挥作用，也属于一种资源浪费现象。

调查发现，广州市妇女干部教育培训仍存在不公平现象，妇女干部之间的资源分配不平衡。通常，经济和财务状况好的辖区或单位，妇女干部教育培训的机会较多，办学层次和水平也较高；反之，教育培训的机会就较少，办学层次和水平也较低。不同组织层级、职位级别之间也存在差异。领导干部、机关干部、专职干部往往能够获得较多的教育培训资源和机会，普通干部、基层干部、兼挂职干部以及年轻干部往往机会较少。

4. 教育培训内容和形式、方式有待改善

在教育培训形式方面，当前妇女干部教育培训的主要形式仍然是专题讲座和集体学习或讨论。调查显示，妇女干部选择专题讲座的占比最高，达71.52%；其次是集体学习或讨论，占比为54.55%。但实际上，妇女干部最希望的教育培训形式是调研、参观或考察，占比高达68.79%。调查进一步表明，教育培训形式灵活多样有助于调动妇女干部参加教育培训的积极性，持这一观点的妇女干部占比为63.03%。由于以往妇女干部教育培训的形式比

较单一，这在一定程度上影响了妇女干部的参与积极性和培训效果。

从教育培训的方式方法看，部分教育培训班的教学培训方式仍比较传统滞后。许多课程仍采用单向的、灌输式的方法，且理论与实践相脱节，缺乏互动与体验。调查发现，案例分析式和现场观摩体验式是妇女干部最受欢迎的教育培训方式，占比分别为 71.82% 和 68.18%。因此，必须加强教育培训方式创新，尤其要注重理论与实践、请进来与走出去之间的有机紧密结合，以满足教育培训多样化需求，提高妇女干部参与教育培训的积极性。

5. 组织方式、班级设计和考核方式存在不足

传统的教育培训的组织方式主要以调训、轮训、单位推荐为主。调训和轮训多为满足党和政府以及单位的刚性需求，不考虑个体差异，符合特定条件和要求的人都必须参加。单位推荐则可能兼顾组织和个人实际，通常也是一种组织激励的方式。调查发现，组织方式的选择呈多样化特征，但定期培训的占比最高，为 67.58%；其次是自主报名，占比为 44.55%。说明广州市妇女干部已不满足于传统的组织方式，而更希望增强组织方式的多元化，尤其是定期化和自主化。

当前妇女干部教育培训的主要形式，是开设各级各类教育培训班，其中一项主要内容就是班级设计。通常情况下，可采取多元标准，比如按部门、岗位、层级或内容进行班级设计。有时也可按年龄标准，甚至有些时候并无严格标准，属于大众化或全员培训。当然，作为正规的妇女干部教育培训班，通常必须具有比较明确的设计标准。从素质提升的这一主要目的出发，按内容标准进行班级设计是比较科学、合理的一种标准。因为无论是部门、岗位、层级还是其他标准，考量的核心要素都是内容的专业性（广度）、层次性（深度）之间的差异。高层次干部接受的往往是宏观层面的内容培训，而基层干部接受的主要是具体的、专业性的业务培训。当前妇女干部教育培训班在贯彻落实这一设计标准方面有所不足，从而也造成教育培训内容的针对性和实际培训效果比较不理想。其他情况还包括班级设计对妇女干部的受教育程度考虑不够，导致学员的理解、接受能力参差不齐，影响教育培训的总体效果。

效果考核是教育培训管理的重要环节。广州市妇女干部教育培训的考核

方式仍比较简单。从教育培训的最终目的出发，实践考核不失为一种终极考核方法。从自主性和简单性而言，撰写心得体会则是一种比较受欢迎的考核手段。通常情况下，妇女干部教育培训不是一种应试教育，而更强调自主学习和自我考核。这也意味着管理部门、教育培训机构和授课教师通常会采取比较简便、有效的考核方式。由于工作繁忙、精力有限，学员们也不愿意接受比较严格、复杂的考核方式。调查结果也证实了这一点，希望接受实践考核的占比最高，为 54.85%；其次是撰写心得体会，占比为 47.27%。这说明，一方面考核方式要尽量多元化，另一方面也要结合实际，采取更为简便、有效的考核方式。

二、广州市妇女干部素质与教育培训问题主要成因

（一）干部管理体制建设不够完备

妇女干部是否拥有以及在多大程度上拥有职业发展的机会和空间，是影响妇女干部素质及其提升的根本因素。中国妇女在法律上已获得与男性同样的参政议政权利。党的十七大以来，培养选拔妇女干部工作走上制度化轨道，促进妇女干部成长的政策措施日益完善，一批批优秀妇女干部走上领导岗位，同时参加各级人大会议、政协会议的妇女干部人数不断增加。尽管妇女干部的总数、比例一直在不断增加和提高，但是在各级领导班子中妇女干部数量偏少的局面尚未得到根本改变，尤其是作为单位或部门负责人的女性比例更低。与目前世界各国妇女参政总体水平比较来看，中国妇女参政水平偏低，妇女参政水平与中国的国际地位和经济发展水平，特别是与中国广大妇女的地位和作用、妇女干部的地位和作用不相符。因此，尽管妇女干部拥有法律上与男性干部同等的参政议政权利，但由于受传统落后且根深蒂固的男女不平等观念的影响，以及强有力的配套制度的缺失，这种同等权利仍难以转化为事实上的平等，从而一定程度上挤压了妇女干部的发展机会和空间。

另外，尽管党和国家赋予了妇联组织重要的历史使命，但妇联组织和妇联干部的地位和作用在现实中仍没有得到充分肯定，处于相对弱势的状态，在干部选拔任用、岗位设置以及职务权利或待遇方面，与其他主要部门存在

一定差距。长期以来，妇联干部是黑头发进、白头发出，很少有交流机会，职业发展渠道较狭窄且不通畅。调查结果显示，部分妇联干部认为正规教育培训对职务晋升帮助不大。部分原因可能是教育培训的内容或方式不当，导致这些干部的综合素质和能力没有得到有效提升，但更深层的原因可能是观念因素和制度因素的叠加，使得优秀的妇联干部难以获得跟男性或其他部门干部同等的发展权利，从而大大削弱了妇联干部参与教育培训和素质提升的积极性、主动性。

（二）部分领导不够重视

由于管理部门的主要领导在自身管辖范围内拥有绝对的决策和资源配置权限，因此领导重视被认为是加强和改进妇女干部教育培训工作的关键环节之一。调查发现，妇女干部持这一观点的占比为49.09%。与之相印证的是，认为领导不重视是妇女干部教育培训问题主要成因的占比为30.91%，排在首位。

领导不重视的原因除了与自身的观念、认识有关之外，关键还在于部分单位没有制定或真正贯彻落实妇女干部教育培训的目标责任制度，没有把妇女干部教育培训工作列入各级党委工作和妇联工作的重要议事日程和考核内容。或者虽然制定了目标责任制度，但没有严格执行，妇女干部教育培训工作与分管领导的年度考核、届中届末考核、提拔使用之间存在不同程度的脱节。从某种意义上讲，制度的建设和完善比观念更新更为直接、关键，客观上也有助于形成重视妇女干部教育培训的文化和氛围。

（三）女性职业观念和教育培训理念比较滞后

知识经济时代，妇女干部必须不断接受教育培训，才能持续促进职业发展。但是在职业发展方面，不仅部分领导抱有偏见或误区，而且部分妇女干部受社会、家庭或自身因素影响，也缺乏主体意识、独立意识和竞争意识，缺乏男女平等观念，或者说缺乏“四自”精神，存在一定的自卑感和依赖心。对职业、事业发展缺乏追求和成就感，部分妇女干部存在“小富即安”“得过且过”的思想意识，缺乏更高层次的服务大局、服务群众的政治理想信念和道德情操，导致部分妇女干部参加教育培训或自学的积极性不高，往往寻找各种借口拒绝参加或勉强参加，没有达到应有的培训目的，造成教育培训资源的浪费。

不仅如此，部分领导和妇女干部的教育培训理念仍比较传统滞后，没有从根本上认识到知识、人才或人的全面自由发展的重要性，对教育培训的重视不够、投入不够。不仅视教育培训为一种负担或额外成本加以忽视，没有意识到教育培训的全员性、全程性和全面性，而且对教育培训的多元化、自主化发展认识比较狭隘。部分领导不重视制度建设、行政支持、基础建设，以及经费、时间、精力上的积极投入，从而阻碍了妇女干部教育培训工作的顺利发展。调查结果显示，妇女干部认为“教育培训理念比较滞后”为教育培训问题主要成因的占比为40%。可见，教育培训理念对妇女干部教育培训具有重要影响，必须树立正确的终身教育理念。

（四）缺乏统一管理和有效协调

妇女干部分布在各条战线和不同部门。同时，妇联干部既包括妇联组织的专挂职干部，又包括其他单位系统的兼职干部或团体会员干部。各单位系统在干部教育培训管理方面，尽管都受党的干部管理条例和教育培训条例的统一规制，但在实施条例和贯彻执行方面存在一定差异。通常情况下，各单位系统甚至各职能部门，都有自己的教育培训目标和计划。比如组织部门、人社部门和妇联部门，都有各自涉及妇女干部的教育培训计划和内容。不仅如此，各单位之间往往缺乏充分的沟通、协调和信息交流。这使得妇女干部的教育培训容易产生条块分割和多头管理的格局，各单位各自为政、相互分割，未能形成比较有效的统一管理，造成妇女干部尤其是妇联兼职干部的教育培训比较混乱。从妇联系统内部看，妇联干部的教育培训也需要进一步强化统一管理，广州市妇联必须对全市妇联干部的教育培训进行全面统筹和统一指导。通过有效的管理机制和方法，在重要领域和主要方面，实现上下级妇联之间妇女干部教育培训的统一管理和协调一致。下级妇联在上级妇联的领导和指导下，围绕上级妇联的教育培训规划和计划，一方面加以积极、有效配合，另一方面结合自身实际和需要，开展必要的教育培训活动。实现整个妇联系统一盘棋，避免因多头、分散管理所造成的教育培训管理流程混乱，以及教育培训管理官僚主义、服务不到位、效率低下、资源浪费等问题的发生。

（五）缺乏科学、合理的教育培训规划

教育培训规划是妇女干部教育培训的指南和方向。妇女干部教育培训作为一项系统、复杂的活动，必须紧紧围绕党和政府以及妇联组织自身的发展战略进行科学预测、合理规划和有效实施。通过制定规划，确立不同时期或阶段妇女干部教育培训的主要目标、重点任务和相关配套工作。着重对教育培训的对象、内容、形式、时间、人数等主要内容进行安排部署，并通过制订年度计划加以执行、落实。从目前情况看，广州市各级妇联普遍存在重计划、轻规划倾向。比较注重短期年度计划的制订和执行，缺乏长期的教育培训规划设计，因而缺乏对妇女干部长期持续发展的科学论证和系统设计，不利于妇女干部教育培训的长远发展。尤其是有些重要工作任务，需要一个较长的完成时间，比如教育培训制度的健全完善、课程体系的构建、师资库建设等等，都需要进行长期谋划和分步实施。由于缺乏教育培训规划，广州市妇联不仅自身对未来妇女干部教育培训的目标和任务认识不清，难以与其系统的教育培训安排形成有机协调和配合，而且不利于指导和统筹下属各级妇联的教育培训工作，市级妇联与下属各级妇联之间无法形成合力，也容易产生与其他系统教育培训活动的冲突。总之，由于缺乏科学、合理的规划和计划，造成当前广州市妇女干部的教育培训缺乏系统性、前瞻性，妇联系统内部之间和与其他系统之间的教育培训活动没有充分联动，各系统、各组织通常各自为政。就各级妇联的年度计划及其实施情况看，教育培训对象的人员安排和内容设计也往往缺乏科学依据，没有进行科学的需求调查，或基于干部个人的工作表现或档案信息。因而可能产生教育培训的方向不清晰、内容设计不科学、对象选择不合理、时间节点不合适等问题。

（六）缺乏足够的经费保障

妇女干部教育培训涉及多方面的投入和支出，必须要有足够的经费支持和保障。随着教育培训人员规模的不断扩大，培训层次和质量水平、办学条件以及成本等方面要求的持续提高，培训经费也随之要求大幅增加。以广州

市妇联系统为例，尽管各级妇联的干部教育培训经费比以前有了较大幅度增加，但仍难以满足广大妇女干部的教育培训需求，仍有许多妇女干部缺乏应有的教育培训。从市妇联层面看，基于妇女干部素质全面、系统提升的能力模型构建、课程体系开发，以及在线教育平台建设、课件采购或制作等基础性、框架性的建设工作，都需要投入相当数额的经费开支。从市级以下各级妇联看，部分单位由于缺乏相应的经费支持和投入，已或大或小地影响到妇女干部的教育培训和素质提升。有些地方各级党委和政府列入妇女工作的财政预算相对较少，尤其是某些经济比较不发达、财务状况较差的乡镇（街道）、村（居）妇女组织，更是无法为妇女干部教育培训拨付更多的经费。有些地方没有把妇女干部教育培训经费纳入正常的财政预算，并且妇女组织自身的造血功能也不强，导致妇女工作缺乏应有的活动经费和教育培训经费。由于受经费限制，妇女干部教育培训的规模、质量、师资、场地等均受到不同程度的消极影响。因此，必须采取各种措施，进一步适度增加妇女干部的教育培训经费，同时优化支出结构，提高经费的使用效率。

除上述原因之外，许多妇女干部往往身兼数职、工作繁忙，同时还需要照顾家庭、相夫教子，因而身心压力较大，时间和精力有限，用于学习和继续充电的时间不多。尤其是上了一定年纪的妇女干部，上升空间越来越窄，同时又已经具备了一定的社会地位、经济地位和政治地位，个人的价值观和职业观也慢慢会发生改变，职业发展方面的教育培训需求随之衰减。

三、广州市妇女干部素质提升对策建议

（一）指导思想、主要目标和基本原则

1. 指导思想

高举中国特色社会主义伟大旗帜，以马克思列宁主义、毛泽东思想、邓小平理论、“三个代表”重要思想、科学发展观和习近平新时代中国特色社会主义思想为指导，深入贯彻落实党的十八大、十八届三中全会、十九大和中国妇女十一大精神，深入学习习近平总书记系列重要讲话，以及关于群团

改革的最新指示精神，紧紧围绕实现党的十九大提出的最新目标任务、实现中华民族伟大复兴的当代中国妇女运动时代主题，牢牢把握联系和服务广大妇女的工作生命线，按照中央关于干部教育培训工作法规政策和全国、省、市妇联干部教育培训规划意见的要求，围绕推进学习型、创新型、服务型妇联组织建设，以建立健全干部教育培训体系为目标，以提高培训质量为重点，不断提高妇女干部教育培训科学化水平，全面提高妇女干部知大局、想长远、干实事的能力，注重培养妇女干部竭诚为妇女群众服务的职业精神，持续营造开放包容、务实创新的良好风气，培养建设一支信念坚定、为民服务、勤政务实、敢于担当、清正廉洁，让党放心、让妇女群众满意的高素质妇女干部队伍，为真正把妇联建设成为可信赖依靠的“妇女之家”，为推动新时代妇联深化改革、不断创新和实现妇女工作健康持续发展提供思想政治保证、人才保证和智力支持。

2. 主要目标

通过研究、提出对策建议，一是进一步加强和完善妇女干部教育培训管理体系，提高妇女干部教育培训制度化、规范化、精细化和科学化水平；二是进一步创建和完善妇女干部教育培训相关机制，加强妇女干部教育培训的战略规划、统一管理和基地建设；三是进一步加强和完善以妇女干部学校为中心的教育培训基地建设和载体建设，打造全方位、多元化、立体式的妇女干部终身教育培训网络体系。

3. 基本原则

（1）三性原则。首先必须遵循三性原则，即政治性、先进性和群众性，从而确保妇女干部在思想上、政治上、行动上始终同党中央保持高度一致。

（2）需求原则。必须紧紧围绕党和政府的中心工作与妇女运动的时代主题，并结合妇女干部的工作需求、个人需求与女性特征，科学、合理安排教育培训内容。

（3）女性原则。必须增加妇女干部教育培训的机会，同时紧密结合妇女干部的女性特点和特殊需求，设计有别于一般干部的妇女干部教育特色课程。

（4）理论结合实践原则。坚持理论与实践相结合，做好相关工作的科学设计与合理安排，避免理论与实践相互脱节。

（5）改革创新原则。解放思想，把改革创新贯穿于妇女干部教育培训各环节、各方面，包括理念创新、制度创新、管理创新、渠道创新、内容创新、方法创新和技术创新等。

（二）若干机制

1. 体制机制

广州市各级妇联要认真贯彻落实党的干部管理条例，通过各种民主协商和监督渠道，积极呼吁并配合各级党组织和政府部门，构建并完善更为开放、多元、立体的妇女干部培养任用机制。将妇女参与决策与管理纳入相关规划中，妇女干部保留一定比例的正职领导岗位，确保妇女干部数量，尤其是正职妇女干部人数稳中有升、逐年增加，注重对不同层次的妇女干部进行轮岗交流使用，努力实现各级女领导干部选配目标。同时，进一步拓宽优秀妇联干部的职业发展渠道，使妇联干部队伍成为流动的干部队伍，可以吸纳新鲜血液，也可以将优秀的妇联干部推荐到更适合的工作岗位。各级妇联系统内部干部实行“竞争上岗、交流轮岗”，以落实广州市关于加强妇联干部队伍建设的任务要求，进一步激发妇联干部队伍内在活力，促进妇联干部人人成长、人人成才。

在干部教育培训管理体制方面，联合党委组织部门，出台硬性规定，把妇女干部教育培训纳入各级党委和国家干部教育培训整体规划中去，单独安排部署，从组织上保证妇女干部、妇联干部教育培训的落实。或者在加强对妇女干部进行特殊教育的同时，逐步提高正规干部培养教育中妇女干部、妇联干部的比例。

2. 管理机制

（1）目标责任制。广州市各级党委、政府和妇联组织的各级领导，必须高度重视妇女干部教育培训。要主要领导亲自抓，分管领导具体抓，组织部门牵头抓，有关部门按照职责分工，各司其职。关键是按照“确责、履责、考责、问责、追责”的总体思路，建立健全妇女干部教育培训目标考核责任制，把妇女干部教育培训工作列入各级党委工作和妇联工作的重要议事日程和考核内容，尤其要把妇女干部教育培训纳入主要领导的责任考核指标体系，要对妇女干部教育培训工作定期安排、定期考核、跟踪问效。

（2）考核评估制。严格学员管理，建立妇女干部教育培训考核评估制度，过程考核与结果考核有机结合。重点考核学员出勤情况和学习效果，加强实践考核和撰写心得体会等比较有效的考核方法。重视考核结果的反馈和运用，把考核结果作为发现人才、选拔任用、职务升降、奖励、调整级别和工资的重要依据，被考核评为优秀等级的，以适当形式予以奖励；对违反有关规定的行为，或考核成绩较差的，也要采取一定措施予以处理，比如取消工作评优、职务晋升，或高层次、高级别教育培训的资格或机会。

（3）人才档案制。各级妇联组织利用自身广泛联系各族各界妇女的优势，建立和完善妇女人才信息网络和人才档案，及时向党委和组织部门推荐优秀妇女干部。将后备干部或人才库纳入全市后备干部队伍建设规划中，统一安排、统筹考虑、同步运作，并将教育培训考核情况作为入库的必备条件之一。同时，建立健全妇女干部教育培训档案，对教育培训的个人情况，如培训内容、时间、类别以及考核结果等主要信息进行详细记录，并且各组织部门之间进行信息共享，作为安排妇女干部教育培训的主要依据，避免过度培训和重复培训，造成不必要的资源浪费和教育培训不公。

（4）学习积分制。创新教育培训激励机制，尝试引入学习积分制管理办法。妇女干部通过参与不同的教育培训活动，可以获得一定积分。还可以运用到分享视频的录制方面，如妇女干部通过录制并上传学习或经验分享视频，通过审核了也可以获得一定积分。当积分达到一定分值时，便有机会获得相应的、具有一定吸引力的奖励，比如获得国内外名校进修的资格甚至资助，或参与重要考察的机会等等。

3. 运行机制

（1）需求导向机制。妇女干部教育培训必须紧扣需求，建立健全需求导向的培训机制。这就要求有关部门首先必须明确教育培训的具体需求，如果需求不明确，则必须进一步做好深入调查，并围绕不同需求制定科学、合理的教育培训规划和计划。要根据需求的层次、内容、轻重、缓急、满足条件等进行分级分类管理。确保先满足组织或集体需求，后满足个人需求；先满足重要、比较急的需求，后满足次要、比较不急的需求；先满足够条件的需求，后满足条件尚不具备的需求。主要包括以下方面：

①培训内容。培训内容主要包括刚性内容和弹性内容两个方面。刚性内容主要包括各级党和政府的重要会议报告、重大规划、重要领导人的讲话或指示精神，这类培训内容通常是无条件的全员性培训。弹性内容则根据妇女干部的层级、岗位要求、女性特征和个人情况，有选择地进行培训。这类培训往往要依据妇女干部能力素质模型，通过各种需求调查方法，通常是问卷调查和绩效考核，确定科学、合理的培训内容，以满足不同层面、不同岗位和不同个人的需求。要重点突出培训内容的针对性。

②培训形式。改变以往主要以专题和以会代训为主的教育培训模式，采取多元化、自主化的教育培训形式。重点增加“在线教育”和“调研、参观和考察”的教育培训形式。在培训方式方面，多种方式有机结合、灵活使用。重点采用案例分析、经验分享、现场观摩体验等互动性、参与性、实践性较强的现代培训方式。尤其是理论性、思想性强的教育培训，必须坚持理论与实践相结合的原则。

③培训对象。必须根据妇女干部教育培训的目标和任务，按照相应的标准和要求，严格筛选教育培训对象，确保教育培训内容与对象匹配的一致性。随着经济社会和妇女事业的不断改革创新和快速发展，现阶段必须重点强化领导干部、基层干部和优秀后备干部的教育培训。

④培训时间。应当根据妇女干部的工作特征和个人情况，合理安排教育培训的时点和时长。由于大部分妇女干部，尤其基层妇女干部工作繁忙或家庭事务繁多，培训时间不宜过长。通常省内教育培训班，时间以三天左右为佳，省外培训班或考察调研以一周左右为佳。基层妇女干部的专题学习或业务培训，尽量安排半天或一天时间。

⑤组织频次。妇女干部的教育培训应根据实际需要，不宜过于频繁，但也不能长时间不组织培训。原则上，每个领导干部以轮训方式，每年都应当

参加一次教育培训班学习，进行正规、系统培训。中层干部和基层干部可就近组织安排教育培训班，每人每两年轮训一次。

⑥组织方式。采取多元化的组织方式，除调训、单位推荐、轮训等组织方式外，可考虑多采用定期培训和自主报名的组织方式，便于妇女干部妥善安排工作和培训时间。

⑦班次设计。必须避免不分层次、不分类别的班次设计现象。从教育培训的目的出发，根据不同的标准和要求，进行分级分类设计班次。重点按职位级别、岗位类别、培训内容进行设计，同时考虑受教育程度以及年龄等。

（2）齐抓共管机制。妇女干部分布在各条战线和不同部门，各级党委、政府和妇联组织在组织妇女干部培训时，往往产生冲突。某些妇女干部教育培训活动过多，且教育培训内容容易重叠或交叉，造成不必要的浪费，而有些妇女干部又缺乏应有或更多的培训。这就要求各管理部门、各职能部门之间必须进行有效的沟通、协调和配合，加强对妇女干部教育培训的统一管理，并建立跨部门联动工作机制。各管理部门领导亲自带头、层层跟进、左右联动、齐抓共管，避免多头管理，缺乏统一协调。具体落实到各系统内，必须主要领导亲自抓，分管领导具体抓，组织部门牵头抓，有关部门按照职责分工，各负其责。并且妇女干部教育培训主管部门、业务部门和培训机构之间也需要分工合作，各司其职。管理部门要加强统筹规划、宏观指导、综合管理，对妇女干部教育培训提出明确目标和责任，避免各职能部门各自为政，产生多头管理。教育培训承办机构要结合实际，通过深化教学改革、优化资源配置，确保目标的实现。

（3）基地依托机制。紧紧围绕打造妇女干部教育培训主阵地这一目标，大力加强广州市妇女干部学校建设，把妇女干部学校建设成为集培训、服务和示范为一体的示范性妇女干部培训基地，积极争取更多的政策、项目和资金，加大对基地建设的扶持力度。以妇女干部学校为中心，加强区、乡镇（或街道）和村居等各级妇联妇女干部教育培训网点的建设，比如妇女干部培训中心、妇女之家、家长学校等，从而形成“一个中心、多点开花”的妇女干部教育培训网络。此外，还可采取联合办学、增挂校牌、一校多办等形式，建立与其他教育培训机构的合作，进一步扩大教育培训网络，巩固发展全方位、多层次、多门类的妇女干部教育培训基地，从而形成以妇女干部学校为中心，分层次、分类别，分渠道、分形式，重实效、充满活力、有女性特色的妇女干部教育培训新格局。

（4）项目化运作机制。认真贯彻落实党和政府的总体要求，联合相关部门，同时积极整合社会各界力量共同参与，充分发挥各自优势，采用项目化运作方式，围绕妇女干部教育培训的多元化需求，如礼仪、书法、绘画、音乐、心理健康教育，以及法律法规知识和人际沟通技巧等方面内容，制订各种项目行动计划，如“淑女行动计划”“艺术女性计划”。各单位可结合工作职能，利用自身的宣传教育阵地及在线教育平台，积极开展丰富多彩的教育培训及主题实践专项活动，不断提升妇女干部综合素养。

（5）经费保障机制。各级党委、政府和妇联组织必须进一步大幅增加对妇女干部教育培训的财政预算，并把妇女干部教育培训经费纳入各级财政预算中，实行专款专用。同时，加强对经费使用的监督和评估，确保经费得到合法、合理和高效使用。各级妇联可充分利用各级党委和政府有关妇女干部教育培训的条例和活动，尽可能选派或推荐更多的妇女干部、妇联干部参加各种教育培训，从而节省自身的教育培训开支。此外，鼓励、支持各级妇联组织以公益项目形式开展与某些机构或组织的合作，缓解妇女干部教育培训经费困难。有条件的妇联组织还可以通过自身造血功能，增加妇女干部教育培训经费。

（三）主要措施

1. 加强广州市妇女干部学校全面建设

妇女干部院校是妇女干部教育培训的重要阵地，办好妇女干部院校是搞好妇女干部教育培训工作的基础和保障。必须奠定和强化广州市妇女干部学校作为全市妇女干部教育培训主要基地的地位，充分发挥该校在妇女干部教育培训中的主导作用。市妇联和妇女干部学校应按照新形势、新任务要求，着重围绕“138”工程，进一步加强妇女干部学校各方面建设。建立健全学校管理制度，优化妇女干部教育培训管理及活动流程；突出特色，打造品牌，建立健全妇女干部教育培训课程体系；进一步加强师资队伍建设，提高各级各类教师待遇，不断吸引优秀人才加入教师队伍行列；不断改善教学条件和技术手段，提高现代化教学水平，开发或完善在线教育平台，实施远程教学；进一步完善学校的基础设施建设，包括硬件和软件方面的建设，比如校园环境、图书馆以及校园信息网等等。

2. 建立健全品牌课程为核心的课程体系

必须紧紧围绕党和政府的中心工作和历史使命，贯彻落实党的十九大报告和习近平总书记关于群团改革的最新指示精神，根据党和政府干部教育培训的新目标新要求，严格按照《中国妇女发展纲要（2011—2020 年）》《2014—2018 年全国妇联干部教育培训规划》以及《广州市妇女儿童“十三五规划”》中有关妇女干部教育培训的规定，结合妇女干部的成长规律和工作要求，构建妇女干部能力素质模型，建立健全妇女干部教育培训课程体系。

（1）构建妇女干部能力素质模型。妇女干部能力素质模型是建立健全妇女干部教育培训课程体系的前提和基础。因此，必须根据能力素质模型相关理论，紧密结合妇女干部工作，尤其是妇女工作、妇女发展的实际需要和相关素质要求，进行自主或委托研究，构建各级各类妇女干部的能力素质模型，形成各级各类妇女干部能力素质的全面、系统认识和精准判断，获得妇女干部素质提升的素质清单，以此为基础科学开发并提供相应的、差异化的课程体系内容。实际操作上，可按不同职务层级和不同职务内容对妇女干部进行分级分类，形成不同的等级和类别，再根据相关理论和方法构建不同层级、类别妇女干部的能力素质模型。由于妇女干部的职务范围和内容差异较大，许多领域和岗位的性别特征不明显，且妇女干部比例相对较低，因此客观上不具备构建妇女干部能力素质模型的条件或基础。通常情况下，具有女性特征的岗位或组织才有相应的需求，建议在广州市妇联系统内进行探索和尝试。

（2）建立健全品牌课程为核心的课程体系。必须建立健全比较固定和系统的课程体系，不同层级和类别的妇女干部可以根据相应的能力素质模型，提供相配套的课程体系。广州市各级妇联及其培训机构，作为组织或承担妇女干部教育培训的主要机构，要突出女性特色，围绕女性与健康、女性与家庭、女性与情感、女性与文化、女性与发展、女性与权益等六个方面开发系列课程，并打造特色鲜明的品牌课程，实现课程的模块化、套餐化、品牌化。

①政治理论、政治法规课程内容。政治理论、政治法规是妇女干部教育培训的重点内容，必须以党和政府的相关规定和要求为基本依据。主要包括中国特色社会主义理论、党和政府有关重大会议报告、重大战略规划与决策部署、党和国家领导人的重要讲话和指示精神、党和国家关于干部管理的相关条例和党风廉政规定，以及关于妇女事业发展的重大会议报告、重要规划等内容。

②妇女运动与男女平等课程内容。妇女干部作为妇女事业的骨干和中坚力量，必须掌握妇女运动与男女平等方面的理论知识和妇女权益保护法规。主要包括马克思主义妇女观、男女平等基本国策、中国特色社会主义妇女理论、妇女权益保护法律政策、社会性别理论与公共政策性别分析方法、中外妇女发展和妇女运动动态等内容。

③综合管理能力与素质课程内容。妇女干部作为领导者或管理者，必须具备综合管理的能力和素质。主要包括管理哲学、系统科学、领导科学、公共管理与行政科学、博弈论、危机管理、情绪与压力管理等。此外，还应包括经济、政治、文化、法律、社会、生态、科技、国际、心理等方面的知识，以及调查研究、社会工作、项目管理、信息技术等内容。

④岗位业务知识和技能课程内容。妇女干部岗位业务知识和技能具有很强的专业性，主要由各战线或系统根据妇女干部所在部门、岗位的业务属性和具体工作需要所构成。这类培训通常由妇女干部各自所在单位进行安排。妇联干部的岗位业务培训则由各级妇联负责组织安排，主要包括妇女工作法律政策、妇女工作内容、妇女工作业务流程和工作方法等内容。

⑤基本文化素质和技能课程内容。妇女干部，尤其基层妇女干部还必须具备一些基本文化素质和技能。主要包括经典国学、中国历史与传统道德、文艺理论知识与修养、公文写作知识与技巧、演讲与口才、人际关系与社交技能、计算机与网络技能、调查方法等内容。

⑥女性形象、健康与家庭和谐课程内容。妇女干部必须注重自身形象、身心健康与家庭和谐。主要包括女性礼仪与形象塑造、女性生理、心理与健康、女性思维与价值观、女性修养、夫妻关系与家庭和谐、青少年家庭教育

等内容。

（3）创新优化课程开设形式。妇女干部教育培训所包括的相关课程内容，可以在原有比较传统、单一的基础上，通过创新加以优化，采用多样化的课堂形式进行传播或呈现，主要包括3种正式课堂和3种非正式课堂共6种形式，即“3+3”的课堂模式。

①精品课程。选择具有鲜明女性特色的核心课程，如《女性领导与领导艺术》《女性干部职业生涯发展规划》《魅力女性塑造与提升》《女性心理与情绪管理》等，配备高水平专家或教师，投入相关资源，建设精品课程，并打造成为有高度吸引力的主干课程。

②必修课程。包括精品课程在内的基础课程和专业课程。主要包括中国特色社会主义理论、妇女理论，以及与妇女发展、妇女工作相关的管理类或业务类内容。如《妇女权益保障实务》《男女平等基本国策与社会性别规范》《女性思维与价值观》《危机管理与媒体应对》等。妇联干部还必须开设《妇联工作与社会管理》《互联网+妇女工作》等。

③选修课程。这类课程主要侧重于妇女干部成长、身心健康和家庭和睦方面的内容。可以由妇女干部自主选择或报名，以满足个性化需求。如《女性生理、心理与健康》《爱情、婚姻与家庭》《家庭伦理与青少年教育》《女性与文艺修养》《新闻摄影》等。

④高端讲坛。进一步完善和提升广州妇女大学堂，通过与其他部门或单位联合举办，邀请国内外权威专家或学者，扩大妇女大学堂的影响力，建设成为具有重要影响力的妇女干部教育培训品牌。如《经典国学与人生智慧》《新时代妇女运动的演变与发展》等。

⑤系列讲座。相关部门或妇联组织可以根据自身条件和实际情况，定期或不定期就妇女干部比较关心的现实问题或热点问题，邀请相关领域专家进行专题讲解，并形成系列讲座。如《婚姻情感问题探讨》《形象与礼仪》《妇女干部成长漫谈》《创新思维与现代管理》等。

⑥研读会。积极发起、支持成立各种形式的学习沙龙、读书会或研究会，加强对女性人才及相关问题研究，或围绕妇女干部感兴趣的议题进行广泛交流和探讨，促进妇女干部之间的相互学习和共同成长。

3. 加强高水平师资队伍建设

各级党委、政府必须重视和加强师资队伍建设。尤其妇联组织，要充分发挥妇女干部教育培训阵地作用，就必须拥有一支专兼职相结合、比较灵活的师资队伍或专家团队，以确保妇女干部教育培训获得稳定的、高水平的优质师资资源。广州市妇女干部学校等教育培训机构，必须采取多种形式和渠道广纳贤才，加大急需或紧缺师资人才的聘用力度。进一步加强和完善教育培训师资库或专家库建设，邀请或聘请高层次的领导、专家学者、教育培训机构专业教师和社会各界专业人士加盟；积极倡导妇联领导干部、优秀妇女干部、先进典型上讲台等等。尤其要重点深挖华南地区，特别是广州本地的优质专家和师资，构建面向不同层级、不同类型妇女干部教育培训分层次、分类别的师资库，并在全市各级妇联之间实现资源共享。当前，师资队伍建设的重点是组建一支具有丰富妇女工作经验的实战型专家队伍。各级妇联及其教育培训机构还必须加强师资队伍的有效管理和激励，不断完善竞争上岗、绩效考核和薪酬管理等一系列相关制度设计，商业化培训可试行“课堂打分”和“点师授课”制。进一步控制、压缩专职教师规模，不断完善专职教师的培养制度，加大年轻教师到有关院校进修、培训的支持力度，并经常性组织教师下基层进行交流、考察和调查，不断提高教师的综合素质和理论联系实际的教学能力。

4. 加强妇女干部教育培训信息化建设

互联网形势下的妇女工作包括通过信息化网络建设，提供妇女干部教育培训优质网络资源。中国“互联网 +”行动计划提供以大数据、云计算和人工智能为代表的新一代信息技术，为教育信息化和教育资源的优化配置提供了技术和智力支撑，并促进了教育培训模式的创新和教育理念的转变。在线教育打破了培训场地和规模的限制，有利于更好地盘活各种教育资源，有利于资源的整合和共享，实现在同一时间或不同时间、不同空间的妇女干部进行直播式、交互式或点播式的培训学习。信息化建设主要包括远程教育、数字图书馆和校园信息网。各级妇联组织必须充分利用互联网技术，根据自身条件和需求差异，充分利用或建设在线教育平台，通过购买或自主开发各类教育培训课程，为妇女干部提供远程教育培训服务。尤其广州市妇联必须加快网上妇女干部学校建设，加强在线教育课程自主开发，根据妇女干部教育培训课程体系，聘请有关专家制作课件、录制教学视频，并构建形成课件库或教学资源库，同时采用“微课堂”等在线教学形式，促进教育培训线上和线下的无缝对接和有机融合，使在线教育培训成为传统教育培训的有机补充；采取有效措施，激励妇女干部录制并上传有关妇女工作、妇女成长等方面的学习心得或经验分享视频；充分利用或建设数字图书馆，为妇女干部教育培训提供优质电子图书；妇女干部学校等教育培训机构还应当建设自身的信息网或信息专栏，以便发布相关的教育培训信息。

5. 整合社会优质教育培训资源

应当从根本上改变比较封闭、相互分割的传统教育培训模式，促进社会优质教育培训资源之间的有机整合。市各级妇联应当采取内外结合、内主外辅的整合策略，对内充分挖掘各级妇联所属妇女干部学校、妇女之家、家长学校等教育培训机构的专业资源与发展潜力，并采取有效措施，使之形成内部统一的教育培训网络，以实现资源互补、互通和共享。同时，积极向上级妇联教育培训网络进行对接，以便更大范围获取妇女干部教育培训的优质资源。对外按照竞争择优原则，加强与各教育培训机构之间的密切合作，拓展办学渠道和范围，采取委托办学、联合办学等多种灵活形式，充分利用党校、行政学院、干部学院、高等院校、社会组织等各级各类教育培训机构的优势资源，甚至适时与境外著名大学等高水平培训机构合作开展境外培训，以满足学员的多样性需求。鉴于成本控制、情况掌握和方便组织等因素，各级妇联尤其要重点深挖本土优质资源，加强与广东省内各教育培训机构之间的长期、深度合作。

广州市妇女联合会

广州市妇女干部学校

华南师范大学广东省决策咨询研究基地

基层妇联工作与服务创新
——以“海珠模式”为例

作为中国最大的妇女组织及党领导下的群众团体，妇联自成立以来发挥其特有的组织优势，在60年发展历程中随着社会的变化不断调整其组织职能和使命。以1988年中国妇女第六次代表大会为标志，通过章程明确指出妇联的基本职能为“代表和维护妇女权益，促进男女平等”①，在维护妇女权益、促进妇女发展方面发挥着无可替代的作用。

随着改革开放及社会主义市场经济体制确立，社会发展进入重要时期。当前，中国正处在经济社会发展的重要战略机遇期和社会矛盾凸显期，面临着机遇和挑战。新形势对党的群众工作提出了新的要求，因此党的十七大提出“支持工会、共青团、妇联等人民团体按照法律和各自章程开展工作，参与社会管理和公共服务，维护群众合法权益”；十八届三中全会提出“要改进社会治理方式，激发社会组织活力，创新有效预防和化解社会矛盾体制，健全公共安全体系”，为妇联参与社会治理及公共服务提供机遇，也对妇联组织提出了新要求。与此同时，面对新时期，妇联的服务方式和手段越来越不能满足新时期妇女群众的需求，传统的基层妇联链接社会力量不足，妇联工作改革成为必然趋势。

本文通过分析近年来全国妇联对新时期妇联工作改革的指示，在此基础上，以笔者工作所在的广州市海珠区妇联为案例，分析其在新形势下创新实践的“海珠模式”，探讨适应新时期要求的基层妇联工作变革和服务创新方向。

---

① 参见《中华全国妇女联合会章程》。

一、新时期妇联工作改革

随着改革开放，中国社会政治、经济、文化发生变革，社会主义市场经济体系确立和国家干预的减弱，社会结构剧烈变化，社会利益分化组合，导致了利益意识的增长和利益矛盾增多。计划经济体制下不明显的妇女问题或性别问题显现出来，如经济发展进程中妇女的就业权受到巨大冲击，妇女劳动保护权缺失严重；侵害农村妇女土地权益问题凸显。此外，人们的社会价值取向、生活方式等日趋多元化，许多新的妇女问题呈现，如家庭问题和“第三者”问题。在计划经济体制下得到充分保障的妇女地位有不同程度的失落，部分妇女权益在市场机制、资源短缺和男性中心文化的共同作用下受到了或多或少的剥削和侵害。[①] 加上市场经济下女性群体内部的分化开始出现，不同区域、民族、阶层、行业、职业、年龄的妇女面临着不同问题、需求和利益，而不同群体的妇女群体自我意识发展又不完全同步，因此希望有组织的帮助。[②]

自创立以来，妇联组织就肩负着坚实党的群众根基、巩固党的执政地位的组织任务。在中华人民共和国的发展史上，妇联曾在不同历史时期中在党的领导下发挥着独特的政治作用。十八大以来，党中央把妇联等群团组织纳入国家社会治理的格局当中；在顶层设计上，把妇联等群团组织明确为购买社会工作服务的责任主体之一，要求群团组织在转型升级中找准社会定位。妇联也因此进入了全新的改革创新发展阶段。

与此同时，妇联面临着几方面的问题：一是组织内部问题。一方面妇联的工作主要在于联系和发动群众，大量的群众工作需要由基层街道一级承接落实。而妇联的组织架构却是呈倒三角形式[③]，基层妇联人员多实行非专职化，同时兼任多项工作，出现应对社会公共问题反应及行动迟缓的现象[④]。

① 刘伯红：《中国妇女非政府组织的发展》，《浙江学刊》2000 年第 4 期。

② 马炎：《妇联组织职能定位及其功能的演变轨迹——基于对全国妇联一届至十届章程的分析》，《妇女研究论丛》2009 年第 5 期。

③ 付佳：《近十年中国妇联组织研究综述》，《网络财富》2010 年第 6 期。

④ 黄利娜：《妇联组织参与公共服务的存在问题与对策研究》，湖南：湘潭大学，2014 年。

另一方面体现在组织内部制度规范和章程沿袭计划经济时期的制式，不能适应新时期具体运作的客观需求状况。[①] 二是服务能力不济。一方面是服务内容单一、服务方式陈旧，点子不多、办法不新，远不能满足当下妇女发展阶层化和妇女需求多元化；另一方面是在解决各种妇女儿童问题时，缺乏专业知识和技巧。三是服务资源匮乏。妇联具有双向的角色地位，既是党和政府领导下联系人民群众的组织，又是提供社会服务的社会组织，没有一般政府部门的公权力，同时也没有充足的社会资源。这些问题使得基层妇联工作改革成为必然的趋势。

作为妇联系统开展各项工作的顶层设计者，全国妇联近年来顺应历史潮流，围绕党政所需，以妇联基层组织建设为主线，先后发出了一系列指导性文件，为各基层妇联指明了方向。2010 年，出台《关于在党群共建创先争优活动中建设村、社区妇女之家的意见》，要求建设村、社区“妇女之家”，把基层妇联组织建设成为“坚强阵地”和“温暖之家”；2011 年，下发《关于全面推进妇联组织参与社会管理创新工作的意见》，对协助党和政府进一步做好新形势下的妇女群众工作作出部署；2013 年，全国妇联在中国妇女第十一次全国代表大会上提出必须要构建开放、多元、立体的妇联组织体系，实现对妇女群众的广泛覆盖和有效联系；2014 年，全国妇联十一届三次常委会议进一步明确了以改革创新精神建设服务型基层妇联组织，积极构建内外资源有效整合、各方力量联手推动的社会参与机制，为基层争取更好的政策、获得更多的资源、提供更优的服务；2016 年 3 月，全国妇联印发《关于加强妇联系统网络及新媒体建设的指导意见》，提出关于妇联系统加强网络及新媒体建设要聚焦的十大任务。

综上可见，新时期妇联工作改革方向有以下几点：一是通过“妇女之家”突破行政型基层妇联组织建设模式；二是以服务型为目标建设基层妇联组织，把妇联传统职能转化为服务职能；三是联合社会组织共同参与社会治理和公共服务过程；四是运用网络媒体手段创新工作模式。

基于对全国妇联指示的分析，思考以下几个方面：一是如何通过“妇女

---

① 付佳：《近十年中国妇联组织研究综述》，《网络财富》2010 年第 6 期。

之家”将妇联的触角延伸到新兴领域，为基层妇联发挥作用提供平台，更广泛地服务妇女，以提升妇联的凝聚力、影响力？二是通过社会组织去完成基层服务工作的妇联还能否完成自身组织使命，如思想政治引领工作，及时把党的主张和意志落实到群众中去？三是中国普遍处于起步的社会服务工作机构在承接公共服务职能时，是否已经具备全面、独立、足够的应对能力，对政府资源和扶持的依赖性有多少，这种格局下购买社会工作服务中购买方与社会组织的关系应该如何厘定？四是如何运用网络媒体手段，有效延伸妇联工作范围以更接地气的形式贴近妇女，做好新时期妇女工作？

二、海珠区妇联创新探索下的“海珠模式”

笔者选择以工作所在的广州市海珠区妇联为案例，分析其在新形势新指示下的工作创新及探索。

（一）“海珠模式”发展及形成

海珠区妇联从 2011 年对基层妇联组织建设进行探索，在创新突破的过程中不断反思和总结经验，这也是海珠区妇联对新时期工作机遇与挑战的回应。五年不断实践和探索形成“海珠模式”，共经历三个阶段。

1. 第一阶段（2010—2011 年）：创造“建家”新模式

为响应全国妇联全面建设村（社区）“妇女之家”的号召，2010 年 11 月，海珠区妇联把“妇女之家”建设作为夯实妇联自身建设的一项重要工作来抓，以“打造温暖贴心的娘家”为目标，在全市挂牌成立第 1 个社区“妇女之家”。然而，村（社区）的妇代会，很难通过社区一级“妇女之家”完成妇联工作使命。认识到这一点，海珠区妇联调整思路，在 2011 年 1 月创造性地建立了区、街道和社区三级“妇女之家”，全区 18 个街道地区妇联、257 个社区、20 个经济联社全面挂牌，区级妇女之家龙头引领，街道妇女之家整合资源，社区妇女之家实施一线服务。通过层层谋划、层层推进，将妇联工作重心下移，基本实现了把妇联各项工作融入“妇女之家”的目标，使妇女工作触角延伸到各阶层、各领域，为妇女群众提供及时有效的服务。

图1　2011 年 1 月海珠区创造性建立了区、街道和社区三级“妇女之家”

2. 第二阶段（2011—2014 年）：构建基层组织新体系

一是获得财政经费。海珠区妇联于 2011 年获得区委、区政府 55 万元财政经费支持，设立了“心·晴·暖万家”婚姻综合服务项目推动妇女工作创新。而后项目经费投入持续增长，从 2011 年第一期的 55 万元经费，增长为 2012 年下半年的 205 万元，到 2013 年经费已增长为 300 万元，并将项目所需资金纳入区政府财政预算，设置三年为一个周期，从而确保项目的稳定性和延续性。

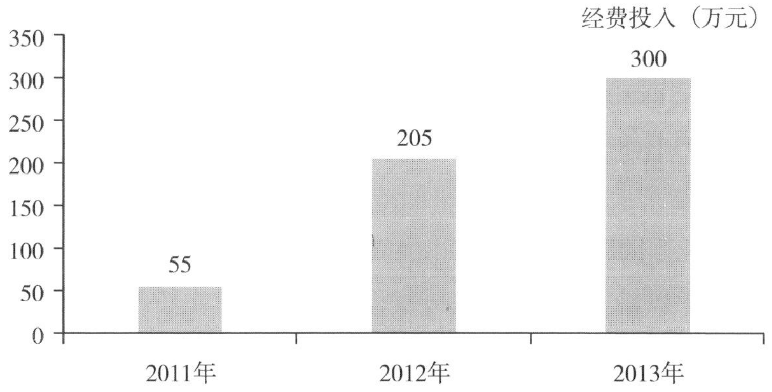

图2　财政对项目服务经费的支持

二是引入项目化专业化。2011 年设立的“心·晴·暖万家”婚姻综合服务项目是全广州市第一个区县级妇联项目，借助社会工作对妇女工作进行专业化、社会化、项目化的再创造。在此基础上扩宽服务面，探索全区性妇联项目“3861 我的家”项目；将传统的妇联工作与现代社会工作手法相结合，构建“妇干＋社工＋巾帼志愿者”的服务体系，为辖内妇女、儿童和家庭提供专业化、个性化、人本化的优质服务，探索发展出“党委统揽、政府支持、妇联主导、机构配合、专业化运作”的新型妇联组织。

在“3861我的家”项目的基础上，2014年海珠区妇联进入了项目复制阶段，具体的做法是把项目化运作的模式从区一级的一个项目复制到18个街道社区，从一家机构承接到引入众多机构承接；并按照“统一服务理念、统一工作标准、统一形象识别”的原则，以连锁经营的模式推进。2015年实现全区18个街道“一家一特色”的“妇女之家”示范点全覆盖。

图3　以连锁经营理念打造社会服务项目

三是探索以妇联主导为的合作模式。通过社会购买服务的全程把控实现妇联对项目的主导，主要包括项目设计、过程监管和项目评估三大部分。

（1）项目设计。妇联的服务项目从前期的社区调研、需求筛选、初选服务领域，到项目遴选、项目合同拟定、承接机构的选定，妇联具备高度的自主权结合自身实际和需求量身定制。此外，海珠区妇联虽然不对基层妇联的项目选择进行具体指定，但却通过出台《执行手册》，对服务领域进行了方向性的框定，要求地区妇联在框定的范围内自主确定项目。具体的实施过程是由联智库专家组织专项研讨，并确立了立足《中华全国妇女联合会章程》（以下简称《章程》）的宗旨，把《章程》要求的工作任务进行提炼分解，最终拟定出“性别平等建设、妇女保护、妇女能力建设、儿童保护、婚姻家庭建设”五大服务领域，要求街道妇联从五大服务领域中选择项目方向。这一举措确保了妇联项目当中“妇”字灵魂贯穿始终。

（2）过程监管。为了协助海珠区妇联和地区妇联了解社会工作服务机构落实项目要求的情况，防止项目的服务偏离项目宗旨和目的，及时纠正项目实施上的不足，主要通过两项机制实现服务项目过程监管：一是地区妇联日常监察制度；二是区妇联过程评估制度。地区妇联日常监察制度是地区妇联作为项目实施单位对服务承接方的项目运作进行日常监察。地区妇联与项目承接方除了在项目需求评估、服务规划、资源协调与统筹上对接之外，还需要每两个月就项目运作开展服务监察。过程评估制度是海珠区妇联通过委托第三方机构，每半年安排一次过程评估，全年不少于两次，评估采取现场查看、查阅文献和座谈会等方式，听取项目团队、服务对象了解项目运作情况。

（3）项目评估。“3861 我的家”的项目评估是委托专业的评估机构，组成“3861 我的家”项目评估组对项目进行评估。集中评估主要分为两次，即半年为期的中期评估和一年为期的终期评估，评估通过后才能发放项目费用。

四是搭建枢纽型妇联组织。正值社会治理的背景下和广东省建立枢纽型社会组织的思想指导下，海珠区妇联立足群团政治属性和社会属性的双重属性，初步形成相对成熟的项目运行机制，并探索以枢纽型妇联组织与社会机构合作模式，通过搭建平台实现桥梁和纽带作用。

（1）链接资源的中枢。一是海珠区妇联借助其组织身份，与社工委、法院、公安、教育局、街道等部门进行联系协调，借助部门资源增强服务实效；二是通过基层网络和执委联系机制、妇女代表机制，与辖区内学校和医院等国家机关单位和事业单位建立起合作关系。此外，依托承接方的社会服务机构组建项目专家顾问团。最后，通过团体会员的力量，联动区女企业家协会和部分热心企业，拓展社会服务资源的筹集渠道，帮助弱势妇女儿童及家庭，推进“3861 我的家”项目的运行和服务进程。

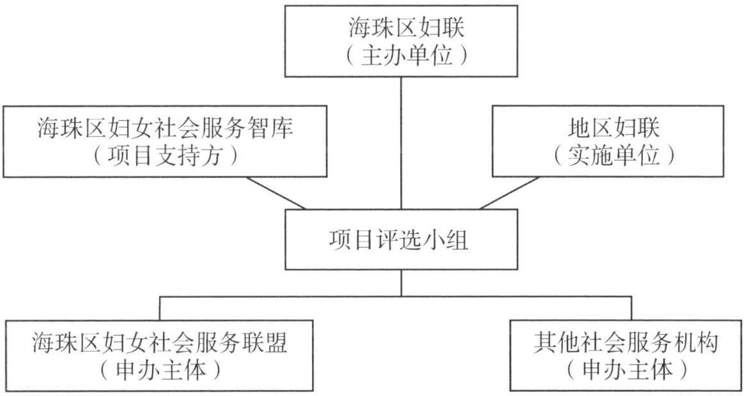

图 4　海珠区妇联“妇女之家”服务项目的组织架构图

（2）运行机制的中枢。“3861 我的家”项目运行两年多来，海珠区妇联初步形成相对成熟的项目运行机制，形成了“区妇联总体部署、地区妇联自主运作、社会组织联盟服务、专家智库技术支持”的项目化运作模式。这一模式界定了参与社会购买服务各方的定位及作用，保证了项目运作的总体方向，并提出了各级妇联以及专业机构在运行中的关系定位。在这一机制下，妇联的作用是主导并居于中枢地位。对上，它是党委领导下的群众团体，承担党的使命并传达党的声音，同时作为向政府申请资金的组织，它承担着回应政府有关资金使用的责任和落实政府有关妇女儿童的福利政策和妇女工作要求的职责；对外，它还是服务的购买方，起着党政的传声筒和回声器的作用，并且必须肩负起整个项目的框架、方向、运行、监管的责任，同时必须具备联动社会组织联盟和专家智库的功能，处于中枢传输的位置。微观上，海珠区妇联还建立了具体细致的工作协调机制，框定了这一大框架下的具体运行细则，确保宏观的构思最终能在实处落地。

3. 第三阶段（2015—2016 年）：打造妇联互联平台

2015 年全国妇联提出了“互联网 +”新业态的行动指南，海珠区妇联以“为妇女儿童提供极致服务”为切入点，以“互联网 +”思维为支撑，充分调动全社会的资源，打造妇女儿童服务资源需求交互的线上妇女之家“益家易”平台，以突破地域、时间、资源的限制，更广泛地服务群众。通过线上妇女之家可以实现网上门户宣传、服务前台导流、线上咨询维权及后台大数据分析和收集等功能。通过线上妇女之家，创新工作机制、整合各类资源，在社区和家庭层面落实妇联的基本职能，包括依托线上妇女之家平台设立各类服务项目提升妇联职能。

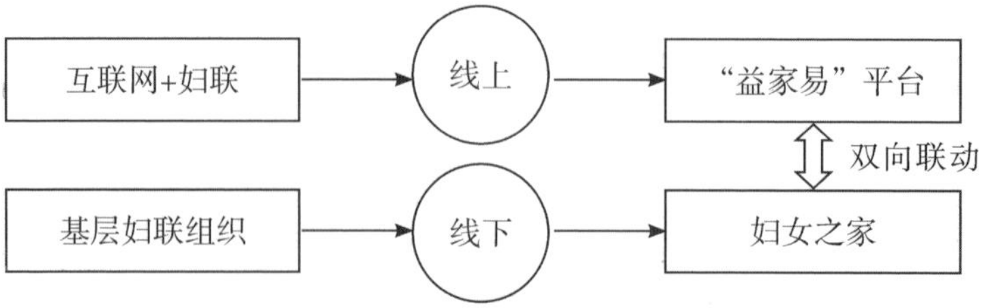

图 5　互联网 + 妇联，线上线下高度融合

此外，通过线上妇女之家这一平台可以充分发挥大数据的作用。一是及时、精准、快速地做出总体布局的调整，实现妇联服务的精细划分、定向推送，谋求为妇女儿童提供极致服务；二是把流量和大数据信息作为评估项目和资源分配的依据，确保妇联资源投放的科学合理性。

（二）“海珠模式”的特点

1. 厘清定位，以“脑”和“手”的关系协同工作

海珠区妇联提出“党委统揽、政府支持、妇联主导、机构配合、专业化运作”“区妇联总体部署、地区妇联自主运作、社会组织联盟服务、专家智库技术支持”两种运作模式，可见海珠区妇联总体部署，把握项目化的运作方向，将上级妇联指示落地；而社会组织作为妇联服务落地的抓手，保证项目的专业性，在服务中落实妇联使命及工作职能，在多方合作的机制中确立妇联组织和社会组织定位。

2. 明确职责，以“主”和“导”关系确保使命

通过项目设计、项目遴选、过程监管、项目评估等方式，建立以妇联为主导的购买社会服务机制，落实了妇联对妇女儿童社会服务的方向引导，以把握开展妇女儿童社会服务的政治性、先进性和群众性。此外，按照《章程》将妇联工作整合为“性别平等建设、妇女保护、妇女能力建设、儿童保护、婚姻家庭建设”五大板块，保证了妇联项目具有妇联使命及特色。

3. “互联网＋”思维，以“上”和“下”关系高度融合

为突破资源界限，实现多方跨界融合及扩大服务覆盖面，海珠区妇联运用网络新媒体手段，打造需求交互的线上妇女之家，集咨询、预约服务、人群导流于一体，与线下妇女之家服务对象融合；并通过线上平台大数据分析，充分发挥大数据的作用。一是及时、精准、快速地做出总体布局的调整，实现妇联服务的精细划分、定向推送，谋求为妇女儿童提供极致服务；二是把流量和大数据信息作为评估项目和资源分配的依据，确保妇联资源投放的科学合理性。

三、“海珠模式”的借鉴

（一）转变思维，把握角色定位

党的十八大明确提出要建立健全“党委领导，政府负责，社会协同，公众参与”的社会管理工作格局，不断推动妇联由配角向主角转变，主动参与社会管理创新。海珠区妇联在三个关键环节上准确定位。

一是以主导者的定位抓住创新的机遇。政府掌握公共权力，拥有大量公共资源，是社会管理创新的主要承担者，而妇联是党领导下的人民团体，是联系具体承接社会服务单位的枢纽。因此，在参与社会管理创新过程中，抓住了重点，注重借势借力，为妇女儿童谋利，同时协助政府做好妇女儿童工作。

二是以服务者的定位抓住民生的目标。充分发挥密切联系妇女群众的优势，积极为妇女儿童探索新空间、新途径。以“妇女儿童的需求就是我们的追求”为工作目标，关注及服务妇女儿童需求。引导妇女通过合法有序的方式表达利益诉求、积极维护妇女权益，切实把妇女群众的利益维护好、实现好和发展好。

三是以代表者的定位抓住妇女的特点。妇联组织就是代表和维护妇女的权益，不存在自身的特殊利益。妇联组织参与社会管理创新，不是仅靠妇联干部而是依靠妇女群众，不是为了自身而是为了妇女群众，参与的成效最终也要由妇女群众来评价。因此，必须牢固树立为妇女服务的意识，明确参与的根本目的，避免无所作为。

（二）创新模式以破除难题

一是破解资源不足的难题，探索社会化工作模式。树立“党委统揽、政府创新、妇联主导、机构协同、专业运作”的理念，把建立综合性开放式的社会化工作模式作为重中之重。同时，充分利用社会资源，根据不同组织的特点借力到妇女儿童服务当中。

二是破解工作繁杂的难题，探索项目化运作模式。按照“以需求定项目”的原则，有效对接弱势妇女群体及妇女、家庭的全面需求，把妇女教育培训、妇女社会管理事业、群众性活动等工作转化为“项目”，以具体项目为载体带动人、财、物的整合，探索建立“论证、规划、实施、评估、监管”五位一体的项目化运作模式。

三要破解影响力弱的难题，探索品牌化活动模式。坚持“人无我有、人有我优、人优我精、人精我新”的发展理念，从“彰显妇联特色、影响大、效果好、妇女群众欢迎”的角度设计活动，探索建立独特性联动式的品牌化活动模式。

（三）依托专业，激发工作活力

一是规范载体，专业标准连锁化经营。为打造“妇女之家”品牌，对“妇女之家”建设的目标、思路、内容、运作模式与考核方法等进行了总体部署。将男女平等社会建设、妇女能力建设、妇女保护、儿童保护和婚姻家庭建设，妇女之家与儿童之家统筹推进，合并经营，打造“一家一特色”。

二是引入社会工作方法与理念作为妇联工作的有益补充。社会工作为现代社会发展之必然，尝试将社会工作方法引入妇联工作，可以从整体上评估群众需求，找出重点，开发资源，组织相应项目和活动；可以从微观角度为有需求的群众个体提供咨询和辅导服务，协助他们解决问题；还可以在宏观社会政策的运作上，及时向有关部门反馈信息，优化政策运作环境。妇联工作将因其所蕴涵的社会工作理念、方法和技巧而实现从传统到现代的转型，有利于工作服务理念和职能的转变，也为民间专业社会组织的培育和发展提供有效的看得见的抓手，通过为群众提供专业性强的服务，更好地团结凝聚群众。

四、结语

联系和服务广大妇女群众是妇联的组织生命线。当前，在中国社会经济深刻转型的背景下，党在不断加强和改进妇联工作，妇联从传统组织形式逐步转型为主动参与社会治理、购买社会工作服务的服务型组织。这种全新的形式让妇联拓宽了服务渠道、更新了服务形式、创新了服务局面，克服了一直以来在聚集资源和协调社会网络方面的不足，鲜活了与广大群众的联系方式。但是在转型过程中，部分组织出现了官僚化、雇主化、机械化等现象，甚至出现了“甩手掌柜”的简单甲方乙方形式，购买工作偏离了党群宗旨和要义。这些都是值得思考、亟待解决的问题。

此外，中国处于社会工作服务初级发展阶段，近几年在政府的主动引入之下得以高速发展。中国的发展模式在吸取和借鉴了很多其他国家、其他地区的先进经验的同时，也不断在探索建立自身的本土机制。但是就目前而言，无论是法律制度、政策层面还是社会土壤方面，均处于探索阶段，本土机制尚未能完全建立，更勿论针对妇联的专属的领域细分。作为发包方、购买方的群团组织具备特殊的属性即兼具政治性和社会性，具有参与社会治理的天然使命，也肩负着作为“党联系群众的重要力量”的角色参与到社会治理的新任务中。在妇联参与购买社会工作服务的进程中，必须站在党的视角大局上进行谋划，承担起主导责任，从顶层设计、运作机制、人才培育机制等各个方面发挥源头作用，从项目设计、购买、监察、督导等各个环节组织落地实施，厘清购买关系，让妇联真正成为参与社会治理的能动者。

广州市海珠区妇联实践探索下的“海珠模式”能够充分体现妇联组织的特性，并顺应时代趋势：既能透过妇联主导以履行妇联组织使命和职能，也有利于培育悉知妇联特性的、擅长专项服务的社会组织；并通过互联网、大数据广泛密切地联系群众和服务群众，从模糊痛点变为精准服务，从“送菜”服务变为“点菜”服务，从孤芳自赏变为同频共振，在新时代实现妇联作为党和政府联系群众的纽带和桥梁功能。

海珠区妇女联合会

XINGBIE PINGDENG HE QUANYI BAOZHANG

性别平等和权益保障

广州市性别平等公共政策运行模式研究

性别平等已经成为当今国际社会的广泛共识。中国政府是第四次世界妇女大会承诺社会性别意识主流化的49个国家之一，近年来在推动性别平等与妇女发展的公共政策制定和执行方面，取得了一系列积极成果，形成了以《中华人民共和国宪法》为基础，《中华人民共和国妇女权益保障法》为主体，包括国家各种单行法律法规、地方性法规和政府规章在内的保障妇女权益和促进性别平等的法律体系。广州作为中国改革开放的前沿，已经具备相对成熟完善的性别平等公共政策运行模式。颁布实施《广州市妇女权益保障规定》，建立法规政策性别平等咨询评估机制，在性别平等公共政策的制定与实施等诸多环节上积极作为，大胆实践，主动创新，取得了令人瞩目的成绩。

本课题研究旨在对广州市性别平等公共政策中的运行情况进行细致深入的考察与分析，通过对现行公共政策运行模式存在的特点、成效、局限等进行调查研究，优化一系列性别平等分析和评估的政策运行模式，为模式的合理、规范、有效运作提供有价值的建议，以期实现社会性别意识主流化，推动将性别意识引入社会发展以及法规政策的决策主流在广州市真正落地落实。

一、性别平等领域的公共政策概念

在性别平等研究领域中，公共政策通常指的是政府及立法机构制定的对公众利益和公众行为的规制和分配，包括法律在内。公共政策制定的目的是为了解决公共问题、达成公共目标、以实现公共利益。公共政策对协调社会群体之间的利益关系、促进社会的整体发展、提升社会发展的质量、实现社会的良性运行和健康发展，有着重要的作用。

中国的公共政策，主要包括法律法规，即现行有效的法律、行政法规、司法解释、地方法规、地方规章、部门规章及其他规范性文件等。2011 年 10 月 27 日，国务院新闻办公室发表《中国特色社会主义法律体系白皮书》，宣称“2010 年底，一个立足中国国情和实际、适应改革开放和社会主义现代化建设需要、集中体现中国共产党和中国人民意志，以宪法为统帅，以宪法相关法、民法商法等多个法律部门的法律为主干，由法律、行政法规、地方性法规等多个层次法律规范构成的中国特色社会主义法律体系已经形成”。

一般认为，公共政策运行过程主要包括政策制定、政策执行、政策评估、政策终结、政策监督五个方面。政策制定又被称为政策形成或政策规划，是公共政策运行过程的第一阶段，包括政策问题界定、构建政策议程、政策方案规划、政策合法化等阶段。政策执行是指在政策制定完成之后，将政策由理论变为现实的过程，主要包括设置政策执行机构、政策执行资源配置、政策宣传、政策分解、政策试验、政策实施。政策评估是指依据一定的标准、程序和方法，对公共政策的效率、效益和价值进行测量、评价的过程，它的主旨在于获取公共政策实行的相关信息，以作为据顶政策维持、调整、终结、创新的依据。政策评估是公共政策运行的重要阶段，加强公共政策评估，对于检验公共政策效果、决定公共政策存废都具有十分重要的意义。政策终结是指公共决策者通过慎重的政策评估之后，采取必要措施，终止那些过时、多余、无效或失败的公共政策的过程。政策监督，是公共政策过程的重要组成部分，它是提高公共政策运行质量和效益的有力保证，是指监督主体依照法定的权限和程序对公共政策运行过程进行监察和督促，以衡量并纠正公共政策偏差，实现公共政策目标。

二、广州市性别平等公共政策体系

广州市性别平等相关的公共政策体系，可以分为宪法、法律、行政法规、地方性法规、规章等。从部门法角度来看，涉及宪法相关法、民法商法、行政法、社会法、刑法、诉讼与非诉讼程序法等。这些共同组成了较为完善的性别平等公共政策体系。这里主要考察与性别平等相关度较高的公共政策。

（一）宪法

《中华人民共和国宪法》是国家的根本法，具有最高的法律效力，一切法律、行政法规、地方性法规的制定都必须以宪法为依据，遵循宪法的基本原则，不得与宪法相抵触。1982 年《中华人民共和国宪法》第一次将保护妇女的权利单列为一条规定，充分体现了国家对妇女权益保护的重视。第四十八条明确指出，妇女在政治、经济、文化、社会、家庭等方面，与男性享有平等的权利，凡是侵犯妇女的平等权利的行为就是违反宪法的行为。第四十八条明确宣示了国家负有保护妇女的权利和利益的法律责任，国家机构作为公共部门必须承担起相应的法律责任。

（二）法律

法律是中华人民共和国全国人民代表大会及其常务委员会制定并颁布的，是国家法制的基础。与性别平等相关度较高的法律有：

《中华人民共和国婚姻法》是确定婚姻家庭关系的基本准则。现行的 2001 年《中华人民共和国婚姻法》，明确规定“实行婚姻自由、一夫一妻、男女平等的婚姻制度。保护妇女、儿童和老人的合法权益”。还对结婚、家庭关系、离婚、救助措施与法律责任等作了明文规定，加强了对婚姻家庭关系的法律调整，有针对性地增设了一些涉及婚姻家庭领域中人身关系和财产关系的具体问题的新规定，体现了对男女平等原则的坚持、对妇女合法权益的保护。

《中华人民共和国妇女权益保障法》是中国第一部以妇女为主体，以全面保护妇女合法权益为主要内容的法律。2005 年修正后的《中华人民共和国妇女权益保障法》不仅继续贯彻宪法中关于男女平等的原则规定，而且首次将“男女平等是基本国策”写入法律，同时强调“国家采取必要措施，逐步完善保障妇女权益的各项制度，消除对妇女一切形式的歧视”，“禁止歧视、虐待、遗弃、残害妇女”，还对性骚扰、家庭暴力、就业歧视等侵害妇女权益的行为作出了相关规定。该法还明确了政府在保护妇女权益方面的职责。

《中华人民共和国人口与计划生育法》是中华人民共和国成立以来在人口与计划生育领域的首部法律，把保障妇女享有与男性平等的生育决策权、将女性的生育健康和全面发展上升到政策和法律的高度，体现了生育政策的社会性别意识，有利于妇女的生育健康和全面发展。

《中华人民共和国就业促进法》规定了政策支持、公平就业、就业服务和管理、职业教育和培训、就业援助、监督检查、法律责任等方面的内容，体现了国家对于促进就业、保障民生的高度关注。该法明确了劳动者无论男女均享有平等就业的权利。

《中华人民共和国反家庭暴力法》是为了预防和制止家庭暴力，保护家庭成员的合法权益，维护平等、和睦、文明的家庭关系，促进家庭和谐、社会稳定而制定的法律。该法明确了家庭暴力的预防和处置机制措施，创设了人身安全保护令等制度，为推动解决妇女、未成年人等群体遭受家庭暴力问题，维护平等和睦文明的家庭关系提供了更加完善的法律保障。

《中华人民共和国全国人民代表大会和地方各级人民代表大会选举法》是保障公民参政议政权利的专门的法律。该法规定了公民不分性别都有选举权和被选举权，还规定了各级人民代表大会应有适当数量的妇女代表，并逐步提高妇女代表的比例。这些规定体现了对社会性别问题、对妇女参政的重视。

《中华人民共和国村民委员会组织法》是关于农村村民自治的法律。该法规定了村民委员会成员中应当有妇女成员，保障了女性政治参与较为缺失的农村，女性参与基层自治组织的权利。

《中华人民共和国教育法》是中国教育的根本大法。该法规定公民不分性别依法享有平等的受教育机会，以及应当保障女子在入学、升学、就业、授予学位、派出留学等方面的平等权利，体现了社会性别意识，保障了公民平等的受教育权利。

《中华人民共和国职业教育法》的制定是为了实施科教兴国战略，发展职业教育，提高劳动者素质，促进社会主义现代化建设。该法专门明确规定了国家采取措施帮助妇女接受职业教育，为妇女走出家庭参与社会生产创造条件。

《中华人民共和国继承法》是为保护公民的私有财产的继承权而制定的。该法体现了所有继承人无论男女均有平等地享有继承遗产的权利。

《中华人民共和国农村土地承包法》的立法目的是稳定和完善以家庭承包经营为基础、统分结合的双层经营体制，赋予农民长期而有保障的土地使用权，维护农村土地承包当事人的合法权益，促进农业、农村经济发展和农村社会稳定。该法原则上规定了男女平等的权利，对妇女承包土地的权利以及妇女婚姻变动后的土地承包权利进行了保障。

（三）行政法规

行政法规是由国务院根据宪法和法律制定的，是将法律规定的相关制度具体化，是对法律的细化和补充。与性别平等相关度较高的行政法规有：

《婚姻登记条例》是“为了规范婚姻登记工作，保障婚姻自由、一夫一妻、男女平等的婚姻制度的实施，保护婚姻当事人的合法权益”而制定的。《婚姻登记条例》体现了男女平等的原则，在结婚登记、离婚登记上尊重男女双方的真实意愿，体现了对个人自由的最大尊重，维护以感情为基础的婚姻本质。

《流动人口计划生育工作条例》是在中国城镇化背景下，针对城市流动人口数量急剧增长的现实所制定的面向具体人群的计划生育工作条例，更加强调寓管理于服务之中，为流动人口特别是育龄妇女提供方便的计划生育服务。

《女职工劳动保护特别规定》是为减少和解决女职工在劳动中因生理特点造成的特殊困难，保护女职工健康而制定的，体现了国家对女性职工的爱护。

（四）地方性法规

根据宪法和法律，省、自治区、直辖市和较大的市的人大及其常委会可以制定地方性法规。地方性法规是对法律、行政法规的细化和补充，是国家立法的延伸和完善，为国家立法积累了有益经验。与性别平等相关度较高的广东省、广州市地方性法规有：

《广东省实施〈中华人民共和国妇女权益保障法〉办法》由广东省第十届人民代表大会常务委员会第三十二次会议修订通过。国内首次以立法形式明确保护“外嫁女”合法权益；对性骚扰的形式、预防和制止、投诉等进行了细化；明确将“包二奶”行为列为法律禁止的行为；细化了《中华人民共和国妇女权益保障法》中的“家庭暴力”这一概念，将精神摧残列入家庭暴力范围等，明确了政府各部门、各组织对家庭暴力的预防和制止责任，提出了设立或者指定家庭暴力庇护场所，以保障妇女合法权益。

《广东省实施〈中华人民共和国就业促进法〉办法》于2009年11月26日由广东省第十一届人民代表大会常务委员会第十四次会议通过。重申了《中华人民共和国就业促进法》中关于严禁性别歧视的内容，并予以明确和细化，更加有利于维护妇女的合法就业权利。

《广东省人口与计划生育条例》，其前身为1980年2月广东省第五届人大常委会第二次会议通过的《广东省计划生育条例》，是中国最早的一部计划生育地方性法规，迄今经历了5次修订、5次修正。2001年《中华人民共和国人口与计划生育条例》实施后，《广东省计划生育条例》也于2002年7月25日由广东省第九届人民代表大会常务委员会第三十五次会议修订为《广东省人口与计划生育条例》，并且增加了保障妇女、女婴权益的内容。

《广州市妇女权益保障规定》于2009年12月17日由广州市第十三届人民代表大会常务委员会第二十四次会议通过，2010年3月31日由广东省第十一届人民代表大会常务委员会第十八次会议批准，2015年经过修正。该规定明确了各级政府、相关部门和人员的维权保障职责和相应的行政和法律职责，创设了妇联有权向相关单位发出维权意见书，相关单位必须限期处理并书面回复的制度；夫妻一方可查询另一方财产状况的制度。

（五）地方性规章

主要指广东省人民政府及广州市人民政府在其职权范围内，为执行法律、法规需要制定的事项或属于本行政区域的具体行政管理事项而制定的规范性文件。与性别平等相关度较高的主要地方性规章有：

《广东省实施〈女职工劳动保护特别规定〉办法》，根据《中华人民共和国女职工劳动保护特别规定》的相关内容，适用于广东省行政区域内国家机关、企业、事业单位、社会团体、个体经济组织以及其他社会组织等用人单位女职工的劳动保护。新增加了关于月经期间、哺乳时间等条款内容，对女职工的劳动保护更加具体、多样。

《广州市人口与计划生育管理办法》结合广州实际，对生育调节、计划生育技术服务、优待奖励与社会保障、监督管理、法律责任方面的内容进行了具体的规定。保留了禁止对胎儿进行性别鉴定或者选择性别的人工终止妊娠的规定。

三、广州市性别平等公共政策运行过程

公共政策的运行过程包括政策制定、政策执行、政策评估、政策监督等环节。下面从这些环节对广州市性别平等公共政策的运行过程进行研究。

（一）性别平等公共政策的制定

1. 地方性法规、规章的立法权

性别平等公共政策体系包括宪法、法律、行政法规、地方性法规、规章等。从立法权上来看，宪法由全国人民大会通过，法律由全国人民代表大会及其常务委员会制定，行政法规由国务院制定。根据《中华人民共和国地方各级人民代表大会和地方各级人民政府组织法》相关规定，广东省人民代表大会及其常务委员会可以制定和颁布广东省行政区域的地方性法规，广东省人民政府可以制定广东省行政区域内的地方性规章；广州市人民代表大会及其常务委员会可以制定和颁布广州市行政区域的地方性法规，广州市人民政府可以制定广州市行政区域内的地方性规章。

2. 广州地方性法规的制定程序

广州市人民代表大会是广州市的地方权力机关。按照中国宪法和法律规定，广州市人民代表大会根据本市的具体情况和实际需要，在不同宪法和法

律、行政法规和本省的地方性法规相抵触的前提下，可以制定地方性法规，报省人大常委会批准后施行。

广州市地方性法规制定的程序是这样的：

（1）地方性法规制定规划与计划：由市人大常务委员会编制地方性法规制定规划和计划，规划按照人大常务委员会每届任期编制，计划按照每个工作年度编制。人大常委会法制工委应当向人民政府、人民政协、人民法院、人民检察院、常务委员会各工作委员会、各民主党派、有关人民团体、各区人民代表大会常务委员会、市人大代表和公众等征集建议项目。任何单位和个人都可以向人民代表大会及其常务委员会书面提出制定、修改或者废止地方性法规的建议。常务委员会法制工作委员会应当通过召开座谈会、论证会等方式，听取各方意见，拟订规划草案稿、计划草案稿，提请主任会议决定。

（2）人民代表大会制定地方性法规程序：人民代表大会主席团可以向人民代表大会提出地方性法规案，由人民代表大会会议审议。常务委员会、人民政府、人民代表大会专门委员会可以向人民代表大会提出地方性法规案，由主席团决定列入会议议程。10 名以上的市人大代表联名，可以向人民代表大会提出地方性法规案，由主席团决定是否列入会议议程，或者先交有关的专门委员会审议，提出是否列入会议议程的意见，再决定是否列入会议议程。列入人民代表大会会议议程的地方性法规案，大会全体会议听取提案人的说明后，由各代表团进行审议。由法制委员会根据各代表团的审议意见进行修改，提出地方性法规草案表决稿，由主席团提请大会全体会议表决，由全体市人大代表的过半数通过。

（3）常务委员会制定地方性法规程序：主任会议可以向常务委员会提出地方性法规案，由常务委员会会议审议。人民政府、专门委员会可以向常务委员会提出地方性法规案，由主任会议决定列入常务委员会会议议程，或者先交有关的专门委员会审议、提出报告，再决定列入常务委员会会议议程。常务委员会组成人员 5 人以上联名，可以向常务委员会提出地方性法规案，由主任会议决定是否列入常务委员会会议议程，或者先交有关的专门委员会审议，提出是否列入会议议程的意见，再决定是否列入常务委员会会议议程。列入常务委员会会议议程的地方性法规案，应当经三次常务委员会会议审议后再交付表决；各方面意见比较一致的，可以经两次常务委员会会议审议后交付表决；调整事项较为单一、部分修改或者废止的地方性法规案，各方面意见比较一致的，可以经一次常务委员会会议审议后交付表决。列入常务委员会会议议程的地方性法规案，应当征求社会各方面的意见。地方性法规草案表决稿、废止或者修改决定草案，由常务委员会全体组成人员的过半数通过。

3. 广州地方性规章的制定程序

广州市人民政府是广州人民代表大会的执行机关，是广州市级行政机关，每届任期五年。主要职权有：执行本级人民代表大会及其常务委员会的决议，以及上级国家行政机关的决定和命令，规定行政措施，发布决定和命令；领导所属各工作部门和下级人民政府的工作；执行国民经济和社会发展计划、预算，管理本行政区域内的经济、教育、科学、文化、卫生、体育事业、环境和资源保护、城乡建设事业和财政、民政、公安、民族事务、司法行政、监察、计划生育等行政工作；保障宪法和法律赋予妇女的男女平等、同工同酬和婚姻自由等各项权利等等。

广州市人民政府规章制定程序是这样的：

（1）年度规章制订工作计划：本市公民、法人和其他组织可以向市人民政府法制机构（广州市人民政府法制办公室）提出制定规章的建议。市法制办对制定规章的建议组织研究或者转交相关部门研究。对可行的建议，市法制办会在拟定规章计划时采纳。市人民政府于每年年初编制年度规章制定工作计划。市法制办对制定规章的立项申请进行汇总研究，拟订市政府年度规章制定工作计划报市政府批准后执行。

（2）规章审查与审议程序：规章原则上由报请立项的部门起草。内容复杂、涉及多个部门管理事项的规章，市政府可以确定由其中一个或者几个部门具体负责起草，也可以确定由市法制办起草或者由其组织起草。报送审查的规章送审稿，应当由起草部门的主要负责人签署；几个起草部门共同起草的规章送审稿，应当由该几个共同起草部门的主要负责人共同签署。市法制办对报送的规章送审稿，按照规定组织论证、协调和修改，在综合各方面意见对规章送审稿进行修改后，形成规章草案及其说明。相关资料报送市政府办公厅，提请市政府常务会议或者全体会议审议。审议通过后，经市长签署命令公布规章。

4.《广州市妇女权益保障规定》的立法实践创新

为更好地保障妇女权益，广州市妇联经过多年酝酿和准备，向广州市人大提出议案建议制定《广州市妇女权益保障规定》。广州市人大合法行使地方立法权，严格执行地方性法规的制定程序，通过了《广州市妇女权益保障规定》。该规定的制定，在性别平等公共政策制定方面具有重要意义，体现了立法上的实践创新，对全国范围内的地方相关立法产生了积极影响。

1994 年 11 月 25 日，广州市第十届人民代表大会常务委员会第十三次会议通过《广州市妇女权益保障若干规定》，经 1996 年 1 月 12 日广东省第八届人民代表大会常务委员会第十九次会议批准，于 1996 年 2 月 25 日公布，1996 年 3 月 8 日起施行。该规定根据《中华人民共和国妇女权益保障法》和《广东省实施〈中华人民共和国妇女权益保障法〉规定》，结合广州市实际情况制定，共有 18 条。《广州市妇女权益保障若干规定》的施行，为保障广州妇女权益发挥了积极作用。但随着广州社会经济的发展，妇女权益保障领域出现了一系列新的问题。经过 10 多年的施行，《广州市妇女权益保障若干规定》的条文内容已明显滞后新形势下妇女权益保护的现实需要。

2007 年 1 月 23 日，时任广州市妇联主席李瑾等 16 名广州市人大代表，向广州市人大十三届一次会议提交《关于尽快修订〈广州市妇女权益保障若干规定〉的议案》，并附交《规定（修订草案）》。此次提交的草案，针对就业性别歧视、性骚扰、婚内损害赔偿、预防和制止家庭暴力等，增设了创新性规定。

1 月 29 日，广州市第十三届人民代表大会第一次会议召开主席团第四次会议。会议认为，代表提出的共 45 件议案中，没有需要列入本次大会审议的议案。会议决定，将《关于尽快修订〈广州市妇女权益保障若干规定〉的议案》交由市人民代表大会有关专门委员会在大会闭会期间审议。

广州市第十三届人民代表大会将“修订《广州市妇女权益保障若干规

定》”项目列入《广州市 2007—2011 年度地方性法规制定规划》“第一类：计划本届内审议的法规项目”。

3 月 29 日，广州市第十三届人民代表大会法制委员会报告指出，由于农村集体经济组织收益分配问题较为复杂，理论界争论较大，法律缺乏明确的上位法依据，因此建议不将此议案列入代表大会或常务会会议议程。

当年，市妇联在多年工作的经验基础上，邀请中山大学、暨南大学的法学专家再次成立修法小组，着手起草《广州市妇女权益保障规定（草案）》，对原《广州市妇女权益保障若干规定》条文作了较大幅度的增加与修改。

2009 年 3 月，时任市妇联主席李建兰等 10 名市人大代表提出《关于重新制定〈广州市妇女权益保障规定〉的议案》，经市第十三届人大常委会第十九次会议决定列入常委会会议议程。

4 月 28 日，广州市人大常委会法制工作委员会发布《关于公开征求对〈广州市妇女权益保障规定（草案）〉意见的通告》，面向社会各界公开征求意见。

市人大法工委开展妇女权益保障立法调研。5 月 11 日，市人大法工委召开广州市妇女权益保障立法征求意见会。5 月 12 日，市人大法工委到番禺区进行调研。

12 月 17 日，《广州市妇女权益保障规定》经过广州市人大常委会讨论和三次审议，于市十三届人大常委会第二十四次会议通过。

2010 年 3 月 31 日，《广州市妇女权益保障规定》经广东省第十一届人民代表大会常务委员会第十八次会议批准，自 2010 年 6 月 1 日起施行。

新《广州市妇女权益保障规定》中明确了各级政府、相关部门的维权保障职责及相应的行政责任、法律责任，创设了妇联维权意见书制度，更加关注妇女劳动权益、健康权益和农村妇女权益的保障，赋予了夫妻对共有财产的知情权和联名登记权，加强了对性骚扰问题的规定，建立了预防和制止家庭暴力的处理机制等等。作为地方立法的大胆实践，为推动解决新形势下的妇女权益保障问题提供了法律依据。

（二）性别平等公共政策的执行

公共政策的执行，是指公共政策合法化之后，将政策理想转化为政策现实、政策目标转化为政策效益的过程。中国性别平等公共政策中的大多数属于法律、行政法规范围，不属于广州市地方性法规、规章，而这些公共政策在全国范围具有效力，在广州同样存在政策执行的过程。从这个角度而言，在广州执行性别平等公共政策所投入的社会资源，要大于制定公共政策。政策执行是主要的日常工作内容。

对广州市性别平等公共政策的执行，可以从以下三个要素来考察：资源配置、政策宣传、政策实施。

1. 资源配置

公共政策的资源配置，是指公共机构如立法、行政部门在公共政策执行过程中，对所投入的资源进行分配。具体而言，就是设置执行机构，赋予明确的权力和责任，配备必要的人员、经费等。广州市与性别平等公共政策执行密切相关的主要机构和团体有：

（1）广州市妇女儿童工作委员会，是广州市政府管理妇女儿童事务的协调议事机构。基本职能：协调和推动政府有关部门做好维护妇女儿童权益工作；协调和推动政府有关部门及其他相关部门实施妇女儿童发展规划；协调和推动政府有关部门为开展妇女儿童工作、发展妇女儿童事业提供必要的人力、物力、财力；指导、督促和检查各设区市人民政府妇女儿童工作委员会的工作。委员会共有30个成员单位，委员会委员由30个成员单位领导组成。

（2）广州市人力资源和社会保障局，是负责本市人力资源、促进就业、社会保障工作的市政府组成部门。与性别平等相关的具体职责为：促进各类妇女人才的成长和合理配置；在公务员考试录用、专业技术职务评聘、高校毕业生就业中，保障男女平等原则的落实；保障女性在就业、培训、劳动报酬、社会保险以及技工学校招生等方面与男性平等的权利；保障女职工劳动保护法规、政策的落实；组织下岗失业女职工的职业技术培训，扩大妇女就业领域；逐步建立和完善生育保险制度。

（3）广州市卫生和计划生育委员会，是负责本市卫生、计生工作的市政府组成部门。与性别平等相关的具体职责为：保护妇女实行计划生育的权利；组织开展人口与计划生育宣传教育，普及有关法律法规以及晚婚晚育、优生优育、避孕节育、生殖健康的科学知识；维护女婴以及生育女婴的妇女的合法权益。

（4）广州市公安局，是广州市人民政府主管全市公安工作的部门。与性别平等相关的具体职责为：严厉打击拐卖妇女儿童、侵害妇女儿童人身权利的犯罪行为，解救受害的妇女儿童，惩治卖淫嫖娼等违法活动；依法处置家庭暴力行为。

（5）广州市中级人民法院是国家审判机关，依法独立行使审判权，监督和指导下级法院的审判工作。在性别平等公共政策执行方面的具体职责为：依法公正审理涉及妇女的民事案件，保障妇女财产权、继承权、抚养权、婚姻家庭中的有关权利等合法权益；依法严惩拐卖妇女、强迫妇女卖淫、重婚等侵害妇女人身权利的刑事犯罪行为。广州市中级人民法院内设少年家事审判庭，审理国内一、二审婚姻家庭、继承纠纷案件；审理婚姻自主权纠纷、监护人责任纠纷、监护人特别程序的案件；审理申请承认外国法院离婚判决和认可港澳台地区法院民事判决的案件。少年家事审判庭为保障妇女的合法权益提供了更加专业的审判。

（6）广州市妇女联合会是性别平等公共政策执行的主力军。基本职能是代表和维护妇女权益，促进男女平等。日常工作中，与性别平等公共政策执行最为密切的部门是权益部。权益部负责参与有关维护妇女儿童权益法规、规章的拟订和有关普法工作；指导、推动各级妇联依法维护妇女儿童权益工作；推动妇女群众自治组织的建立与发展；负责处理群众来信来访，参与对重大典型信访案件专项调查，为受害妇女提供法律援助和社会服务；开展社区维护妇女儿童权益工作；负责指导联系市律师协会女律师委员会、市女医师协会工作。

2. 政策宣传

政策宣传，是指关于公共政策决定、政策内容和政策实施方式的宣布和传播，是政策执行功能环节的重要组成部分。其直接目的在于通过对政策目标和政策内容的宣示、宣布和传播，促进政策执行者、政策对象、目标群体以及各利益攸关方对政策的理解和认同，从而推动公共政策的有效执行和政策目标的实现。

公共政策宣传贯穿于公共政策运行的全过程，从公共政策的立项、制定、出台，到具体实施、评估反馈等，都需要公共政策宣传发挥作用。随着社会发展，公共政策宣传的渠道和方式更加多样，有立法机构、相关部门的公开发布，有相关部门组织系统内部的宣讲活动，有面向社会公众的论坛宣传活动，有大众媒体的广泛报道，有互联网媒介的迅速传播，有宣传资料的印制发放等等。

《广州市妇女权益保障规定》出台前后，投入了大量资源进行宣传，可谓是一次经典的公共政策宣传案例。

（1）政策立项阶段：早在广州市妇联向市人大十三届一次会议提交《关于尽快修订〈广州市妇女权益保障若干规定〉的议案》时，附交的《规定（草案）》内容就引起了媒体的关注。

2009 年 4 月 28 日，广州市人大公开征求对《广州市妇女权益保障规定（草案）》的意见，“草案”全文刊登在广州市人大信息网、网易网、腾讯网上。媒体对“草案”给予了极大的关注，关注焦点集中在性骚扰、可查配偶财产等问题上，尤其在夫妻凭证可查配偶财产问题上，社会上存在着不同看法和认识。

4 月 29 日，广州市人大、市妇联、广州市电视台联合举办“保障妇女权益，构建和谐家庭”电视活动“羊城论坛”。

6 月 12 日，《法制日报》刊登了广州市人大常委会有关负责人对《广州市妇女权益保障规定（草案）》的立法用意进行的解读，刊登了法律界专家、学者的专业意见，对社会上的误读进行了澄清。

12 月 17 日，广州市第十三届人大常委会第二十四次会议通过《广州市妇女权益保障规定》。“新华网”12 月 23 日刊登文章，围绕夫妻互查财产权，报道了妇联、学者、律师、专家的正面支持意见。

（2）政策实施阶段：新的《广州市妇女权益保障规定》于 2010 年 6 月 1 日实施。正式实施日期前后，媒体对此进行了广泛报道。

5 月 26 日，在第二届羊城家庭文化节开幕式上，广州市妇联举行了《广州市妇女权益保障规定》颁发仪式。

6 月 25 日，广州市召开全市学习实施《广州市妇女权益保障规定》大会。

7 月 15 日，广州市妇联举办全市妇女骨干学习实施《广州市妇女权益保障规定》培训班。700 多名来自各区（市）普法骨干和各级妇联、妇委会、女职委女干部参加了培训。

10 月 1 日，广州市妇联在“广州妇女网”“广州普法网”上开展《广州市妇女权益保障规定》网上知识竞赛活动，有 6000 多人参加。

广州市各区（市）妇联广泛开展《广州市妇女权益保障规定》学习培训班、辅导报告会、教育宣传进社区、现场宣传会等活动。

2011 年 3 月 4 日，广州市妇联联合市人力资源和社会保障局、市司法局在英雄广场举办广州市妇联“三八”就业、维权大型广场活动及《广州妇女权益保障规定》颁布实施一周年宣传活动。

通过多种形式的宣传活动，《广州市妇女权益保障规定》的新内容、新亮点得到社会的广泛关注和理解，各级妇联、妇委会、女职委女干部法律素质得到大大提高，依法行政能力得到明显增强，为今后开展妇女工作和维护妇女合法权益起到很好的作用。

3. 政策实施

政策实施，是指政策的具体执行。相关机构和人员在政策实施中发挥着关键作用。具体执行政策时，需要认真学习政策、全面准确地领会政策，提高政策的执行水平，尤其是在面临具体问题时，需要准确把握问题实质，坚持原则性与灵活性相结合，寻找关键突破点，正确运用执行策略，保证政策的良好效果。

在性别平等公共政策的实施中，广州各相关部门和团体付出了艰苦努力，取得了丰硕的成绩。广州市法律援助处、广州市中级人民法院、广州市妇女联合会是其中的突出代表，均曾先后荣获“全国维护妇女儿童权益先进集体”等荣誉称号。

（三）公共政策评估

公共政策评估，是指依据一定的标准、程序和方法，对公共政策的效率、效益和价值进行测量、评价的过程。它的主旨在于获取公共政策实行的相关信息，以作为据顶政策维持、调整、终结、创新的依据。政策评估是公共政策运行的重要阶段，加强公共政策评估，对于检验公共政策效果、决定公共政策存废都具有十分重要的意义。

目前，广州市性别平等公共政策评估已建立起市人大常委会立法后评估机制、广州市法规政策性别平等咨询评估机制。

1. 市人大常委会立法后评估机制

立法后评估，是指评估实施单位根据立法目的，结合经济社会发展要求和上位法制定、修改、废止等情况，按照规定的标准和程序，对广州市现行地方性法规的立法质量、实施效果进行评价的活动。2012 年 9 月 25 日，广州市第十四届人民代表大会常务委员会第七次会议通过《广州市人大常委会立法后评估办法》，2012 年 10 月 1 日起施行。该办法规定，市人大常委会法制工委为组织实施立法后评估的综合工作部门，法规的组织实施部门参与立法后评估工作。地方性法规施行五年以内应当进行一次评估。

2015 年，广州市人大决定对 2010 年 6 月 1 日起施行的《广州市妇女权益保障规定》进行立法后评估。人大常委会法制工作委员会拟定了评估方案，成立评估组和专家组。评估组由部分常委会组成人员、立法顾问、市人大代表和常委会相关工作机构的工作人员组成；专家组则由常委会部分立法顾问、立法咨询专家和其他专家学者组成。市人大法工委组织评估组、专家组成员召开妇联系统维权干部座谈会，听取市妇联《广州市妇女权益保障规定》实施情况报告，就妇女权益问题与维权干部进行了解和座谈，听取大家在实施规定的经验做法、问题困难以及意见和建议。市人大评估组、专家组成员前往番禺区钟村街道办事处开展妇女维权点实地考察，并与当地妇女代表进行座谈。广州大学地方立法研究中心课题组开展了四类问卷调查。2016 年 3 月 29 日，广州市第十四届人民代表大会常务委员会举行第五十次会议，审议《广州市妇女权益保障规定》法规评估情况报告。该规定评估评分为 88.94 分，在同期开展评估的三部法规中得分最高。对该规定的总体评价趋向于肯定，其立法质量和实施效果俱佳。但该规定还存在部分规定较为单薄、不够全面、不够明确、不够完整、不够具体、实施效果有待提升等问题。

2. 广州市法规政策性别平等咨询评估机制

2016年3月8日，广州市妇女联合会、广州市人民政府法制办公室联合发布《关于建立广州市法规政策性别平等咨询评估机制的实施意见》，建立了广州性别平等咨询工作制度，标志着广州市政府正式将社会性别主流化以制度形式进行了规范。该“意见”正式提出，建立包含性别平等咨询评估委员会、评估专家组的组织机构，参与涉及妇女权益的法规政策的调研、论证、起草等工作，参与相关法规政策执行情况的专题督查和监测评估，参与有关性别平等主流化的宣传、培训、研讨和交流等活动，关注并促进将社会性别平等纳入决策主流，增强全社会的性别平等意识，为促进性别平等营造良好的法治环境和社会氛围。该意见还对性别平等咨询评估范围、评估程序、工作制度、要求、机构工作规程予以明确，为全市各部门今后制定涉及妇女权益的法规、规章和行政规范性文件进行性别平等研判和评估提供了依据。

6月2日，广州市妇联与市法制办联合召开广州市性别平等咨询评估委员会第一次全体成员会议。市妇联、市人大法工委、内司委、市法制办、市检察院、市公安局、市人社局、市卫计委等咨询评估委员会成员单位，以及咨询评估专家组成员共30多人参加了会议。市妇联主席刘梅、市法制办副主任刘庆国就如何进一步发挥好“性别平等评估机制”的作用，推动性别平等意识纳入决策主流，维护好妇女合法权益等方面发表了讲话。全体会议后，随即召开专家组评估会议。评估会议采取座谈交流的形式，对《广州市人口与计划生育管理办法（修订送审稿）》（以下简称《管理办法》）进行性别平等评估。来自党校、社科院、高校、律所、社工机构以及政府有关职能部门的各类专家、学者充分发挥岗位和专业优势，立足性别平等的视角，各抒己见，认真逐条查找《管理办法》里面的内容有没有体现男女平等，有没有歧视、不利妇女的条款。通过评估促使《管理办法》更加科学、合理、规范。会议标志着广州市将性别平等意识贯穿于政府决策、管理和服务当中已经迈向了制度化。

（四）公共政策监督

公共政策监督，是指监督主体依照法定的权限和程序对公共政策运行过程进行监察和督促，以衡量并纠正公共政策偏差，实现公共政策目标。政策监督是公共政策过程的重要组成部分，是提高公共政策运行质量和效益的有力保证。

目前，广州市性别平等公共政策监督，主要有市人大常委会执法检查制度，市、区妇女儿童工作委员会督促制度，妇女联合会维权意见书制度。

1. 市人大常委会执法检查制度

执法检查是指法律法规实施情况的检查，是《中华人民共和国各级人民代表大会常务委员会监督法》（2006 年 8 月 27 日第十届全国人民代表大会常务委员会第二十三次会议通过）赋予各级人大常委会的职责。各级人民代表大会常务委员会每年选择若干关系改革发展稳定大局和群众切身利益、社会普遍关注的重大问题，有计划地对有关法律、法规实施情况组织执法检查。

2015 年，市人大常委会组织开展对《广州市妇女权益保障规定》实施情况的监督检查。2015 年 3 月，执法检查工作正式启动，市人大常委会组织常委会组成人员和法制专业小组代表分为三个小组分别前往国家机关、企事业单位，就法规的实施情况进行了暗访和实地检查，并面向社会公开征集意见和建议，组织召开执法检查组全体会议。执法检查工作做得较为扎实、细致，对《广州市妇女权益保障规定》五年来的实施情况有了较全面的了解。执法检查结束后，撰写《关于检查我市实施〈广州市妇女权益保障规定〉情况的报告》。广州市人民政府根据人大常委会的审议意见，提出《广州市人民政府关于〈广州市妇女权益保障规定〉审议意见研究处理情况的报告》，并通过了人大常委会的审核。

2. 市、区妇女儿童工作委员会督促制度

作为广州市政府管理妇女儿童事务的协调议事机构，组织、协调、指导、督促政府有关部门和各区（市）政府执行保障妇女儿童权益的相关法律法规

和政策措施，是广州市妇女儿童工作委员会的一项基本职能。《广州市妇女权益保障规定》更进一步对妇女儿童工作委员会的督促职能进行了细化，妇女儿童工作委员会的督促权通过地方性法规得到确定，并且对于国家机关及其工作人员的失职行为，可以进行追责。

3. 妇女联合会维权意见书制度

妇女联合会维权意见书制度是广州市性别平等公共政策的一项创新性举措。妇联是妇女的群众组织，代表、维护妇女权益，被形象地称作广大妇女的“娘家人”。《中华人民共和国妇女权益保障法》赋予了妇联组织代表、维护妇女权益的法律责任。为了将妇联的法律责任更好地落实，2010 年《广州市妇女权益保障规定》创立了维权意见书制度。维权意见书制度明确了妇联对相关单位部门进行监督的形式、流程、期限，有力地促进了妇女权益保护在个案中也能得到落实。广州妇女联合会维权意见书制度是全国首创，得到各方的高度认可，并逐步被全国多个地方学习借鉴，纳入各地妇女权益保障规定的条款中。

四、广州市性别平等公共政策运行模式的不足

广州市性别平等公共政策的运行模式已经较为成熟、完善，在政策制定、实施上均取得了令人瞩目的成绩。但在现有公共政策、体制框架、政策执行实践和传统性别观念的影响下，性别平等的公共政策运行仍然存在较明显的不足，很大程度上制约着性别平等的实现。

（一）公共政策制定方面存在较大局限

1. 性别平等政策有待具体化

在国家一级的公共政策，即立法层面，已经制定了一套以男女平等为核心的准则，但是在一般政策进入到具体政策时，却呈现出弱化的倾向。性别平等的政策更多体现在某一政策领域的一般政策中，较少体现在可操作性

的具体政策中。更多的立法是倡导性、宣言式的条文，缺乏更多程序性、反歧视性、可操作性的条例。从宪法到法律，都宣称男女平等、保障妇女权益，但到了具体实践案例中，操作程序如何、如何划分权责、社会资源如何整合等等，明确的规定还比较缺乏。性别平等立法的范围愈来愈涉及过去的法律政策不予干涉过问的领域，一些性别政策出现明显缺席。如目前，中国法律中尚无对“性骚扰”的明确定义。《中华人民共和国妇女权益保障法》以立法形式明确了性骚扰的具体形式，但并未规定具体该如何处罚违法行为。在实践中，对性骚扰行为的处罚一般按照《治安管理处罚条例》第十九条相关规定：“有下列扰乱公共秩序行为之一，若尚不够刑事处罚的，处 15 日以下拘留、200 元以下罚款或者警告”……“（四）结伙斗殴，寻衅滋事，侮辱妇女或者进行其他流氓活动的”进行处理。而实际上，许多性骚扰事件发生在非公共场所，并不构成扰乱公共秩序。立法上的不足，导致社会对性骚扰行为违法的观念认同度不够，把违法行为看作是开玩笑，或者是个人道德问题。立法上的不足，还导致现有相关法律条款缺乏操作性。此外，从立法来看，只有对女性遭到性骚扰的立法，没有对男性遭到性骚扰的立法。当男性遭到性骚扰时，将面临无法可依的困境。

2. 公共政策之间的相互隔绝

性别平等是近年来逐渐进入到立法视野之中的。大量的已有的公共政策制定之初，缺乏性别平等视角，也没有做过性别平等咨询评估，往往是以性别中性政策形式出现的。性别中性政策的制定者尚未自觉地意识到整体格局中各个利益群体的“差异”，乃至男女两性的“差异”，将男女两性假定为“无差别”的群体，政策可以无差别地对待。性别中性政策既不需要采取任何纠正性别偏见的措施，也不需要有意无意地强化性别差异，不需要考虑政策对于男女两性产生什么影响。在与妇女密切相关的公共政策领域，具有较强的性别敏感，对性别平等问题高度关注。例如《婚姻法》《促进就业法》中有关男女平等的条款，还有《妇女权益保障法》专门法律的出台等等。但在经济、文化、教育、农业等领域的一般政策，基本上都是性别中性政策。这就导致在公共政策的横向结构中，妇女法规政策与其他领域的法规政策几乎是隔绝的。妇女领域的公共政策也没有渠道转化为其他领域中的公共政策，从而导致政策的分离。而这些领域中隐含着的性别歧视被放任，得不到有效关注和干预。

公共政策隔离的一个案例就是“全面二孩”政策。“全面二孩”政策的推出，是为了应对中国生育率降低带来的人口发展的不均衡问题。政策的出台，经过相关部门、学界的反复论证，但在性别平等视角上的关注和重视还不够。2017 年 3 月 4 日举行的新闻发布会上，十二届全国人大一次会议副秘书长、发言人傅莹表示，“全面二孩”政策实施一年，总的效果是好的，但在实行过程中也出现一些新的问题，包括女性就业歧视。生二孩会让女性将更多的时间、精力投入在生育、抚养、教育孩子上，用人单位的人力效率降低，用人成本提高。这些变化使得原本就存在的女性就业歧视问题进一步突出。未婚未育年轻女性的就业更加困难，职业女性因为生育严重影响其职业成长，失去发展机会。

另一个典型案例是《广州市妇女权益保障规定》中关于夫妻一方可查询另一方的财产状况的规定。该条立法的本意，是基于对离婚期间女性合法权益的保护。女性一方往往不掌握夫妻共同财产的具体情况，在离婚财产分割时，因男方隐瞒甚至私下转移共同财产，导致女方的合法权益得不到保障。《中华人民共和国婚姻法》规定，互相忠实是夫妻的法定义务。夫妻一方的个人财产是否必须告知对方？夫妻一方是否有权查询对方的个人财产？这些问题在法律上确实没有明文规定。但从实际操作上来看，如果夫妻一方不掌握共同财产的状况，势必无法对共同财产和个人财产予以区分，因此不可能做到先区分开共同财产和个人财产，然后再只调查共同财产。但由于公共政策的隔绝，使本来对妇女权益的有效保护实行起来大打折扣。财产除了公司、房产、机动车之外，还有存款、证券等形式。《中华人民共和国商业银行法》《中华人民共和国证券法》规定，金融机构必须为客户保密，不接受非本人的查询。《广州市妇女权益保障规定》就遇到了金融领域公共政策的隔离。

3. 地方性法规的局限性

地方性法规的局限性，首先表现为立法权的局限性。《中华人民共和国立法法》明确规定，法律的效力高于行政法规、地方性法规、规章。行政法规的效力高于地方性法规、规章。

《广州市妇女权益保障规定》第二十三条撰写草案时，就征求了金融部门的意见：是否可以夫妻一方凭证件查询对方名下的存款、证券账户？得到的答复是因为《中华人民共和国商业银行法》《中华人民共和国证券法》等法律法规规定必须保护客户信息，所以无法给予配合。因为地方性法规不得与法律、行政法规相抵触，即使把查询存款、证券财产写入法条，也无法操作，因此第二十三条只规定了可到广州市本地的工商行政管理部门、房地产行政管理部门、车辆管理部门查询，这些部门归本地人民政府管辖，在操作上也是可行的。这样，就只能等进入离婚诉讼时，由法院依法调查存款、证券财产情况。掌握男方财产状况的周期大为加长，对妇女权益的保护效果也会大打折扣。

地方性法规的局限性，其次表现为行政区域的局限性。地方性法规只能在本行政区域生效，对其他行政区域不具备法律效力。

《广州市妇女权益保障规定》第二十三条面临这一情况。如果夫妻一方的公司注册地、房产登记、机动车注册都是在外地，外地不受广州本地法规的制约，连这些财产也都无法查询。地方性法规生效范围的限制，使得法规的实施效果不容过于乐观。

（二）社会性别意识尚未成为公共政策部门的共识

受经济社会发展水平和历史文化等因素影响，性别平等的任务依然繁重而艰巨。在与公共政策的制定、执行密切相关的部门、人员中，社会性别意识尚未成为共识。

中国在20世纪50年代初期就建立起以性别平等为核心的公共政策，但政策的修正和调整过程较为缓慢。曾经处于世界领先水平的公共政策，已经体现出较大的局限性。公共政策部门对社会性别意识的接受程度是非常关键的因素。从历史上来看，“男女平等”一直是中国妇女发展的主要目标和口号。改革开放以来，尤其是1995年9月联合国第四次世界妇女大会在北京举行之后，中国积极与联合国领导下的国际妇女发展运动密切接触联系，努力与国际接轨，社会性别理论被学者介绍到国内，逐渐为国内妇女发展运动所接受，并且也越来越多地出现在妇联组织甚至政府部门的话语体系中。理解并且接受了社会性别理论，就会自然地使用“性别平等”这一词语。目前《中华人民共和国宪法》《中华人民共和国地方各级人民代表大会和地方各级人民政府组织法》《中华人民共和国村民委员会组织法》《中华人民共和国婚姻法》《中华人民共和国继承法》《中华人民共和国妇女权益保障法》《婚姻登记条例》等法律和行政性法规中，都是按照传统沿用“男女平等”。“性别平等”的说法仅在5部地方性法规中有提及，并且都没有明确的定义。只有当“性别平等”进入全国性的公共政策条款之时，才能表明社会性别意识真正成为共识。

为了解广州市党政机关工作人员对性别平等与公共政策评估的了解和看法，2017年7月，广州市性别平等公共政策运行模式研究课题组面向广州市党政机关（包括党委、人大、政府、政协、法院、检察院、工会、共青团、妇联）工作人员发布了网络调查问卷。共有260位党政机关工作人员参加了此次调查。调查结果也表明，广州公共政策部门的社会性别意识还有待于进一步加强。

1. 党政机关工作人员对性别平等观念认识有待提高

超过九成的党政机关工作人员对性别平等的观念有所了解。近九成认为“社会上仍存在性别歧视”。七成五认为“虽然存在性别歧视，但并不严重”。但是在面对关于社会性别的具体观点时，暴露了对性别平等观念的认识不足。“男女的社会差异主要是生物差别导致的”，这一观点是传统性别观念最经典、最貌似合理的观点。而在社会性别理论中，最为核心的与传统针锋相对的观点就是：男女的社会差异是社会性别制度导致的。对这一明显的根本性的错误观点仍有近五成的党政机关工作人员表示赞同，充分表明他们尚未接受性别平等观念，或者说对性别平等观念并没有准确的认识。

2. 男性党政机关工作人员受传统性别观念影响较深

在有关性别平等的几乎所有问题上，男性都表现出了对性别歧视较低的敏感度，以及受传统性别观念影响较深的状况。认为“男女地位很平等”的男性比例要远高于女性，认为“女性地位低于男性”的男性比例要远低于女性，认为“仍存在严重的性别歧视”的男性比例远低于女性，认为“不存在性别歧视”的男性比例高于女性。在存在性别歧视的部分社会领域的看法上，男性比例甚至比女性的相差30个左右的百分点。对传统性别观念的认同度上，男性也要远高于女性。

3. 社会性别平等相关培训亟须加强

调查显示，近九成党政机关工作人员从未参加过社会性别平等的培训。加上之前对性别平等观念的错误认识、男性对性别歧视的敏感度低等情况，亟须加强对党政机关工作人员的社会性别平等培训。

（三）妇女联合会开展性别平等工作的局限性

多年以来，妇女联合会在推进性别平等、保障妇女合法权益方面承担了大量的工作，在涉及妇女的公共政策制定、实施等方面当仁不让地成为妇女的代言人。因此，在新的性别平等机制建立的时候，妇女联合会顺理成章地成为最主要的推动者、实施者。成立政府管理妇女儿童工作的协调议事机构——妇女儿童工作委员会，其办公室顺理成章地设在各级妇联。建立法规政策性别平等咨询评估机制，评估委员会办公室也设在各级妇联，具体工作由妇联负责维权的部门承担。从工作内容的便利性来看，这样的设置有一定的合理性。保障妇女合法权益的确是性别平等的主要工作内容之一，妇联也的确是目前国内最专业的工作力量。但从性别平等本身的内涵和性别发展长远需要来看，妇联作为推进性别平等的主要机构已经体现出日益明显的局限性。

1. 性别平等不仅是女性的平等，更是两性的平等

尽管在现在的历史阶段，性别平等的主要内容更多地表现为消除对女性的性别歧视、保障女性的合法权益，但性别平等本身并不仅仅只是实现女性和男性的平等，而是要从社会性别的角度，寻求性别发展的公平和正义，解放被不公正的社会性别制度压迫的男性和女性，实现人的发展权利的解放。

性别平等不是女性自己的问题，而是男性和女性共同的问题。

受中国长期以来的历史文化观念的影响，“男尊女卑”“女子无才便是德”“女人照顾好家庭”“女人安稳最重要”这些传统观念，既在女性也在男性头脑中根深蒂固。从社会实际而言，男性是目前社会性别制度的受益者。男性对性别歧视的敏感程度更低，对性别平等观念的接受程度也更低，而男性又更多地掌握着国家与社会的资源。要实现性别平等，男性的性别观念发生转变、男性积极参与性别平等行动，非常关键而且重要。妇联作为女性的群众组织，代表着女性，向男性、向社会开展宣传和行动，容易让人形成误解。误解之一是认为性别平等只是女性要争取平等，只是女性单向维度的行动，缺乏两性共同参与的准确认识和强烈意愿。误解之二是把性别平等简单地看成女性要改造男性，女性要颠覆现存的社会政治、经济、文化、心理结构，容易引发两性之间的情绪对立。社会性别主流化，性别平等公共政策由超脱两性二元对立的部门、机构或团体来推进，更加符合性别平等的内涵要求，实施效果会更加有效。

2. 社会性别主流化不仅是妇联的责任，更是国家的责任

在目前公共政策部门比较缺乏社会性别意识、对性别平等认识不足的情况下，所有的性别平等工作放在妇联，将导致性别平等机制的持续边缘化。其他公共政策部门往往把妇女或性别问题看作是妇联的专职，而认为这些工作在本部门中是次要的或干脆认为不是本部门本来应该承担的工作，导致“性别工作次要”的认知；同时，进而将本部门的涉及经济、金融、国防等重要事务当作是与性别无关的工作来认知，将性别排除在重要工作之外。因此，与性别平等相关的工作往往最终被边缘化或者根本排除在公共政策制定的议题之外。

社会性别主流化的责任主体，首先是政府。各级政府应当承担起社会性别主流化的责任。1995 年北京第四次世界妇女大会召开之前，1990 年，国务院妇女儿童工作委员会的前身——国务院妇女儿童工作协调委员会正式成立，代替原由全国妇联牵头的全国儿童少年工作协调委员会，成为国务院负责妇女儿童工作的协调议事机构。1993 年，更名为国务院妇女儿童工作委员会，

办公室设在全国妇联。它的成立体现了中国政府为改造作为联合国《消除对妇女一切歧视公约》和《儿童权利公约》缔约国的职责，发挥了协调和推动政府有关部门的积极作用。

从性别平等观点来看，将妇女工作和儿童工作放在同一机构是不合适的。其一，妇女是享有充分政治权利、民事权利的成年人，这是实现性别平等、维护妇女权益的基本前提。儿童由于其身心发展特点，不享有政治权利，是无民事行为能力人或限制民事行为能力人。对儿童的保护是对弱者的保护。将妇女和儿童工作放在一起，容易引起“妇女和儿童一样都是弱者，因此需要特别保护”的错误认知。其二，在传统性别分工和父权家庭制度下，女性的性别角色往往与家庭内部生活相关，在家里要承包家务、照顾孩子，职业也常定位于照顾人、照顾孩子相关。对女性的社会评价也局限在家庭领域，比如说相夫教子、默默付出就是好女人；事业上再成功，家庭不完整也是失败的女人。将妇女和儿童工作放在同一机构，无形中强化了这一错误印象。

3. 性别平等需要国家扮演更加积极的角色

性别平等涉及社会的各个领域，性别平等公共政策运行更涵盖政策议题选定、调研、撰写、审议、执行、监督、评估的多个方面。在中国特色政治体制下，妇女联合会被赋予了很多职责，承担了许多工作，可以负责起草与妇女相关的地方性法规草案，但其性质仍然是群众组织。妇联不具备人大的立法、监督权限，也不具备政府部门的行政管理和行政执法权限，在权威性上仍然不及政府部门。在政治体制架构中，妇联始终处于边缘位置。长期将性别平等相关工作放在妇联承担，降低了性别平等的权威性，制约了公共政策实施的效果。妇联日常工作种类繁多，人员编制有限。目前，性别平等工作主要由妇联权益部承担。由群众组织的一个部门牵头主要承担全社会的性别平等工作，对妇联而言，也是不能承受之重。在性别平等上，国家应该扮演更加积极的角色，设置更具权威的专门机构，投入更多行政资源。

（四）性别咨询评估机制有待进一步落实

广州市法规政策平等咨询评估机制已经正式建立，咨询评估委员会和咨询评估专家组等机构也已开始开展咨询评估工作。但目前看来仍存在以下不足：

1. 咨询评估活动开展较少

由于地方性法规、规章立法较少，目前仅开展过对《广州市人口与计划生育管理条例》修订的咨询工作。对已经实施的地方性法规、规章和规范性文件的评估工作暂时尚未全面启动。

2. 咨询评估需要更多实践

目前咨询评估活动侧重在咨询，完整的评估实践尚未开展。除了活动开展较少外，缺乏评估实践经验，以及缺少评估标准也是重要原因。

3. 参与性别平等主流化的宣传、培训、研讨活动较少

宣传、培训、研讨是妇联的主要工作内容之一，日常工作中都在坚持开展。但以性别平等咨询评估机构名义开展的活动较少，导致在政府部门中缺乏影响力，在社会公众中也缺乏知名度。根据广州市性别平等公共政策运行模式研究课题组调查问卷结果显示，绝大多数（九成左右）的党政机关工作人员对性别平等咨询评估，以及广州市法规政策性别平等咨询机制并不了解。

五、进一步完善广州市性别平等公共政策运行模式的相关建议

（一）继续推动性别平等公共政策的修订与制定

广州市性别平等公共政策体系已经比较成熟与完善，建议在以下方面有可以进一步深入的空间。

1. 持续开展法规政策的性别平等咨询评估

按照性别平等咨询评估机制的要求，开展对已经列入立法计划的，涉及妇女权益的地方性法规、规章草案和规范性文件送审稿是否遵循性别平等基本国策和保护妇女权益进行评估；对已经实施的地方性法规、规章和规范性

文件进行评估，并对其中存在性别歧视或妇女权益保障不力的条款提出修改和修订意见。鉴于地方性法规、规章的立法次数较少，在实际工作中，应尽可能地落实将规范性文件纳入咨询评估范围。对已经出台实施的规范性文件应制订计划，按照计划进度确认是否需要开展咨询评估、对评估对象及时组织启动咨询评估流程，及时提出修改和修订意见。

2. 研究制定广州市性别平等评估的具体流程、标准

将性别平等评估规范化，并且具有现实的可操作性。该流程与标准，既可以用来规范咨询评估机构的评估活动，也可以供公共政策部门在政策制定、执行、评估、监督的过程中作为参考，对照标准从社会性别视角审视自己的政策和工作，有助于提高社会性别意识，改善和提高政策制定和实施水平，促进性别平等。部分地区的做法提供了很好的借鉴和参考。

2002 年，香港妇女事务委员会参考外国经验和本地情况，设计了性别主流化检视清单。检视清单包含一系列简单问题的分析工具，协助政府人员在设计、实施、监察和评估政策的过程中，更系统地考虑两性的需要和观点。检视清单分为设计、实施、监察、评估和检讨、一般事项五个部分，共设计有 31 个问题。问题涉及性别统计、性别平等咨询、两性的独特需要、资源分配、对妇女的影响、推动消除对妇女的歧视、公众教育和宣传、文字的性别敏感度、监察、评估、成效、报告、未来计划、人员的性别意识等多个方面。政府人员对这些问题选择“是/否/不适用”，以及填入“其他”内容。2015 年，香港行政长官采纳香港妇女事务委员会的建议，要求所有政策局及部门，自 2015—2016 年度开始，在制定主要政府政策及措施时，必须参考性别主流化检视清单，并应用性别主流化。

2015 年，北京市妇儿工委下设的北京市政策法规性别平等评估委员会制定了《政策法规性别平等评估工作指南（试行)》，就性别平等评估工作的概念、评估主体，评估对象和评估标准、评估方法和实施方式、评估结果等进行了规范。评估标准主要包括以下八个方面的指标：①是否落实男女平等宪法原则和基本国策及符合相关法律、法规及政策中保护妇女权益的规定；②是否符合相关国际公约、国际条约或国际惯例；③是否符合《中国妇女发

展纲要》的相关指标及推进性别平等的政策；④是否符合《北京妇女发展规划》的相关指标及推进性别平等的政策；⑤是否考虑到男女两性的特殊需求？是否针对妇女的特殊需求采取了特殊的措施；⑥是否有利于确保男女两性平等参与社会管理，承担社会责任；⑦是否有利于确保男女两性平等获取社会资源，并获得公正的社会评价和待遇；⑧政策法规实施后是否有利于预防或消除性别歧视、性别偏好和性别刻板印象。

3. 推动消除公共政策之间的隔离状态

与妇女直接相关的公共政策有较强的性别意识，但其他领域的公共政策往往呈现中性化，公共政策之间的相互隔离目前仍然比较普遍。只有消除隔离，推动不同的政策同时具有相同的社会性别视角和性别平等意识，公正政策体系才能成为性别平等的有力保障。

对于公共政策隔离的情况，地方公共政策部门应充分开展调查研究和咨询，掌握可信的数据、资料，从社会性别角度提出合理的观点，形成关于法律、行政性法规、替补和规范性文件修改、修订的意见和建议。对于法律、行政性法规的上位法，提交全国人大、国务院参考。对于本地的地方性法规、规章和规范性文件，按规范程序提交地方人大、人民政府。经过认真讨论审核后，确实必须且能够修改、修订的，应列入立法计划，予以修改、修订。《中华人民共和国立法法》第七十三条规定："除本法第八条规定的事项外，其他事项国家尚未制定法律或者行政法规的，省、自治区、直辖市和设区的市、自治州根据本地方的具体情况和实际需要，可以先制定地方性法规。"在确实有地方需要、法律和行政法规又尚未制定的问题上，地方应该正当行使立法权，同时应当注重地方立法的合法性，避免与上位法相冲突。

例如对于"全面二孩"政策放开后带来女性就业歧视突出的问题，有学者建议可通过政府承担生育保险、提高生育津贴、男女双方产假陪产假共享等方式，缓解因女性生育给企业造成人手紧张、人力成本上升的压力，同时鼓励男性承担育儿责任。有些就是属于地方立法权限之内可以解决的，应该予以考虑。

4. 推动性别平等专门立法

随着社会上对性别平等日益重视，在公共政策运行中也得到了相应的体现。2016 年 3 月 1 日，《中华人民共和国反家庭暴力法》实施，得到基层各相关部门的高度肯定，反家庭暴力工作终于有法可依，工作力度大大增强。该法的出台提高了家暴受害人的权利意识，懂得了利用法律武器捍卫自己。在一定程度上起到教育和警醒施暴者的作用，部分过去的施暴者学习过法律后，放弃了暴力行为。公共政策的制定与实施，既是对社会关系和秩序的规范，也是一种宣示与引领。

目前看来，就性别平等进行专门立法的时机已经逐渐成熟。在目前的公共政策体系中，已有不少性别平等的相关政策出台，各地都在政策实施中积累了较丰富的做法和经验。借助于互联网发展，公民的权利意识普遍得到提高，维权意识高涨。广大女性对于性别平等的呼声也越来越高。公共政策部门对性别平等进行专门立法，明确性别平等、性别歧视的概念，明确性别歧视是违法行为，明确对性别歧视的处罚，将极大地推动性别平等观念的普及。性别平等的专门立法，意味着将性别平等上升到法律高度，将使性别平等成为主流意识形态的一部分，将成为中国性别平等事业的发展走向新阶段的标志性事件。

2012 年 6 月，广东省深圳市颁布《深圳经济特区性别平等促进条例》，成为中国内地首部专门保障性别平等的地方法规。该条例与联合国颁布的《消除对妇女一切形式歧视公约》《北京宣言》《行动纲领》等重要文件接轨，第一次提出了性别歧视的界定：“性别歧视是指基于性别而作出的任何区别、排斥或者限制，其目的或者后果直接、间接地影响、侵害男女两性平等权益的行为。”《深圳经济特区性别平等促进条例》还提出建立性别平等促进机构，专门负责该条例的组织实施。

地方就性别平等或其他领域的平等权进行专门立法，在中国仍然是较为创新的举动，国家层面的立法之路将更加漫长。这里既有立法技术上的诸多关键要解决，更有从观念到行动的障碍。建议广州市能开展相关调研，推动立法进程，为性别平等事业再上新台阶贡献宝贵的一份力量。

（二）推动国家性别平等促进机构的成立

国家设立促进性别平等的专门机构，可以充分体现国家对性别平等的重视，赋予性别平等工作更高的权威性，更加专业地促进社会的性别平等。

以香港为例。1996 年，香港政府依照《性别歧视条例》第 63（1）条规定，设立了公营机构——香港平等机会委员会，负责执行《性别歧视条例》《残疾歧视条例》《家庭岗位歧视条例》及《种族歧视条例》，致力于消除基于性别、婚姻状况、怀孕、残疾、家庭岗位及种族而产生的歧视，也致力于消除性骚扰及基于残疾和种族的骚扰与中伤行为，促进男女之间、残疾和健全人士之间、有家庭岗位和没有家庭岗位人士之间及不同种族人士之间的平等机会。主要工作包括：处理公众查询及投诉；推广、教育及宣传；政策及研究，协助把平等机会纳入决策主流；提供法律意见、法律协助、法例修订建议等服务等。内设 4 个专责小组：法律及投诉专责小组；政策、研究及培训专责小组；社会参与及宣传专责小组；行政及财务专责小组。

平等机会委员会受香港政府资助，主席、委员由行政长官任命，但在运作上独立于政府，在管理、运作、预算上享有自主权。2017—2018 财政年度，香港政府对平等机会委员会的补助预算为港币 1.16 亿元。香港公营机构性质类似于内地的事业单位，由香港特别行政区政府出资成立和营运，负责特定公共服务或政府认为需要较多社会人士参与的工作。公营机构成员不属于政府公务员，主要决策者由政府或行政长官任命。公营机构职能可分为六类：①负责特定公共服务：管理香港国际机场的香港机场管理局；调查和调解歧视事宜的平等机会委员会；②执行某些监管职能：地产代理监管局；③作为政府咨询机构，向政府提出意见：交通咨询委员会；④按法例需要成立的上诉委员会或审裁处：版权审裁处；⑤法定的慈善机构：教育奖学金委员会；⑥地区组织：区议会。公营机构的财政来源可分为两类：①受政府经常资助：医疗和教育方面的机构；②按商业原则运作：如香港机场管理局。

2001 年 1 月，香港特别行政区政府为响应联合国第四次妇女大会的呼吁，促进妇女发展，成立了香港妇女事务委员会。委员会由香港特区行政长官委任。委员会的职权：在制定长远目标和策略方面，向政府提出建议，让妇女可以尽展所长；就各项由不同决策局负责而与妇女有关的政策和措施，以及各决策局之间的协调，向政府提出建议；按妇女的需要，不时检讨政府和非政府机构所提供的服务，确定须优先处理的工作，并且监察新增服务的发展和现有服务的改善工作；开展和进行有关妇女问题的调查和研究，并筹办公众教育和宣传活动；与本地和国际妇女团体以及服务机构建立和保持联系，交流经验，加强彼此的沟通和了解。委员会下设4个工作小组：缔造有利环境工作小组；增强能力工作小组；公众教育工作小组；协作工作小组。香港政府劳工及福利局第一分科第二组会就委员会的项目发展、项目执行和管理、联络、研究及统筹等工作提供秘书处支援。2017—2018财政年度，香港政府对劳工及福利局妇女权益项（含支援妇女事务委员会）预算为港币3530万元。香港妇女事务委员会的性质类似于内地的妇儿工委，职能上接近妇联有关职能，“办公室”设在香港政府劳工及福利局。

2013年1月1日，《深圳经济特区性别平等促进条例》开始实施。该条例第六条规定：“本条例由市性别平等促进工作机构负责组织实施。具体机构编制事项由市机构编制部门另行确定。”第七条规定了机构的职责：“市性别平等促进工作机构履行下列职责：（一）定期监测、评估全市性别平等工作情况，发布监测、评估报告；（二）协调相关部门实施社会性别预算、社会性别审计和社会性别统计；（三）对本市涉及性别平等的法规、规章和规范性文件进行社会性别分析或者指导相关单位进行分析；（四）拟定消除性别歧视的政策；（五）受理并按照规定办理有关投诉；（六）法律、法规规定的其他职责。”但直到目前，深圳也没有成立一个新的性别平等促进工作机构，而是由深圳市妇儿工委办公室推动贯彻落实《深圳经济特区性别平等促进条例》。

深圳的状况表示，目前新的性别平等专门机构的成立仍然需要深入研究和论证。是否有必要成立新的机构促进性别平等或各类机会平等？如果成立新的机构，性质是政府部门还是事业单位？其职能如何定位？和妇儿工委、妇联、其他政府部门的关系如何界定？如果不成立新的机构，是否可以对妇儿工委的职能和机构设置进行调整，增设促进性别平等的部门，从协调议事机构转变为实体化运作？或者在现有的政府部门里如法制办，或司法局等增设促进性别平等的部门？这种种问题都需要时间和智慧来解答。但成立性别平等促进机构的大方向应当是明确的，建议相关的研究工作应该尽早启动开展。

（三）充分发挥咨询评估机构作用，打造性别平等第一力量

作为社会性别主流化的重要机制，结合职责范围，建议可从以下方面，充分发挥咨询评估机构的作用，实现工作思路和方法的创新，多方资源整合，将咨询评估机构打造成为广州市推进性别平等的第一力量。

1. 咨询评估机构成为广州市推进性别平等第一力量的有利条件

第一，机构资源的唯一性。在现阶段，“性别平等”入法乃至立法，暂时未能实现，成立促进性别平等的专门机构也还有很长的路要走。广州市法规政策性别平等咨询评估机构成为广州市唯一的由政府下文设立的以“性别平等”为名、以社会性别主流化为单一职责的机构。从这个角度来看，这个机构的设立可谓是促进性别平等的最为宝贵的资源。

第二，权威性与专业性资源的结合。性别平等咨询评估机构形成了各公共政策部门的联席机制，集中了各公共政策部门实施专家、法律实操专家和理论研究专家，拥有广泛的资源平台和强大的资源优势，具有权威性和专业性相结合的特点。

第三，工作的灵活性。性别平等咨询评估机构不是政府部门，能够比较灵活地开展工作，可以大胆创新甚至试错。“广州市法规政策性别平等咨询评估委员会”“广州市法规政策性别平等咨询评估专家组”两块牌子可以根据工作需要灵活使用。既可以分别单独使用，也可以联合使用，还可以和各公共政策部门、妇联、妇儿工委搭配使用。例如正式的咨询评估意见，可以使用评估委员会的名义发表。有些政府部门或者妇联不便于发表的意见，可以以评估专家组的名义发表。利用评估专家组的名义，也可以与社会各界进行广泛接触，成为官方和民间沟通的纽带。

第四，工作的前瞻性和延续性。在性别平等咨询评估机构工作中所积累的宝贵的实践经验，一定能够为将来的性别平等立法，以及促进性别平等部门机构的成立，发挥良好的桥梁和铺垫作用。

2. 准实体化运作，咨询评估机构真正发挥促进性别平等的重要作用

任何一个单位、部门或机构扎扎实实地开展工作，真正发挥作用，都必须有相应的资源配备。根据机制设定，评估委员会办公室设在妇联权益部。咨询评估机构要想更好地开展工作，非常重要的是保证资源投入，尤其是人力投入，必须做到专人专岗。妇联权益部本身工作任务重，人手有限，很难再留出人来专人专岗。建议以购买社会服务，或者课题项目委托的方式，选择社会团体如律师协会，或者社工组织，配备专人专岗，由妇联权益部统一管理，将评估委员会办公室以准实体化方式开展日常工作。可以学习借鉴促进性别平等的专门机构的运作方式，结合妇联的相关工作内容，确立机构的职责，制订明晰的工作目标、策略和计划，并进行工作考评。提前制定合理预算，保证资金及时到位，加强财务管理和审计，规范科学地执行预算。

3. 努力扩大影响，将咨询评估机构打造成广州市性别平等的品牌

促进性别平等，必须使社会性别意识、性别平等观念、社会性别主流化思想深入人心。建议充分发挥咨询评估机构的专业性优势，利用传统媒体如报纸专栏、互联网、微博、微信公众号等平台，结合理论研究和实际案例，尤其是要主动介入利用好舆论热点、焦点话题，积极开展法律法规的宣传，传播社会性别理论，引导公众反思传统的社会性别制度，理解与接受性别平等的观念。如前段时间广州、深圳两地地铁在客流高峰期设立“女性专用车厢”，引起广泛的争议。多数媒体和专家从社会性别角度对此举持明确的批评意见。在妇联不便表态的时候，可以组织评估专家组成员来发表文章参与讨论，表达专业意见，引导有关部门和公众选择更恰当的方式预防和控制公共场所的性骚扰行为。将咨询评估机构打造成广州市性别平等的品牌，一提起评估委员会、评估专家组，就想到性别平等；一说到性别平等，就想听听评估委员会、评估专家组的看法和意见。让这一品牌的力量，帮助全社会增强性别平等意识。

（四）重点针对党政工作人员开展社会性别培训

调查结果显示，近九成的党政工作人员没有接受过社会性别培训。这一

数据应该说相当触目惊心。党政工作人员与公共政策制定、实施、监督、评估密切相关。必须重点针对他们开展社会性别培训，建立性别平等意识，培养性别敏感。建议对直接参与咨询评估机构工作的政府部门领导开展社会性别培训。作为亲身直接影响公共政策的政府精英人士，深入理解社会性别理论，自觉自愿地宣传性别平等、投身性别平等促进工作，是一份光荣的责任。建议将社会性别培训纳入党政工作人员培训计划的必选课程。如政府公务员初任培训；党校中青班、处长班、局级班、短期班等培训；各单位自主开展的培训活动等等。

2015 年 9 月 27 日，习近平总书记在全球妇女峰会上发表题为《促进妇女全面发展　共建共享美好世界》的重要讲话。他提到："妇女是物质文明和精神文明的创造者，是推动社会发展和进步的重要力量。没有妇女，就没有人类，就没有社会。追求男女平等的事业是伟大的。纵观历史，没有妇女解放和进步，就没有人类解放和进步。"

性别平等之路仍然漫长，我们相信，性别平等公共政策运行模式的不断优化完善、性别主流化的实施，未来男女两性必将实现相互尊重，免除压迫，共同发展。

附录一：

联合国第四次世界妇女大会《北京宣言》和《行动纲领》

战略目标 H. 2. 将性别观点纳入所有立法、公共政策方案和项目应采取的行动

204. 各国政府：

(a) 设法确保在作出政策决定以前，进行一次关于这些决定对妇女和男子各有什么影响的分析；

(b) 定期审查国家政策、方案和项目及其执行情况，评价就业和收入政策的影响，以保证妇女是发展的直接受益者并在经济政策和规划中考虑到妇女对发展的全面贡献，包括有酬的和无酬的贡献；

（c）促进致力于男女平等的国家战略和目标，以求消除妇女行使权利的障碍和消除一切形式对妇女的歧视；

（d）酌情同立法机关的成员合作，促进在所有立法与政策中纳入性别观点；

（e）赋予所有部门从性别观点并参照《行动纲领》审查政策和方案的职权，将执行此职权的责任放在最高级次，设立或加强部门间协调结构，以执行此职权和监测进展，并同有关机构建立网络。

205. 国家机构：

（a）为制定和执行男女平等的政府政策提供便利，拟订适当的战略和方法，以及促进中央政府内部的协调与合作，确保所有决策进程都将性别观点纳入主流；

（b）促进或建立同下列各方面的合作关系：政府有关部门、妇女问题和研究中心、学术和教育机构、私营部门、媒体、非政府组织特别是妇女组织，以及民间社会的所有其他行动者；

（c）从事特别是下列各方面的法律改革活动：家庭、就业条件、社会保障、所得税、教育机会平等、促进提高妇女地位的积极措施、有利于平等的态度和文化的观点，以及在法律政策和方案编制的改革中提倡性别观点；

（d）促使更多妇女作为积极分子和受益者参与提高所有人的生活素质的发展进程；

（e）同提高妇女地位领域中的国家、区域和国际机关建立直接联系；

（f）向政府机构提供培训和咨询服务，以便将性别观点纳入它们的政策和方案中。

附录二：

广州性别平等公共政策研究党政机关工作人员调查报告

为了解广州市党政机关工作人员对性别平等与公共政策评估的了解和看法，2017年7月，广州市性别平等公共政策运行模式研究课题组面向广州市党政机关（包括党委、人大、政府、政协、法院、检察院、工会、共青团、妇联）工作人员发布了网络调查问卷。

一、参加调查的党政机关工作人员基本情况

共有260位党政机关工作人员参加了此次调查，其中男性108人，女性152人。

（图 1）

年龄分布状况，18—25 岁 4 人，26—30 岁 22 人，31—40 岁 90 人，41—50 岁 106 人，51—60 岁 37 人，60 以上 1 人。（图 2）

婚姻状况，未婚 16 人，已婚 233 人，离异 11 人。（图 3）

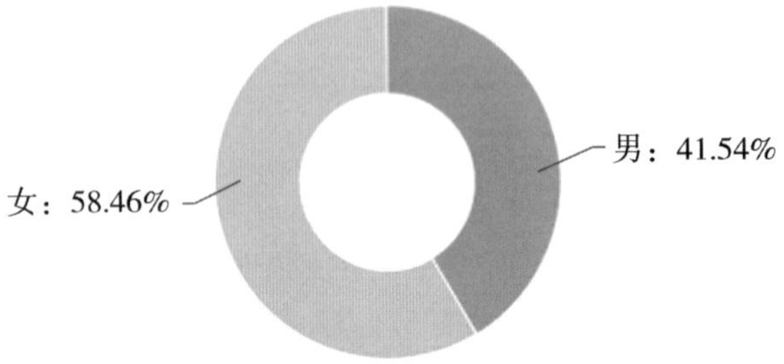

图 1　党政机关工作人员性别分布

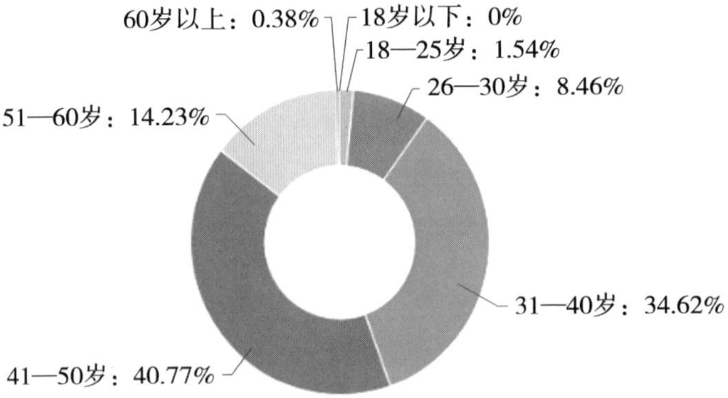

图 2　党政机关工作人员年龄分布

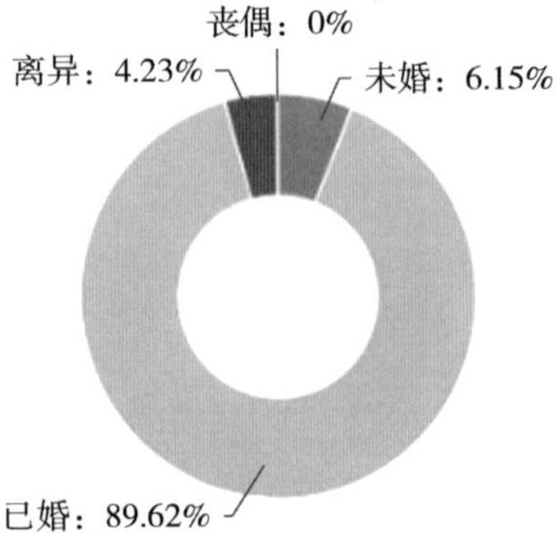

图 3　党政机关工作人员婚姻状况

受教育程度，初中及以下 1 人，高中无，大专 7 人，本科 134 人，研究生及以上 118 人。（图 4）

职位状况，普通工作人员 116 人，具体处室或部门领导 118 人，拥有决策权的单位领导 26 人。（图 5）

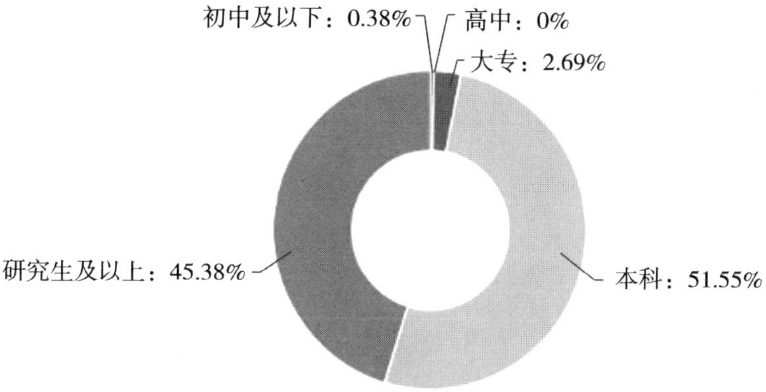

图 4　党政机关工作人员受教育程度

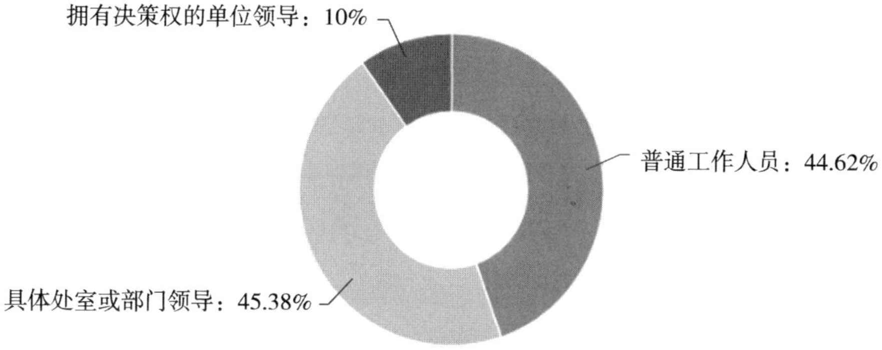

图 5　党政机关工作人员职位状况

二、党政机关工作人员工作内容与公共政策、性别平等的相关程度

1. 大多数党政机关工作人员工作内容和公共政策制定相关

对于“您的工作内容和公共政策制定有关吗?”问题，31% 的党政机关工作人员表示“没有关系”，44% 表示“有一点关系”，17% 表示“关系比较紧密”，8% 表示“直接相关”。（图 6）

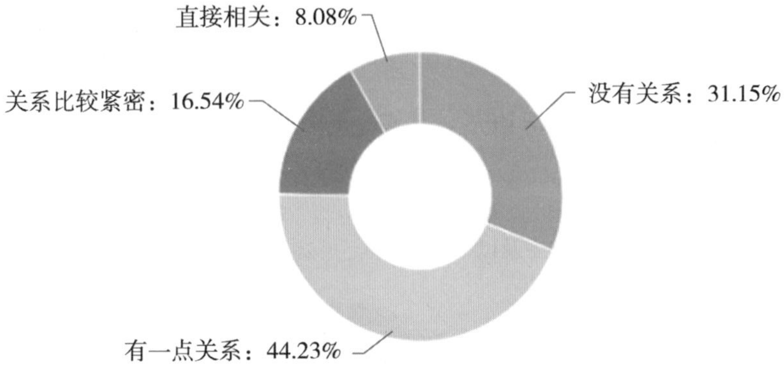

图 6　工作内容和公共政策的关系

2. 工作和公共政策的调研、宣传、执行、监督相关度高

对于“您的工作和公共政策的哪一部分相关?”问题，党政机关工作人员选择与“公共政策的执行”相关的最多，为 55%，选择“公共政策的宣传”有 45%，38% 选择“公共政策议题的调研”，36% 选择“公共政策的监督”，31% 选择“公共政策方案的制订和评估论证”，选择“公共政策议题或目标的选定”“公共政策的效果收集”“公共政策的审议、通过与发布”有 25%，选择“公共政策的补充修正或终止”“公共政策的分析评价总结”有 16%。（图 7）

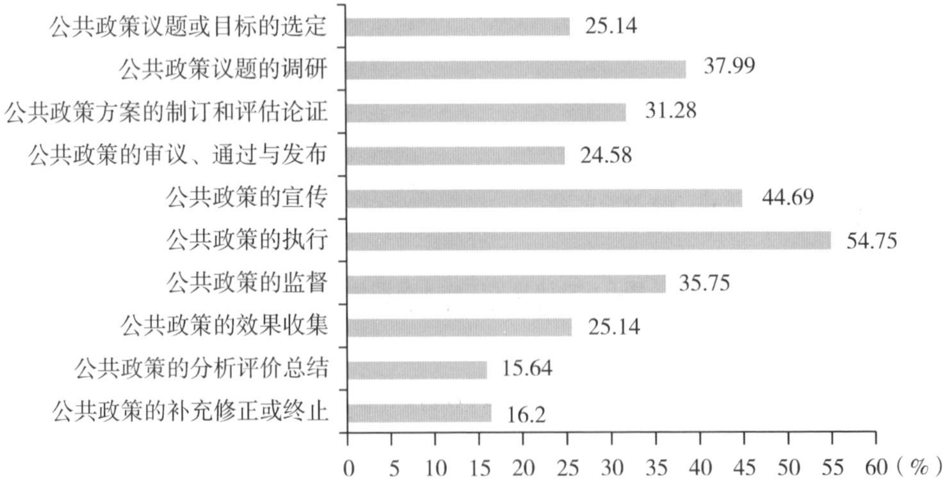

图 7　工作内容和公共政策的部分相关

3. 多数党政机关工作人员工作中曾经碰到性别平等具体问题

对于“您在工作中有碰到过性别平等的具体问题吗?”问题，表示“经常碰到”的党政机关工作人员为5%，“有时碰到”为35%，“偶尔碰到”为45%，“没有碰到过”为15%。(图8)

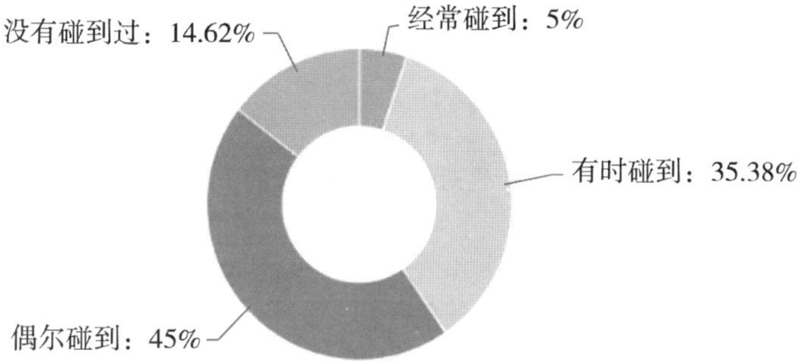

图8　工作中与性别平等具体问题的相关

三、党政机关工作人员对性别平等相关观念的态度和看法

1. 绝大多数人或多或少了解性别平等观念

对于“您了解性别平等的观念吗?”问题，表示“非常了解”的党政机关工作人员为14%，“比较了解”为42%，“有所了解”为38%，“不太了解”为6%，“从没听说过”的没有。(图9)

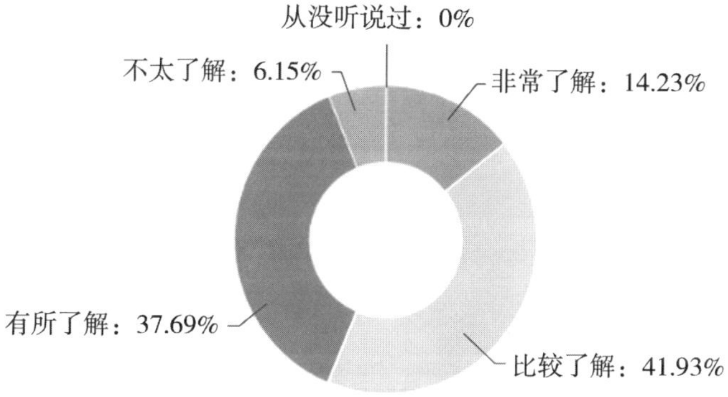

图9　对性别平等观念的了解

男性和女性对性别平等观念的了解程度差别不大。(图10)

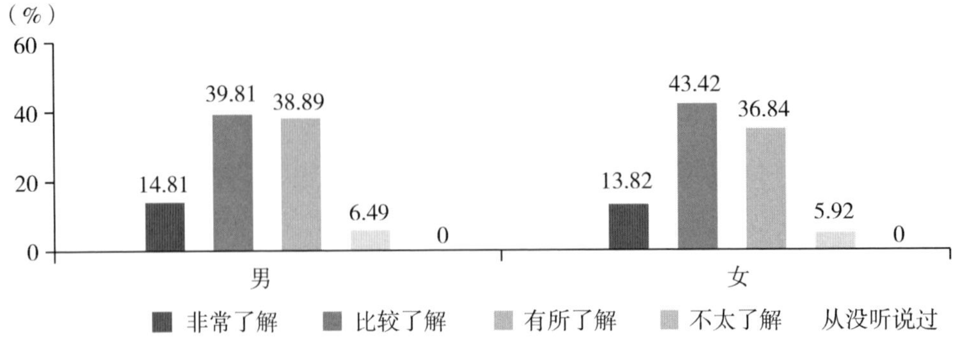

图 10　男性女性对性别平等观念的了解对比

2. 绝大多数党政机关工作人员没有参加过社会性别平等的培训

对于“您是否参加过社会性别平等的培训？”问题，表示“参加过”的党政机关工作人员仅为 12%，表示“没有参加过”的为 88%，占了绝大多数。（图 11）

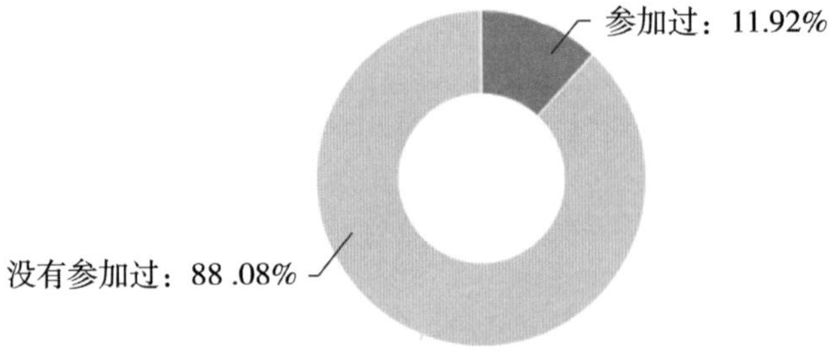

图 11　参加社会性别平等培训的情况

女性中表示“参加过”社会性别平等培训的比例为 18%，明显高于男性的 4%。（图 12）

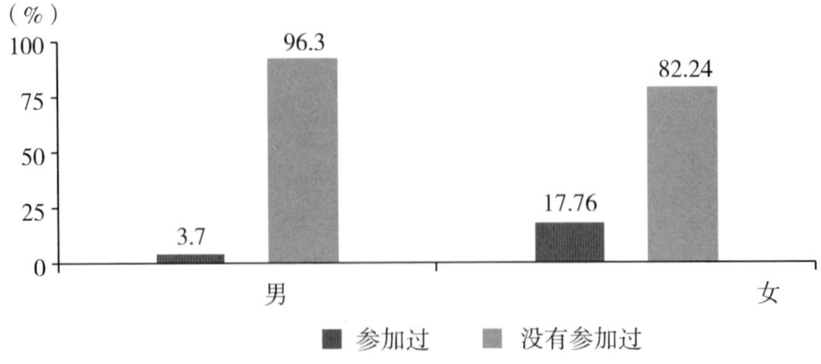

图 12　男性女性参加社会性别平等培训情况对比

3. 男性女性对男女地位是否平等看法差异巨大

对于“您觉得现在男女地位平等吗?”问题，21%的党政机关工作人员认为“男女地位很平等”，53%认为“女性地位低于男性”，3%认为“男性地位低于女性”，23%表示“不好说”。(图13)

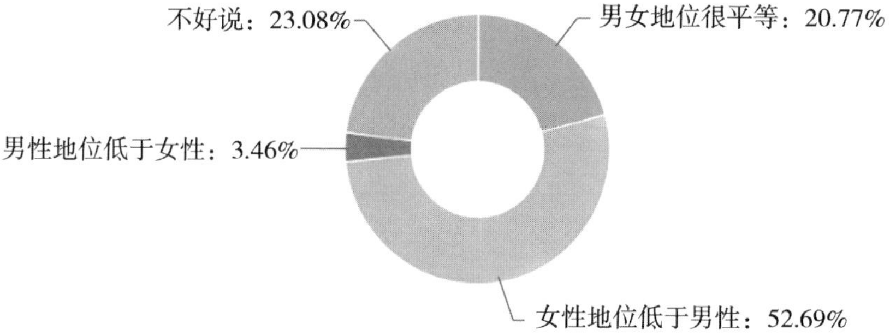

图13　对男女社会地位是否平等的看法

男性和女性对这一问题的看法表现出了巨大的差异。33%的男性认为“男女地位很平等”，12%的女性认为“男女地位很平等”。34%的男性认为“女性地位低于男性”，66%的女性认为“女性地位低于男性”。(图14)

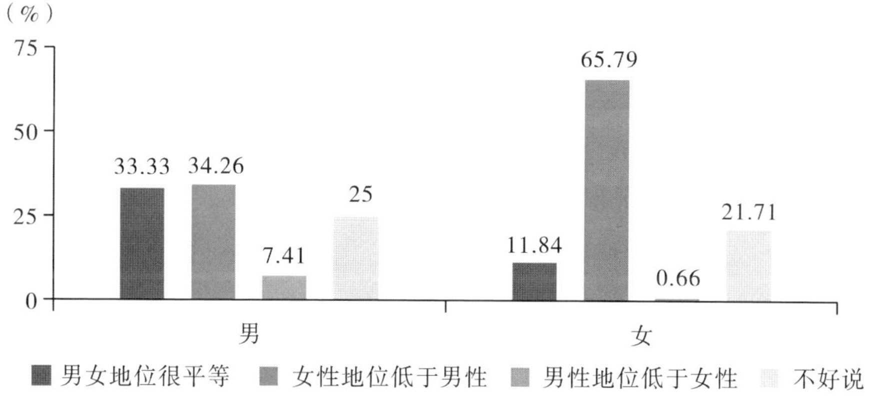

图14　男性女性对男女社会地位是否平等的看法对比

4. 绝大多数党政机关工作人员认为社会上仍存在性别歧视

对于“您觉得社会上存在性别歧视吗?”问题，89%的党政机关工作人员认为社会上存在性别歧视，其中14%认为“仍存在严重的性别歧视”，75%认为“存在性

别歧视，但并不严重”；5%认为“不存在性别歧视”；5%表示“说不清”。(图15)

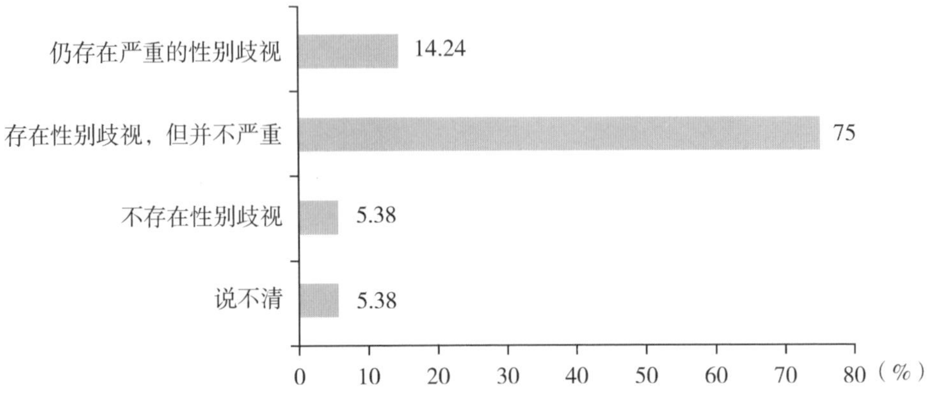

图15 对性别歧视是否存在的看法

男性和女性在这一问题的看法上差异较大。93%的女性认为社会上存在性别歧视，85%的男性持相同看法。22%的女性认为“仍存在严重的性别歧视”，仅有4%的男性认为“仍存在严重的性别歧视”。71%的女性认为“存在性别歧视，但并不严重”，81%的男性认为“存在性别歧视，但并不严重”。2%的女性认为“不存在性别歧视”，10%的男性认为“不存在性别歧视”。(图16)

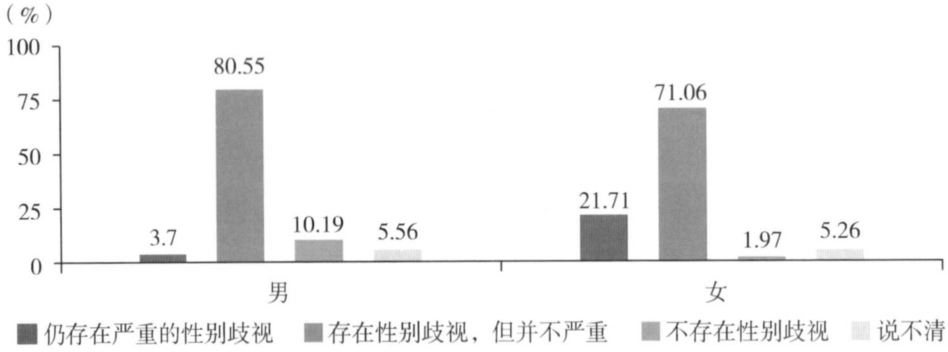

图16 男性女性对性别歧视是否存在的看法对比

5. 女性对性别歧视更加敏感

对于“您觉得社会在哪些方面存在性别歧视?”问题，有85%的党政机关工作人员选择认为“求职就业”存在性别歧视，比例最高。其次是“职位升迁机会”，为67%。排名第三的是“家庭责任的分工”，为58%。排名第四的是“有关性别的刻板印象”（43%），第五的是“参政机会”（41%），其后依次为“退休年龄”（28%）、“财产继承”（27%）、“集体分红”（26%）、“工资待遇”（17%）、“其他”（14%）、“受教育机会”（13%）、“土地经营权”（13%）。（图 17）

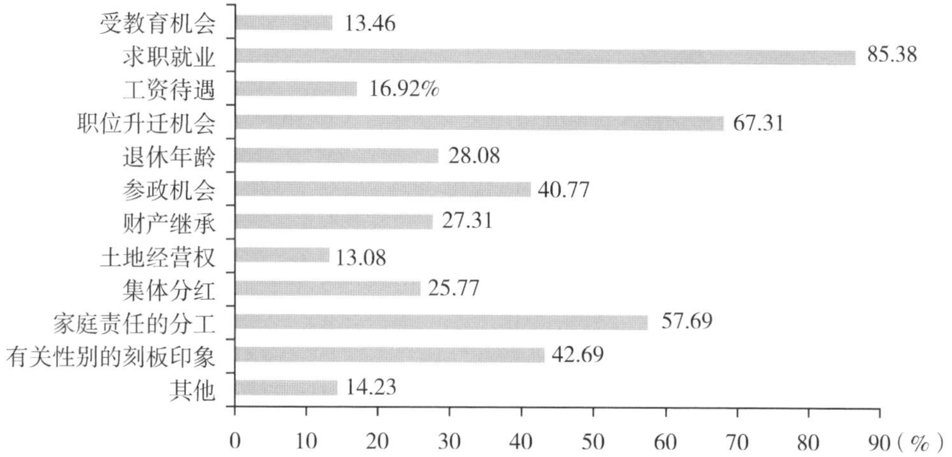

图 17　对性别歧视存在领域的看法

男性女性在这一问题的看法上，再次体现出了巨大差异。除了“退休年龄”“其他”两项外，其他所有选项上，女性比例都要高于男性。认为“职位升迁机会”存在性别歧视的女性比例比男性高出 36 个百分点，差距最大。认为“家庭责任的分工”存在性别歧视的女性比例比男性高出 27 个百分点。认为“参政机会”存在性别歧视的女性比例比男性高出 25 个百分点。认为“有关性别的刻板印象”存在性别歧视的女性比例比男性高出 21 个百分点。这种差异表明，女性对社会上存在的性别歧视更加敏感。（表 1）

表 1　男性女性对性别歧视存在领域的看法对比

类别	男（%）	女（%）	类别	男（%）	女（%）
受教育机会	10.19	15.79	财产继承	25.93	28.29
求职就业	82.41	87.5	土地经营权	11.11	14.47
工资待遇	11.11	21.05	集体分红	22.22	28.29
职位升迁机会	46.3	82.24	家庭责任的分工	41.67	69.08
退休年龄	28.7	27.63	有关性别的刻板印象	30.56	51.32
参政机会	25.93	51.32	其他	13.89	14.47

6. 近半党政机关工作人员未接受性别平等观念

对（关于社会性别的）“以下的观点你赞同哪些?”问题，48%的党政机关工作人员认同“男女的社会差异主要是生物差别导致的”，10%认同“女性在工作能力方面落后于男性”，22%认同“女性多照顾家庭是理所当然的”，45%表示“对以上观点都不赞同”。前三个观点都是传统的性别观念。第一个观点“男女的社会差异主要是生物差别导致的”是传统性别观念最经典、最貌似合理的观点。对这一观点的赞同与反对，可以作为是否接受性别平等观念的标准。(图18)

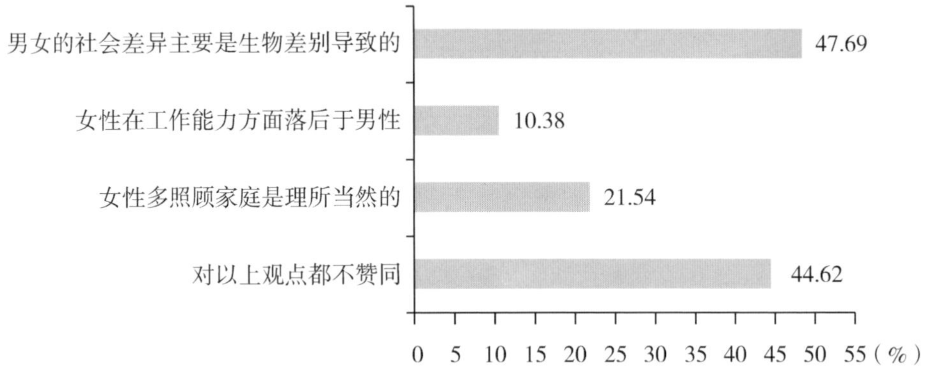

图18 对社会性别相关观点的看法

男性明显地受传统性别观念影响更深。55%的男性认同“男女的社会差异主要是生物差别导致的”，女性只有43%。19%的男性认同“女性在工作能力方面落后于男性”，女性只有4%。31%的男性认同“女性多照顾家庭是理所当然的”，女性只有14%。32%的男性表示“对以上观点都不赞同”，女性则有53%不赞同以上观点。(图19)

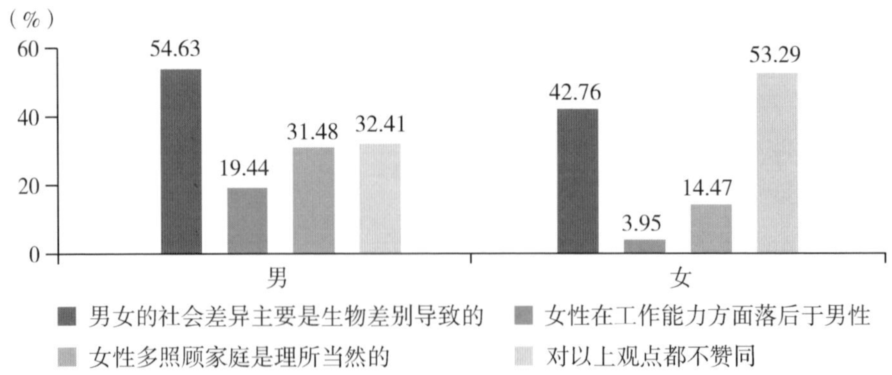

图19 男性女性对社会性别相关观点的看法对比

四、党政机关工作人员对性别评估公共政策的看法

1. 过半党政机关工作人员认同公共政策对社会性别的影响

对于"您如何看待公共政策对性别平等的影响?"问题，52%的党政机关工作人员认为"公共政策对社会性别平等产生着非常重要的影响"，19%认为"公共政策对性别平等的影响非常有限"，60%认为"当前的公共政策需要继续完善以促进性别平等"，9%表示"说不清"。(图20)

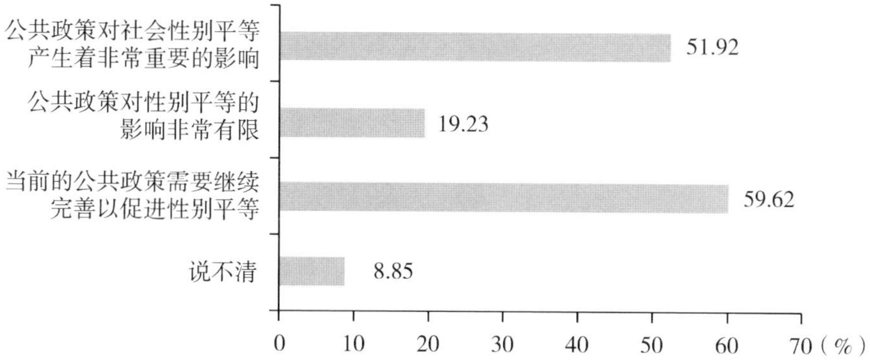

图20　公共政策对性别平等影响的看法

2. 大多数党政机关工作人员对公共政策评估有正确的认识

对于"您如何看待公共政策评估?"问题，70%的党政机关工作人员认为"公共政策评估的目的是为了增进政策效果"，65%认为"公共政策评估应涵盖政策出台的多个阶段"，72%认为"公共政策评估是必不可少的程序"，仅有4%认为"公共政策评估并不是必需的"，13%表示"不太了解公共政策评估"。(图21)

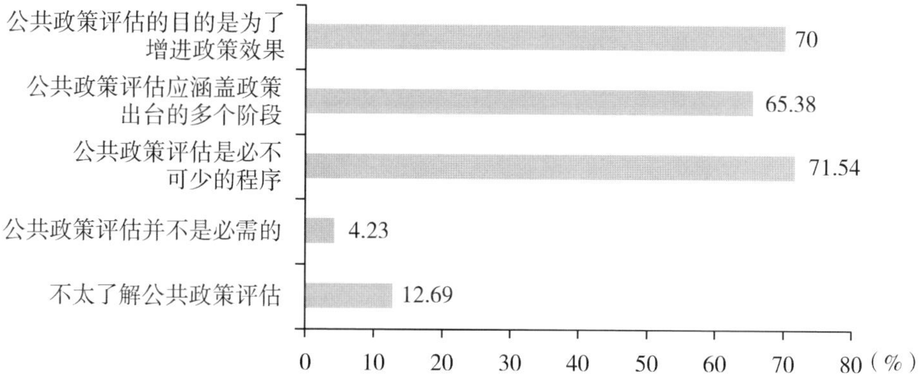

图21　对公共政策评估的看法

3. 绝大多数党政机关工作人员对性别平等咨询评估并不了解

对于“您了解性别平等咨询评估吗?”问题，表示“非常了解”的党政机关工作人员仅1%，“比较了解”的为12%，“不太了解”的为70%，“完全不了解”的为17%。(图22)

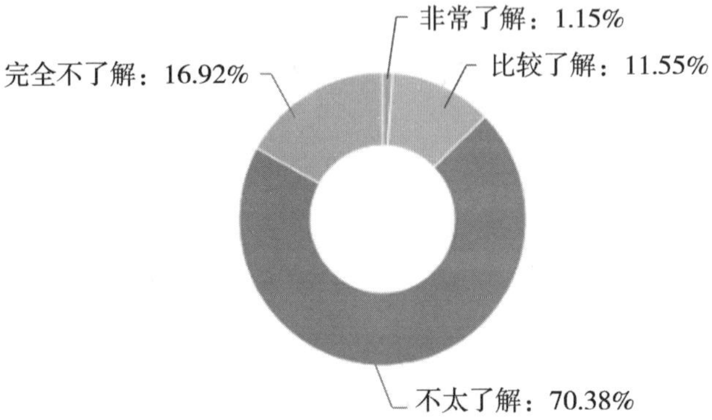

图22 对性别平等咨询评估的了解

4. 绝大多数党政机关工作人员不了解广州市法规政策性别平等咨询评估机制

对于“您了解广州市法规政策性别平等咨询评估机制吗?”问题，仅有2%的党政机关工作人员表示“非常了解”，9%表示“比较了解”，66%表示“不太了解”，23%表示“完全不了解”。(图23)

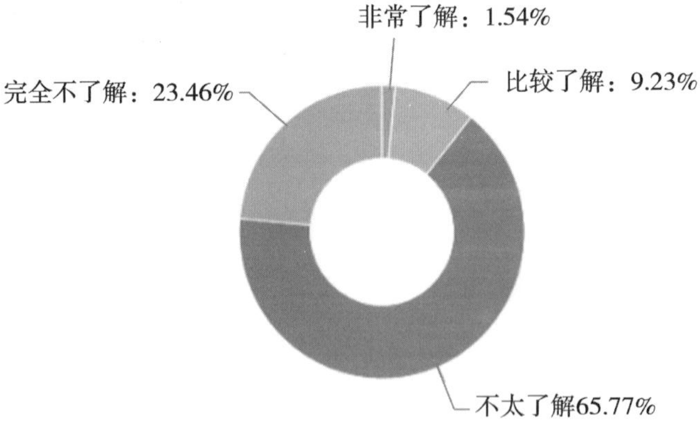

图23 对广州市法规政策性别平等咨询评估机制的了解

五、调查分析结论

1. 党政机关工作人员工作与公共政策运行高度相关

调查显示，近七成党政机关工作人员工作与公共政策的制定有关，其中直接相关或关系比较紧密的占到四分之一。

在上述近七成人员中，有半数左右的党政机关工作人员工作与公共政策的宣传、执行相关。公共政策议题的调研、议题或目标的选定、议案的制定和评估论证、政策的审议和通过及发布、政策监督、政策效果收集等，三成左右的工作与以上环节相关。

2. 性别平等具体问题仍然多发

八成五的党政机关工作人员表示在工作中曾经碰到过性别平等的具体问题，表明性别平等的问题仍然多发，并且分布较为广泛，各个不同部门都会不同程度碰到。

3. 党政机关工作人员对性别平等观念认识有待提高

超过九成的党政机关工作人员对性别平等的观念有所了解。近九成认为社会上仍存在性别歧视。七成五认为虽然存在性别歧视，但并不严重。但是在面对关于社会性别的具体观点时，暴露了对性别平等观念的认识不足。“男女的社会差异主要是生物差别导致的”，这一观点是传统性别观念最经典、最貌似合理的观点。而在社会性别理论中，最为核心的与传统针锋相对的观点就是：男女的社会差异是社会性别制度导致的。对这一明显的根本性的错误观点仍有近五成的党政机关工作人员表示赞同，充分表明他们尚未接受性别平等观念，或者说对性别平等观念并没有准确的认识。

4. 男性党政机关工作人员受传统性别观念影响较深

在有关性别平等的几乎所有问题上，男性都表现出了对性别歧视较低的敏感度，以及受传统性别观念影响较深的状况。认为“男女地位很平等”的男性比例要远高于女性，认为“女性地位低于男性”的男性比例要远低于女性，认为“仍存在严重的性别歧视”的男性比例远低于女性，认为“不存在性别歧视”的男性比例高于女性。在存在性别歧视的部分社会领域的看法上，男性比例甚至比女性的相差30个左右的百分点。对传统性别观念的认同度上，男性也要远高于女性。

5. 存在性别歧视的社会领域意见非常集中

尽管男性对性别歧视的敏感度和女性相差较大，但男性和女性对社会性别歧视领域的看法惊人的一致，排名前四位的顺序均为第一“求职就业”、第二“职位升迁机会”、第三“家庭责任的分工”、第四“有关女性的刻板印象”。表明这些领域存在的性别歧视现象，给人的感知是非常集中的。

6. 普遍对性别平等咨询评估机制缺乏了解

绝大多数党政机关工作人员对性别平等咨询评估，以及广州市法规政策性别平等咨询机制并不了解，均为九成左右。

7. 社会性别平等相关培训亟须加强

调查显示，近九成党政机关工作人员从未参加过社会性别平等的培训。加上之前对性别平等观念的错误认识、男性对性别歧视的敏感度低等情况，亟须加强对党政机关工作人员的社会性别平等培训，可以扩大培训覆盖面，开展多种形式的多轮次培训。

广州市妇女联合会
中国共产党广州市委员会党校

少年司法对儿童利益最大化保障的探讨与完善

近年来，社会上针对未成年人的侵权甚至犯罪行为层出不穷，许多案件性质恶劣、情节严重、社会影响极坏，严重损害了未成年人的身心健康，给未成年人和其家庭乃至整个社会都带来了巨大的伤痛，也引发了广大人民群众的强烈不满，无不令人担忧！如近年来屡屡见诸媒体的针对未成年人的性侵案件、幼儿园和小学虐童案件、留守儿童冻饿死亡案件以及针对未成年人的家庭暴力案件等等。一方面是针对未成年人权益保护的法律法规不断增多，全国人大常务委员会对《中华人民共和国未成年人保护法》进行了修订，未成年人保护条例也成为很多地方政府规章，修订后的《中华人民共和国预防未成年人犯罪法》更进一步完善了未成年人法律保护制度。《中华人民共和国刑法》《中华人民共和国刑事诉讼法》等均对未成年人犯罪及其处理作了特别的保护规定。这些法律、规章的制定颁布从表面来看，似乎是对未成年人权益保护编织一个严密的安全防护网，但是与此同时侵犯未成年人权益的案件，尤其是性质恶劣、社会影响极坏的针对未成年人的犯罪和严重侵权案件却似乎并没有随着法律法规的完善而有所下降，反而大有愈演愈烈之势。对此，我们不得不反思：到底是因为我们的法律不够完善？还是因为现有的法律法规未能得到切实有效地执行？与其他先进国家相比，我们还有哪些需要改进完善的地方使未成年人权益得到更加有效的保障？

一、渊源发展：儿童利益最大化原则及中国司法制度保障

传统观念一般认为，儿童是父母的财产，不具有权利主体的地位。到 20

世纪后半叶，“儿童人权”概念才逐步成为世界各国以及国际社会共同关注的中心问题。将儿童作为人权的主体给予其特殊保护，是对每个儿童固有人格尊严的尊重，也是实现儿童全面健康发展的重要保障。1966 年的《公民权利和政治权利国际公约》和《经济、社会和文化权利国际公约》明确将儿童作为特殊群体予以保护，1990 年的《儿童权利公约》（以下简称《公约》）第一次正式提出“儿童人权”的概念，对儿童的权利保护制定了全面而明确的规则，使儿童权利在国际层面上获得了更高标准的保护。至今，已经有包括中国在内的 190 多个国家批准了《公约》，也是联合国历史上加入国家最多的国际公约。《公约》是国际人权文件的核心文件之一，作为专门保护儿童权利的宪章性文件，主要确立了“不歧视原则、儿童最大利益原则、最大限度地确保生命、存活和发展原则以及尊重儿童意见的原则”[①]。《公约》对儿童人权以具有法律约束力的国际公约的形式予以确定，不仅扩充了国际层面人权的范围和内容，也加深了国际社会对人权概念的理解，国际人权法的发展又迈出了重要的一步。更为重要的是，《公约》为儿童权利的保护订立了一套全面的国际法律准则，成为国际性、区域性，甚至各个国家儿童权利保护法律法规制定的基础，为儿童权利保护事业的发展奠定了重要的国际法保障，被人类誉为儿童权利保护的“大宪章”。[②]

（一）儿童最大利益原则

儿童最大利益原则是《公约》确立的保障儿童权利的最核心原则，它涵盖了儿童权利的所有领域。但是何为“儿童最大利益原则”，《公约》并没有给出一个明确的界定，一般认为在符合《公约》的立法目的之下，根据各国具体的文化或其他情况来决定何为“儿童最大利益原则”更具有现实意义。[③]“儿童最大利益原则”在中国的立法和行政措施中也得到了肯定。从政策上来看，《中国儿童发展纲要（2011—2020 年）》明确规定了《公约》的这一

---

① 徐显明：《国际人权法》，北京：法律出版社，2004 年，第 394 页。

② 北京大学法学院人权研究中心：《法制视野下的人权问题》，北京大学出版社，2003 年，第 30 页。

③ Cynthia Price Cohen，Susan M. Kosloske，Stuart N. Hart：Monitoring the United Nations Convention on the Rights of the Child：The Challenge of Information Management，*Human Rights Quarterly*（1996）445.

首要性原则，但是从立法上看，尽管与儿童权利相关的立法文件中多处体现了儿童最大利益原则[①]，但中国却并没有对该原则予以明确规定，而只是在《未成年人保护法》第三条中规定了“儿童优先原则”。然而，“优先”和“最大利益”两词在内涵和具体理念上仍然存在较大的差异，如果立法上缺乏对《公约》首要性原则的规定，而只是以效力和权威性较弱的政策性文件予以明确，这将会导致儿童的权益保护因缺乏权威的法律保障而大打折扣，不利于儿童权利保护的法制化发展。

（二）中国司法制度保障

完善的司法保护制度特别是少年司法，是保障儿童权利的重要环节。目前国际社会更多关注儿童作为刑事嫌疑人或被告人时在司法领域的权利保障问题。当儿童作为刑事案件嫌疑人或被告人时，司法机关应当秉承对儿童进行特殊优先保护的理念和重塑少年、帮助其重返社会的宗旨，认识到儿童往往是由于年龄和心智的不成熟而实施了违法犯罪行为。因此，需要更加谨慎地设立公正、合理的司法程序，从而改善儿童由于缺乏自我保护能力而导致的在司法程序中的劣势地位，在维护社会正义的同时尽最大可能地维护儿童的尊严和价值。但是，在司法保障制度的构建过程中，也不容忽视儿童作为被害者时的权利保障问题。当儿童作为诉讼案件的受害者时，司法机关同样亦应当按照儿童利益最大化原则要求，尽可能地使儿童受损的权利恢复原状，并尽量减少涉诉案件对儿童未来发展带来的消极影响。

就中国的司法实践而言：从刑事制度来看，以新《中华人民共和国刑法》和《中华人民共和国刑事诉讼法》为核心，中国的刑事诉讼制度为未成年犯罪人员提供了较为完善的司法保护制度，具体包括了最低刑事责任年龄制度、从轻减轻处罚制度、酌定不起诉制度、禁止死刑原则、未成年人刑事案件诉讼特别程序制度（如指定辩护制度、社会调查制度、合适成年人制度、前科封存制度等）等等；同时，中国也为刑事案件受害儿童设立了相应的保障制度，不仅对被害人是未成年人的刑事案件在量刑上从重处罚，在刑事侦

---

① 例如《婚姻法》第29条就儿童抚养问题规定：“由人民法院根据子女的权益和双方的具体情况判决。”说明在司法实践中，儿童利益原则是判决时的重要考量依据。

查、审判过程中也强调对刑事被害少年的特别保护。如《关于依法惩治性侵害未成年人犯罪的意见》规定，应当有女性工作人员参与被害人为未成年女性的案件，在询问性侵害犯罪有关事实时应当尽量避免反复询问，在考虑被害未成年人身心特点的情况下以缓和的方式进行询问。[①] 从民事和行政诉讼制度来看，中国对未成年人案件一般以非公开案件的方式对其隐私权等利益进行保护，还设立法律援助制度为未成年人提供免费的咨询服务，在某些地方性法院还设立了“绿色通道”制度，尽量避免过长的诉讼程序对未成年人的心理造成消极影响，使未成年人的权益得到及时有效的保护[②]。在判决阶段，法官对未成年人的案件会遵照有利于儿童利益原则进行判决，如广州市法院在民事案件中全国首创社会观护制度，在刑事案件中与专业医疗机构合作，对未成年被告人实施心理测评，最大限度保护儿童司法权益，收到了较好的法律效果和社会效果。

二、现状审视：少年司法对儿童利益最大化保障面临的困境

从整体上来看，中国的司法审判制度对未成年人权益保障问题给予了充分的重视。然而，仍然存在以下一些不容忽视的问题：

（一）制度保障欠缺，力度不足

“少年法庭”欠缺制度保障且受案范围过窄。《公约》第四十条第三款规定，各缔约国应致力于促进和建立专门适用于未成年犯罪儿童的法律、程序和机构。虽然中国在新修订的《中华人民共和国未成年人保护法》第五十五条规定公检法机关可以根据需要设立专门机构或指定专人办理未成年人刑事犯罪案件，《最高人民法院关于处理刑事案件的若干问题规定》第六条也规定基层和中级人民法院可以建立未成年人刑事审判庭；全国先后两批几十家

① 参见最高人民法院、最高人民检察院、公安部和司法部于2013年印发的《关于依法惩治性侵害未成年人犯罪的意见》第6条和第14条的规定。

② 例如，江苏省东台市人民法院制定《涉少案件庭审规范》等文件，将实践经验制度化，采取立案优先、审判优先、执行优先和救助优先的原则对未成年人案件进行审理。

少年综合审判试点法院工作进行得如火如荼，也取得了较好的成效。但是，由于缺少其他的配套司法制度对少年法庭的设立和运行规则等内容予以明确细化，加上设立该专门审判机构的裁量权完全掌控在法院手中，除了试点法院之外的地区少年审判工作开展相对滞后，造成少年法庭在设立和运作上缺乏明确的制度性保障，不利于儿童利益最大化的司法保护。

对刑事被害儿童的专门保护不够明显。由于刑事被害少年在身体和心理发育方面仍然不够成熟，当遭受刑事侵害时，身体和心灵上都会比成年人更加容易受到伤害。就目前而言，尽管中国对侵犯未成年人的犯罪行为一般都从重处罚，但是在判决过程中并没有考虑被害少年由于生理和心理上具有脆弱性和不成熟性，可能需要额外的赔偿与补偿以恢复其身心健康。此外，中国在刑事诉讼活动中也没有特别采取措施以减少或避免对刑事被害少年的二次伤害，例如没有防止被害少年个人隐私被泄露的具体措施，也没有建立常规的心理专家制度为被害少年提供心理沟通与辅导等等，这些都不利于被害少年早日走出受侵害的阴影，恢复正常的生活。

（二）法律规定模糊粗疏、不利于操作

《中华人民共和国未成年人保护法》规定："未成年人享有生存权、发展权、受保护权、参与权等权利，国家根据未成年人身心发展特点给予特殊、优先保护，保障未成年人的合法权益不受侵犯。"这一规定是立法上的一大进步，首次表明了中国未成年人依法享有的权利类型，为未成年人维护自身权利提供了明确的法律依据。该法还规定："中央和地方各级国家机关应当在各自的职责范围内做好未成年人保护工作。国务院和地方各级人民政府领导有关部门做好未成年人保护工作；将未成年人保护工作纳入国民经济和社会发展规划以及年度计划，相关经费纳入本级政府预算。国务院和省、自治区、直辖市人民政府采取组织措施，协调有关部门做好未成年人保护工作。具体机构由国务院和省、自治区、直辖市人民政府规定。"这条规定提供了未成年人保护的责任承担者，即"中央和地方各级国家机关"，但这一规定实在太概括模糊，在实践中不好操作。首先，中央和地方各级机关具体指哪些"机关"？其次，"各自的职责"这一表述本身就表明对未成年人保护并非这些中

央和地方各级机关的“主要职责”，而是在其本身职责范围内如有涉及未成年人保护内容的才会依照法律授权承担对未成年人的保护义务。这种没有专门保护机构的“各自负责”规定既不符合国家机关职责明确分工原则，也极容易导致遇到问题各自推诿、看似人人负责实则人人都不负责的结果。再如《中华人民共和国预防未成年人犯罪法》明确规定，父母对未成年人不得放任不管、不得迫使其离家出走，放弃监护职责。根据“不得”这一法律用语表明，履行对未成年人的监护义务是父母不可推卸的责任，但是实践中由于各种原因，有的父母实际上是放弃了对未成年人的监护职责。据中国发展研究基金会披露，中国流浪未成年人数量在100万至150万人之间。如果他们的父母健在，应当承担监护义务而没有承担，按照法律规定，其放弃监护的行为就是一种违法行为，但是谁来监督这种违法行为？遇到此类行为理应通过司法程序判决父母监护或者撤销其对未成年人的监护职责，但是由谁来担任原告提起诉讼？诉讼产生的费用如何承担？撤销父母的监护之后，未成年人的生活学习和监护等职责有无合适的人员接管或者接替？上述这些问题法律均没有具体明确的规定。虽然最高人民法院、最高人民检察院、公安部和民政部于2014年12月印发《关于依法处理监护人侵害未成年人权益行为若干问题的意见》（以下简称《意见》），并于2015年1月1日实施，一定程度上解决了以上问题，但鉴于该《意见》效力等级、权威性的先天性不足，《意见》实施一年多来，全国虽有数例依据《意见》撤销监护权的案件，但对于现实需要来说，无异于杯水车薪。

（三）诉讼制度规定不尽合理

未成年人和成年人最大的不同在于其心智尚未成熟，体力上也明显处于劣势。因此，在司法保护上应该考虑到这些特点作出不同于成年人的规定。但是中国法律在一些重要领域未能体现未成年人的弱势群体的特点，而与成年人作出同样的规定，这样必将导致对未成年人的保护力度大大减弱甚至流于形式。由于没有对相应的少年司法制度作出组织、实体、程序方面的必要规定，刑法、刑事诉讼法、民事诉讼法等法律亦尚未根据《中华人民共和国未成年人保护法》作出对应性规定，所以仅仅依据当前的法律还无法真正达到给予未成年人司法保护的目的。对儿童的诉讼权利缺乏专门性保护。设立专属于少年儿童的司法审判制度不仅包括法庭设置，还包括程序、机构和人员设置。中国由于在设立专门的少年法庭上具有随意性，导致没有专门的少年司法审判程序。同时，中国在司法领域中从事未成年人案件审判的专门性司法人员数量还不够多，在法律援助中也缺乏专门承办未成年人案件的律师，这些都容易导致在司法审判程序中忽视未成年人的心理和生理特点，间接地损害未成年人的合法利益。以虐待罪为例，《中华人民共和国刑法》第二百六十条将虐待罪的犯罪对象界定为“家庭成员”，家庭成员中当然包括未成年人。这部分人从生理上和精神上乃至于经济上都需要完全依附于他们的监护人，尤其是婴幼儿，他们没有任何自我保护能力，在此阶段，一旦肉体上和精神上受到伤害将对其一生造成很坏的影响，这种影响甚至是不可修复的。虐待行为对被害人的伤害具有长期性、隐蔽性的特点，一般情况下很难被外人发觉，而婴幼儿甚至不具有向外人表达自己不幸遭遇的能力，更谈不上自我保护。对虐待同一家庭成员中的成年人和婴幼儿等未成年人的行为规定同一个起诉标准，显然不利于对未成年人的保护。还有刑法规定虐待罪“告诉才处理”，而未成年人缺乏行使“告诉”的行为能力，更不可能承担举证责任，根本无现实可能性，这使法律的规定形同虚设。对未成年人民事权利保护的规定也面临着同样的问题或者困境。

（四）少审法官考核机制缺乏

目前，司法实践中尚未形成一套专门针对涉少案件的考核评价及激励机制，导致体现少年诉讼特殊意义的基本方针原则的贯彻落实过于依靠领导、法官的个人想法，缺乏规范性、长效性的制度保障。大多数法院对少审法官的绩效考核方式与其他刑事案件法官相同，社会调查工作、合适成年人工作、犯罪记录封存、延伸回访帮教、普法宣传等一系列少年司法的特色工作未纳入考核范围，影响了少年法庭开展教育感化挽救工作、参与综合治理的积极性和主动性。少年司法的主动性和积极性与少审法官职能的扩大化正是少年司法的特殊性所在，但这特殊性没有得到相关配套制度与措施的保障，不利于少年审判工作的持续有效开展。

三、他山之石：域外少年司法制度的借鉴

（一）少年司法制度由刑事化向非刑事化、福利化转变

美国的少年司法制度可以分为两个时期。美国的少年司法制度产生于儿童福利之中，他们认为，相对于成年人来说，儿童是弱势群体，他们有着很多与成年人不同的特性，需要国家、社会、家庭给予特别关怀，无论是对于陷于罪错的儿童还是无人照管的儿童，都要求有一套属于他们的特别的制度。[①] 美国少年司法制度所针对的群体不仅仅是少年违法犯罪人群体，而且还包括了很多失依、失养、受虐待的儿童群体。英国的防治未成年人违法犯罪的立法也是向非刑事化发展的一个典型，瑞典也是大同小异。德国的少年司法制度分别适用于14—18岁的少年和18—21岁的未成年青年，德国少年的违法犯罪一般不进行刑罚处罚，而是采取教育或惩戒措施。[②] 各国采取各种方法，把少年犯送交法定团体或观护人保护观察、送交救护院救护、送交教养院教养、收容于特殊再教育机构、送交少年感化院进行感化教育等非刑罚性的强制方法。尽量将少年犯放置于社会进行监管和教育，要求其遵循有关规定进行管教，促进改过自新，重返社会。

（二）构建独立的少年司法体系

美国的少年司法制度独立于刑事司法制度之外，建立了独立的少年法庭，具有专门的实体法及程序法来处理少年案件，并通过专门的矫治机构来实现对少年罪错行为人的教育和矫正。19世纪末的《无人照管、疏于管教及罪错少年处遇和监管法令》在伊利诺伊州议会通过，少年权利首次得到正式的法律保护。同时包括了一系列对少年负有管制和矫正职责的附属机构，美国的少年法庭其中包括警察、少年法院及其辅助工作人员、检察官和辩护律师、

---

① ［美］玛格丽特·K. 罗森海姆，富兰克林·E. 齐姆林，戴维·S. 坦嫩豪斯，伯纳德·多恩：《少年司法的一个世纪》，北京：商务印书馆，2008年。

② 樊荣庆：《德国少年司法制度研究》，《青少年犯罪研究问题》2007年第3期。

少年拘留所和少年矫正机构[①]。德国早在1923年就制定《少年法院法》，并在此基础上建立了专门的少年法庭。德国少年刑事案件的执行人是少年法官。普通刑事案件实行四级终审，少年刑事案件实行两审终审，对上诉审判不得再提起上诉。

（三）其他

美、德、日三个国家都经历了从普通法基于少年犯特别规定到独立的少年司法制度建立的过程，充分保护少年的权益，侧重于教育措施向社会矫正的发展。比如德国的少年法院、日本的家庭裁判所。国外少年前科消灭制度的建立。根据德国法律规定，少年法官可以依照申请或依职权按照规定对少年犯宣布消除前科规定。《俄罗斯刑法典》第八十六条规定了前科消灭制度和前科撤销制度。应该借鉴国外相关规定，尽快完善适合中国国情的少年前科消灭制度。国外为少年司法设立社会调查制度。在日本有家庭裁判所，设置调查官专门负责对未成年人刑事案件进行庭前审查，日本的《少年法》专门规定了少年调查的细节和内容。在德国有专门的少年法院援助机构，帮助法院和检察院开展对未成年人的社会调查工作。在美国，少年实施犯罪的情况被报告后，缓刑官会作出正式的社会调查报告。国外的人格调查多由专业人员进行。中国一些地方法院也在试行和摸索中，这些是中国少年司法制度需要借鉴的。

四、路径选择：中国少年司法制度的完善方向

通过对国外少年司法制度的比较和借鉴，对中国现有少年司法制度进行反思，可以看出，中国目前的少年司法制度还只是初步建立，很不完善，无论是少年司法制度的理念、少年司法立法、少年司法制度的司法实践，还是其他具体的司法制度设立都需要进行补充和完善。完善的少年司法制度构建，对于预防少年违法犯罪和国家稳定社会和谐发展都至关重要。

---

① ［美］玛格丽特·K. 罗森海姆，富兰克林·E. 齐姆林，戴维·S. 坦嫩豪斯，伯纳德·多恩：《少年司法的一个世纪》，北京：商务印书馆，2008年。

（一）树立正确的少年司法理念

要真正树立对少年违法犯罪刑事化向福利化理念的转变，从立法上加强对少年福利的保障和少年监护权的保障，特别是服刑子女的监护权，把爱护和教育儿童作为核心内容，以“教育为主，惩罚为辅”作为惩治方针。对少年进行保护教育为主，“预防犯罪的最确定的途径即是完善教育制度”①。可以适当引进保安处分制度，尽管保护处分不具有惩罚意义，但通过对犯罪少年适用保护处分，同样可以达到警戒其他少年不实施违法行为的效果。西方国家对于儿童的观念早就发生了改变，中国也应该在建立中国特色司法制度的基础上，彻底改变落后理念，尊重和保障少年的各项权益，这也是中国文明化进程的体现之一。② 对少年及时进行教育，使其能够更好地融入正常的社会生活中，在社会发展巨变和各种文化冲击中拥有正确的价值观，从而不再犯罪。

（二）完善少年立法，建立独立的少年刑事司法保护法律体系

立法机关应当将“儿童最大利益原则”在中国的立法中予以明确规定。应当在现有法律规定的基础上构建一个由少年刑事案件的组织法、实体法、程序法和矫治法等构成的法律体系，要构建与少年违法犯罪工作相衔接和配套的科学法律制度体系。修改现有刑法规定，在刑法中单设未成年人犯罪的特殊处遇专章，明确少年犯罪的概念及处罚原则，修改符合劳教制度废除后的少年刑罚的设置，扩大缓刑的适用，对于少年结合宽严相济刑事政策放宽减刑和假释的条件。设置少年非刑罚处罚措施，完善少年前科消灭制度。制定专门的《少年法庭法》，规定少年法庭的设置和组织，少年法官和陪审法官资格、审理程序等。明确和完善少年法庭的审理范围，要积极贯彻能动司法、和谐司法的方针和理念，坚持“寓教于审”“圆桌审判”等特色审判方式，确保矫治未成年罪犯、预防重新犯罪工作扎实有效。

---

① 张中：《暂缓判决实证研究》，《诉讼法理论与实践》，北京：中国政法大学出版社，2004 年。

② 卢琦：《中外少年司法制度研究》，北京：中国检察出版社，2008 年。

（三）设立专门的未成年人司法保护机构

未成年人保护是一个日常性的工作，必须纳入常规化的制度保护才能真正实现儿童利益最大化，保证未成年人的健康成长。这方面中国可以借鉴其他国家的做法，设立未成年人保护的专门机构，负责有关未成年人的日常保护。这样对于接受和查处侵犯未成年人权益案件举报，对于发现针对未成年人有可能的违法和犯罪行为移交有关机关按照司法程序处理，有着积极重大的意义。设立专门的未成年人保护机构也是世界上很多国家的普遍的做法，如美国儿童与家庭局、英国地区儿童保护委员会、德国的青少年局。

（四）建立科学统一的社会调查制度

司法机关在审理少年刑事案件中要区别于成年人，不仅要关注案件事实，更要关注少年犯罪的原因，少年的教育、家庭情况、管教方法、成长环境和社会交往等因素。关注少年的身心健康，对于少年的社会调查要贯彻在刑事诉讼的整个过程，最好是由专业人士进行调查和报告总结。目前有部分法院已经开始实施，并取得了一定的成效。广东省实施的《关于依法正确适用和执行非监禁刑的指导意见（试行）》，对社会调查的启动、实施主体、实施方式、调查报告的运用等都作详尽的规定。广州市也出台《关于对未成年犯罪嫌疑人、被告人进行社会调查工作的实施办法》，对社会调查的程序、社会调查报告的适用、社会调查工作的协调与保障等都进行了详尽的规定。按照该规定，社会调查应当由两名以上具有未成年人工作经验和相关知识背景的工作人员或专业人员进行，未成年犯罪嫌疑人、被告人为女性的，应当有女性社会调查员参加调查工作；在调查前应征得未成年人或者法定代理人的同意。

（五）完善中国合适成年人参与制度

2013 年 1 月 1 日开始实施的新《中华人民共和国刑事诉讼法》规定，公检法部门在办理未成年人案件时，要进行社会调查及合适成年人到场制度。广州市出台《合适成年人参与未成年人刑事案件诉讼程序实施规程（试行）》的文件。笔者认为，应当构建属于中国特色的合适成年人参与制度，这一制度是指公安机关、人民检察院、人民法院在讯问或者审判未成年犯罪嫌疑人、被告人时，其法定代理人无法通知、不能到场或者是共犯的，通知未成年犯罪嫌疑人、被告人的其他成年亲属，或者所在学校、单位、居住地的基层组织，或者未成年人保护组织的代表到场，依法履行建议、阅签笔录、教育等职责。合适成年人来源包括未成年犯罪嫌疑人、被告人的其他成年亲属，未成年犯罪嫌疑人、被告人所在学校、单位、居住地村民委员会、居民委员会的代表，未成年人保护组织指派的代表。

（六）引进恢复性司法模式，充分关注被害人因素

恢复性司法最典型的方式是受害人—犯罪人调解模式。中国目前对被害人研究不断加强和关注，吸收被害人参与法庭教育，考虑到被害人的感受，尝试谅解犯罪人。促进被害人与被告人调解，有利于社会矛盾的化解，符合对少年犯罪的非监禁刑适用扩大化的理念。这和中国群众路线、建立和谐社会精神内涵是一致的。建立和完善未成年人刑事诉讼程序，对未成年人犯罪适用刑事和解，刑事和解这种形式不仅能够更好地教育未成年人及其父母，同时也给未成年人改过自新的机会。因此，刑事案件有条件地借鉴和解不起诉是有必要的。

（七）建立符合少年身心特点、有效的少年社区矫正机制

中国的刑事法律虽然对社会矫正的情形作了具体的规定，但目前还没有独立的社区矫正法立法，社区矫正工作在实践中还面临着许多阻碍和困难，部门联动机制尚未完全有效运作。同时，中国现行的社区矫正模式并没有考虑未成年人的特殊性，在社区矫正时将少年和成年人混合在一起，不利于未成年人的保护和成长。笔者建议应该将其分开执行，进行不同内容的学习、生活和劳动，积极发展和吸收社会公众参与，为少年犯罪提供全面的社区关怀和教育矫正。

广东省广州市中级人民法院

社会治理创新背景下家事调解专业服务助力保障妇女儿童合法权益

婚姻是家庭的基础，家庭是社会的细胞。习近平总书记明确提出要重视家庭建设，注重家庭、注重家教、注重家风，使千千万万个家庭成为国家发展、民族进步、社会和谐的重要基点。随着经济社会的快速发展，传统的家庭结构、生活方式、价值取向都发生了重大变化，婚姻家庭纠纷数量不断增多，且形式多样，成因复杂，调处难度加大。近年来，中国离婚率持续递增，妇联组织受理的婚姻家庭类纠纷投诉量也居高不下。有分析认为，婚姻家庭纠纷处理不当是激化矛盾，导致婚姻家庭解体，影响社会和谐稳定的重要原因之一。如何在多元的社会矛盾纠纷化解机制中更好地代表和维护妇女权益，如何发挥妇联在婚姻家庭领域的传统工作优势，做好婚姻家庭矛盾纠纷的化解工作，如何将妇联调解纳入法治化、专业化轨道，是当前妇联组织需要思考的一系列问题。

近年来，广州市越秀区妇联积极探索区委政法委、区公安分局、区法院、区司法局妇女儿童维权衔接工作机制，牵头建立区婚姻家庭纠纷调解委员会，策划“和乐一家”婚姻家庭纠纷调解反家暴项目，引入专业社会力量参与婚姻家庭矛盾纠纷调解，进一步明确妇联参与婚姻家庭调解工作的地位和规范。深入开展“平安家庭”创建工作，2017 年，越秀区平安家庭覆盖率达到100%，提升了妇联组织在家庭领域专业化服务和维护家庭和谐稳定的能力。

本文就妇女组织在主动参与社会治理的背景下，分析妇女儿童维权实践中的主要问题，结合越秀区妇联设立婚姻家庭纠纷调解委员会和实施“和乐一家”婚姻家庭纠纷调解反家暴项目的实践经验，对开展家庭专业调解服务的必要性和可行性予以分析，并就发挥妇联在婚姻家庭领域的工作优势和做好婚姻家庭矛盾纠纷化解工作提出具体策略措施。

一、当前妇联系统保护妇女儿童权益实践中存在的主要问题

（一）维护妇女儿童合法权益是妇女组织的基本职能

妇女是创造人类文明和推动社会发展的一支伟大力量。妇女的发展水平，是社会发展的重要指标，也是衡量社会进步程度的尺度。儿童是祖国的未来和民族的希望，是国家人才的重要后备力量。保护妇女儿童合法权益，促进妇女儿童进步和发展，是全社会的共同责任。

妇女合法权益从内容上表现为政治权利、文化教育权利、劳动权利、财产权利、人身权利、婚姻家庭权利6个方面。儿童合法权益，泛指18周岁以下未成年人的一切合法权利和利益。儿童依法享有的权利包括基本权利和特殊权利，其基本权利为：人身权利和自由（包括生命健康权、人身自由权、人格尊严权、通信自由权和通信秘密权、住宅不受侵犯权）、平等权、政治权利和自由、经济权利、文化教育权。儿童特殊权利是指未成年人作为中国公民中特殊群体而依法享有的独特权利。主要有获得抚养权、获得卫生保健权、受教育权、特殊的诉讼权利、获得健康成长的环境权。相较而言，妇女儿童在社会发展中处于弱势状态，维护妇女儿童合法权益是妇联组织的基本职能。

（二）妇联系统妇女儿童信访求助案件分析

近五年来，越秀区妇联接待妇女群众来信、来访、来电共711宗，涉及婚姻家庭权益信访件占87.1%（其中财产纠纷占12%，子女教育纠纷占10.6%，抚养赡养扶养占9.2%，离婚咨询占29.5%，配偶有外遇占9.9%，家庭暴力占2.1%，其他占6.3%）；劳动和社会保障权益占10.6%；人身权益和文化教育权益各占0.7%。

妇女维权诉求呈现多样化、复杂化的态势，妇联信访中一些热点、难点问题较为突出，主要体现在以下几个方面：妇女儿童维权案件主要集中婚姻家庭领域；在企业深化改革、全面二孩政策实施过程中，妇女劳动权益受侵害、女性招聘和就业性别歧视的现象时有发生；财产分配权益受到妇女的广

泛关注，男性占有家庭财产方面的传统优势依然存在；家庭暴力维权案件自反家暴法实施以来受到妇女群众广泛关注；外来务工妇女维权需要社会各界共同关怀。

面对妇女儿童维权表现形式多样化、矛盾纠纷复杂化、服务需求专业化的特点，仅靠妇联单一的力量是远远不够的。从工作实践看，妇女儿童权益的维护必须注重整合社会资源，把妇女维权工作触角延伸至政府各职能部门、社会各领域，促使妇女维权工作形成纵横交织的社会化维权网络。同时，妇女儿童权益的保护必须探索专业化发展路子，不断壮大妇女儿童专业服务维权队伍，提升维权工作实效。

（三）妇女群众日益增长的专业家庭服务需求对妇联维权工作提出新的要求和挑战

党的十九大报告中指出：“中国特色社会主义进入新时代，中国社会主要矛盾已经转化为人民日益增长的美好生活需要和不平衡不充分的发展之间的矛盾。”妇女群众对美好家庭生活的向往，是妇联在家庭服务领域的工作目标。随着社会发展，妇女群众的需求正逐步升级，呈现出发展迅速、主体多元、需求多样的特点。传统的服务方式已经无法满足妇女群众日益增长的物质文化需求，必须上升到更高层次的专业社会服务，如政策咨询、信息服务、人文关怀、心理疏导、婚姻辅导等等，这对妇联参与社会管理和公共服务的能力提出了更高层次的要求。

近年来，改革创新构成了群团组织发展主线。为将妇女儿童社会工作服务落地，更好地关注妇女儿童服务需求，2016 年，越秀区妇联联合广州市心悦社区发展中心通过问卷调查、实地调查、座谈调研方式，开展越秀区妇女儿童发展需求调查工作，并发布《越秀区妇女儿童发展需求调查报告》。

调查问卷在全区 18 条街道进行，每条街道随机抽取 3 个社区作为调研社区。调查显示，在目前婚姻家庭领域存在主要问题中，离婚率高和婚外恋是妇女在婚姻家庭领域关注的主要问题，排在首位的是“离婚率上升”，占总数的 53.2%；其次是“婚外恋”，占总数的 37.8%。以及“剩男剩女”“包二奶”“闪婚闪离”“宅男宅女”及“家庭暴力”等诸多困扰家庭成员的现象。

婚姻家庭领域妇女关注的主要问题统计图表如下：

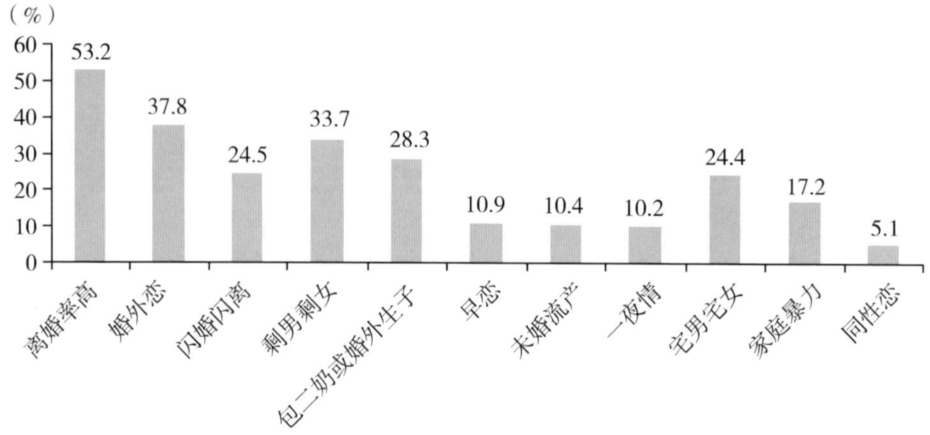

调研结果还显示，妇女儿童群体的需求日益多元和深层次，妇女维权方式和渠道日益丰富。相当一部分妇女表示自己偶尔会受到家庭暴力，包括语言暴力和肢体暴力。由此可以看出，妇女群众在婚姻家庭调解、婚姻家庭辅导、反家暴等妇女维权方面存在着较大的服务需求。但妇女在遇到这些婚姻、家庭困扰和矛盾时，缺乏理性处理经验，社会层面也缺乏专业服务机构对其进行相应的专业辅导。目前的家庭综合服务中心社工缺乏处理家庭暴力等复杂婚姻家庭个案的实务经验，妇女儿童专业工作队伍建设有待加强。

二、实施家事调解专业服务项目是妇联有效参与社会管理创新的重要举措

（一）妇联组织参与社会管理具有自身组织优势

在政府职能转变过程中，“小政府、大社会”的格局正在逐步形成。社会管理与公共服务主体日益多元化，政府和社会团体的分工协作与共同治理，已成为社会发展的客观趋势。习近平总书记在党的十九大报告中明确提出：“增强群众工作本领，创新群众工作机制和方法，推动工会、共青团、妇联等群团组织增强政治性、先进性、群众性，发挥联系群众的桥梁纽带作用。”报告对妇联组织履行职能提出了新的更高的要求，为妇联进一步参与社会管理和公共服务提出了更高的目标。

妇联组织长期致力于妇女儿童事业，有着广泛的社会影响和群众认同度，有着在长期历史发展中积淀起来的优势。具体表现为：

1. 妇联组织有独特的政治优势

妇女工作是党的群众工作的重要组成部分，是党和政府联系广大妇女的桥梁和纽带，这就为妇联组织代表和维护妇女权益奠定了政治基础，决定了妇联组织能够在政府决策系统与执行系统中产生影响力。在资源配置上妇联更容易得到政府的支持，参与社会管理具有比其他非政府组织更容易得到项目、资金以及政策支持。政府将妇儿工委办公室设在妇联，实际上就为妇联依托党政资源、促进妇女发展与性别平等提供了一个很好的工作平台入口。

2. 妇联组织有联系妇女群众的群众优势

妇联组织代表的是占人口半数的女性群体利益，长期以来致力于代表和维护妇女权益，促进男女平等，关心贫困弱势妇女，在工作中与妇女建立了互相信任、互相依靠的鱼水关系，妇女群众愿意到妇联寻求帮助。妇联通过服务群众、集合民意等方法协调利益、化解矛盾，为完善社会管理体系、提升社会管理水平奠定群众基础。

3. 妇联组织有健全的组织网络优势

多年来，按照“哪里有妇女，哪里就有妇联组织”的原则，妇联的组织网络不断健全。在巩固区、街道、社区妇联组织的纵向管理的基础上，党政机关妇委会、企业女职工委员会等横向扁平式的组织亦不断发展。近年来，越秀区妇联在原有越秀区女企业家商会、女领导干部联谊会的基础上，牵头成立越秀区妇女儿童发展促进会，团结凝聚女领导、女企业家、女社会精英、女业务能手，共同推动越秀区妇女儿童事业发展。

4. 妇联组织具有丰富的资源优势

妇联作为妇女儿童工作委员会的牵头单位，可以直接与政府各成员单位联系，代表妇女儿童群体倡导发展民生服务。2017 年，妇联组织倡导的公共场所母婴室建设纳入政府民生实事的过程，就是妇联组织为妇女儿童权益发声，争取各方资源，为妇女群众打造更多更好的母婴公共产品的成功范例。

（二）建立项目化运作机制，是妇联组织参与社会管理和公共服务的现实需要和有效途径

从解决妇女儿童最关心、最直接、最现实的利益入手，是妇联组织参与社会管理和公共服务的出发点和落脚点。项目化运作成为推动妇儿工作的重要抓手和妇儿工作实现专业化的重要推动力。越秀区妇联从整合资源、专业化发展的角度探索妇女儿童工作创新，尝试建立健全政府购买服务的工作机制和妇女儿童服务项目申报制度，结合当前妇女儿童重点、突出问题设计成服务项目。通过主动申请区级福利彩票公益金资助、参与广州市妇联妇女儿童玫瑰公益创投等方式，让社会组织进行承接运营，委托社会组织开展由点子到项目的转化与落地工作。

越秀区妇联在“党政主导、社会协同、妇儿需求、妇联所能、公众参与”的社会管理格局中，找准定位，积极参与社会管理和公共服务，争取来自区福利彩票公益金、市妇联妇女儿童公益金创投项目等各方资金 147.94 万元，先后推动一批妇女儿童、家庭专业服务项目实施。如承接广州市妇联“失独母亲玫瑰计划”、越秀区“悦享一家”单亲母亲家庭支援服务项目、康乃馨支持单亲家庭彩虹计划、“花城爱家”家庭文明项目、“和乐一家”婚姻家庭纠纷调解反家暴服务项目、“童心童德”儿童抗逆力提升服务项目、“二宝妈妈幸福平方”健康孕育服务计划。越秀区妇联专业家庭项目涵盖妇女维权、扶弱助困、家庭文明、家庭照顾、儿童关爱等方面，并就需求调查、申报立项、巩固提升等方面规范项目工作流程，探索项目化、品牌化的运作模式，促进妇女儿童健康发展，取得了较好的社会效果，切实代表和维护妇女儿童利益，较好地发挥了党和政府联系妇女群众的桥梁纽带作用。

（三）家事调解专业化项目有利于维护家庭和谐稳定

人民调解作为民事纠纷化解的一种重要手段，具有便民快捷、纠纷解决成本低，当事人履约自觉性强等优势。通过及时有效的调解工作化解纠纷、

消除矛盾，对于促进婚姻家庭和睦、维护社会和谐稳定具有积极的作用。

婚姻家庭纠纷是民事纠纷的重要组成部分，也是人民调解的重要内容。但是与一般民事纠纷不同的是，它发生在家庭内部、亲属之间，这种特殊性决定了在开展此类纠纷调解时，不仅需要依法维护当事人的权益，同时也必须考虑维护婚姻家庭关系的平等、和睦与团结。这就要求调解人员必须接受婚姻家庭相关的专门培训，不仅需要了解法律、心理咨询、社会工作等方面的专业知识，还应具有社会性别意识、儿童利益优先和特殊保护家庭弱势群体利益等理念。当前，由于调解人员普遍缺乏婚姻家庭方面的专门培训，有的在婚姻关系调解中片面指责女方当事人，劝说妇女作出不合理的退让；有的在婚姻财产纠纷调解中忽视了婚姻法要求的照顾子女和女方权益的原则；有的偏离了儿童利益优先的要求。专业性的欠缺直接影响了婚姻家庭纠纷调解工作的效率和效果。

传统上妇联组织受理咨询投诉多以转介和行政协调为主。这种方式受到了挑战，主要表现为日益增长的维权需求与信访处理能力不适应。一方面，侵害妇女儿童权益的投诉量增多、涉及问题更加复杂、需要运用的维权资源更广更多；另一方面，广大妇女的维权意识增强，对妇联组织的期待更高。而基层妇联信访维权干部流动较快、专业知识相对缺乏、可直接利用的维权资源和手段较少。近年来，侵害妇女儿童权益的案件时有发生，有的致伤，有的出现心理障碍，有的生命遭受胁迫，还有的受害人因得不到及时有效的帮助，产生抑郁轻生或报复加害人的极端想法，成为社会和谐稳定的隐患。增强婚姻家庭纠纷调解的专业性是妇联做好新时期婚姻家庭纠纷调处的必然要求。建立畅通的服务渠道、专业化的服务队伍，在依法维权的同时，做好深入细致的情绪疏导工作，使妇女儿童诉求有渠道、怨气可释放、情绪能控制、权益有保障。

三、妇联参与家事调解的主要做法

妇联组织参与家事调解，主要从婚前家庭辅导、诉前调解促和、诉中陪审配合、延伸服务等四个阶段层面参与婚姻家庭关系调适，缓解婚姻家庭矛盾，促进家庭和睦、家庭和谐，主要做法如下：

（一）开展婚姻家庭辅导，婚恋关系危机干预关口前移

婚姻家庭纠纷不单纯是家庭问题，也是社会问题，不及时化解处理就会引发矛盾激化，影响社会和谐。根据家庭生命周期理论：家庭从形成到解体呈循环运动过程，在家庭生命周期的各个阶段有不同的家庭角色扮演，不同的角色扮演有着不同的角色期待。当我们度过自己的一生时，我们的家庭也会经历一个家庭生命周期。家庭生命周期的各个阶段是情感的变化过程及关键转折期。分析历年来妇女群众来访诉求，在家庭生命周期中的重要转折期，两性关系和亲子关系面临挑战，如无法顺利完成转折期家庭角色调整，将引起家庭成员关系冲突和婚恋关系危机，甚至婚姻关系走向消亡。

以下为家庭生活的各个阶段：

周期	定义	年龄	特征
单身期	起点：参加工作	一般为 18—30 岁	自己尚未成家，在父母组建的家庭中。
	终点：结婚		从工作和经济的独立中建立自我。
家庭形成期	起点：结婚	一般为 25—35 岁	婚姻系统形成。
	终点：子女出生		家庭成员数随子女出生而增长（因而经常被称为筑巢期）。
家庭成长期	起点：子女出生	一般为 30—55 岁	孩子来临，加入教养孩子、经济和家务工作，与大家庭关系的重组，包括养育下一代和照顾上一代的角色。
	终点：子女独立		家庭成员数固定（因而经常被形象地称为满巢期）。
家庭成熟期	起点：子女独立	一般为 50—65 岁	重新关心中年婚姻和生涯的议题。
	终点：夫妻退休		开始转移到照顾更老的一代。家庭成员数随子女独立而减少（因而经常被称为离巢期）。
家庭衰老期	起点：夫妻退休	一般为 60—90 岁	家庭成员只有夫妻两人（因而经常被称为空巢期）。
	终点：夫妻身故		

长期以来，中国在女青年婚恋关系的引导教育和夫妻双方婚姻危机的干预方面显得较为薄弱。婚姻危机干预工作是社会管理中的短板，缺少科学内容和专业人员参与。面对离婚率高企的态势，越秀区婚姻登记中心设立“婚姻家庭辅导室”，面向即将步入婚姻殿堂的新婚夫妻和面临婚姻关系危机的家庭成员开展婚姻家庭矛盾调解和心理疏导服务，推动婚姻家庭矛盾纠纷化解、妇女维权关口前移。

（二）持续开展最美家庭、文明家庭宣传教育活动

越秀区妇联将家事纠纷调解和传承家庭文明、弘扬家庭美德等工作有机结合起来，引导广大妇女群众和家庭成员树立正确的婚姻观、家庭观及权利义务对等的现代法治理念，有效发挥妇女在弘扬中华民族家庭美德、树立良好家风方面的独特作用。

一是持续开展最美家庭评选活动。评选一批孝亲之家、睦邻之家、廉洁之家、勤俭之家、诚信之家、书香之家、艺术之家、科技之家、公益之家、环保之家等，展现幸福越秀人的家庭文明风采。连续三年，越秀区均有家庭荣获“全国最美家庭”荣誉。百年中医世家林国杰家庭、志愿者精神传承徐暐杰家庭、家国情怀许必传家庭被评为“全国最美家庭”。

二是持续开展“好家风好家训”宣传实践活动。开展白云街东湖新村“好家风好家训好家教示范社区”建设工作，举办“花城人家”家庭文明建设活动暨越秀区“我爱我家”社区花艺节活动，提升社区家风家教传播场所，创新工作载体，弘扬家庭文化。全区社区妇女儿童之家围绕“秀美人家”主题开展“好家风好家训好家教”工作，以点带面推动全区家庭文明建设整体提升。在全区范围征集家风家训 481 篇，出版家风故事教育读本《越秀好家风 · 幸福记录》，举办“让爱住我家，越秀越幸福”《越秀好家风 · 幸福记录》新书发布仪式暨家风建设专题讲座活动，引导大家扮演好家庭角色。2017 年，越秀区妇联联合区纪委、区委宣传部举办越秀区“最美家书”征文活动，通过给家人书写家信、交流思想，进一步传承中华民族优秀传统文化，传播向上向善的正能量。家庭文明宣传教育活动不断提高家庭成员的综合素

质和调适婚姻家庭关系的能力，共同预防和化解家事纠纷。

（三）搭建点面结合的婚姻家庭纠纷调解平台

越秀区妇联联合区委政法委、区司法局下发《关于建立越秀区婚姻家庭纠纷人民调解委员会实施意见》，设立区、街二级婚姻家庭纠纷人民调解委员会。区妇联会同区委政法委、区司法局建立区级婚姻家庭纠纷调解委员会。区婚姻家庭纠纷调解委员会设委员 9 名，由区妇联负责开展日常调解工作。全区 18 条街道依托街道综治维稳中心、家庭综合服务中心、妇女维权站（点）等现有阵地，建立街道婚姻家庭纠纷调解委员会。实现婚姻家庭纠纷调解工作延伸到社区，立足抓早抓小抓苗头，及时、就近方便居民群众化解家庭矛盾纠纷。

（四）引入婚调家庭纠纷调解专业项目，组建“四师”专业调解队伍，规范调解工作流程

越秀区妇联在办公区域间隔独立的区级婚姻家庭调解室建立家庭调解联动联调工作机制。区妇联引入专业社会组织策划“和乐一家”婚姻家庭纠纷调解反家暴项目。项目聘请 1 名中级社工师（心理咨询师）为妇女提供婚姻家庭调解、婚姻家庭辅导、反家暴三大板块的妇女维权服务，帮助妇女家庭处理危机和困扰，重建健康生活。同时，区妇联组织律师志愿者参加区妇联接访工作。逢周一、周三、周五上午，律师志愿者到区妇联婚调室坐班参与妇女群众来访、来访咨询。区妇联建立了“妇工 + 律师 + 社工师 + 心理咨询师 + 婚姻家庭咨询师”的专业化妇女维权工作队伍，进一步提升妇女维权专业化工作水平。

2017 年，越秀区妇联接待妇女群众来信来电来访 137 宗。自 2017 年 7 月区婚姻家庭纠纷调解委员会成立以来，“和乐一家”婚姻家庭纠纷调解反家暴项目受理涉及婚姻家庭纠纷调解、反家庭暴力服务、离婚咨询、孩子抚养权咨询、非婚生育纠纷调解、劳动保障权益咨询、医疗纠纷咨询等热线、到访的咨询个案 64 个，共服务 115 节；专业个案 8 个，共服务 51 节；探访 2 个

家庭，服务5人次；中秋慰问5个困难、单亲家庭；督导8次；培训9次；项目宣传折页制作5000份；项目宣传3次，服务妇女群众达527人次。

项目社工为求助妇女提供情绪疏导、夫妻（亲密）关系和亲子关系辅导、相关法律常识和福利保障制度及政策讲解、维权资源链接、法律援助和家庭暴力援助等个案深度服务。期间，项目成功调解一宗因学龄儿童报读小学而产生的家庭矛盾。女方因男方拒绝提供户口本、房产证等证件资料，无法为孩子报读小学一年级而焦虑失眠。眼看小学报读截止日期临近，女方来到区妇联寻求帮助。区婚姻家庭纠纷调解委员会安排区妇联维权干部、婚姻家庭咨询师、律师成立个案调解小组。经调解小组不懈努力，多次组织双方调解。最终，夫妻双方同意一切以孩子利益出发办理孩子入学事宜。男方愿意提供证件资料为孩子办理小学入学手续。夫妻双方承诺努力改善夫妻关系，共同为家庭付出。

（五）围绕诉前调解、诉中参与陪审、诉后延伸服务三大节点，开展家庭纠纷调解工作

1. 诉前调解

坚持人民调解、平等协商、意思自治、程序简易、宽柔并济的特色，提高调解的成功率。个案案主叶女士婚姻中存在多种问题，感觉痛苦的她婚内出轨7年，并分别找过两个心理咨询机构进行心理辅导，但婚姻问题一直没有解决。她向区妇联求助时透露打算向区法院提起离婚诉讼。项目社工使用家庭治疗手法与案主分析问题原因，促进叶女士改变以往不良的应对方式后，并组织夫妻双方调解沟通。目前叶女士与丈夫和女儿的关系有了积极的转变。

区妇联加强与区法院的沟通协作，推进诉调对接机制建设，有效推进区内涉及妇女儿童权益侵害案件，特别是具有一定社会影响力的案件联调联处工作。区司法局、区法院主动为妇联组织协调、化解矛盾纠纷提供司法支持与保障。区婚姻家庭纠纷调解委员会组织调解的家事纠纷案件，当事人经调解达成协议的，经当事人申请，区法院可对民事调解书予以司法确认。

2. 诉中参与陪审

充分发挥女性特有的亲和力及对社情民意熟悉了解的优势，越秀区妇联向区人民法院推荐31名思想品德好、文化素质高，具有一定法律知识、公道正派、热心妇女儿童事业的优秀妇联干部和女性代表担任人民陪审员，促进家事审判过程的公开性和民主性。同时，区法院扩大女性人民陪审员选任范围，提高参与家事纠纷和涉及妇女儿童权益案件审理的女性人民陪审员比例，确保每一件家事纠纷和涉及妇女权益的案件审理都有女性人民陪审员参与，并依法保证其充分行使陪审权利，使案件审理具有坚实的民意基础。

3. 诉后延伸服务

在妇女群众信访个案中，针对离婚妇女对未成年人子女探视权执行难，以及抚养费执行难、夫妻共同财产共同住所分割难等问题，“和乐一家”婚姻家庭纠纷调解反家暴项目社工联合街道家庭综合服务中心，做好家事案件回访工作，特别是裁决后的调解、息诉工作。对回访中发现妇女和家庭存在经济困难、心理创伤、子女抚养困难等情况的，向妇女和家庭提供婚姻指导、法律服务、法律援助、心理咨询等多元化服务，及时解决矛盾，维护社会稳定，推动“案结事了”。

（六）维权、关爱、帮扶、救助四轮驱动，保障妇女儿童权益

婚姻家庭纠纷调解范围主要是婚姻（订婚）纠纷、赡养纠纷、扶养纠纷、抚养纠纷、继承纠纷、财产权益等，涉及妇女在婚姻家庭生活中夫妻关系、婆媳关系、亲子关系、财产关系等方方面面。

“娘家人”“避风港”，这是广大妇女对妇联的评价。越秀区妇联在婚姻家庭矛盾纠纷调解过程中，坚持“亲情服务，人性关怀”，用女性参与调解的柔性方式和调适家庭成员关系的角度，把维护和保障妇女儿童权益与解决妇女群众实际困难紧密结合起来。在个案深度服务中，问诊妇女儿童需求。个案案主韦女士是单亲困难母亲家庭，其丈夫病逝，孩子就读小学一年级。

2017 年，韦女士乳腺癌复发，单位拒绝支付韦女士的病假工资补贴。韦女士因劳动纠纷、经济困难和情绪焦虑等问题向区妇联求助。项目社工定期上门探访，通过心理辅导缓解韦女士的心理焦虑，并协助韦女士申请城镇最低生活保障金，链接公益律师资源解决劳动纠纷问题，发动热心人士捐资解决其孩子在学校午餐费，帮助单亲困难母亲度过生活难关。维权、关爱、帮扶、救助四轮驱动，为广大妇女儿童提供帮助和支持，提升妇女能力，引导妇女发展。

广州市越秀区妇女联合会

新时代　她探索

——妇联工作理论研究汇编（下）

XINSHIDAI TATANSUO

FULIAN GONGZUO LILUN YANJIU HUIBIAN

广州市妇女联合会　编

SPM
南方出版传媒
广东人民出版社

妇女工作，就像一部厚厚的、精彩的书，打开了，就放不下，读下去，你会觉得魅力无穷，终身受益。妇联组织，就像一所大学，走进来，你会获得丰富的知识，历练出为人民服务的本领，体会到人生的真谛。

——全国人大常委会原副委员长、全国妇联原主席 顾秀莲

前　言

重视和善于调查研究，是中国共产党的传家宝。在中国特色社会主义步入新时代的伟大历史时期，妇联组织作为与生俱来带有红色基因的“党的女儿”，继承和发扬党的优秀传统，把握时代要求，回应妇女呼唤，通过扎扎实实的“大学习、深调研、真落实”工作，将妇女群众紧紧团结在党的周围，将党的领导、党的主张、党的关怀送到妇女心坎上，不断增强政治性、先进性、群众性，是妇联组织当前的重要历史使命和科学履职的客观要求。

习近平总书记在同全国妇联新一届领导班子成员集体谈话时强调，要大兴调查研究之风，畅通联系妇女的渠道。新时代妇联系统的调查研究，要深刻领会习近平新时代中国特色社会主义思想的丰富内涵和其中蕴含的妇女发展理论，为妇联组织创新推动新时代中国妇女事业发展提供思想基础、科学指南和动力源泉；要深刻认识党的十九大提出的重大战略部署，聚焦增强群众工作本领，深入研究妇联组织增强政治性、先进性、群众性的有效举措，为妇联改革创新提供理论依据；要深刻认识中国特色社会主义进入新时代的历史性变革，聚焦广大妇女群众对美好生活的向往和不平衡不充分发展之间的矛盾，深入研究与妇女切身利益密切相关的重大现实问题；要注重激发广大妇女工作者和妇女研究者的积极性和主动性，推动理论研究的成果转化为妇女事业发展实绩；要让调查研究真正成为提升妇女群众工作本领的基本功，破解妇女事业发展难题的主抓手，改进妇联工作作风的突破口，推动妇联组织改革创新的奠基石。

身处开拓奋进的伟大新时代，广州市各级妇联组织在创新发展的火热实践中，坚持用理论创新助力改革发展，坚持重心下移、问题导向，聚焦群团改革和妇女儿童发展重难点问题，开展了激情迸发的“她探索”。在实践中逐步完善了制度化、常态化的调研工作模式，形成了一批含金量高、操作性强的理论研究成果，促成了广州市儿童公园群落建设、公共场所母婴室建设等一批具有全国影响力的民生项目落地，获得了“全国妇女工作十大创新案例”“全国优秀巾帼志愿服务项目”等系列殊荣。用理论创新助力新时代妇联工作改革创新，初步探索出一条具有时代特征、体现广州特色、符合妇女特点的新路子。

我们精选了16篇近年来的调研成果结集成《新时代　她探索——妇联工作理论研究汇编》一书公开出版发行，以飨同侪。希望该书的出版，能在各级妇联系统激发更加活跃的调查研究风气，能在更广泛的领域展现其理论和应用价值，助力妇联组织保持和增强政治性、先进性、群众性，在新时代扬帆再起航，在新征程接续再奋斗，书写新时代中国特色社会主义妇女事业的广州篇章。

编　者

2018年11月

目　录

JIA TING JIAN SHE

家庭建设

广州市文明家庭评价体系研究

在2015年春节团拜会上，习近平总书记强调："要重视家庭建设，注重家庭、注重家教、注重家风，紧密结合培育和弘扬社会主义核心价值观，发扬光大中华民族传统家庭美德，促进家庭和睦，促进亲人相亲相爱，促进下一代健康成长，促进老年人老有所养，使千千万万个家庭成为国家发展、民族进步、社会和谐的重要基点。"① 众所周知，包括家教、家风、家庭美德建设等在内的文明家庭创建是家庭文明建设最重要和最基本的载体。而衡量文明家庭创建的成效，需要有一个较科学完善的评价体系。有鉴于此，2015年本课题组就广州市文明家庭评价体系进行了专题研究，现简要报告研究成果。

一、评价体系建构依据

文明家庭评价体系是一个由若干指标构成的综合性指标评价系统，指标选取得是否恰当，指标体系构建得是否合理，直接关系到文明家庭创建标准的科学性与合理性。只有理性把握评价体系建构的实践依据、学理依据和方法依据，才能建构一个科学合理的文明家庭评价体系。下面分述广州市文明家庭评价体系建构的实践依据、学理依据和方法依据。

（一）实践依据：建构价值

构建广州市文明家庭评价体系，对于更好地推进广州市文明家庭创建活

① 习近平：《在2015年春节团拜会上的讲话》，《人民日报》2015年2月18日。

动，由此提高广州市家庭文明建设全部工作的档次和水平，再由此为其他地区的城乡社区家庭文明建设工作提供借鉴，均具有十分重要的实践价值。

1. 指导创建活动

文明家庭创建工作的开展，不仅需要有明确的方向指引，而且需要有合理的创建目标和具体的创建要求。广州市文明家庭评价体系通过为广州市文明家庭程度的评价提供分析框架，通过指标的量化及综合，大体规定文明家庭创建的目标值，可以为广州市家庭文明建设提供导向作用；同时把抽象的目标具体化，便于广大人民群众理解和掌握，充分激发其积极性和主动性，使文明家庭创建工作转化为人民群众的自觉行动。

2. 提升档次水平

广州市文明家庭评价体系通过对家庭文明建设不同领域的具体指标进行监测，不仅可以从总体和个体两个层面较为准确地反映广州市家庭文明建设的水平，而且可以找出广州市在家庭文明建设工作中存在的薄弱环节，从而为出台有关政策措施以及创新创建理念、管理体制、运行机制等方面提供重要依据。这就有利于广州市全方位提升整个家庭文明建设工作的档次和水平。

3. 提供有益借鉴

习近平总书记对家庭建设的重要论述，为中国新时期家庭文明建设注入了强大动力，明确了努力方向。当前，全国各地正在立足新形势探索家庭文明建设的新路子，探索符合自身实际的文明家庭评价体系。广州市作为改革开放的前沿地，经济社会文化结构转型较早，这给家庭文明建设带来机遇的同时，也带来一定挑战。广州家庭文明建设的现代化转型走在全国前列，各种负面影响因素也较早出现。从新形势出发研究制定广州市文明家庭评价体系，对于国内其他地方城乡社区的家庭文明建设，也可以在一定程度上提供借鉴。

（二）学理依据：建构原则

从学理上说，建构科学评价体系，既要突出重点、统筹兼顾，也要简洁适度、便于操作。因此，建构广州市文明家庭评价体系，必须遵循同行专家所公认的某些基本原则。

1. 系统性与科学性

系统性原则，是指文明家庭评价体系内部的各个指标之间具有一定的层次性及逻辑关联性。广州市文明家庭评价体系，不应该是互不联系、杂乱无章的指标罗列，而应该是一个层次分明、联系密切的指标体系。只有充分考虑、比较准确地反映家庭文明建设各个要素之间的内在联系，才能比较客观真实地反映文明家庭创建工作的现状及其发展规律。

科学性原则，是指文明家庭评价体系的建构必须坚持解放思想、实事求是的科学态度。建构广州文明家庭评价体系，一方面必须坚持以马克思列宁主义、毛泽东思想、邓小平理论、“三个代表”重要思想和科学发展观为指导，深入贯彻习近平总书记系列重要讲话精神特别是关于家庭文明建设的讲话精神，借鉴现代家庭文明发展理论和国内外家庭文明建设评价指标体系构建的有益成果；另一方面必须坚持一切从中国国情出发，从时代特征出发，从广州实际出发，坚持理论联系实际，坚持在弘扬优秀文化传统的同时与时俱进，坚持在中央精神指导下根据地方实际创造性地开展工作，彰显指标体系的民族特色、时代特色和地方特色。

2. 可行性与可比性

可行性原则，是指文明家庭评价体系在实践中要易于操作、考核和评价。在建构广州市文明家庭评价体系时，要考虑所选具体指标繁简和深浅是否适中。指标太少或过于简单，不足以全面反映文明家庭的整体特征；指标过多或过于繁杂，不利于实际操作。总之，应根据研究的目的，从中选择重要又适用的指标组成指标体系，以便于进行操作和评估。

可比性原则，是指家庭文明发展水平在不同的时间或空间范围上和指标内容上能够进行横向比较和纵向比较。一般而言，评价体系的可比性越强，其评价结果的可信度就越高。为保证广州市文明家庭评价指标的可比性，在指标的标准化处理中无疑要保持同趋势化，不能因强调地方特色而以个性代替共性，否则将不利于纵向和横向比较。

3. 目的性与导向性

目的性原则，是指文明家庭评价体系的预期结果，应具有高度整合的功能，能够使家庭文明建设的各项内容成为一个系统的、有机的整体。事实上，任何一个评价体系，总是为一定的目的、一定的社会需要服务的。将目的性原则贯穿于评价体系构建和实施的全过程，可以把家庭文明建设的每一个指标类别和各个单项指标有机联系起来，形成一个有机整体。广州市文明家庭评价体系是为更好地推进家庭文明建设服务的，这就要求评价体系自始至终坚持这一目标要求，在设计指标过程中要充分考虑到更好地推进家庭文明建设的方式方法及预期的路径方案。

导向性原则，是指文明家庭评价体系应该具有引导、规划作用。构建评价体系的目的，不仅要从整体上反映某一个家庭的文明发展水平，在全社会树立榜样，而且要在具体指标设计上，对具体某一方面的思想或行为发挥惩恶扬善的功能，引导家庭成员的思想和行为向现代文明转变。广州市文明家庭评价体系应该深入研究家庭文明发展的基本规律，从向度和量度两个方面科学设计能体现现代家庭文明发展要求的具体指标，努力在广州家庭文明建设方面发挥导向性功能。

（三）方法依据：建构路径

评价体系的构建，包括指标产生的路线图和指标产生及研究的具体方法。指标产生的路线图要符合课题研究实际，而指标产生及研究的具体方法则应坚持定性研究与定量研究相结合，体现评价体系的科学性与合理性。

1. 文献研究

构建一个评价体系，需要立于该领域的理论与实践前沿，并以现有相关评价体系的综合研究为基础。本评价体系在预研究过程中主要采用文献研究的方法，即从相关数据库和新闻出版传媒上广泛搜集中央关于家庭文明建设的政策法规，掌握当前家庭文明建设的最新精神和最新动态，荟萃以往国家和地方的“五好文明家庭”“小康家庭”“和谐家庭”等家庭文明建设的相关评价体系以及相关理论研究成果，并对这些文献资料进行深入研究与创造性转换。

2. 头脑风暴

头脑风暴是指为确保相关设想无懈可击或为激发创新设想，允许参与者无限制地自由联想和讨论、畅所欲言的研究方法。本评价体系在指标设计方面，主要采用头脑风暴法，包括学者头脑风暴会、实际工作者头脑风暴会、课题组头脑风暴会三种形式。精神文明学是原创于广东的特色学科，本课题组组长便是该学科的主要创始人；本课题组成员是理论工作者与实际工作者的集合体，在召集学者头脑风暴会、实际工作者头脑风暴会方面具有独到的优势。总的来说，三种形式的头脑风暴会，全面探讨了当代家庭文明发展的理论、趋势、特征及规律，综合考察了近年来广州市家庭文明建设的实践、成效与经验，结合广州的客观实际对各个具体指标进行了筛选与提炼，系统分析了文明家庭评价体系的内在结构与计量方法，对相关指标进行预分析，形成了评价体系的初步体系框架与相应测量指标。

3. 德尔菲法

德尔菲法，是采用背对背的通信方式征询专家小组成员预测意见，经过几轮征询，使专家小组的预测意见趋于集中，最后作出相关结论的研究方法。该法最大的优点是简单直观，无须建立烦琐的数学模型，且在缺乏足够统计数据和没有类似历史事件可借鉴的情况下，也能对研究对象的未知或未来状态作出有效的预测。本评价体系在指标再遴选方面，主要采用德尔菲法，其通信主要以电子邮件的方式进行。

4. 层次分析

层次分析法，是将决策总是有关的元素分解成目标、准则、方案等层次，在此基础之上进行定性和定量分析的决策方法。层次分析法最大的优点在于不仅使用了定性分析的方法，还融入了定量的分析，实现定性分析与定量分析有机结合，提高评价体系的系统性和科学性，确保了指标体系的逻辑性和系统性。本评价体系确定指标权重的方式是：运用系统工程学的层次分析法对各指标的权重进行分析；分析结果出来之后，再运用德尔菲法进行数据的调整。在具体操作技术方面，运用 yaahp 软件进行系统分析。

二、评价体系主要内容

作为一个全面衡量文明家庭创建水平的综合性评价体系，文明家庭评价体系涉及的内容很广，涵盖家庭文明建设的方方面面。

（一）总体结构

家庭文明建设是一项综合性、系统性的工程，主要包括三大领域：家庭思想建设领域、家庭道德建设领域、家庭文化建设领域。[①] 根据经济基础决定上层建筑、社会存在决定社会意识、社会意识对社会存在具有反作用的马克思主义基本原理，家庭的经济基础、社会条件虽不直接属于家庭精神文明建设的范畴，但却是影响制约文明家庭建设的基础工程。反过来，家庭的文明程度也会对经济基础和社会条件产生深刻的影响。因而，文明家庭评价体系的建构，也应当将这些基础条件纳入其中。因而，建构广州市文明家庭评价体系，应从这四大领域选择具有代表性的指标进行系统性的梳理、筛选和设计。

1. 家庭思想建设

思想建设是家庭文明建设的基本前提。没有文明的思想，就不可能有文明的家庭。广州市文明家庭评价体系在建构过程中，以优化家风为重点，设

---

① 这里涉及对文明概念的理解。我们认为，文明有广义和狭义之分。广义的文明是人类社会所创造的一切财富与所取得的一切进步的表征，如学者范英先生 20 多年前提出物质文明、精神文明、政治文明、法治文明、生态文明、人种文明“六大文明”说时，使用的便是广义的文明概念；狭义的文明仅指人类社会所创造的精神财富或在思想道德文化领域所取得的进步的表征，如把富强、民主、文明、和谐规定为中国社会主义现代化国家的建设目标，其中的文明使用的就是狭义的文明概念，其内涵大致与精神文明相当。鉴于文明家庭创建工作主要由中央精神文明建设指导委员会指导，本评价体系主要从狭义上使用文明的概念。

计了“齐家爱国”“治家民主”和“持家勤俭”三个二级指标对家庭思想建设进行考察。主要包括以下内容：

（1）齐家爱国。该二级指标细化为“修身齐家”和“爱国守法”两个三级指标。其中，“修身齐家”主要侧重测量家庭成员的自我修养和家庭的团结和睦水平，因而选取了“家长以身作则，家庭成员齐心协力”这一内容进行评价；“爱国守法”主要考察家庭成员在热爱祖国和遵纪守法方面的情况，因而选取了“未发现该家庭存在任何损害国家利益和违法乱纪的行为”这一内容进行具体评估。

（2）治家民主。该二级指标主要用于评价家庭治理的民主化水平，分“地位平等”“决策民主”和“财务公开”三个三级指标进行考察。其中，“地位平等”选取了“家庭无重男轻女或重女轻男思想，成员之间地位平等”这一内容进行评估；“决策民主”通过“作重大家庭决策时家庭所有成员意见都尽量得到尊重”进行测量；“财务公开”则通过“家庭日常开支能做到公开公平使用”来反映。

（3）持家勤俭。持家勤俭是中国优秀传统文化的重要元素之一，设计了“辛勤劳动”和“生活节俭”两个三级指标进行考察。其中，“辛勤劳动”通过“家庭成员按能力大小和责任分工承担适当的家务劳动”进行评价；“生活节俭”通过“日常生活注意节俭，量入为出，适度消费”这一内容进行评估。

2. 家庭道德建设

家庭道德建设是家庭文明建设的主体内容。这里的“道德”，是从广义上而言的，不仅是调整家庭成员之间关系的伦理原则，而且是扩展到调整家庭外部人与人之间关系乃至调整人与生态之间关系的伦理规范。广州市文明家庭评价体系在建构过程中，以完善伦理为重点，设计了“家庭内部人际伦理”“家庭外部人际伦理”和“家庭内外生态伦理”三个二级指标对家庭道德建设进行考察。主要包括以下内容。

（1）家庭内部人际伦理。鉴于家庭内部人际伦理主要体现为调整家庭成员之间互动关系的伦理规范，因而将该二级指标细化为“夫妻关系”“代际关系”和“家庭交往”三项三级指标进行综合测量。其中，“夫妻关系”是家庭关系的核心和基石，只有把夫妻关系理顺了，其他关系才能理顺，家庭才会幸福文明。这里选取了“彼此忠诚，和睦恩爱”这一内容进行评价。“代际关系”是家庭内部人际伦理的重要方面，对于家庭文明建设也有重要的影响。这里从对上和对下两个角度选取了“尊敬和赡养长辈，关心老人生理心理需求”和“长辈能关爱晚辈，促进小孩健康成长”两项内容进行考评。“家庭交往”是衡量家庭成员之间关系团结和融洽程度的重要指标，而是否存在家庭暴力、能否经常一起共享天伦，是考察家庭交往情况的主要观察内容。这里选取了“未发现任何形式的家庭暴力”和“家长能抽出时间与家庭成员一起共享天伦之乐”两项内容进行评价。

（2）家庭外部人际伦理。中国素有“远亲不如近邻”的说法。邻里之间互帮互助、礼尚往来是中华民族的优良传统。家庭外部人际伦理虽然不是发生在家庭内部，但家庭文明建设是一项基于家庭又不仅限于家庭，扩延到社区、社会乃至生态等领域的整体性工程。将家庭成员置于社区、社会乃至生态的大范围中，可以更全面地考察家庭文明的发展水平。在“家庭外部人际伦理”这一个二级指标方面，可细分为“邻里和睦”“与人为善”“热心公益”和“公共礼仪”四个三级指标。其中，“邻里和睦”选取了“待邻里热情、礼让、宽容”“饲养宠物、家庭娱乐等家庭行为不影响邻里生活”和“尊重邻里，和睦相处，没有发现任何和邻里吵架打斗情况”三项内容分别进行评价；“与人为善”选取了“能主动帮助社区需要帮助的家庭或人员”进行评价；“热心公益”选取了“积极参加社区活动和其他社会公益活动”进行评价；“公共礼仪”选取了“出门衣着整洁大方，遵守公共秩序”进行评价。

（3）家庭内外生态伦理。如何处理人和环境、生态的关系，是家庭道德建设的重要内容，也是衡量家庭文明程度的重要方面。而低碳环保则是现代社会提倡的生活理念，要求人们以更健康、更自然、更安全的方式开展与环境、生态的活动，因而是测量家庭内外生态伦理的重要指标。其中，家居是一个家庭休息、睡眠、起居、娱乐、聚会等家庭活动的重要空间。家居环境的好坏，不仅影响了家庭生活的治理，而且直接反映了一个家庭的文明素质。这里从家庭内部的角度选择了“家居环境整洁优美，室内空气清新”作为评价的内容之一。而节能、环保，则是低碳生活的本质内涵，这里选取了“节约用电，节俭用水”和“自觉开展垃圾分类，注意环境卫生，爱护公共环境”两项内容进行评估。

3. 家庭文化建设

家庭文化建设是家庭文明建设的重要方面。文化是一个内涵丰富和外延很广的概念。这里设计了“知识文化”“科学文化”和“健康文化”三个二级指标进行评估。

（1）知识文化。知识文化是最基本的文化类型，也是新时期建设学习型家庭的重要考察指标。这里设计了“学习氛围”和“学习时间”两个三级指标，并分别通过“家庭有良好的学习氛围”和“家庭成员能每天保证一定的获取知识信息的时间”两项内容进行评价。

（2）科学文化。科学文化是文化的一种类型，是指依托科学技术发展而形成的文化形态。这里将其细化为“崇尚科学”“破除迷信”和“移风易俗”三个三级指标，分别选取了“未发现该家庭成员有任何参加邪教组织的行为”“未发现该家庭成员有任何参与封建迷信活动的行为”和“婚丧喜庆事宜能够从简办理，不铺张浪费”三项内容进行测量。

（3）健康文化。根据世界卫生组织的定义，健康不仅仅是身体没有缺陷和疾病，而且还是生理、心理和社会适应能力的一种完满状态。基于对健康的关注而形成的健康文化，是家庭文化的重要组成部分。这里将“健康文化”细分为“身心健康”和“生活方式”两个三级指标，“身心健康”通过“家庭成员整体上有较强的健康意识，心胸豁达，适应能力强”来进行评价，“生活方式”则分别通过“家庭成员没有吸烟、酗酒的不良嗜好”和“家庭成员睡眠时间充足，生活起居有规律”两项内容进行测评。

4. 家庭基础建设

精神文明建设离不开一定的物质基础和社会条件。因而文明家庭评价体系必须把必要的物质基础和社会条件纳入其中，作为家庭文明建设不可或缺的基础工程。这里设计了“经济条件”和“社会条件”两个二级指标。

（1）经济条件。这里引入经济条件作为评价家庭文明发展水平的一个指标，并非主张机械唯物主义的“经济决定论”，而是认为在众多影响家庭文明建设的因素当中，经济条件具有一定的基础性地位。换言之，家庭文明建设需要以一定的经济基础为前提。很难想象一个“穷得揭不开锅”的家庭能在家庭文明建设方面取得多大的成就。这里将“经济条件”细分为“经济收入”和“劳动就业”两个三级指标，其中“经济收入”这一指标分城镇和农村分别进行评价，城镇的评价内容是“城镇家庭人均可支配收入达到本年度全市城市常住居民人均可支配收入”，农村的评价内容是“农村家庭人均可支配收入达到本年度全市农村常住居民人均可支配收入”。“劳动就业”这一指标通过“家庭成员中没有长期不工作的健康就业年龄人口”这一内容进行评价。

（2）社会条件。社会条件对于家庭文明建设发挥着必要的保障作用。这里将“社会条件”细分为“社会保障”和“社会支持”两个三级指标，分别通过“家庭成员均享受医疗保障”和“家庭拥有较好的社会支持网络”两项内容进行评价。

总的来说，广州市文明家庭评价体系主要由 4 个一级指标、11 个二级指标、26 个三级指标以及 33 项考察指标内容构成（表 1）。

表 1　广州市文明家庭评价体系的总体构成

一级指标	二级指标	三级指标		考察指标
家庭思想建设	齐家爱国	1	修身齐家	1. 家长以身作则，家庭成员齐心协力
		2	爱国守法	2. 未发现该家庭存在任何损害国家利益和违法乱纪的行为
	治家民主	3	地位平等	3. 家庭无重男轻女或重女轻男思想，成员之间地位平等
		4	决策民主	4. 作重大家庭决策时家庭所有成员意见都尽量得到尊重
		5	财务公开	5. 家庭日常开支能做到公开公平使用
	持家勤俭	6	辛勤劳动	6. 家庭成员按能力大小和责任分工承担适当的家务劳动
		7	生活节俭	7. 日常生活注意节俭，量入为出，适度消费

（续表）

一级指标	二级指标	三级指标		考察指标
家庭道德建设	家庭内部人际伦理	8	夫妻关系	8. 彼此忠诚，和睦恩爱
		9	代际关系	9. 尊敬和赡养长辈，关心老人生理心理需求
				10. 长辈能关爱晚辈，促进小孩健康成长
		10	家庭交往	11. 未发现任何形式的家庭暴力
				12. 家长能抽出时间与家庭成员一起共享天伦之乐
	家庭外部人际伦理	11	邻里和睦	13. 待邻里热情、礼让、宽容
				14. 饲养宠物、家庭娱乐等家庭行为不影响邻里生活
				15. 尊重邻里，和睦相处，没有发现任何和邻里吵架打斗情
		12	与人为善	16. 能主动帮助社区需要帮助的家庭或人员
		13	热心公益	17. 积极参加社区活动和其他社会公益活动
		14	公共礼仪	18. 出门衣着整洁大方，遵守公共秩序
	家庭内外生态伦理	15	家居环境	19. 家居环境整洁优美，室内空气清新
			低碳环保	20. 节约用电，节俭用水
				21. 自觉开展垃圾分类，注意环境卫生，爱护公共环境
家庭文化建设	知识文化	16	学习氛围	22. 家庭有良好的学习氛围
		17	学习时间	23. 家庭成员能每天保证一定的获取知识信息的时间
	科学文化	18	崇尚科学	24. 未发现该家庭成员有任何参加邪教组织的行为
		19	破除迷信	25. 未发现该家庭成员有任何参与封建迷信活动的行为
		20	移风易俗	26. 婚丧喜庆事宜能够从简办理，不铺张浪费
	健康文化	21	身心健康	27. 家庭成员整体上有较强的健康意识，心胸豁达，适应能力强
		22	生活方式	28. 家庭成员没有吸烟、酗酒的不良嗜好
				29. 家庭成员睡眠时间充足，生活起居有规律

（续表）

一级指标	二级指标	三级指标		考察指标
家庭基础建设	经济条件	23	经济收入	30. 城镇家庭人均可支配收入达到本年度全市城市常住居民人均可支配收入农村家庭人均可支配收入达到本年度全市农村常住居民人均可支配收入
		24	劳动就业	31. 家庭成员中没有长期不工作的健康就业年龄人口
	社会条件	25	社会保障	32. 家庭成员均享受医疗保障
		26	社会支持	33. 家庭拥有较好的社会支持网络

（二）权重确定

所谓权重，是指该指标在整个评价体系中的相对重要程度，是相对于其他同级指标而言的。确定广州市文明家庭评价体系各指标的权重，主要采用德尔菲法和层次分析法相结合的方法、运用 yaahp 软件计算而得。主要分以下几个步骤进行：

1. 构造分析结构和判断矩阵

层次分析法的使用，首先要把问题条理化、层次化，构造出一个层次分析结构的模型（图 1）。

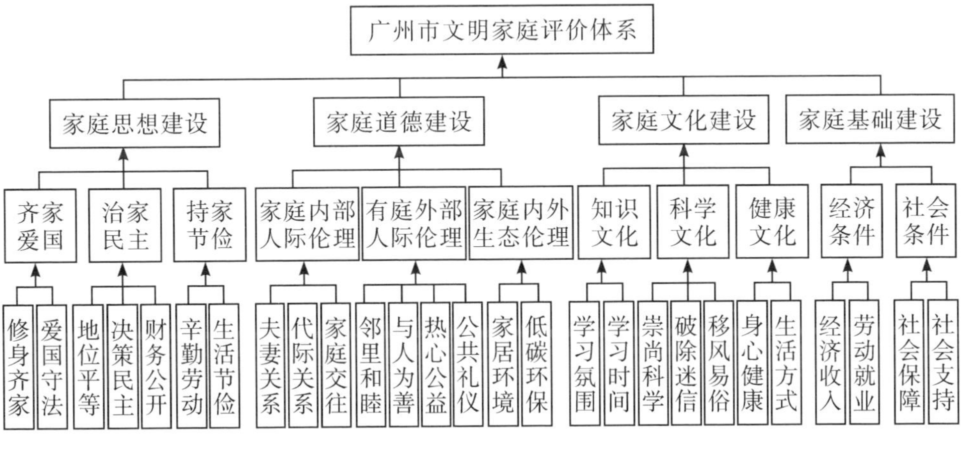

图 1　广州市文明家庭评价体系层次分析结构模型

在层次分析法中，为了使决策判断定量化，形成一个矩阵，常常根据一定的比率标度将判断定量化。这里采用九级分制赋值法，即按照各指标之间的重要性程度确定相互之间的比值。其中，九级分制的赋值，通过德尔菲法来进行。九级分制赋值法的标度及含义如表2：

表2 九级分制赋值法的标度及含义

序号	重要性等级	赋值（C_{xy}）
1	x、y两元素同等重要	1
2	x元素比y元素稍重要	3
3	x元素比y元素明显重要	5
4	x元素比y元素强烈重要	7
5	x元素比y元素极端重要	9
6	x元素比y元素稍不重要	1/3
7	x元素比y元素明显不重要	1/5
8	x元素比y元素强烈不重要	1/7
9	x元素比y元素极端不重要	1/9

说明：赋值C_{xy} = {2，4，6，8，1/2，1/4，1/6，1/8} 表示重要性介于C_{xy} = {1，3，5，7，9，1/3，1/5，1/7，1/9}。

综合专家意见，对各级指标构造判断矩阵如下。

（1）一级指标判断矩阵（S）（表3）。

表3 一级指标判断矩阵

	家庭思想建设	家庭道德建设	家庭文化建设	家庭基础建设
家庭思想建设	1	1/2	1/2	2
家庭道德建设	2	1	1	3
家庭文化建设	2	1	1	3
家庭基础建设	1/2	1/3	1/3	1

（2）各二级指标判断矩阵分别为：

①家庭思想建设判断矩阵（A1）（表4）。

表4　家庭思想建设判断矩阵

	齐家爱国	治家民主	持家勤俭
齐家爱国	1	1/2	1
治家民主	2	1	2
持家勤俭	1	1/2	1

②家庭道德建设判断矩阵（A2）（表5）。

表5　家庭道德建设判断矩阵

	家庭内部人际伦理	家庭外部人际伦理	家庭内外生态伦理
家庭内部人际伦理	1	2	3
家庭内部人际伦理	1/2	1	2
家庭内外生态伦理	1/3	1/2	1

③家庭文化建设判断矩阵（A3）（表6）。

表6　家庭文化建设判断矩阵

	知识文化	科学文化	健康文化
知识文化	1	1/2	1
科学文化	2	1	2
健康文化	1	1/2	1

④家庭基础建设判断矩阵（A4）（表7）。

表7　家庭基础建设判断矩阵

	经济条件	社会条件
经济条件	1	2
社会条件	1/2	1

（3）各三级指标判断矩阵分别为：

①齐家爱国判断矩阵（B1）（表8）。

表8　齐家爱国判断矩阵

	修身齐家	爱国守法
修身齐家	1	1
爱国守法	1	1

②治家民主判断矩阵（B2）（表9）。

表9　治家民主判断矩阵

	地位平等	决策民主	财务公开
地位平等	1	1	1
决策民主	1	1	1
财务公开	1	1	1

③持家节俭判断矩阵（B3）（表10）。

表10　持家节俭判断矩阵

	辛勤劳动	生活节俭
辛勤劳动	1	1
生活节俭	1	1

④家庭内部人际伦理判断矩阵（B4）（表11）。

表11　家庭内部人际伦理判断矩阵

	夫妻关系	代际关系	家庭交往
夫妻关系	1	1	1
代际关系	1	1	1
家庭交往	1	1	1

⑤家庭外部人际伦理判断矩阵（B5）（表 12）。

表 12　家庭外部人际伦理判断矩阵

	邻里和睦	与人为善	热心公益	公共礼仪
邻里和睦	1	2	2	2
与人为善	1/2	1	1	1
热心公益	1/2	1	1	1
公共礼仪	1/2	1	1	1

⑥家庭内外生态伦理判断矩阵（B6）（表 13）。

表 13　家庭内外生态伦理判断矩阵

	家居环境	低碳环保
家居环境	1	1/2
低碳环保	2	1

⑦知识文化判断矩阵（B7）（表 14）。

表 14　知识文化判断矩阵

	学习氛围	学习时间
学习氛围	1	1
学习时间	1	1

⑧科学文化判断矩阵（B8）（表 15）。

表 15　科学文化判断矩阵

	崇尚科学	破除迷信	移风易俗
崇尚科学	1	2	2
破除迷信	1/2	1	1
移风易俗	1/2	1	1

⑨健康文化判断矩阵（B9）（表16）。

表16 健康文化判断矩阵

	身心健康	生活方式
身心健康	1	1/2
生活方式	2	1

⑩经济条件判断矩阵（B10）（表17）。

表17 经济条件判断矩阵

	经济收入	劳动就业
经济收入	1	1
劳动就业	1	1

社会条件判断矩阵（B11）（表18）。

表18 社会条件判断矩阵

	社会保障	社会支持
社会保障	1	1
社会支持	1	1

2. 层次单排序及一致性检验

层次单排序，是指计算出某层次因素相对于上一层次中某一因素的相对重要性。这种相对重要性，通过对判断矩阵计算而来的最大特征根及其相对的特征向量来定位。其计算步骤是：

（1）计算判断矩阵每一行元素的乘积 Mi。

$M_i = \prod_{j=1}^{n} aij \quad i = 1，2，3，\cdots\cdots，n$

（2）计算 M_i 的 n 次方根。

$\overline{W_i} = \sqrt[n]{M_i}$

（3）对向量 $=\overline{W_i}=[\overline{W_1},\overline{W_2},\cdots\cdots,\overline{W_n}]^T$ 作归一化处理。

$$W_i=\frac{\overline{W_i}}{\sum_{j=1}^{n}\overline{W_j}}$$

则 $W=[W_1,W_2,\cdots\cdots W_n]^T$ 即为所求的特征向量。

（4）计算矩阵的最大特征根。

$$\lambda_{\max}=\frac{1}{n}\sum_{i=1}^{n}\frac{(AW)_i}{W_i}$$

为了保证应用层次分析法分析得到的结论合理，还需要对构造的判断矩阵进行一致性检验。这里引入判断矩阵最大特征根以外的其余特征根的负平算术平均值作为度量判断矩阵偏离一致性的指标。即用 $CI=\frac{\lambda_{\max}-n}{n-1}$ 来检查判断思维的一致性。*CI* 值越大，表明该判断矩阵偏离完全一致性的程度越大；*CI* 值越小（接近于 0），表明该判断矩阵的一致性越好。当 *CI* 值等于 0 时，表明该判断矩阵具有完全一致性。

另外，当判断矩阵具有满意一致性时，$\lambda_{\max}$ 稍大于 n，其余特征根也接近于 0。不过这种检验方法还不够严密，需要引入随机一致性比率 *CR* 来进行进一步检验。由于随机一致性比率 *CR* 是一致性指标 *CI* 和平均随机一致性指标 *RI* 之间的比值，因此在介绍随机一致性比率 *CR* 之前，有必要先介绍一下平均随机一致性指标 *RI*（Random Index）。判断矩阵的平均随机一致性指标 *RI* 值是常量，是多次（1000 次）重复进行随机判断矩阵特征值的计算之后取算术平均数得到的。表 19 给出的是 1—9 阶正互反矩阵计算 1000 次得到的平均随机一致性指标。

表 19　平均随机一致性指标

	1	2	3	4	5	6	7	8	9
RI 值	0.00	0.00	0.58	0.90	1.12	1.24	1.32	1.41	1.45

CR 的计算方法是：$CR=\frac{CI}{RI}$。当 $CR<0.10$ 时，表明判断矩阵具有满意一致性。

经计算，各判断矩阵 λmax、*CI*、*CR* 值以及一致性检验结果如表 20。

表 20 各有关判断矩阵 λmax、*CI*、*CR* 值以及一致性检验结果

判断矩阵	lambda（max）	阶数	CI	RI	CR	是否具有满意一致性
S	4.0709	4	0.0236	0.90	0.0263	是
A1	3.0000	3	0.0000	0.58	0.0000	是
A2	3.0092	3	0.0046	0.58	0.0079	是
A3	3.0000	3	0.0000	0.58	0.0000	是
B2	3.0000	3	0.0000	0.58	0.0000	是
B4	3.0000	3	0.0000	0.58	0.0000	是
B5	4.0000	4	0.0000	0.90	0.0000	是
B8	3.0000	3	0.0000	0.58	0.0000	是

说明：判断矩阵 A4、B1、B3、B6、B7、B9、B10、B11 为二阶矩阵，它们总是具有完全一致性，因而不需要检验。

由此说明，各判断矩阵中的元素赋值合理。

经过计算，得出广州市文明家庭评价体系各指标权重如表 21。

表 21 广州市文明家庭评价体系的指标权重

一级指标	权重	二级指标	权重	三级指标		权重
家庭思想建设	0.1896	齐家爱国	0.0474	1	修身齐家	0.0237
				2	爱国守法	0.0237
		治家民主	0.0948	3	地位平等	0.0316
				4	决策民主	0.0316
				5	财务公开	0.0316
		持家勤俭	0.0474	6	辛勤劳动	0.0237
				7	生活节俭	0.0237

（续表）

一级指标	权重	二级指标	权重	三级指标		权重
家庭道德建设	0.4204	家庭内部人际伦理	0.2268	8	夫妻关系	0.0756
				9	代际关系	0.0756
				10	家庭交往	0.0756
		家庭外部人际伦理	0.1249	11	邻里和睦	0.0499
				12	与人为善	0.0250
				13	热心公益	0.0250
				14	公共礼仪	0.0250
		家庭内外生态伦理	0.0687	15	家居环境	0.0229
					低碳环保	0.0458
家庭文化建设	0.2689	知识文化	0.0672	16	学习氛围	0.0336
				17	学习时间	0.0336
		科学文化	0.1345	18	崇尚科学	0.0671
				19	破除迷信	0.0337
				20	移风易俗	0.0337
		健康文化	0.0672	21	身心健康	0.0224
				22	生活方式	0.0448
家庭基础建设	0.1211	经济条件	0.0807	23	经济收入	0.0403
				24	劳动就业	0.0404
		社会条件	0.0404	25	社会保障	0.0202
				26	社会支持	0.0202

将上述权重构成转换为百分制，各指标的满分值分布如表22（保留小数点后两位）。

表22 广州市文明家庭评价体系的指标权重（百分制）

一级指标	权重	二级指标	权重	三级指标		权重
家庭思想建设	18.96	齐家爱国	4.74	1	修身齐家	2.37
				2	爱国守法	2.37
		治家民主	9.48	3	地位平等	3.16
				4	决策民主	3.16
				5	财务公开	3.16
		持家勤俭	4.74	6	辛勤劳动	2.37
				7	生活节俭	2.37
家庭道德建设	42.04	家庭内部人际伦理	22.68	8	夫妻关系	7.56
				9	代际关系	7.56
				10	家庭交往	7.56
		家庭外部人际伦理	12.49	11	邻里和睦	4.99
				12	与人为善	2.50
				13	热心公益	2.50
				14	公共礼仪	2.50
		家庭内外生态伦理	6.87	15	家居环境	2.29
					低碳环保	4.58
家庭文化建设	26.89	知识文化	6.72	16	学习氛围	3.36
				17	学习时间	3.36
		科学文化	13.45	18	崇尚科学	6.71
				19	破除迷信	3.37
				20	移风易俗	3.37
		健康文化	6.72	21	身心健康	2.24
				22	生活方式	4.48
家庭基础建设	12.11	经济条件	8.07	23	经济收入	4.03
				24	劳动就业	4.04
		社会条件	4.04	25	社会保障	2.02
				26	社会支持	2.02

运用头脑风暴法、德尔菲法对评价体系的指标权重问题进行进一步的研究、分析、调整，并对各三级指标的评价内容进行设计，最后得出便于操作的评价体系。各指标及具体评价内容的权重，即为百分制情况下该指标或考察内容的满分值分布如表23。

表23　广州市文明家庭评价体系的指标权重（调整后）

一级指标	权重	二级指标			权重	考察指标		权重
家庭思想建设	20	齐家爱国	1	修身齐家	3	1	家长以身作则，家庭成员齐心协力	3
			2	爱国守法	3	2	未发现该家庭存在任何损害国家利益和违法乱纪的行为	3
		治家民主	3	地位平等	3	3	家庭无重男轻女或重女轻男思想，成员之间地位平等	3
			4	决策民主	3	4	作重大家庭决策时家庭所有成员意见都尽量得到尊重	3
			5	财务公开	3	5	家庭日常开支能做到公开公平使用	3
		持家勤俭	6	辛勤劳动	3	6	家庭成员按能力大小和责任分工承担适当的家务劳动	3
			7	生活节俭	2	7	日常生活注意节俭，量入为出，适度消费	2
家庭道德建设	40	家庭内部人际伦理	8	夫妻关系	7	8	彼此忠诚，和睦恩爱	7
			9	代际关系	7	9	尊敬和赡养长辈，关心老人生理心理需求	4
						10	长辈能关爱晚辈，促进小孩健康成长	3
			10	家庭交往	7	11	未发现任何形式的家庭暴力	3
						12	家长能抽出时间与家庭成员一起共享天伦之乐	4

（续表）

一级指标	权重	二级指标			权重	考察指标		权重
家庭道德建设	40	家庭外部人际伦理	11	邻里和睦	5	13	待邻里热情、礼让、宽容	2
						14	饲养宠物、家庭娱乐等家庭行为不影响邻里生活	2
						15	尊重邻里，和睦相处，没有发现任何和邻里吵架打斗情况	1
			12	与人为善	3	16	能主动帮助社区需要帮助的家庭或人员	3
			13	热心公益	3	17	积极参加社区活动和其他社会公益活动	3
			14	公共礼仪	2	18	出门衣着整洁大方，遵守公共秩序	2
		家庭内外生态伦理	15	家居环境	2	19	家居环境整洁优美，室内空气清新	2
				低碳环保	4	20	节约用电，节俭用水	2
						21	自觉开展垃圾分类，注意环境卫生，爱护公共环境	2
家庭文化建设	30	知识文化	16	学习氛围	4	22	家庭有良好的学习氛围	4
			17	学习时间	4	23	家庭成员能每天保证一定的获取知识信息的时间	4
		科学文化	18	崇尚科学	4	24	未发现该家庭成员有任何参加邪教组织的行为	4
			19	破除迷信	4	25	未发现该家庭成员有任何参与封建迷信活动的行为	4
			20	移风易俗	4	26	婚丧喜庆事宜能够从简办理，不铺张浪费	4
		健康文化	21	身心健康	5	27	家庭成员整体上有较强的健康意识，心胸豁达，适应能力强	5
			22	生活方式	5	28	家庭成员没有吸烟、酗酒的不良嗜好	3
						29	家庭成员睡眠时间充足，生活起居有规律	2

（续表）

一级指标	权重	二级指标			权重	考察指标		权重
家庭基础建设	10	经济条件	23	经济收入	3	30	城镇家庭人均可支配收入达到本年度全市城市常住居民人均可支配收入	1.5
							农村家庭人均可支配收入达到本年度全市农村常住居民人均可支配收入	1.5
			24	劳动就业	3	31	家庭成员中没有长期不工作的健康就业年龄人口	3
		社会条件	25	社会保障	2	32	家庭成员均享受医疗保障	2
			26	社会支持	2	33	家庭拥有较好的社会支持网络	2

三、测评工作相关建议

广州市文明家庭评价体系是新时期广州市家庭文明建设的度量衡、晴雨表和方向标。它不仅可以测量出具体家庭文明建设的水平，还能发现家庭文明建设中存在的薄弱环节，并且可以发挥导向作用，通过明确的标准，引领家庭文明建设不断迈上新台阶。为更好地发挥广州市文明家庭评价体系的作用，提出以下建议。

（一）构建领导管理体制

政府是主导和推动家庭文明建设的重要力量。广州市应整合有关部门资源，成立市一级的组织机构，负责文明家庭评价工作的统筹、协调、推进与监督。建议成立由市文明办、市妇联、市教育局、市卫计委、市文广新局等相关部门人员组成的广州市文明家庭评价指导委员会，并下设办公室，负责具体组织、协调等工作。办公室可设在市妇联，文明家庭评价工作由市妇联负责牵头，各有关单位积极配合。各区应设立相应机构，各街镇也成立相应指导小组，确保文明家庭评价工作有序推进。

（二）完善工作运行机制

文明家庭评选是一项从20世纪80年代就开始的工作。但相当长的时间内这项工作停留在定性评选的阶段。通常中央有关部门颁发的文件规定，仅仅明确了若干评价条件。这些条件一般比较原则，缺乏细化的、具体的、可量化的标准。文明家庭的产生，也一般是层层推荐的结果。这种评选方式工作量不大，便于操作，但主观性、随意性较大。本研究建构的广州市文明家庭评价体系，从指标数量上设计了26个三级指标33个考察指标；从评价方法上采用家庭主观评价、社区主观评价和社区客观评价相结合的方法，力图保证全面性、真实性和科学性。但这是一项既新又繁重的工作，没有一套相对完善的运作机制很难保证信度和效度。因而，要在建立健全领导体制的基础上，探索一套运作机制，建构一套制度规范，并在实践中不断调整、完善，推动文明家庭评价工作常态化、制度化、规范化。

（三）形成队伍培训机制

鉴于广州市地域广、家庭多，成立全市统一的评价小组很不现实，加上只有本社区（村）的干部、居民群众才比较了解该家庭的基本情况，文明家庭的具体评价工作还得依靠社区（村）干部、居民家庭和热心群众来开展。由于这是一项新的工作，大部分社区（村）干部、居民群众并不了解广州市文明家庭评价体系的评价标准和评价方法，因而在启动文明家庭评价工作之前，应先在每个社区（村）组建文明家庭评价小组，然后由市一级统一组织相关业务培训，认清文明家庭评价工作的重要性，掌握文明家庭评价的理论知识，了解文明家庭评价的基本程序，熟悉文明家庭评价的操作技术。这项工作对于广州市文明家庭评价工作的顺利推进意义重大。

（四）探索灵活应对机制

即便构建全市统一的文明家庭评价体系，明确了较为具体的操作办法，对评价工作队伍进行了统一的培训，由于家庭文明建设涉及面广、内容复杂，加上不同社区（村）之间的情况千差万别，不可避免操作过程中仍然有可能遇到这样或那样的问题，甚至出现一些不可预知的意外情况。因此，要建立广州市文明家庭评价工作的灵活应对机制，并制定相应预案。对于一般的疑难问题，社区评价小组应及时给予解答；如果社区评价小组无法解答，市、区、街（镇）三级指导机构发挥指导作用及时进行回应和解答。对于一些非原则性的问题，社区评价小组在必要的时候应灵活变通、妥善处理。比如对存在长者亡故、丧偶、“失独”（或膝下无子女）等情况的家庭，相应的指标数据不宜作伤害感情的简单扣分处理，只能通过考察其对待长辈、同辈、晚辈的态度等方式在积分上作类比化处理；又如面对外籍家庭，应在征得该家庭同意、得到该家庭有效配合之后，方可将其纳入评价体系内作评价；再如因家庭成员仍处于“单位人”状态（在社区内“老死不相往来”）或流动性较强状态等原因，确实无法进行社区客观评价甚至无法进行社区主观评价，可适时调整评价方法转化为家庭主观评价等其他能获取数据的有效的评价方式。值得特别说明的是，对某些原则性指标改用家庭主观评价方式并高分成为文明家庭初选对象者，必须以向与家庭相关的妇联组织了解、单位走访、约谈该家庭中的长者和青少年等方式，辨识或验证家庭主观评价结果的真实性，否则对其他未改用家庭主观评价方式的家庭将有失公平。

（五）健全监督核查机制

为保障广州市文明家庭评价工作的顺利开展，还应当建立监督和核查机制。在文明家庭评价工作中，市文明家庭评价工作指导委员会应成立由有关部门人员、专家学者、媒体代表等组成的监督小组，对文明家庭评价工作进行巡查监督。建立随机抽查机制，对文明家庭评价工作进行抽查，发现问题应及时整改。评价结果出来后，对于达到优秀等级的家庭，要对其评价数据一一进行核实，如有作假，一律取消优秀等级，并在一定的范围、通过一定的方式予以公示。空缺的名额依据文明家庭评价得分进行递补。递补之前也要对递补对象的评价数据进行严格审核，确保数据真实、评价客观。

（六）科学看待评价结果

有比较就会有差距。一旦开展文明家庭的评价工作，就必然会出现得分高的家庭和得分低的家庭，就必然会出现先进与落后之别。但是，任何一个评价指标体系都无法完全准确地测量出家庭文明建设的具体水平。采用不同的评价指标体系，评价结果必定有所不同。即使是同一套指标体系，由于不同的评价主体、不同的评价标准或不同的评价方式，评价结果也会有所差异。因此对于评价结果，要辩证看待并进行科学的分析。对于有关部门来说，既应注意不同社区（村）有不同评价队伍带来的影响，也要分析不同类型社区如老城区和新城区、高档社区和一般社区、城镇和农村的差异。这样才能实事求是地评价结果，才能发现不足，使以后工作或制度的改进有的放矢。对于居民家庭来说，也应理性看待评价结果。被评为“优秀”的家庭，当然要再接再厉，再创先进；未被评为“优秀”的家庭，也不应自暴自弃，或消极对待，相反地应通过评价工作，发现自身家庭文明建设的问题和不足，解决问题，克服不足，不断提高自身的家庭文明程度。

广州市妇女联合会
广东省精神文明学会

广州市家庭教育立法数据分析报告

2010年6月21日，中共中央政治局审议并通过《国家中长期教育改革和发展规划纲要（2010—2020年）》，明确："加快教育法制建设进程，制定有关考试、学校、终身学习、学前教育、家庭教育等法律"。党的十八大以来，以习近平同志为核心的党中央更加重视家庭建设，作出关于"注重家庭、注重家教、注重家风"等系列重要指示，把家庭文明、家庭教育提升到推进国家治理、促进社会和谐、增进人民福祉的新高度。

广州市家庭教育一直走在全国前列，1983年，广州市乐贤坊小学成立全国第一所家长学校，开全国家庭教育之先河。近年来，根据《国家中长期教育改革和发展规划纲要（2010—2020年）》，广州市妇联不断创新家庭教育方式，2015年底牵头组织立法调研，拟起草《广州市家庭教育条例》。为了更好地完成立法工作，本报告采用问卷调查数据及权威第三方数据相结合的方式，对广州市立法的必要性及可行性进行分析，以期更具针对性、更为全面地制定相关法律条文。

一、省内外家庭教育第三方数据

（一）家庭教育现状

1. 家长教育观念及方式

（1）教育观念。很多父母认为，家庭教育就是研究如何在家里管教好孩子，往往把父母自身排除在外。实际上，要教育好孩子，首先要“教育”好父母，教育者先受教育。因此，在家庭教育立法中，应突出“父母教育”这个关键。

据一份全国的民意调查数据，认为家庭子女教育“既是家庭大事、也是国家大事”的占比高达89%，认为是“个人与家庭私事”的仅占8.6%，说明当今父母们对家庭教育重要性的认识比较到位，具有较强的大局观念和国家民族意识，这是做好家庭教育的重要思想基础，也为今后开展家庭教育立法提供了广泛的民意支持。该调查也显示，认为教育子女“是父母的首要职责”的占57.2%，另有33.6%的父母认为教育子女“是父母的共同职责，尤其是母亲的职责”，超过了三分之一。既说明父母对子女教育的重视，也说明父母对各自在子女教育中角色与作用有比较清晰的认识。同时，还有部分父母对此缺少基本认识或“说不清楚”，履行教育子女职责做得还不够，这都是家庭教育立法时需要考虑的问题。

（2）教育方式。全国妇联对全国10个省区市、28个地县、上万名未成年人及其家长或监护人进行了抽样调查。调查结果显示，98%的家长认为家庭教育对儿童成长很重要，80%的家长重视儿童的全面发展，80%的家长了解《中华人民共和国未成年人保护法》。调查也显示，家长对家庭教育知识和方法的需求迫切，排在前五位的是：成功家长的交流、家教电视节目、专家的直接指导、各类家长学校的帮助、家教图书/报刊。

现在部分家长以工作应酬忙或自己没能力辅导为由，把孩子推给辅导机构，缺少与孩子在一起的时间，家庭教育的完整性有缺失。《2015年中国教育行业白皮书》显示，有超过八成的家长，选择给孩子们报课外辅导班，其中报一个辅导班的比例是17.06%，报两个辅导班的比例占到26.54%，报三个及以上辅导班的为39.57%。

2. 家庭教育三大短板

（1）缺乏有效的社会支持系统。仅以青少年网瘾为例：一项报告显示，目前中国城市网瘾青少年约占青少年网民的14.1%。2010年下半年，安徽省泗县一位患上网瘾的15岁高中生勤勤（化名）勒死了试图阻止他上网的母亲。这样的悲剧，源于家庭教育严重缺乏有效的社会支持系统。造成学校无所适从，家长无能为力，学生无路可走，悲剧很难避免。

（2）家长自身的素质与教育能力参差不齐。北京青少年法律援助与研究中心发布的2013—2014年度全国未成年人保护十大事件中，2013年南京两名女童被饿死案拷问儿童保护制度，广州12岁少女被生母虐待致死案呼吁尽快出台反家暴法。这些数据说明，“问题家长比问题孩子多”。一句“我爸是李刚”，更引发了人们的强烈愤慨：一些特权、富裕阶层的家长是怎么教育孩子的?

（3）缺乏系统的理论和研究方法。天津社会科学院研究员关颖指出，家庭教育的专职研究者凤毛麟角，指导者鱼龙混杂，在指导方法上表现为简单化、庸俗化和急功近利，甚至还出现了方向性的错误，比如在服务对象上重孩子而轻家长。在中国知网搜索“家庭教育”，共有132358条结果，仅搜索“学校教育”就有499381条结果，而搜索“社会教育”，共有759257条结果。可见，中国目前对家庭教育的理论研究明显低于学校及社会教育。

3. 缺乏专业家庭指导与家庭教育服务机构不规范

青少年问题常常是酝酿于家庭、显现于学校、恶化于社会。家庭教育早已不再仅仅是个人的“家务事”，也是“官事”“公事”。但中国的家庭教育总体上处于盲目无序、“无师自通”的状态，“养而不教”与“教而无方”并存，家庭教育失败的案例并不鲜见。因此，在关注家庭教育的同时，也要将家庭纳入教育立法、教育政策和教育公共服务的视角。

据人民网开展的一项调查显示，92.8%的家长认为自己对孩子的成长、教育存在焦虑。特别是在社会转型时期，部分焦虑的家长教育手段偏差、家庭监管缺失、暴力虐待儿童等。在家庭教育服务上，全国妇联的调查显示，近半数（46.8%）的城乡学校和社区，没有家长学校或家教指导机构；27.8%的家长从未参加过家长学校和家教指导机构的活动。尽管市场上有提供家庭教育服务的机构，但这些机构在收费、管理和准入机制上存在混乱的现象，也让人相当堪忧。因此，加快家庭教育国家立法，开展家庭教育指导援助，显得十分重要而紧迫。

4. 少年犯罪严重化与家庭教育出现问题密不可分

北京市海淀区人民法院的统计显示，从未成年人案件来看，50%以上的“问题儿童”来自“问题家庭”，而许多成年人的习惯性犯罪，往往与早年时期的家庭生活经历有关。

近年来“官二代”“星二代”“富二代”频频“坑爹”，也被认为是与家庭教育的缺失有密切关系。教育专家熊丙奇指出，“一代们”以自己工作繁忙为由，疏于和孩子的交流。还有的官员、富豪，有意无意给孩子灌输特权思想，哪怕孩子犯事，也是动用特权摆平，没有给孩子积极的规则教育，到头来既毁了孩子，也毁了自己一辈子的“英名”。

在问题频现的同时，多数人不知道如何获取帮助和指导。根据全国妇联组织的问卷调查结果显示，69%的受访者认为自己在家庭教育中缺乏相关知识，认为缺乏经验借鉴的占67%，缺少获得帮助的机构的占42%。中国青少年研究中心副主任孙云晓由此总结：“问题家长比问题孩子多”。

5. 特殊群体家庭教育问题较多

（1）非本地户籍家庭。根据《广州市法院未成年案件综合审判工作报告白皮书（2006—2014年）》，2007—2014年，广州市两级法院共计受理各类涉少案件36324件，其中刑事案件6534件，占17.99%；民事案件14972件，占41.22%。未成年被告人中，非本地户籍被告人占75.14%，已成为未成年人犯罪的主体，这部分未成年人多来自农村，未接受完义务教育就辍学打工，其中学历为初中的占68.86%、文盲的占0.76%、小学的占22.21%。文化程度较低导致其对社会的认识和辨别能力低，且法律意识淡薄，加之家长对孩子的管教较少，导致其犯罪率较高。

（2）留守儿童。根据全国妇联2014年发布的《我国农村留守儿童状况研究报告》，全国有农村留守儿童6102.55万，占农村儿童37.7%，占全国儿童21.88%，农村留守儿童数量超过6000万，总体规模扩大。

该调查报告显示，近20%的务工父母在儿童1岁前外出，其中30%在儿童出生1—3个月外出。因为和父母的长期分离，留守儿童生活照顾、安全保护和接受教育都受到不同程度的影响，特别是亲情缺失，会造成一生无法弥补的缺憾。值得注意的是，还有3.37%的留守儿童在父母外出后，自己单独居住和生活。报告指出，留守儿童主要集中在四川、河南、安徽、广东、湖南等劳务输出大省。报告还指出，农村留守儿童问题具有长期性、复杂性和紧迫性，必须高度重视留守儿童工作，强化父母的法定监护责任，完善监护制度是解决办法之一。

（二）家庭教育立法的争议点

国家法律该不该介入家庭仍存争议。受“法不入家门”的传统观念的影响，有人质疑：家庭教育是私人领域，为何要法律介入“管闲事”？

当法律调整道德范畴时，往往被认为是更注重指引和教化功能，约束力和惩戒力有限。安徽省第十一届人大代表陈亚丽担心，家庭教育法可能会因为缺乏具体的违法标准而缺乏可操作性。“因为究竟达到什么样的标准认定为违法，达到什么样的标准算不违法？违法界限的模糊，可能导致该法出台后无法达到预期的惩戒效果。就像未成年人保护法，规定的原则性条款太多了，实施效果并没有预期的理想。”

对此，妇女人权研究中心执行主任林建军指出，在现代家庭家庭教育中，国家不应缺席，国家的介入不是像父母一样直接参与实施家庭教育，不是控制家庭，而是通过立法，保障每个家庭获得必要支持，最大限度调动资源为家庭提供专业指导和服务，并且对家庭教育工作加以指导，规范家长行为，规范服务机构等相关机构的行为等。

（三）成熟的法律及政策基础

从相关法律看，1982年的《中华人民共和国宪法》在“公民的基本权利和义务”中，规定“父母有抚养教育未成年子女的义务，成年子女有赡养扶助父母的义务”；1991年全国人大通过、2006年修订的《中华人民共和国未成年人保护法》中，要求父母或者其他监护人应当以健康的思想品行和适当的方法教育未成年人；1999年通过实施的《中华人民共和国预防未成年人犯罪法》，在多章多款中都规定了家庭教育的责任与要求。上述法律条款，可以作为制定家庭教育专门法的法律依据。

从相关政策看，《国家中长期教育改革和发展规划纲要（2010—2020年）》提出制定有关终身学习、学前教育、家庭教育等法律。《中国儿童发展纲要（2011—2020年）》提出："保护儿童的法律法规和法律保护机制更加完善"，"继续完善保护儿童的法律体系。推进儿童福利、学前教育、家庭教育等立法进程。清理、修改、废止与保护儿童权利不相适应的法规政策。增强保护儿童相关法律法规的可操作性"，"建立完善儿童监护监督制度。提高儿童父母和其他监护人的责任意识，完善并落实不履行监护职责或严重侵害被监护儿童权益的父母或其他监护人资格撤销的法律制度。逐步建立以家庭监护为主体，以社区、学校等有关单位和人员监督为保障，以国家监护为补充的监护制度"。《全国家庭教育工作"十三五"规划》进一步规定了立法执行部门，提出加快家庭教育法制化建设，推进家庭教育立法进程。

各地区家庭教育立法，都是采取"自下而上"的模式，从基层立法积累经验向上推动国家层面法律形成，当前广州市正是这样一个先锋。重庆、河北、贵州、陕西、山东等地也在努力。台湾地区、美国、日本也有相关法规可供借鉴。

基于此，各地关于家庭教育立法的呼声高涨。最近几届"两会"，各级人大代表、政协委员纷纷提出家庭教育立法提案，将这一问题推上了议事日程。因此，当前家庭教育立法的条件业已具备，时机也渐趋成熟。

二、广州市问卷调查数据

本次调查共派发线下及线上的问卷556份，回收问卷500份，因9位家长现居住地不在广州而孩子学校在广州，为了更准确地反映广州市家长的情况，我们将这9份问卷予以剔除，故分析的样本总量为491份。

（一）调查群体画像

1. 地区分布

本次调查的家长现居住地分布如图，来自天河区、荔湾区、海珠区、白云区、越秀区的比较多。由于立法是针对全广州市的，这样的样本分布能够

满足要求。(图1)

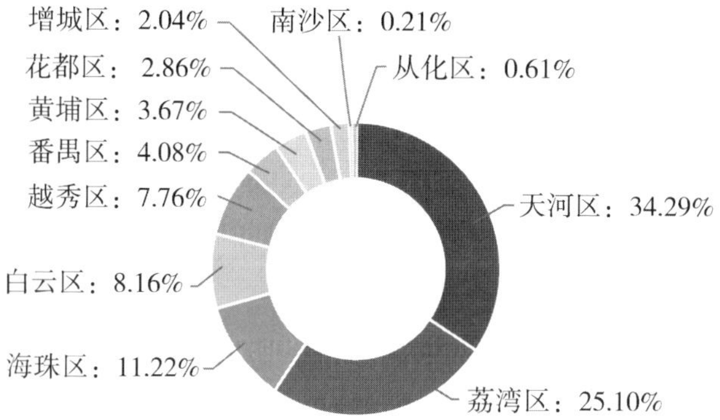

图1　地区分布

2. 年龄分布

本次调查针对的是幼儿园、中小学学生家长，大部分为30—49岁的家长，占96.12%，这部分家长大多有一定的社会阅历，形成自己较为稳定的观念及性格，30—49岁也是家长群体最为集中的年龄分布段。因此，我们的调查针对这部分家长进行，数据较为可靠且具有代表性。(图2)

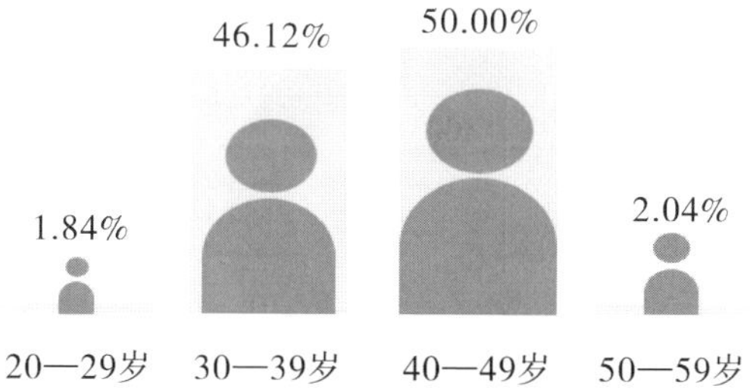

图2　年龄分布

3. 学历分布

本次调查中，本科学历的家长最多，占38.78%；其次为大专学历的家长，占25.71%；再者是研究生及以上学历的家长，占11.02%，这与我们对广州市家长的基本认知相符。因此，本次调查的可信度较强。(图3)

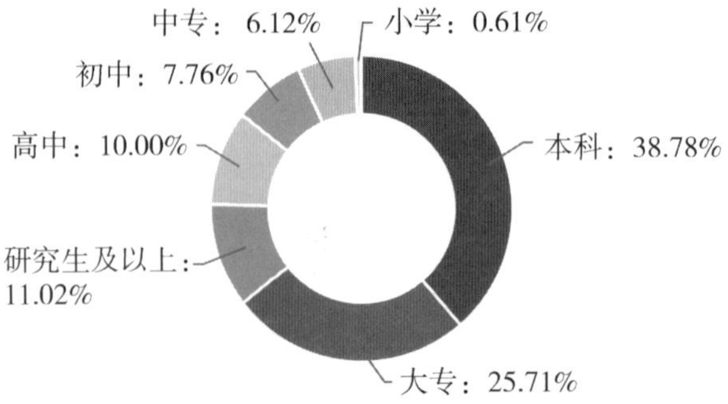

图3　学历分布

4. 职业分布

本次调查中，在家长的职业分布上，有39.67%的家长为公司职员，自由职业者占14.31%，个体户为12.47%，教师、公职人员、医护人员分别为9.41%、7.36%、3.89%，其他职业占12.89%，可见在职业分布上较为广泛，公司职员较多也符合我们对广州市就业情况的基本认知。因此，本次调查在家长职业的广泛性上得到了保证。（图4）

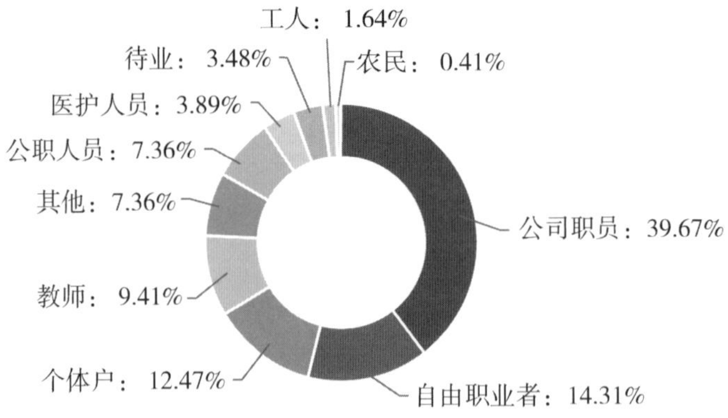

图4　职业分布

5. 最大孩子年龄分布

本次调查，家长的最大孩子岁数，14—16岁的占31.43%，4—6岁的占27.96%，7—13岁的占27.14%，17—19岁的占8.37%，也就是4—19岁的最大孩子占了94.90%。这个年龄段的孩子正好处于就读幼儿园至高中的年

纪，与我们选择调查对象的初衷相符。本调查的结论可认为代表了广州市幼儿园至高中学生家长的观点。(图 5)

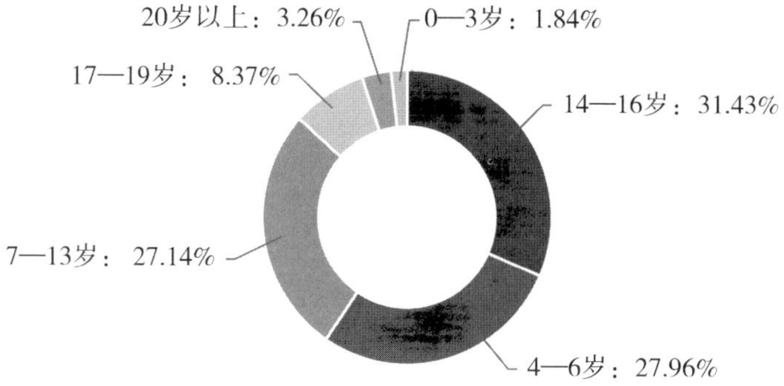

图 5　孩子年龄分布

(二) 对家庭教育的理解和认知

1. 对家庭教育的理解

本次调查中，有 89.75% 的家长认为，家庭教育既是教育子女也是教育父母和长辈；但还有 10.25% 的家长认为，家庭教育只是教育子女。对于家庭教育是什么，仍有部分家长认为教育子女是唯一的目的。因此，对于家庭教育对家长的教育方面，仍有一成的家长理解不足。(图 6)

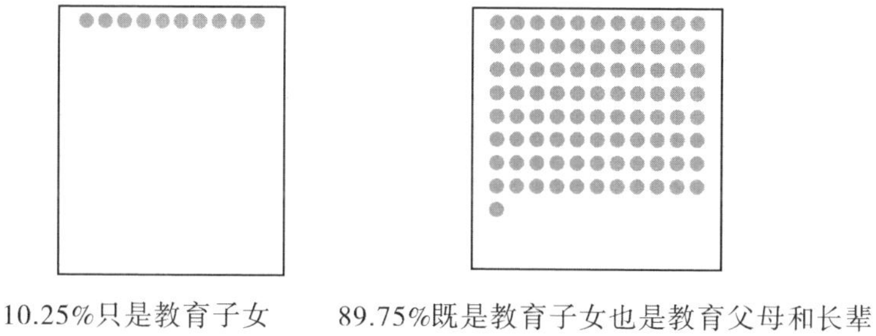

图 6　对家庭教育的理解

通过学历及对家庭教育的理解进行交叉，如图所示，从小学到本科，可以看到选择“只是教育子女”的比例越来越小，研究生及以上学历反而有所上升。可见，随着学历的增高，对于家庭教育的理解更为深入、更为全面，能看到家庭教育也应当教育好父母及长辈。因此，加大对家庭教育理念的宣传，重点是要加大对学历较低及学历较高的家长的宣传。（图7）

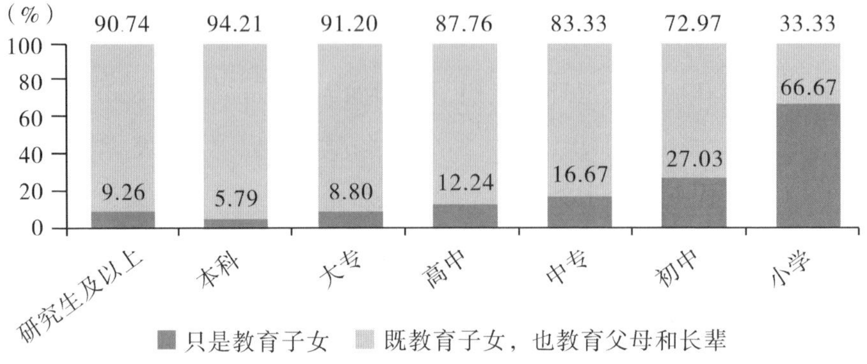

图7　学历与对家庭教育理解情况的关系

2. 要教育好孩子需得到何方重视

本次调查中，有91.60%的家长认为，教育好孩子需要家庭、学校、社会三方紧密配合，说明广州大多数家长对于教育有较为全面的认识。因此，家庭教育在立法时应让家庭、学校、社会共同为之出力，才能更好地教育好孩子，也才能真正满足家长的期待。（图8）

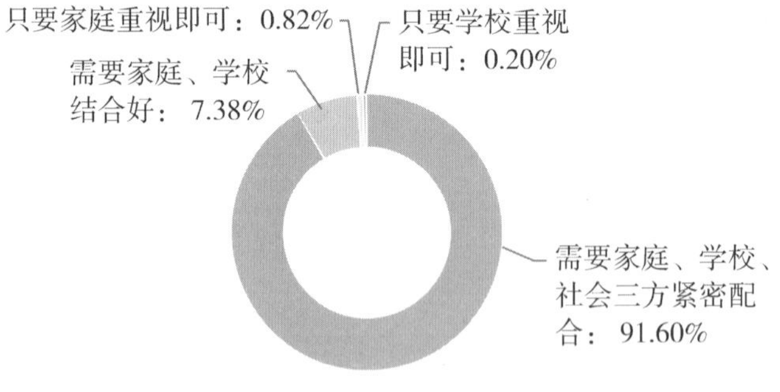

图8　教育好孩子需得到何方重视

3. 何方应承担家庭教育的责任

本次调查中，大部分的家长认为，家庭教育应当由家长来承担最主要的责任，说明他们十分清楚家长应该承担的重任；而有23.25%的家长认为，家长学校应在家庭教育方面负有更为重要的责任，这体现了家长对于家长学校的期望；同时，还有一部分人认为学校及政府应承担起最主要的责任。家庭教育不单单是家长的事，家长学校、学校、政府及相关职能部门都应当承担起相应的责任。(图9)

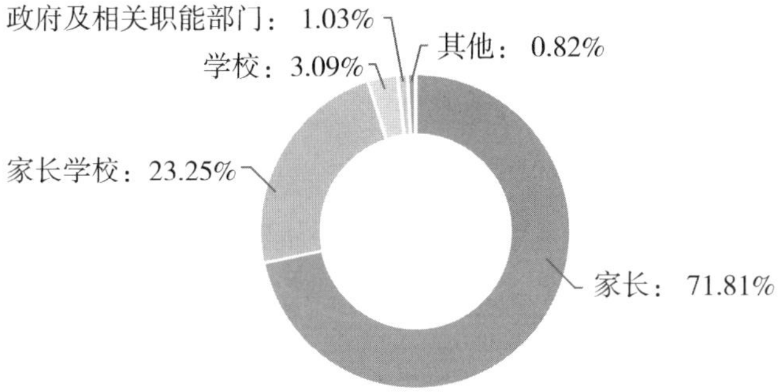

图9　何方应承担家庭教育的责任

4. 最重视家庭教育哪些内容

本次调查中，在家庭教育中，家长们对伦理道德教育的重视程度最高，占26.24%，知识技能教育占21.71%，基本礼仪教育占18.19%，子职教育和亲职教育分别占14.09%和9.35%。家长们最看重的是伦理道德、知识技能及基本礼仪的教育，因此应在这些方面加大对家长教育的指导。同时，对于婚姻教育、性别教育、法律教育等，也应当加以引导，让家长逐渐重视起来。(图10)

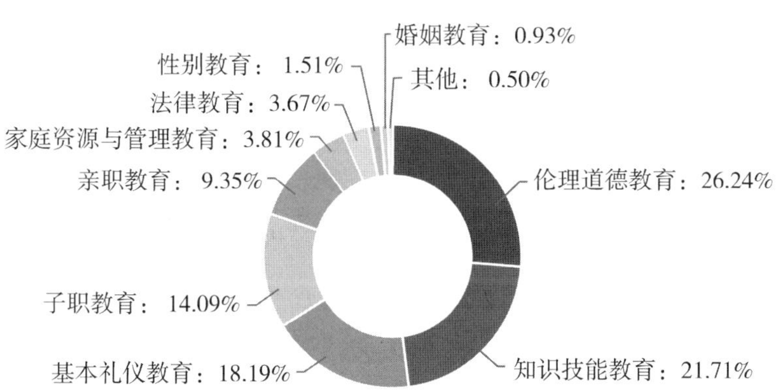

图10　最重视家庭教育哪些内容

（三）家庭教育现状

1. 教育孩子的基本方式

在我们本次针对广州家长的调查中，有95.50%的家长认为其教育孩子采用了“既尊重孩子，又注重引导”的方式，3.27%的家长认为自己是“严格管教，按父母意志办事”。而在新闻报道中的“虎妈”“鹰爸”，在本次调查中并不明显。究其原因，可能是部分家长自认为其教育方式恰当，但事实是否如此还有待考察。但最起码可以看出，大部分家长都认可尊重与引导并行的教育方式。然而，本次调查中仍有1.23%的家长采取“不管不顾，顺其自然，或交给其他人去管”，这部分家长并没有真正负起自己作为家长的责任，值得注意。（图11）

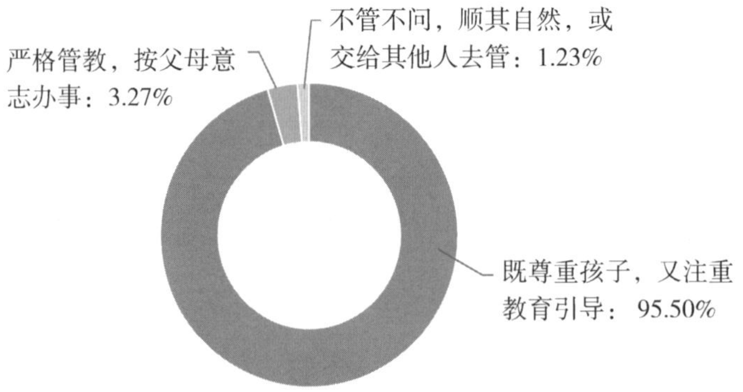

图11　教育孩子的基本方式

2. 孩子上幼儿园或上学前谁带的最多

大多数接受调查的父母，其孩子在上幼儿园或上学前大部分时间给妈妈（43.35%）和爷爷奶奶或外公外婆（38.65%）带，仅有5.93%的孩子大部分时间是由爸爸带；同时，有6.75%的孩子是由保姆或托管机构带的。幼儿园时期是孩子性格养成的重要时期，也是最需要亲情及父母关爱的时期，父母应在这个时期多陪孩子。因此，有必要立法时考虑对这一理念进行宣传，要求父母有足够多的时间陪伴年幼的孩子。（图12）

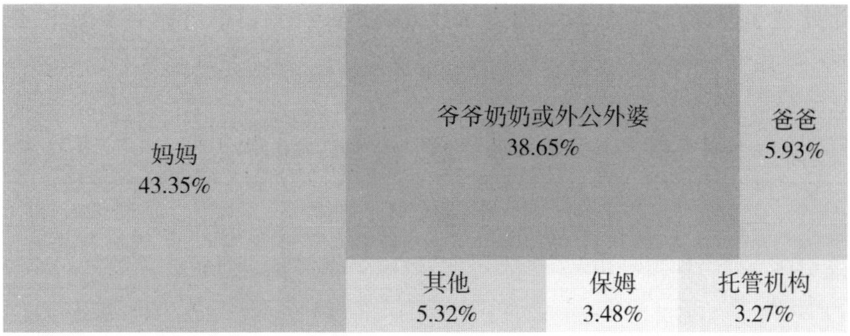

图 12　孩子上幼儿园或上学前谁带的最多

3. 周末陪伴孩子的状态

本次调查中，79.10% 的家长“几乎每个周末都陪孩子玩耍”，19.26% 的家长周末“偶尔会陪伴孩子”。大部分家长会在周末陪伴孩子，说明家长对陪伴孩子是十分重视的。但仍有两成家长只是偶尔陪伴孩子，甚至几乎没有陪伴孩子。这一方面需要家长自己加以重视，另一方面也需要用人单位给予支持。（图 13）

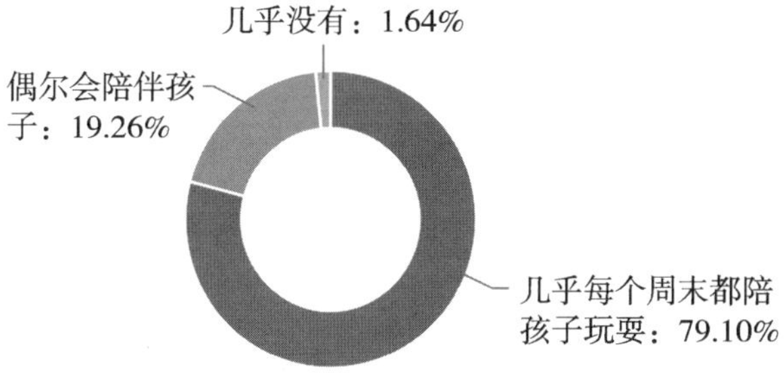

图 13　周末陪伴孩子的状态

从表 1 可以看出，周末陪伴孩子的状态与家长的学历及最大孩子的年龄有较强的相关性。学历越低的家长倾向于少陪伴孩子，学历较高的家长倾向于多陪伴孩子，这一方面是因为学历较低的家长可能会以体力劳动为主，在工作上需要花费更多的时间，另一方面可能是在陪伴孩子的观念上认识不足。同时，孩子年龄大的家长倾向于少陪伴孩子，孩子年龄小的家长倾向于多陪伴孩子，对于年龄较小的孩子比较需要家长照顾，而年龄较大的孩子（特别是高中学生）大部分都住校，周末的外出活动较多，家长陪伴孩子的机会相对较少。

表 1　学历与周末陪伴孩子状态的相关性

		周末陪伴孩子的状态	学历	最大的孩子的年龄
周末陪伴孩子的状态	Pearson 相关性	1	-.186**	.220**
	显著性（双侧）	—	.000	.000
学历	Pearson 相关性	-.186**	1	-.151**
	显著性（双侧）	.000	—	.001
最大的孩子的年龄	Pearson 相关性	.220**	-.151**	1
	显著性（双侧）	.000	.001	—

说明：** 在 .01 水平（双侧）上显著相关。

4. 每天晚上在家里的时间主要用于做什么

在询问“每天晚上在家里的时间主要用于做什么”时，有 79.80% 的家长选择了“陪伴孩子”，而对于“做家务”仅有 58.60% 的家长选择，可见陪伴孩子是广州家长们晚上最主要的活动，这与上面的分析结果相同。但仍存在部分家长没能陪伴孩子，相比于周末对孩子的陪伴，晚上对孩子的陪伴率更少。（图 14）

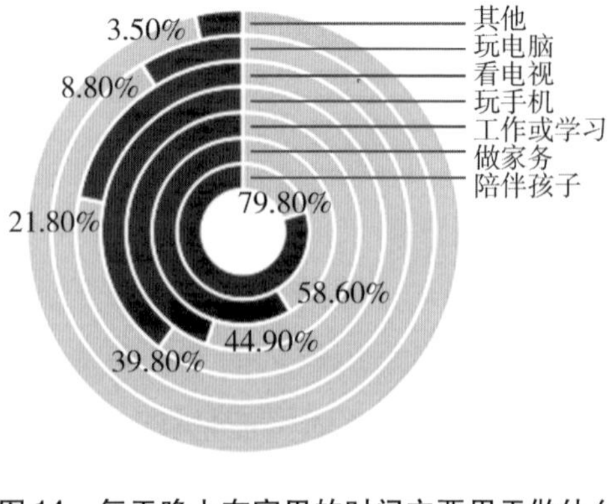

图 14　每天晚上在家里的时间主要用于做什么

没有选择陪伴孩子的大部分家长晚上在玩手机、做家务、工作或学习，且大部分家长的孩子都为14—16岁，这个阶段的孩子读初中，大部分人并没有住宿，但学业开始繁忙起来，家长工作又处于上升期，因此陪伴时间较少；但此时孩子们正处于青春期，较为叛逆，还需家长多加陪伴。（图15）

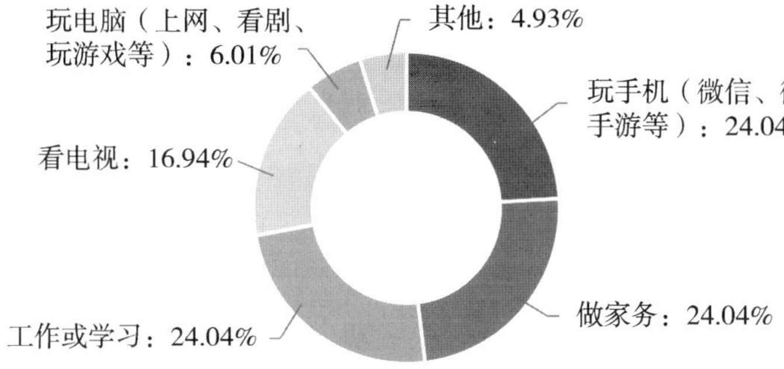

图15　没有陪伴孩子的家长在做什么

5. 家长认为目前父母教育子女存在的主要问题有哪些

本次调查中，问到“您认为目前父母教育子女存在的主要问题是什么?”时，25.24%的家长认为是“重视子女教育，但理念和方法不对”，认为是“宠爱溺爱孩子，娇生惯养”的家长占24.42%，还有22.68%的家长认为是“重视智力开发，忽视德育教育”。这是家长认为的当前家庭教育存在的三大问题。（图16）

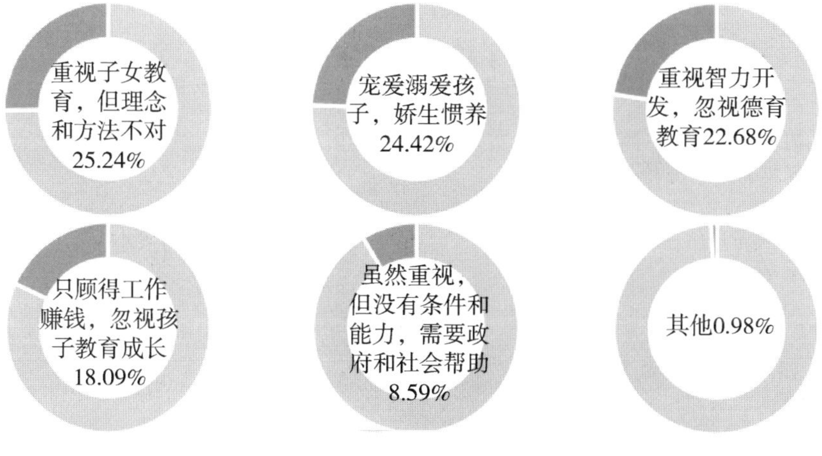

图16　家长认为目前父母教育子女存在的主要问题有哪些

6. 是否为如何教育孩子而感到困惑或焦虑

在我们本次对广州家长们的调查中，近两成的家长对教育孩子感到困惑焦虑，近八成的家长对于教育孩子有一点焦虑，仅11.07%的家长没有困惑焦虑感。可见，大部分家长在教育孩子上都或多或少有困惑和焦虑感。因此，家长们急需通过各种方式来解惑，学习家庭教育相关知识，提升自身教育水平，才能更好地进行家庭教育。这就需要政府、社会相关组织、学校等机构来组织相关培训活动，帮助家长学习家庭教育知识。（图17）

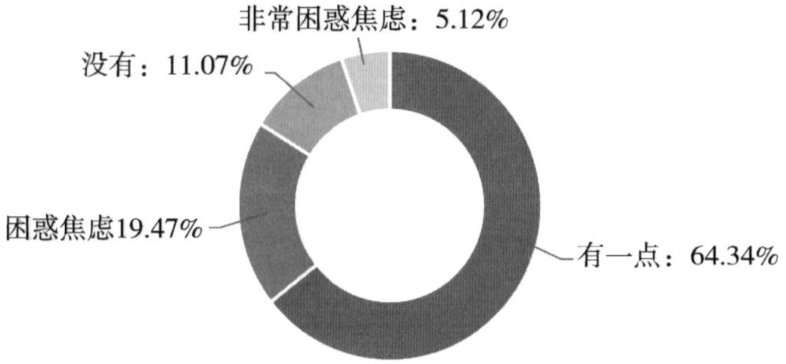

图17 是否为如何教育孩子而感到困惑或焦虑

7. 目前在教育孩子上面临的最大问题是什么

家长在教育孩子方面所面临的最大问题是“如何让孩子改掉自身的缺点或不良习惯”，其次为“如何提高孩子做人做事方面的素养”，以及“如何提高孩子的学习成绩”，这三项占了选择人次的91.21%。（图18）

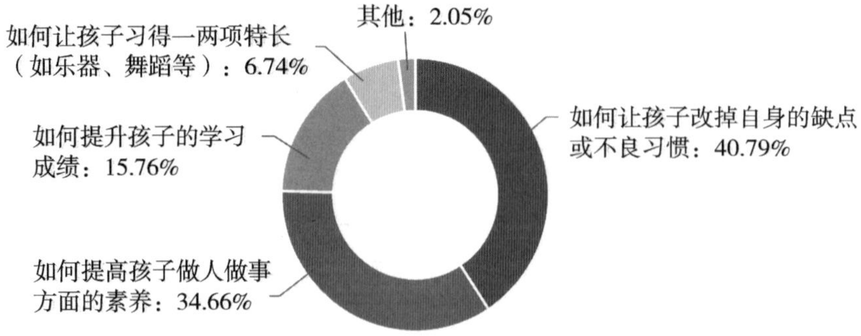

图18 目前在教育孩子上面临的最大问题是什么

8. 在家庭教育上出现问题如何解决

本次调查中，在家庭教育上出现问题时，大部分家长会选择“与孩子沟通共同商议方法”解决，有 32.58% 的人次采取了这种方法；其次为“寻求老师的帮助”；再者为“在网络、图书上查资料解决”。可见，孩子、老师、网络或图书、亲朋好友是绝大部分家长在遇到问题时会选择的途径。而仅有 3.40% 的人次选择了“寻求专业机构帮助”，可见家长在遇到问题时还是会首先考虑与自己亲近的人或借助网络等工具来进行解决，而很少寻求专业途径来解决。(图 19)

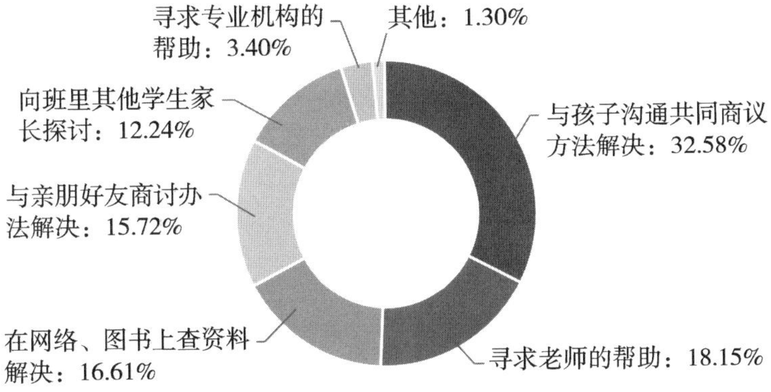

图 19　在家庭教育上出现问题如何解决

(四) 参与家庭教育学习情况

1. 有无参加过正式的或 3 天以上的家庭教育学习或专家咨询指导

在本次调查中，高达 85.39% 的家长没有“参加过正式的或 3 天以上的家庭教育学习或专家咨询指导”，这或许正是大部分父母存有不同程度的困惑焦虑状态的重要原因。开车需要驾照，做什么工作都需要执业资格和岗前培训，而做父母这样重要、复杂和长期性的工作，大多数人竟是“无证驾驶”“无证上岗”。开展父母教育培训工作和倡导父母开展家教读书活动，显得十分必要。(图 20)

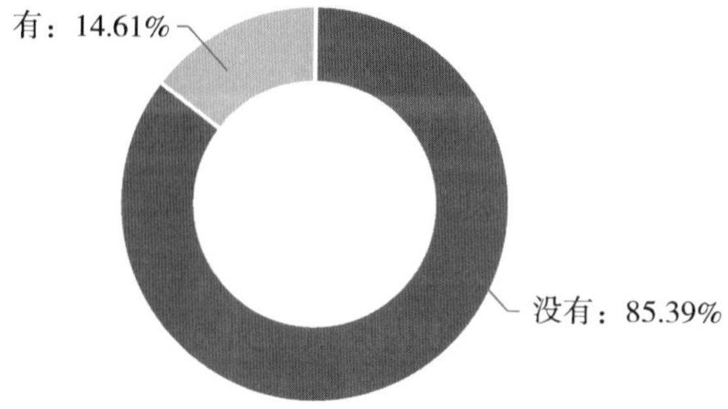

图 20 有无参加过正式的家庭教育学习

而对于是否有参加过正式的或 3 天以上的家庭教育学习或专家咨询指导的家长，教师、医护人员、公职人员参加过的人数比例明显较大。可见，公职人员及事业单位工作者在参加家庭教育学习或指导方面较为积极。但即使如此，他们参加的比例也不算高，比例最高的教师群体仅 23. 9% 。因此，要加大这方面的规定及规范。（图 21）

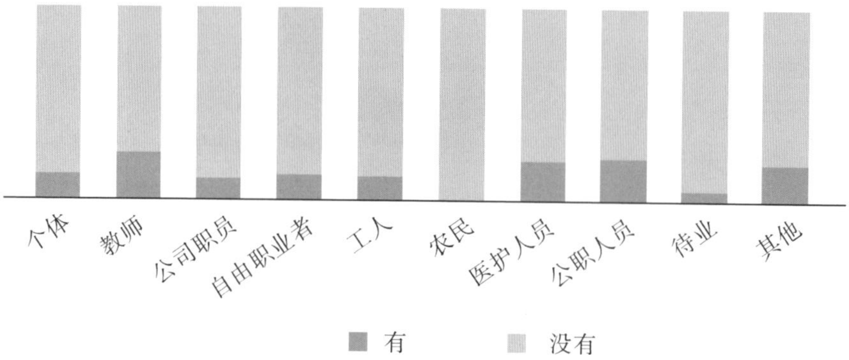

图 21 职业与参加家庭教育学习情况的关系

2. 有无认真阅读过家庭教育方面的书籍

广州家长们在学习家庭教育知识方面还十分欠缺，不仅参加过正式或 3 天以上的家庭教育学习或专家咨询指导的家长甚少，认真阅读过 3 本以上家庭教育方面书籍的家长也不多。在本次调查中，有 23. 20% 的家长没有“认真阅读过家庭教育方面的书籍”，42. 92% 的家长阅读过 1—2 本，认真阅读过 3 本及以上的家长仅占 33. 88% 。（图 22）

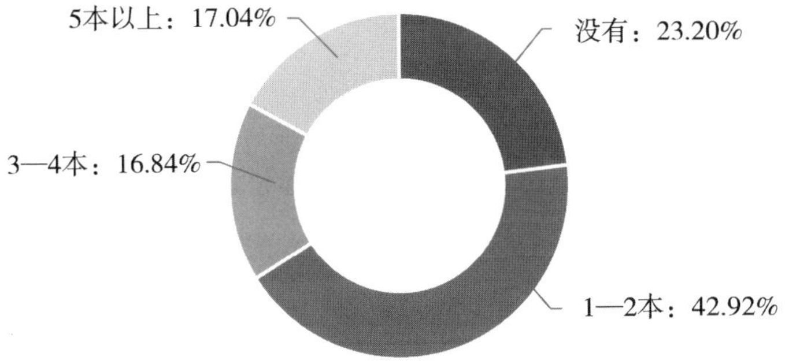

图 22　有无认真阅读过家庭教育方面的书籍

3. 身边的家长是否参加过家庭教育学习或专家咨询指导

对于身边的家长是否参加过家庭教育学习或专家咨询指导，46.30% 的家长并不清楚身边家长的情况，而 29.22% 的家长选择了“少数有”，18.52% 的家长选择了“基本没有”，仅 5.96% 的家长选择了“大部分有”。可见，在我们的调查范围之外，参加家庭教育学习或专家咨询指导的家长也较少。(图 23)

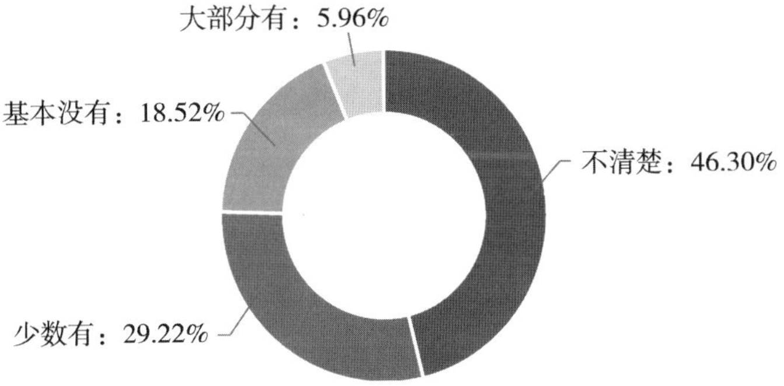

图 23　身边的家长是否参加过家庭教育学习或专家咨询指导

4. 是否愿意花时间和精力学习家庭教育知识

询问家长是否愿意为孩子健康成长花时间和精力学习家庭教育知识，有 62.30% 的家长表示非常愿意，33.60% 的家长表示可以考虑，仅有 4.10% 的家长表示没考虑过。可见，大部分家长是愿意为孩子参加家庭教育学习的。(图 24)

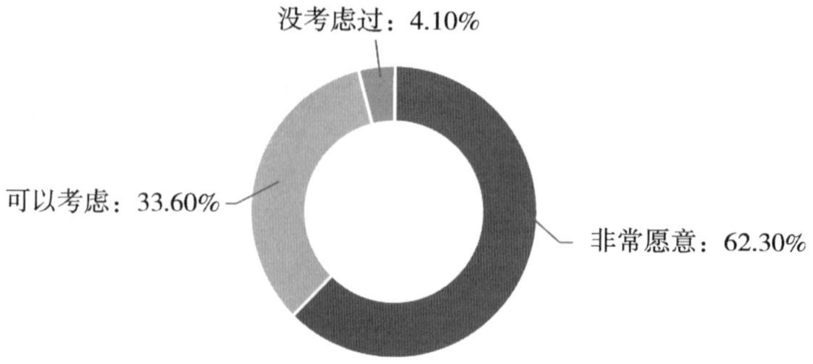

图 24　是否愿意花时间和精力学习家庭教育知识

5. 身边是否有相关途径或机会参加家庭教育学习或专家咨询指导

通过对“您身边是否有相关途径或机会参加家庭教育学习或专家咨询指导”的询问，我们发现，38.81% 的家长身边并无途径或机会参加，但仍有 32.65% 的家长有这种途径及机会参加。说明没有途径参加确实是一大原因，但并非全部原因。28.54% 的家长没了解过这方面的信息，可见该类家长对于家庭教育学习不够重视。（图 25）

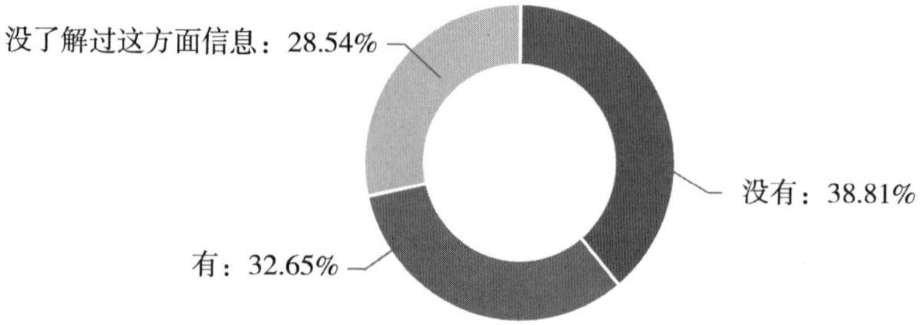

图 25　身边是否有相关途径或机会参加家庭教育学习或专家咨询指导

6. 若有途径参加家庭教育学习，可通过何种途径参加

在有相关途径或机会参加家庭教育学习或专家咨询指导的家长中，有 85.19% 的家长可以通过“孩子的学校或家长学校组织的活动”参加家庭教育学习，有 26.54% 的家长可以通过“专门的家庭教育机构举办的活动”参加，有 23.46% 的家长可以通过“社区举办的活动”参加。这三者是家长们可以参加家庭教育学习的三大途径，其中，孩子的学校或家长学校组织的活

动占了非常大的部分。（图 26）

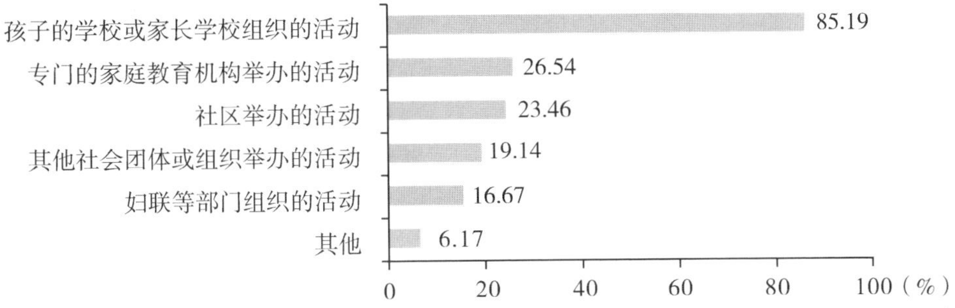

图 26　可通过何种途径参加家庭教育学习

从各种途径的贡献率上看，48.08% 的家长可以参加的活动由孩子的学校或家长学校组织，也就是说，学校、家长学校占了近一半。（图 27）

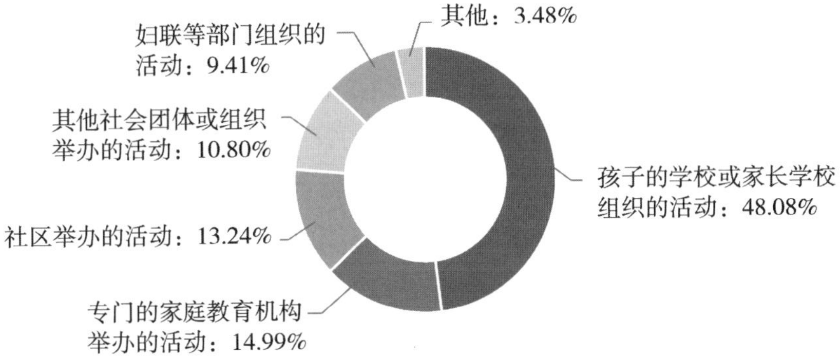

图 27　各种途径的贡献率

7. 希望能通过何种途径参加家庭教育学习

对于家长们希望通过何种途径参加家庭教育学习，“孩子的学校或家长学校组织的活动”是最受家长们欢迎的，有 38.55% 的人次选择了这种途径。同时，有 24.07% 的人次选择了“专门的家庭教育机构举办的活动”，其次为“其他社会团体或组织举办的活动”占了 13.94%，这两者的比例与其现实中家长们可参加的比例相差较大。因此，家庭教育机构及其他的社会团体或组织，应当加大相关活动的举办及宣传。（图 28）

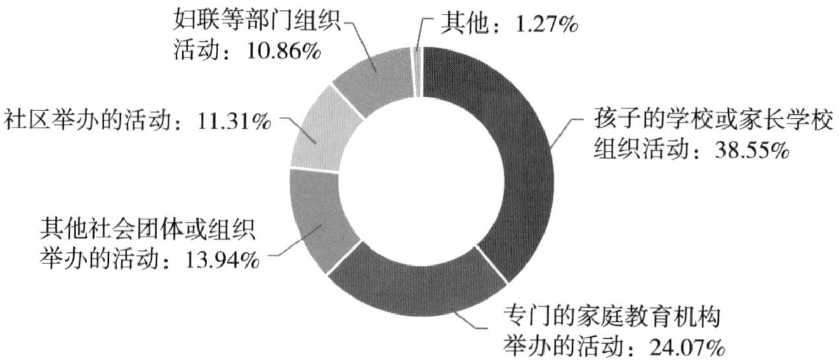

图 28　希望能通过何种途径参加家庭教育学习

（五）广州市家长对家庭教育立法的看法

1. 对广州目前推进指导家庭教育的状况

在本次调查中，仅有 7.02% 的家长对广州推进指导家庭教育的状况十分满意，46.91% 的家长表示基本满意，还有 40.08% 的家长表示不太满意，5.99% 的家长非常不满意。若按照十分满意 4 分，基本满意 3 分来赋分，以此类推，家长对广州市推进指导家庭教育的状况满意度得分为 2.55 分。可见，家长对广州市推进指导家庭教育的状况满意度并不高。因此，在家庭教育立法上，应对政府的相关责任做进一步的规范。（图 29）

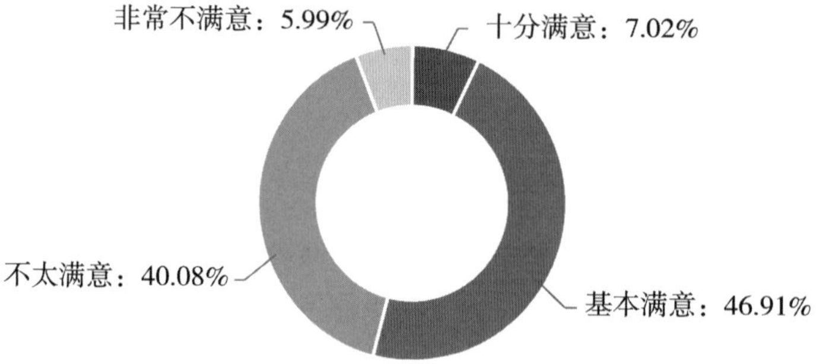

图 29　对广州推进指导家庭教育的状况的满意程度

2. 政府对家庭教育的责任

在本次调查中，64.01% 的家长认为政府对家庭教育有一定的责任，26.99% 的家长认为政府负有重要的领导责任，仅有 0.61% 的家长认为政府没

有责任。可见，大部分家长希望政府能在家庭教育上负起责任，为家庭教育提供支持。(图 30)

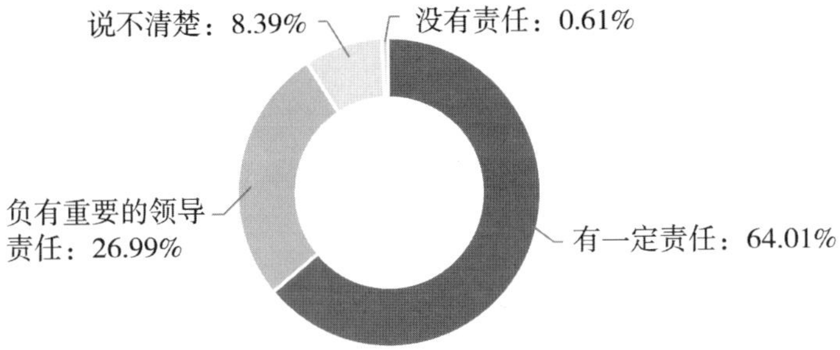

图 30　政府对家庭教育的责任

3. 广州有无必要进行家庭教育

在调查中，有 30.27% 的家长认为很有必要进行家庭教育立法，56.65% 的家长认为有必要进行家庭教育立法，仅有 3.68% 的家长认为没有必要。可见，大多数家长认为进行家庭教育立法是一件有必要的事情。(图 31)

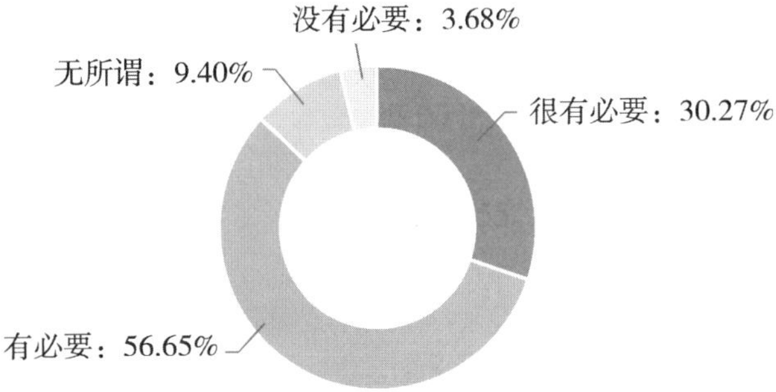

图 31　广州有无必要进行家庭教育

4. 广州进行家庭教育立法的紧迫性

从紧迫性上看，有 15.78% 的家长认为广州市家庭教育立法是非常紧迫的，有 43.44% 的家长认为是紧迫的，仅有 3.07% 的家长认为不紧迫。因此，在紧迫性上，有近六成的家长认为是紧迫的。(图 32)

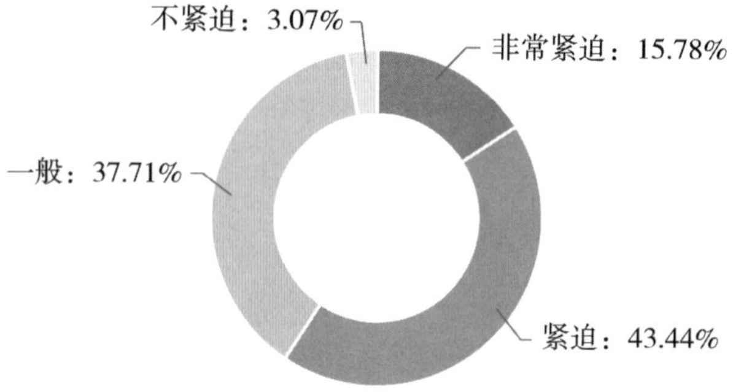

图 32　广州进行家庭教育立法的紧迫性

结合必要性及紧迫性看，有近六成的家长认为广州市家庭教育立法是有必要且紧迫的。认为无所谓/不必要及一般/不紧迫的人占 12. 70%，其中，认为不必要且不紧迫的仅占 0. 42%。(图 33)

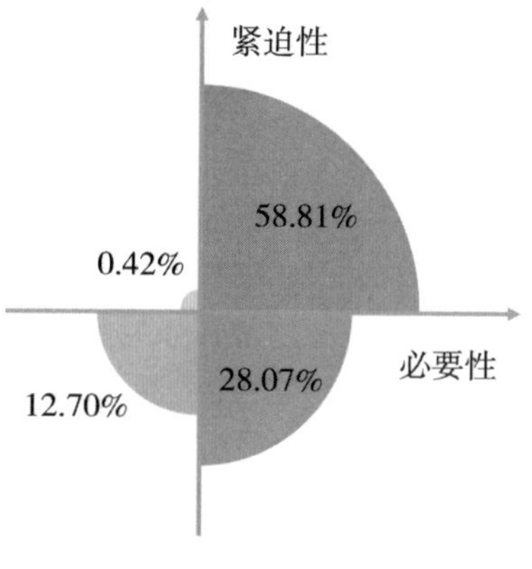

图 33　紧迫性与必要性

5. 促进家庭教育工作应由何部门主管

对于促进家庭教育工作应当由哪个部门来作为主管部门，53. 29% 的家长认为应当由教育行政管理部门与妇联分工协作，有 26. 13% 的家长认为应当由教育行政管理部门进行管理。也就是说，有 79. 42% 的家长认为教育行政管理部门对家庭教育工作有着主要管理责任。还有 5. 56% 的家长认为应由非政府部门管理。这启示我们，家庭教育管理工作可适当引入非政府部门的协助管理，一方面可加强监督，另一方面也可引入社会力量进行协同管理。(图 34)

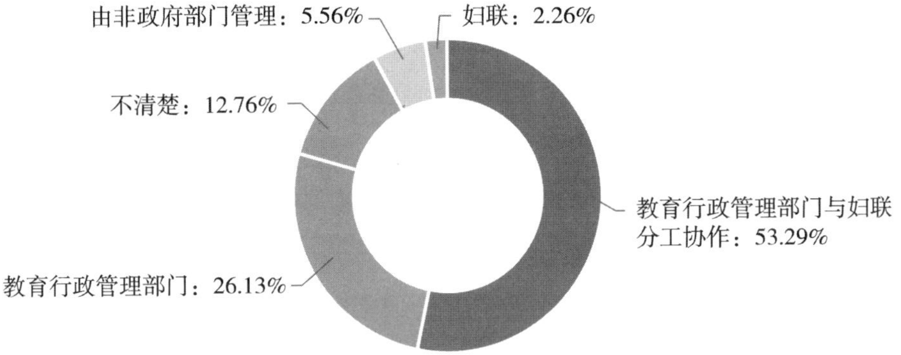

图 34　促进家庭教育工作应由何部门主管

6. 广州市家庭教育立法最应关注和解决的问题

在本次调查中，家长们认为最应当关注的是确立正确的教育理念与科学的教育方法，其次为完善家庭教育公共服务、加大政府投入、动员社会力量参与，再次为确立家庭教育的重要地位；在所设立选项中，最不重要的是建立家庭教育的考评激励机制。这体现了家长们十分希望能学习到科学的家庭教育方法，同时也希望社会各界能对家庭教育给予支持。（图 35）

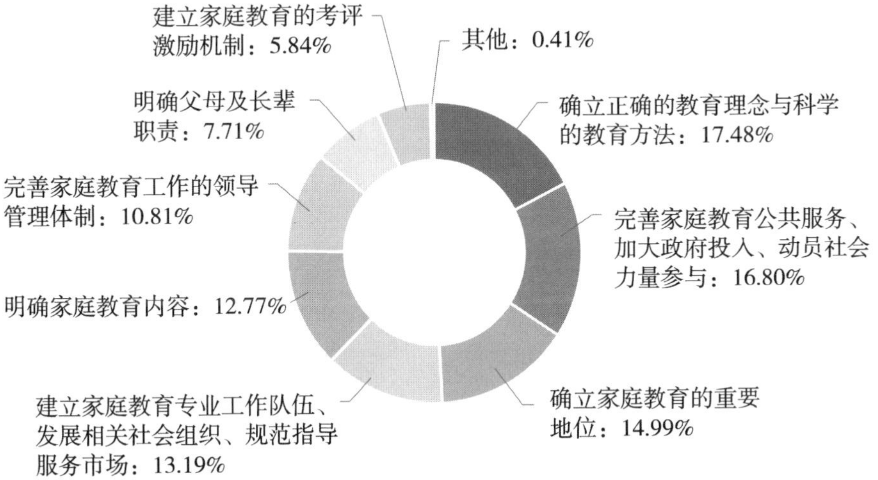

图 35　广州市家庭教育立法最应关注和解决的问题

7. 对具体法条的接受程度

（1）对于“家庭教育实施部门应对家庭教育方法有偏差的家长或监护人进行评估并给以强制培训和指导”这一规定，30.74% 的家长表示完全接受，49.18% 的家长表示基本接受，仅有 8.61% 的家长表示不接受。对于该法条，家长的接受度是 79.92%，接受度较高。有家长对此表示疑惑：“方法有偏差的标准由谁评定，是否科学?”也就是说，对于法条的具体实施方法需要作出详细规定，或出台配套法律来进行进一步规范。（图 36）

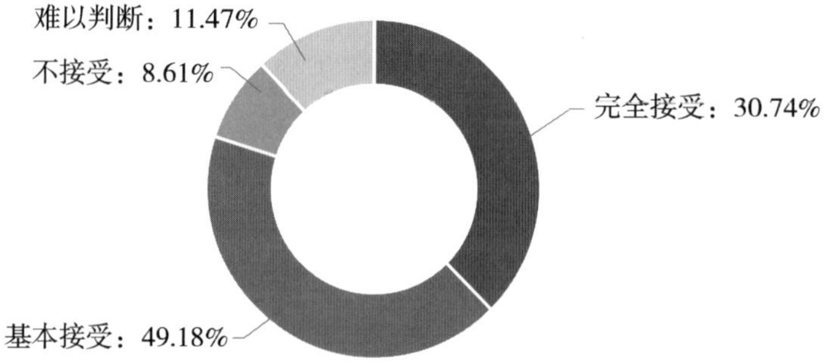

图 36　对法条的接受程度（1）

（2）对于“中小学家长学校每学期应开展两次以上家庭教育活动，幼儿园家长学校每学期应开展三次以上家庭教育活动”这一规定，67.15% 的家长认为有必要，10.47% 的家长认为没必要，22.38% 的家长认为不好判断。可见，大部分家长都认为有必要对家长学校举办活动的次数进行规定，保证家长学校设立的实际效果。（图 37）

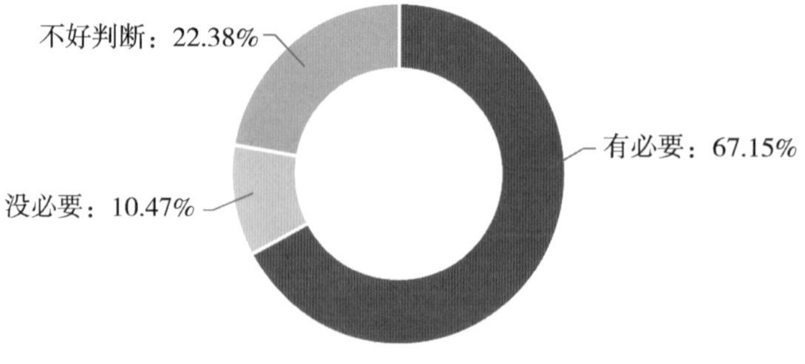

图 37　对法条的接受程度（2）

(3) 对于“父母或者其他监护人不履行家庭教育职责的，由其所在单位、未成年人就读学校、街道（社区）和村（居）民委员会等依法予以劝诫、批评教育，责令改正。经教育不改正的，有关单位或人员可以向人民法院提出撤销或变更监护资格的申请”这一规定，37.50%的家长表示完全接受，42.42%的家长表示基本接受，仅有8.20%的家长不接受。该法条的接受度为79.92%，与“家庭教育实施部门应对家庭教育方法有偏差的家长或监护人进行评估并给以强制培训和指导”的接受度相同，但完全接受的人数较高，不接受的人数较少。也就是说，较之上一法条，该法条实际上让家长们更能接受。(图38)

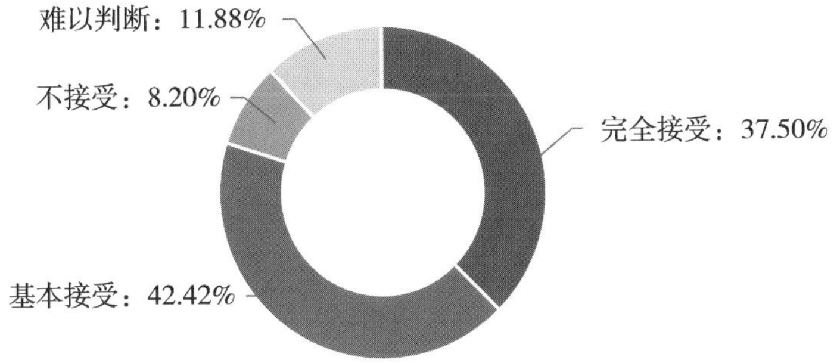

图38 对法条的接受程度（3）

但同时，也有家长对此法条提出异议，有家长表示，对于未成年人，父母是其最亲近的人，撤销或变更监护资格，对于未成年人的成长可能会有所影响，建议应充分考虑父母与子女的血缘与亲情关系。同时，还有家长认为应多考虑孩子的意愿。

8. 家长对广州家庭教育立法实施后效果的预测

在对家庭教育立法实施后的引导、促进及规范效果，11.29%的家长认为完全能达到效果，54.83%的家长认为基本能够，仅有5.95%的家长认为不能够；还有27.93%的家长对效果的好坏难以预测。也就是说，有六成多的家长对家庭教育立法的效果持乐观态度，一方面要努力让立法更好地发挥其效果，另一方面要加大宣传，让对立法效果难以预测及比较消极的家长更好地理解并接受立法内容。(图39)

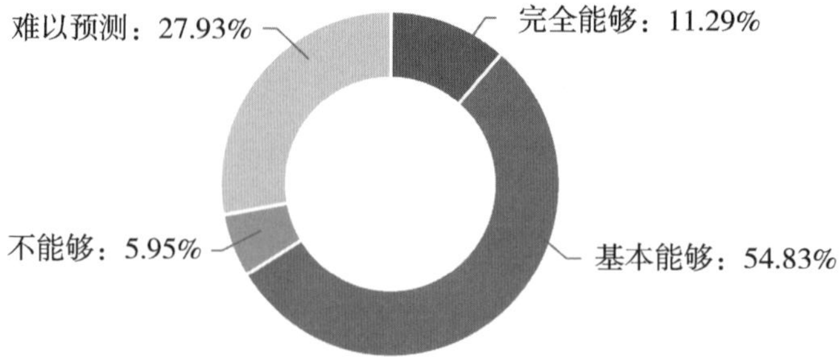

图 39　家长对广州家庭教育立法实施后效果的预测

（六）广州市家长对立法的建议

（1）希望家庭教育尽快立法。

（2）希望条例有可操作性，且执行上能落到实处。

（3）关注政府、社会、学校等对家庭教育的支持服务。

（4）保障家长陪伴孩子及参加相关课程的时间。

（5）立法的适应性及针对性。

（6）立法过程中需要关注的其他问题。

总结来说，家长对于立法充满了期待，但对于法律是否具有可操作性及落实情况皆有担忧，对于政府、社会、学校，他们希望能有明确的分工，对家庭教育多加支持并提供相应的教育服务。同时，家长们还在以下方面提出了自己的建议和疑问，如保障家长陪伴孩子及参加学习的时间、对不同人群有针对性的规定、对无户籍家庭如何管理、如何更好地落实到位、如何加大宣传等。

三、结论与建议

（一）家庭教育立法有助于解决问题

在本次调查中，广州市大部分家长都拥有较好的家庭教育观念，并且能采用尊重与引导并行的方式进行教育，但也存在“重视子女教育，但理念和方法不对”“宠爱溺爱孩子，娇生惯养”“重视智力开发，忽视德育教育”等问题。有一小部分家长对孩子放任不管或交由他人管，特别是在孩子比较小的时候，父亲教育缺位的现象较为明显；有些家长由于工作等原因无法陪伴孩子，有两成的家长未能做到晚上或周末陪伴孩子；有88.93%的家长对家庭教育有困惑焦虑感，突出的问题是“如何让孩子改掉自身的缺点或不良习惯”“如何提高孩子做人做事方面的素养”“如何提高孩子的学习成绩”等。这都反映出中国家庭教育存在三大短板——缺乏有效的社会支持系统、家长自身的素质与教育能力参差不齐、缺乏系统的理论和研究方法。这些系统性、深层次、涉及面广的问题必须通过家庭教育立法解决。一是通过立法，提升家长对于家庭教育的认知；二是通过立法，保障家长有时间参加家庭教育学习，解决困惑，缓解焦虑；三是通过立法，加强理论研究，健全专业队伍，提出刚性要求，推动政府、学校、企业和社会组织形成合力，提供优质、规范、专业、普及的家庭教育服务。

（二）家庭教育立法拥有政策基础且受家长欢迎

从政策法规看，《中华人民共和国宪法》《中华人民共和国未成年人保护法》《中华人民共和国预防未成年人犯罪法》，在多章多款中都规定了家庭教育的责任与要求。《国家中长期教育改革和发展规划纲要（2010—2020年）》《中国儿童发展纲要（2011—2020年）》《全国家庭教育工作“十三五”规划》，都提出加快家庭教育法制化建设、推进家庭教育立法进程的要求。近年来，全国层面，由全国妇联、教育部协同有关部门全面启动家庭教育法的研究工作，形成立法草案，推动出台家庭教育地方性法规。

在本次调查中，64.01%的家长认为政府对家庭教育有一定的责任，26.99%的家长认为政府负有重要的领导责任。在家庭教育立法是否有必要的问题上，86.92%的家长认为有必要进行家庭教育立法；在紧迫性上，59.22%的家长认为广州市家庭教育立法是紧迫的。综合起来看，有58.81%的家长认为家庭教育立法是必要且紧迫的。可见，大部分家长对于广州市家庭教育立法是较为欢迎且有较为深刻的认识的。也可以看出，有很多家长在对家庭教育立法的建议中表现出对法律尽快建立的急切心理。

（三）家庭教育立法应注意的问题

通过调查，家长对于家庭教育立法的可操作性及后期宣传、落实关注度最高。因此，在家庭教育立法的可操作性上要加大功夫，多吸纳学校、专家、社会组织、家长等各方的建议在法条制定上尽量多考虑实际情况，做到具体、可操作性强。

同时，家长们建议，应当根据实际需求，给予切实且有针对性的规定及帮助，才能更好地将法律实施落实，真正达到其效果。法规制定后，还要加强宣传及落实，让家长、各类社会组织、学校、政府各部门清楚了解立法的目的及意义，了解法条的具体内容及实施细则，在落实上应保证有法必依，对实施效果加强监督，才能真正让法律起效果。

另外，对于家长的一些建议，如可否设立专门的部门机构对家庭教育及家庭教育立法后的各项事务进行管理；可否要求用人单位对孩子年龄较小的家长采取不加班或尽量减少加班时间，以保证家长有足够的时间参与培训及陪伴孩子等等，也应组织讨论及可行性调研分析，以更好地促进家庭教育工作的开展，让家长履行自身义务，让孩子能享受到更为优质的家庭教育、更快乐更健康地成长。

广州市妇女联合会

广州日报数据和数字化研究院

广州家政行业大数据调查报告

党的十九大报告指出，中国社会的主要矛盾已经转化为人民日益增长的美好生活需要和不平衡不充分的发展之间的矛盾。这个矛盾在家庭服务特别是家政服务领域尤其凸显。一方面，随着社会快速老龄化、人口政策持续调整、国民收入水平提升以及家庭服务的日益社会化等系列因素的影响，家庭服务消费需求高涨。另一方面，我们的家庭服务业发展仍然相对滞后，有效供给不足、质量水平不高、消费环境有待改善等问题突出，迫切需要加快发展。家庭服务业的供需矛盾，既是数量上的，也是质量上的，更是结构上的。

广州是改革开放的前沿城市，也是国内家庭服务业培育发展最早的城市之一。广州市妇联早在 1984 年就开始涉足家庭服务行业，是全国家庭服务领域的先行者，打造的“花城人家”家政服务品牌已在市场上、在群众中树立了良好口碑。在中国（广州）第二届家庭服务行业圆桌会议召开之际，我们开展家政行业大数据调研，通过严谨客观的数据挖掘和解读，以“数据画像”的形式，呈现广州市家政服务行业发展的现状和不足，并对未来家政服务业的发展趋势进行预测。在行业发展上自觉担负起引领和推动行业规范发展的重任，期望能为推进家政服务业这一需求缺口巨大的新兴服务业和朝阳产业发展提供助力。

一、调研情况简介

本次调研主要通过大数据挖掘、问卷调查和线下深度定性访谈等多种研究方法，通过线上线下数据的挖掘、统计和分析，绘制可视化图表，探讨分析广州市家政服务行业的整体发展现状。

问卷调查部分，调研组针对广州市家政服务行业机构和从业人员分别设计了两套调查问卷。行业机构问卷以广州市现有家政服务机构为研究对象，主要调查广州市本地家政机构的发展现状、存在问题、经营情况、培训状况和公司给予家政人员的福利待遇等情况，收集分析广州市家政服务机构存在的问题。从业人员问卷以广州市家政人员为研究对象，旨在了解广州市家政从业人员队伍的结构、工作现状、接受培训和权益维护等情况，收集分析广州市家政从业人员队伍存在的问题。通过网络投放、电话访问和实地发放三种方式发放，共回收有效行业机构问卷 105 份，有效从业人员问卷 3910 份，其中网络投放 1150 份、电话调查 1750 份、实地走访 1010 份。

深度访谈部分，调研组采访了广州市家政服务行业商会，8 个广州市家政服务机构，深入了解本地家政机构的市场营收、职业培训、服务水平、产品类别等方面情况。同时，抽样深度采访了数十个广州市家政从业人员，通过与家政服务人员的一对一沟通，深入地了解他们的就业现状（收入水平、培训技能、服务内容、职业认可度、权利保障等）和发展困境。此外还采访了多个家政消费者，了解其对家政服务及从业人员的态度和评价，深入挖掘其核心消费需求。

二、国内家政服务行业的整体情况

（一）家政服务的定义与分类

从学科上看，家政泛指家事、家务，亦指对家庭事务的管理工作。家政在中国一般是指治家，是对家庭事务的管理；其理论基础是家政学。从现实意义上讲，家政服务即是围绕家庭住处、家庭成员而提供的各项服务，具体包括家居清洁、母婴护理、老人陪护、健康医疗等服务项目。其本质上是家政服务人员为家庭生活提供的事务性、管理型的社会服务，目前处于基础服务层面，未来家政服务将向高级管理型发展，实现更为细分化、专业化、科学化的品质服务。

因家政服务种类繁杂细分，目前学界业界还未对家政服务给出明确的内容分类。我们结合目前家政市场现有的实际工种，拟定本报告所探讨的家政服务类别，将其分为家务劳动（洗衣、做饭、日常清洁等）、家庭保洁（专业清洁、家具养护、深度清洁等）、家居服务（搬家、房屋维修、家电安装、送水配送等）、家电维修（生活电器维修、电子产品维修等）、护理陪护（老人陪护、病人护理等）、母婴护理（月嫂、育婴师、催乳师等）、家庭教育（育儿早教、家教辅导等）、健康医疗（营养师、康复理疗、医护上门等）、美容健身（美容师、美甲师、健身教练等）、家庭专业管理（高级管家、家庭理财顾问、家庭消费资讯等）、其他等11个大类（表1）。

表1　家政服务内容分类

服务类别	工作内容	主需技能
家务劳动	洗衣、做饭、日常清洁等	日常家务基本技能等
家庭保洁	专业清洁、家具养护、深度清洁等	专业家具保养、洗涤等
家居服务	搬家、房屋维修、家电安装、送水配送等	家装、水电等技术
家电维修	生活电器维修、电子产品维修等	电器、电子产品维修等技术
护理陪护	老人陪护、病人护理等	护理学、生理学知识与技能等
母婴护理	月嫂、育婴师、催乳师等	育儿知识、产妇护理专业技能等
家庭教育	育儿早教、家教辅导等	教育学、心理学等知识
健康医疗	营养师、康复理疗、医护上门等	营养康复学、医学健康等知识
美容健身	美容师、美甲师、健身教练	美容、美甲、健身等技能
家庭专业管理	高级管家、家庭理财顾问、家庭消费资讯	管理学、财经类知识与技能等
其他	其他家政内容	其他所需相关技能

（二）家政服务行业的整体现状

1. 家政服务行业的市场数据

（1）非必要消费需求日益增长，家政服务支出显著提高。2017年，全国居民人均消费支出 18322 元，比上年同期名义增长 7.1%，实际增长 5.4%。图 1 显示居民人均消费支出的增长，总体上体现了中国居民消费能力的提高。

反映在消费市场上，消费个性化、体验式的趋势日渐明显，享受型、健康型等非必要消费需求日益受到消费者青睐。中国消费者的消费形态正从满足基本需求的必需品到购买提升生活品质及体验的服务，从大众产品到高端商品升级。

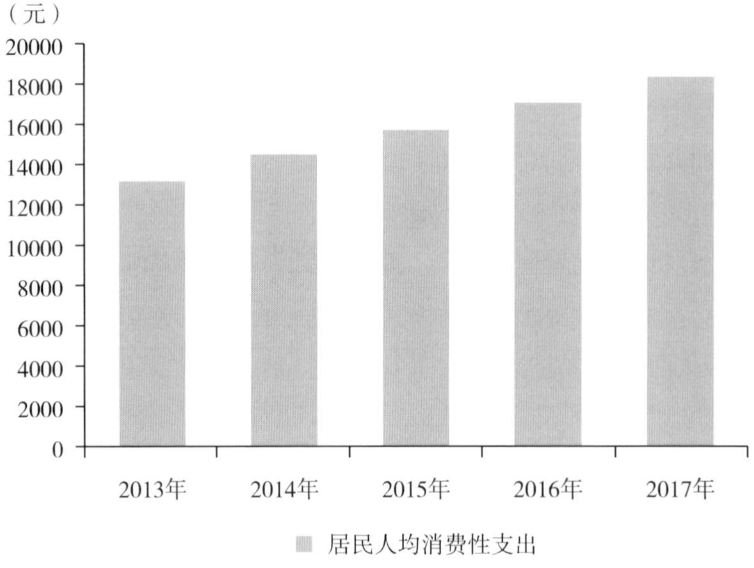

图 1　2013—2017 中国居民人均消费指数趋势图

（2）家政服务价格温和上涨，居民对价格接受能力提高。消费指数[①]衡量了中国居民消费品价格水平变动的情况。据国家统计局数据报告，截至 2017 年 9 月，中国居民消费指数为 101.5，同比增长 1.6%。从 2013 年至 2017 年 9 月，中国居民消费价格指数有小幅度的上下波动，但消费指数均大于 100，说明居民消费价格水平仍处于上涨状态。其中，2016 年家政服务价格温和上涨 5.7%，这就意味着家政服务行业的服务价格处在稳步上升的阶

① 消费指数是反映不同时期每户（每人）消费水平变动程度的指标，它的基数为 100，超过 100 为消费价格上浮，低于 100 为消费价格下降。

段中。

（3）第三产业和家政服务就业人员数值不断上升。在企业需求人员中，2016 年，中国第三产业就业人员占总就业人员的 43.5%（图 2），居民服务与其他服务业占 9.7%。《2016 年中国家政服务行业发展现状及趋势前景》中的数据显示，天津、上海等 9 座城市共有 23.96 万人从事家政服务行业。

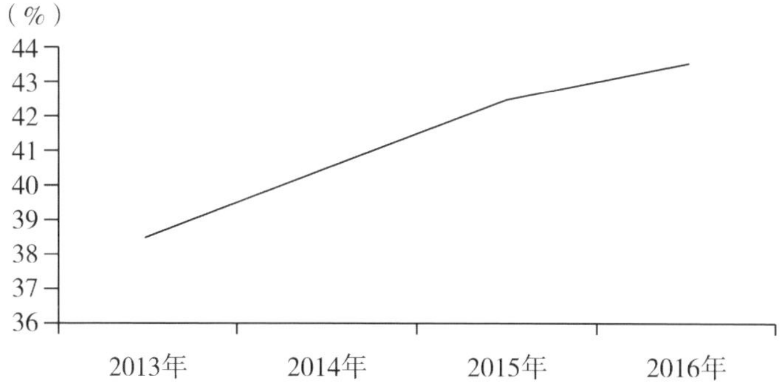

图 2　2013—2016 年第三产业就业人数占总就业人数比值趋势图

2. 家政 O2O 市场分析

家政 O2O 是指借助互联网、通信技术等现代化信息技术，家政服务公司通过网站、APP、微信等终端入口，以线上预约、支付、评价反馈，线下享受到家服务的方式，为有家庭服务需求的用户提供育婴早教、家庭保洁、老人陪护、管道疏通等生活服务的新型家政模式。与传统家政服务不同，家政 O2O 提供的家政服务，打通了线上线下界限，加强了用户体验，有力促进了家政服务业的发展。

近年来，家政 O2O 呈现高速发展的趋势。自 2013 年萌芽至 2017 年止，短短四年，中国家政市场已先后涌现包括 e 家洁、云家政、阿姨帮、阿姨来了、小马管家、嘉佣坊等一大批家政 O2O 创业公司。从 2014 年开始，一些大型网络平台如 BAT、京东、58 同城、大众点评、美团等领军企业也纷纷布局包括家政服务在内的上门服务业。腾讯、鼎晖、阿里巴巴等企业资本更是齐齐进驻家政服务领域——整个家政产业链“技术与资本齐飞”，有力促进了家政服务业标准化、特色化、品质化发展。（表 2）

表2 家政O2O平台融资情况

企业名称	时间	轮次	融资金额	投资机构
阿姨来了	2014.8	A轮	数百万美元	清科创投等
	2016年底	/	上千万人民币	北京市生活性服务业发展基金
e家洁	2014.9	A轮	400万美元	盛大资本、腾讯
	2015.2	B轮	数千万美元	德同资本及其他三家机构
	2015.7	C轮	1亿人民币	天风证券（领投）、鼎晖资本、盛景母基金、腾讯产业共赢基金、德同资本、德丰杰资本
小马管家	2015.7	A+轮	5000万人民币	经纬中国、浙商创投
好慷在家	2014.5	A轮	数千万人民币	未公开
	2015.8	B轮	7000万人民币	赛富基金、海尔家庭创业投资中心、蒙发利集团
58到家	2015.10	A轮	3亿美元	阿里巴巴、KKR、中国平安（平安创新投）
云家政	2014.12	A轮	数千万美元	蓝驰创投
	2015.11	B轮	1200万美元	SIG海纳亚洲、蓝驰创投
牛家帮	2016.1	A+轮	数千万人民币	Colony Capital柯罗尼资本、东方富海、英诺天使基金
管家帮	2011.7	A轮	5000万人民币	天图资本
	2015.5	B轮	1.2亿人民币	未透露
	2016.1	C轮	2亿人民币	碧桂园
尊爵家服	2016.2	天使轮	500万人民币	南京天笑投资
助家生活	2016.5	Pre-A	3000万人民币	未透露
超级阿姨	2016.6	Pre-A	600万人民币	深圳恒裕

说明：数据来源于《中国家政服务行业发展报告2017》。

从全国家政O2O企业的市场份额占有率来看，e家洁公司占据了24.1%的用户市场，排名第一；其次是阿姨帮、58到家和云家政三家企业，分别占据16.8%、15.4%和11.7%。（图3）

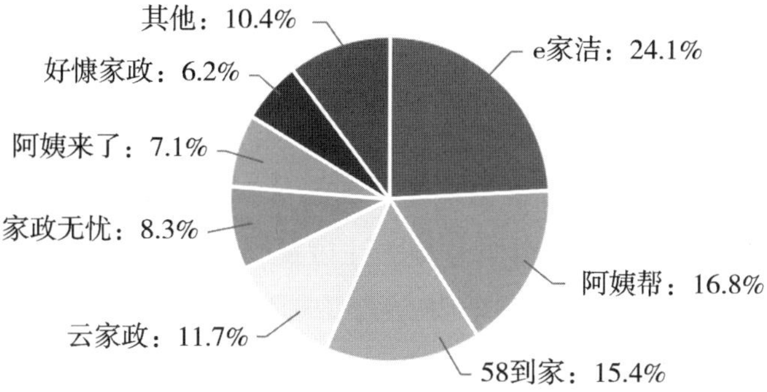

图3　2016 年上半年中国家政 O2O 市场用户份额

在全国具有代表性的家政 O2O 企业中（图 4），成立于 2006 年的“管家帮”是中国家庭服务 O2O 模式的首创者。“管家帮”通过产品和服务从工厂、基地直接供给到家庭的商业模式，提供以“家政服务”为主，“有机食品、营养健康、绿色家居、安居咨询”为辅的产品服务。“阿姨来了”公司成立于 2007 年，业务主要分为阿姨社群运营、月嫂、育儿、家务、企业保洁等。成立于 2010 年的“云家政”公司，通过业内首创的“按需选人”模式选择合适的家政人员，并可在线托管中介费、试工费、阿姨工资等；用户可通过网站、APP、IPTV、微信、百度轻应用、百度直达号、支付宝钱包等入口登录云家政，云家政提供的工种包括宅速洁（临时钟点工）、长期钟点工、住家保姆、月嫂、育儿嫂、老人看护等。

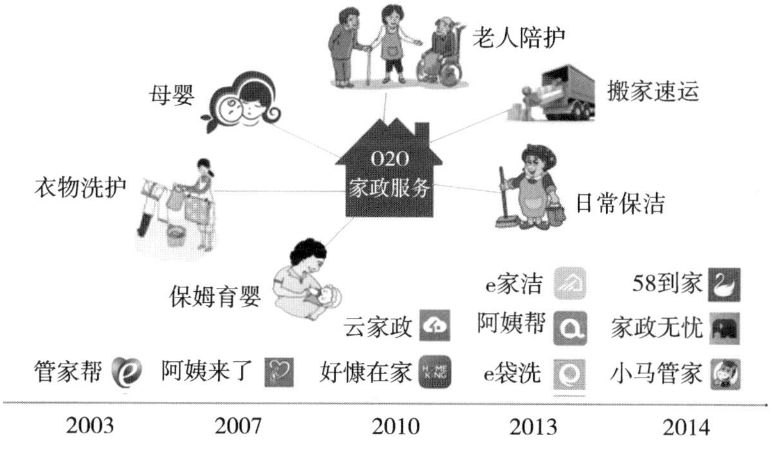

图 4　国内具有代表性的家政 O2O 企业

3. 家政服务行业指数分析

（1）“家政服务”关注度稳中有升，移动终端趋势显著。借助百度指数工具，以“家政服务”为搜索关键词，查询其2011—2017年期间的全国整体舆情走向。如图5所示，家政服务的关注度从2011—2015年整体是稳步提升的趋势，到2016年直线突增，于2016年10月1日至2017年1月7日的周平均值达到12179的高峰，其移动趋势也在同时期呈现高峰现象，达到11506的周平均指数。

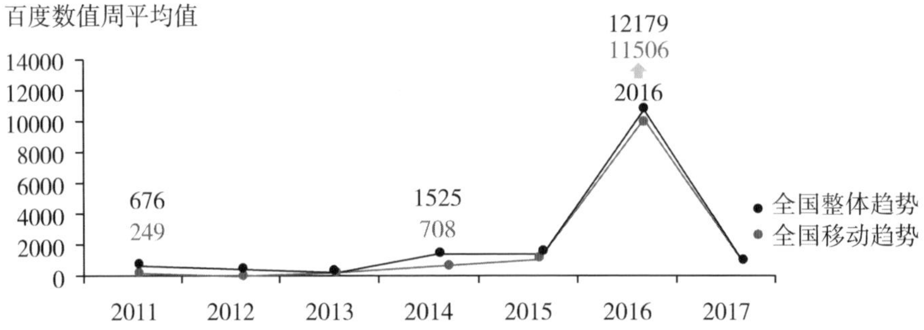

图5　以“家政服务”为关键词的全国搜索趋势图

从图6中可以看出，同时期的广州地区家政服务的发展态势和全国步调基本保持一致。2016年10月1—7日期间，广州市家政服务的整体和移动关注趋势皆达到最高值，随后关注度呈现下降趋势，于2017年10月1—7日又回升到一个小高峰段。总体而言，近几年人们对家政服务的关注度明显提升。

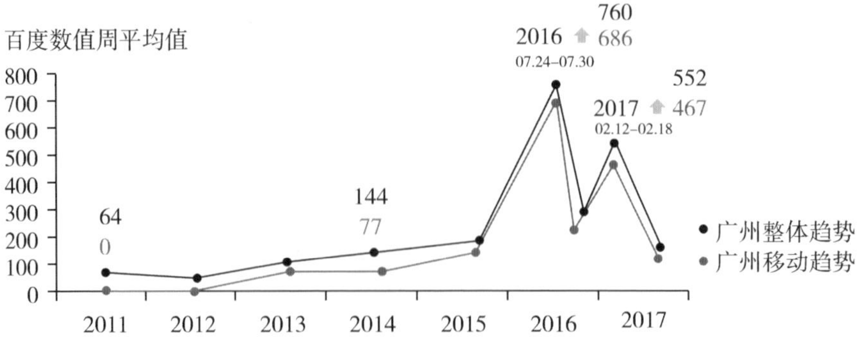

图6　以“家政服务”为关键词的广州搜索趋势图

自2010年以来，随着人们经济收入的增长，生活水平逐步提升，对家政服务的需求也在不断增加；2016年前后，国家先后出台《商务部关于加快家政服务业发展的意见》《国务院办公厅关于加快发展生活性服务业促进消费结构升级的指导意见》等政策，鼓励家政服务行业加速发展，带动经济结构转型升级。此外，移动互联科技的广泛应用改变人们的生活方式。2011年开始，随着微博、微信和客户端的使用，越来越多的用户开始习惯借助移动终端查询获取家政信息。

（2）“母婴护理”“养老护理”市场需求最大。借助百度指数和腾讯微信小程序的微信指数搜索平台，以“母婴护理”“养老护理”为关键词，查询2017年8—10月的搜索指数。从图7中可以看出，近三个月来的“母婴护理”“养老护理”两方面的关注度呈现增长趋势，分别于8月21日和8月3日达到微信指数搜索的高峰值。

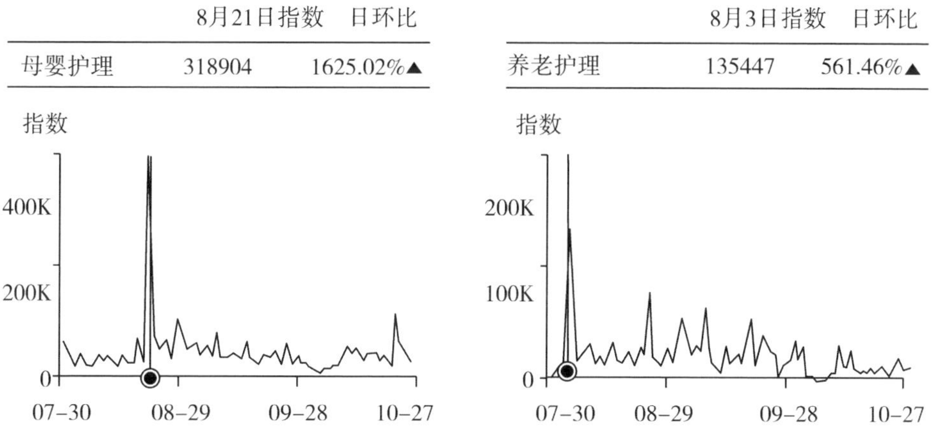

图7　以“母婴护理”和“养老护理”为关键词的微信指数趋势图

由于国家先后公开“单独二孩”“全面二孩”等政策，新生人口数量增长，对母婴护理的特殊要求增多；同时，中国的人口老龄化问题较为严重，据广东信息统计网报告显示，独居老人规模较大，其身心、健康及养老问题应引起社会的关注。由此可知，护理陪护在家政市场的需求比重逐步增加，未来市场发展前景较为明朗。

（3）“人工智能+家政”的发展。近年来，随着人工智能的蓬勃发展，人工智能和家政服务的结合已经成为全球家政行业发展的一个新热点。当今，包括中国在内的很多国家都面临着严峻的人口老龄化问题。由于多数年轻人忙于工作并且不愿意从事老年人健康照护的工作，而国家在社区老年人的健康服务上投入太高的人力成本，用机器取代人工成为一个必然的趋势，这些问题客观上推动了“人工智能+家政”的发展。

目前，“人工智能+家政”主要表现在家政机器人的发明和广泛使用上。按照应用范围和用途的不同，家政机器人一般可分为：电器机器人、娱乐机器人、厨师机器人、搬运机器人、不动机器人、移动助理机器人和类人机器人。

中国政府有关部门一直以来都十分重视并引导人工智能和家政服务业深度融合发展。2012 年，国家科学技术部发布的《服务机器人科技发展“十二五”专项规划》，提出要推进国家民生科技领域应用，围绕家政服务领域，重点开发辅助高龄老人与残障人移动护理监控机器人、家庭生活清洁机器人、教育娱乐机器人、两轮自平衡电动代步车等机器人，为家政机器人的发展提供了政策引导。2017 年 7 月 20 日，国务院印发《新一代人工智能发展规划的通知》，提出要围绕教育、医疗、养老等迫切民生需求，加快人工智能创新应用，为公众提供个性化、多元化、高品质服务，为人工智能产业发展进一步指明了方向。

如今市场上推广最为成熟的家政类机器人主要是清洁类机器人，如扫地机器人、拖地机器人、擦窗机器人等等。从图 8 和图 9 中可以看出，在淘宝网的生活电器类产品的销售占比上，从 2014 年开始，扫地机器人的销售额以 18.23% 的占比排到了生活电器类产品销售额的第一位。截至 2017 年 10 月，扫地机器人的销售额占比达到了全年生活电器销售额的 18.1%，擦窗机器人的销售额占比也达到了 0.5%。可见，家政机器人越来越受到了消费者的青睐，走进了千家万户。

服务机器人的广泛应用对一些传统行业造成了巨大的冲击。2016 年，在上海举办的“智能时代大未来”高峰论坛上，中科院院士、华东师大软件学院院长何积丰指出，初步统计显示，2015 年全球 40% 以上的工业机器人被中国买家购入，中国或将连续三年蝉联最大机器人消费国。预计到 2025 年，全球机器人产值将达到 30 万亿元，中国消费份额将占到三分之一。在三到五年时间里，服务机器人、工业机器人将替代包括家政服务人员、采矿工人等在内 7500 万人的全职工作量。

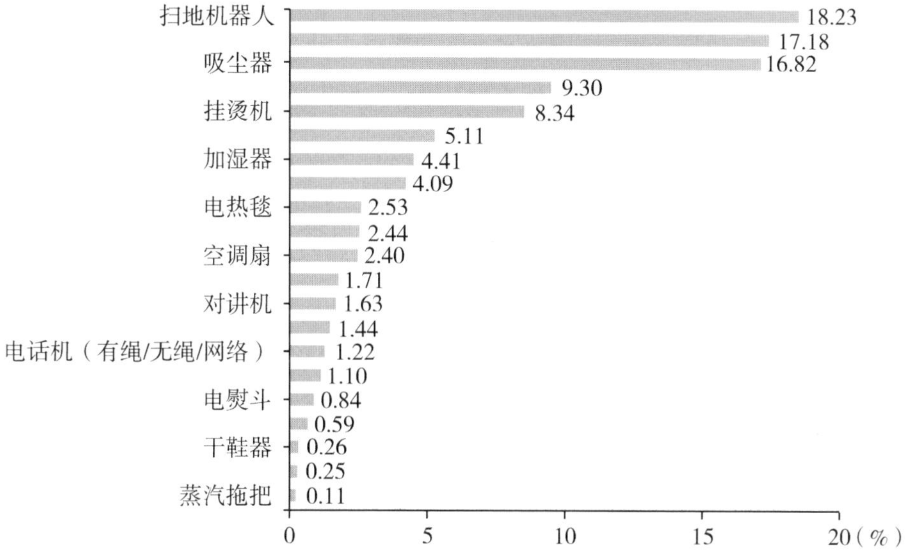

图 8　2014 年淘宝网生活电器类产品销售额占比

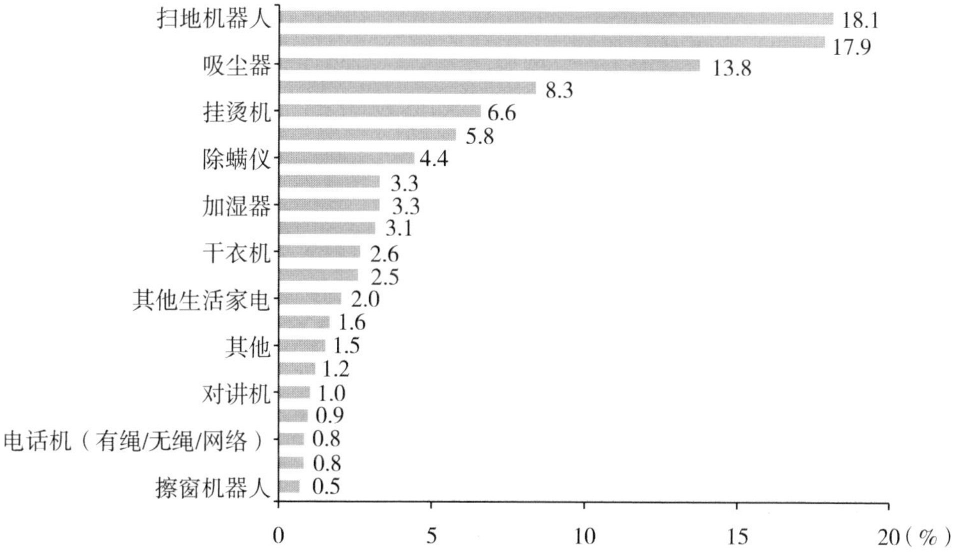

图 9　2017 年淘宝网生活电器类产品销售额占比

三、广州家政服务行业发展现况

（一）招聘大数据解读

基于 python 语言 requests 库的使用，以 58 同城、智联招聘、赶集网、大众点评网和 58 到家为代表的网站为数据源，课题组抓取北京、上海、广州和深圳四个一线城市在家政服务行业中的主要招聘数据（1.4 万 + 条）、评论数据（9600 + 条）及人员数据（900 + 条），并对收集的数据进行横向对比分析。

就招聘数据而言，我们把抓取到的数据以薪资、学历、经验、岗位要求等进行分类，作出评分。其中，评论数据以性价比、准点度和用户满意度三个维度进行分析，作出总体评分图表；人员数据是以价格、年龄、学历、经验、评价等信息为基础进行分析。在数据抓取及可视化的过程中，使用了 NLPIR 汉语分词系统、python、mongodb 数据库、Excel、方方格子和 BDP 个人版等工具。

1. 招聘热区集中在天河区、海珠区、白云区和番禺区四大片区

通过对招聘数据的分析，我们制作出广州市各个区域的招聘热度可视化图表。从图 10 中可以看出，颜色最深的为天河区，其次是海珠区、白云区和番禺区，意味着城市中心地带和居民集聚区的家政服务需求最大，相对应的招聘需求也最为旺盛。

图 10　广州市各大区家政人员招聘热度分布

2. 保姆/护工的招聘需求最高

经过对广州市招聘数据的提取与分析，制成如下图表。数据显示，保姆/护工的市场需求最大，占比达 45%，其次是保洁/清洁工，占 41%，月嫂/育婴仅占 14%。

一定程度反映出，目前网络招聘较多雇佣家务类和护工类的家政从业人员，其中保姆和保洁为两大日常服务内容，也是生活中的刚性需求，占据较大的市场份额。如图 11 所示：

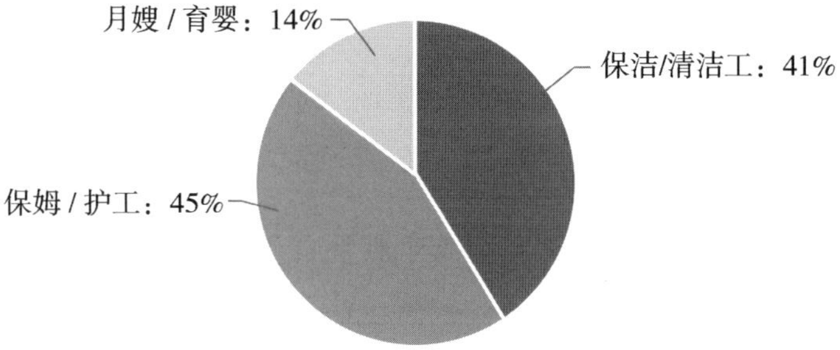

图 11　广州地区三大工种招聘需求比例图

3. 保洁/清洁工的经验要求最低，月嫂/育婴的经验要求最高

招聘数据挖掘结果显示，保洁/清洁工、保姆/护工、月嫂/育婴是招聘数量最多的三大工种。而在这三个工种招聘条件中，保洁/清洁工的经验要求最低，82%是“不限经验”；保姆/护工“不限经验”的占 79.4%；月嫂/育婴的经验要求最高，要求 1—3 年经验的占 22.3%，高于其他两个工种。

4. 月嫂/育婴对学历的要求最高，保洁/清洁工近九成要求学历不限

保洁/清洁工不限学历的占比高达 93%，意味该工种的门槛极低，基本不需要具备文化知识即可上岗。相比而言，月嫂/育婴工种对学历的要求相对较高。在月嫂/育婴的招聘中，要求高中以上学历的要求占比为 14.4%。月嫂/育婴相对保洁/清洁工需要学习专业的服务技能，要求具备相应的文化水平。

5. 月嫂/育婴的平均工资最高

数据结果显示，三大工种中，月嫂/育婴的工资水平最高，达到了 7493 元。保洁/清洁工的平均月薪最低，为 3586 元。二者之间差距较大。保姆/护工的平均月薪仅次于月嫂/育婴，达到 6744 元。如图 12 所示：

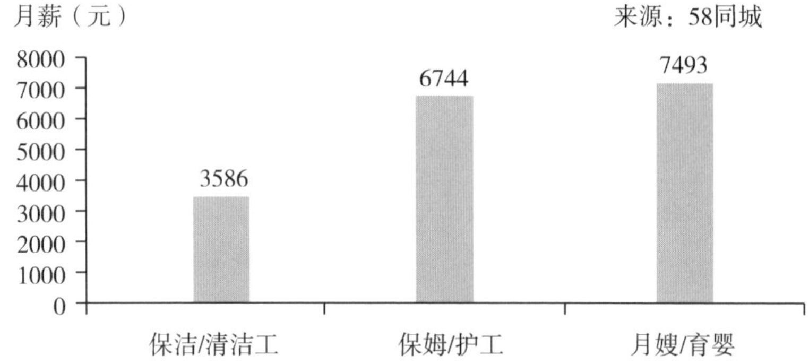

图 12 广州地区三大工种招聘平均月薪

（二）评论大数据解读

1. 雇主对家政从业人员的词频分析

基于大众点评上的评论数据（1 万条 +），我们使用分词工具提取出关键词，统计词频并对高频词进行分析研究，并且使用 BDP 制作出如下词频图。从图 13 中可以看到，“阿姨”“服务”“干净”“打扫”等词汇出现频次较高，一方面反映了线上服务需求集中于家务保洁工，另一方面体现了雇主对家政服务者的整体印象良好，反馈效果积极。

图 13 用户评价词频图

注：字体的大小代表关键词频数的高低，字体越大代表频次越高，反之越低。

2. 用户更加关注空调、厨房等难清洁位置

基于消费者评论数据的词频统计（图 14），可以看出，在家居保洁这一方面，消费者比较关注空调和厨房等位置的清洁，对工具要求较高。因此，家政服务人员和公司可以推出有针对性的服务，满足消费者的特殊需求，提

高服务质量，树立行业品牌。

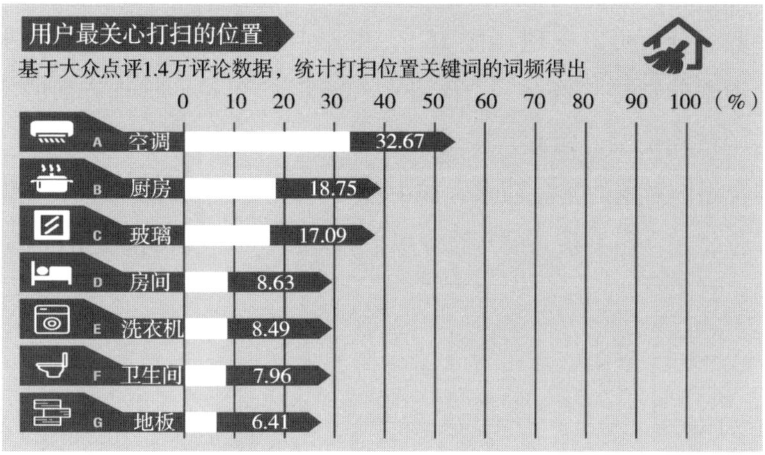

图 14　用户最关心的打扫位置

3. “擦”“清洗”和“洗”是用户提及最多的三个关键词

通过对用户评价的词频统计分析（图 15），可以发现“擦”“清洗”和“洗”是用户最为关注的三个关键词，这意味着用户在这些方面的需求远远高于护理、检测、按摩、洗澡等服务内容。因此，家政服务公司可以从这三方面来进行业务的调整升级，实现资源的优化分配。

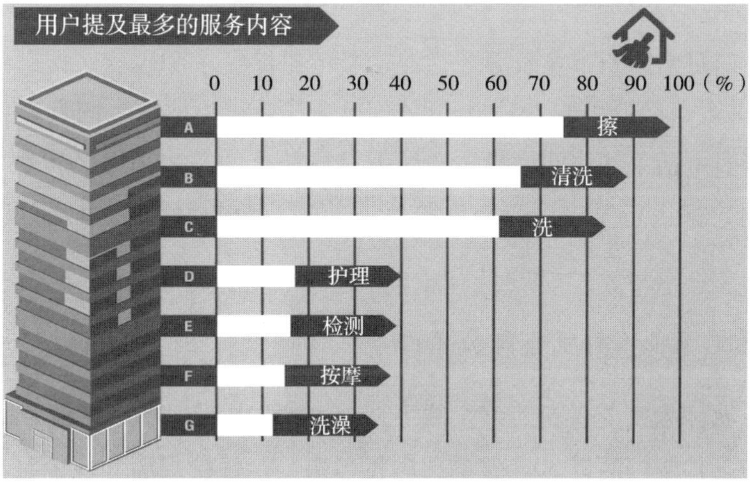

图 15　用户提及最多的服务内容

4. “怀孕”“育婴”“医院”居前三名，母婴护理需求旺盛

通过数据分析可以发现（图16），用户在评价中提到聘请家政服务人员的前三个原因分别是“怀孕”“育婴”“医院”，可见，护理方面的实际需求占据一定的市场份额。因此，家政服务公司可以根据用户反馈，针对性地调整定位，结合用户对象的实际需求，加大母婴护理方面的家政培训；同时，积极与医院单位建立合作关系，提升服务水平和效益，树立长期稳定的品牌效应。

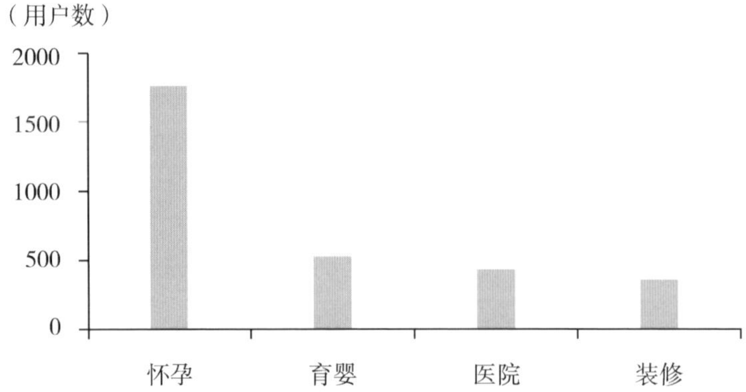

图16　用户提及最多的服务原因

（三）广州市家政从业人员数据解读

为了解目前广州市家政服务行业的整体供给需求和现状，课题组设计了《家政从业人员的调查问卷》和《家政服务行业机构的调查问卷》两份调研问卷，通过电话采访、网络投放和线下发放结合的方式采集最新数据。经过对收集的数据进行整理、分类和统计分析后，分析结果可主要概括为以下内容。

1. 家政从业人员服务需求情况

（1）线下服务是关键，线上线下结合兴起。从图17中可以看到，家政机构类型中，传统门店以30.6%的比例排名第一，传统门店和线上订单的机构占27.5%，排名次之；O2O平台占18.4%。由此可以判断，目前家政市场线

下服务依然占据主导地位。随着移动互联网的发展，O2O 平台涌现，家政服务机构开始趋向选择线上线下相结合的方式，既顺应时代潮流，同时也注重线下服务品质。

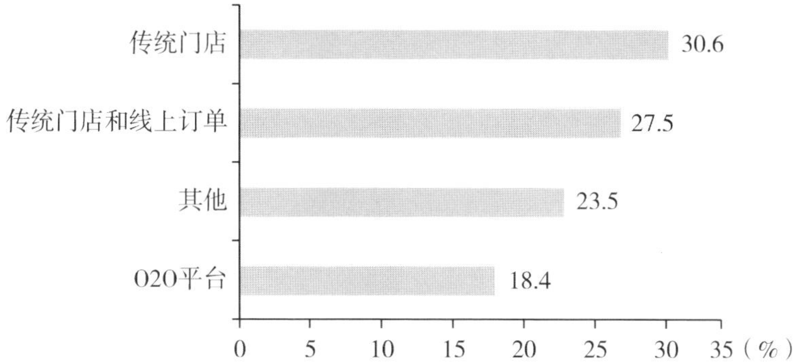

图 17　被调查人群所属机构类型分布情况

（2）日常家务和母婴护理服务超六成，市场需求较大。如图 18 所示，从事日常家务的人员占比 32.1%，母婴护理服务内容人数最多，比例达到 35.4%，家庭服务需求集中体现在家务和母婴护理两方面。随着社会经济水平和消费能力的提升，人们的生活品质也在提高，保洁、洗衣做饭等简单劳动型家政服务需求不断增加；国家“全面二孩”政策的开放也为母婴护理市场释放良好信号。

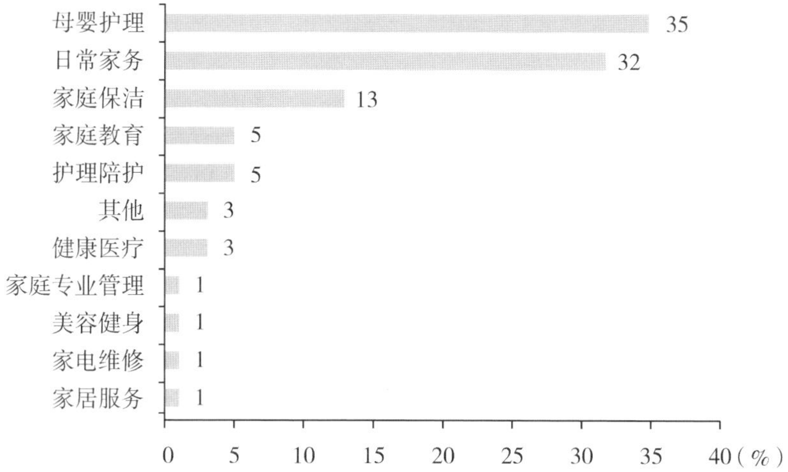

图 18　被调查人群家政服务内容情况

（3）计时服务型和住家服务型各有发展空间。如图 19 和图 20 所示，从事钟点工服务的家政服务人员占比达 46%，住家服务型超过一半比例，两种服务类型各有优劣，在家政市场中占据同样比重份额。其中，计时型家政服务人员的工作时间集中在 6—9 小时，而住家型服务人员基本处于 24 小时待命状态，工作时间不固定，随时随地都可能需要提供服务。

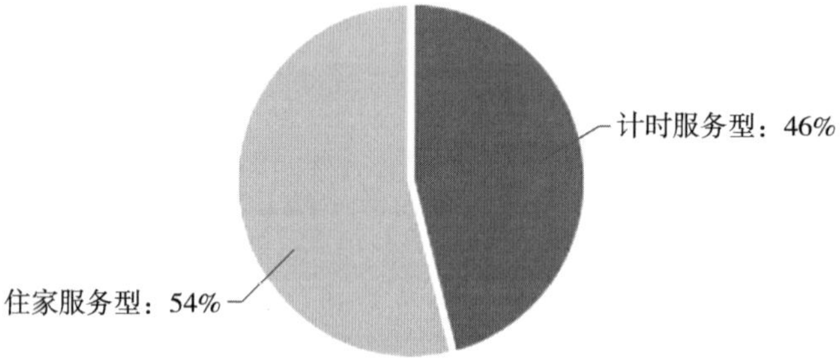

图 19　被调查人群服务类型情况

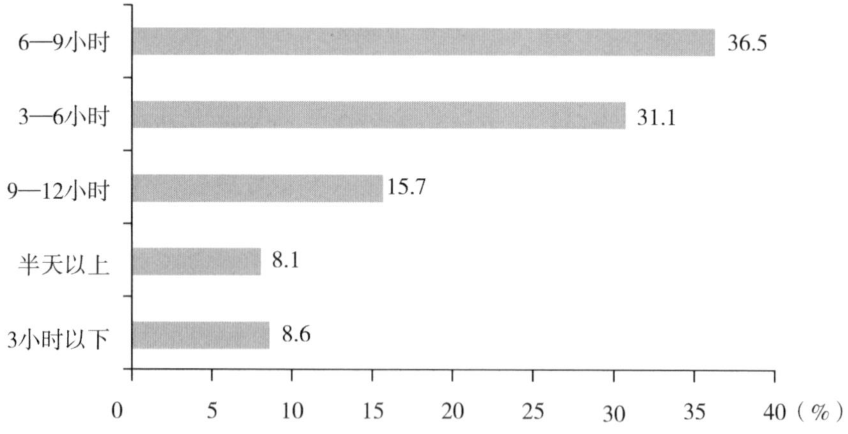

图 20　计时型被调查人群工作时间情况

（4）近五成受访者月平均收入中等水平，服务价格有弹性。数据结果表明，近五成家政从业人员的月平均收入处于 2501—5500 元之间，其中月平均收入在 4001—5500 元之间的比例达 25.2%，15.9% 的人月平均收入超过 1 万元以上。家政从业人员的服务价格因服务类别和服务对象不同而存在较大差异，同一服务类型也因服务水平高低而存在弹性空间。总体而言，家政从业人员收入处于中等水平。如图 21 所示：

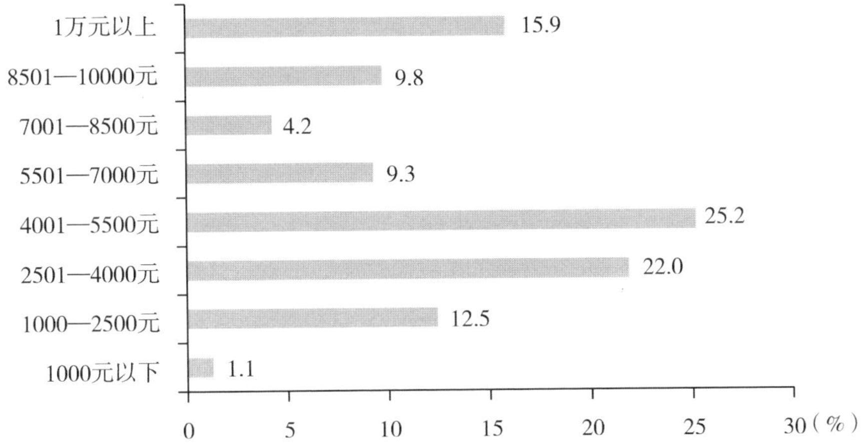

图 21　被调查人群月平均收入情况

（5）熟人介绍和正规家政公司渠道为主，网上招聘等其他方式为辅。从图 22 中可以看到，调查对象通过亲戚朋友介绍从事家政服务的占 34.9%，通过正规家政公司找工作的占比达 37.4%，其余的调查者选择了人才市场、网络招聘等其他渠道。数据表明，家政从业人员较多通过熟人关系网络进入家政行业，主要以线下渠道为主，并且他们更愿意选择信任度高的机构。

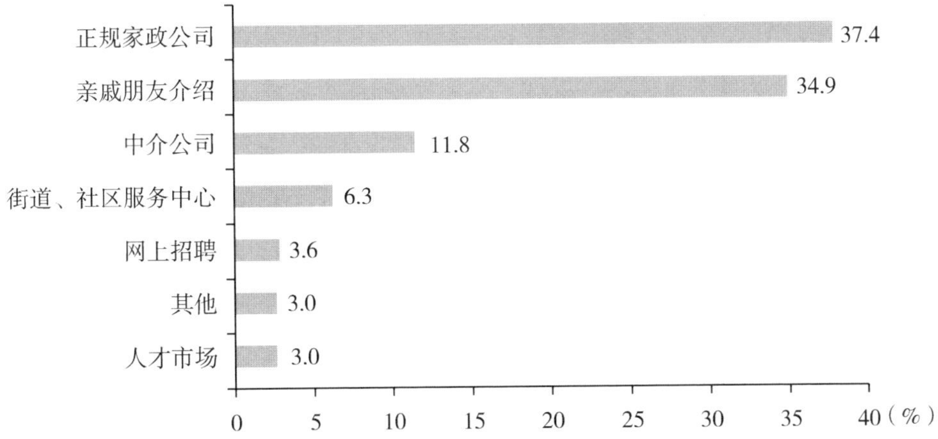

图 22　被调查人群从业渠道情况

2. 职业培训及工作满意度

（1）九成被访者接受过职业技能培训，“母婴护理”成为培训热门工种。被调查者中有将近九成的人表示接受过家政职业技能培训，仅12%的从业人员表示没有参加过家政技能方面的培训，意味着“培训”环节在家政工作中发挥重要角色，家政从业人员岗前或岗内注重专业技能的学习和提升。从图23中可以看到，在参加过职业技能培训的家政人员中，接受过母婴护理方面技能培训的人数达到了三成，占31.5%；其次是日常家务，占22.3%。可见，母婴护理培训成为培训市场的热门工种。而深度访谈中许多从事母婴护理工作的家政人员，表示也会主动报名参加月嫂、育婴师等技能培训课程，以此提高专业水平。

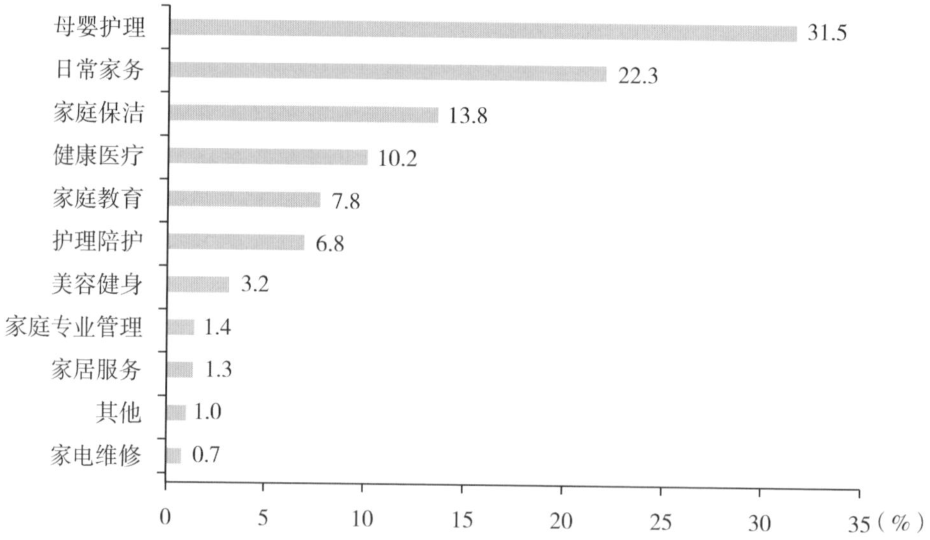

图23　被调查人群职业技能培训内容情况

（2）超六成受访者认为职业技能培训对提高收入水平有帮助。从图24中可以看到，在参加岗前或岗内职业技能培训对提高个人收入是否有帮助的问题上，认为“有一定帮助”的占41.4%，26.3%的调查对象认为“很有帮助”。说明大部分家政人员认可职业培训的重要性，参加培训与否会影响家政从业人员的收入水平。

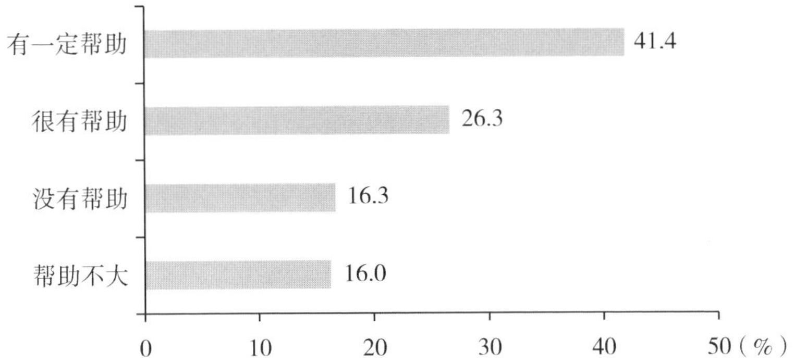

图24　被调查人群职业技能培训对收入水平的影响情况

（3）近四成家政从业者是为生活所迫。从图25中可以看到，因为个人喜欢而选择从事家政工作的人数仅占27%，近四成的人表示从事家政工作是为了生计，13.7%的人是因为“找不到其他工作”。这从侧面反映出家政行业的门槛较低，从业者将其作为谋生出路之一。

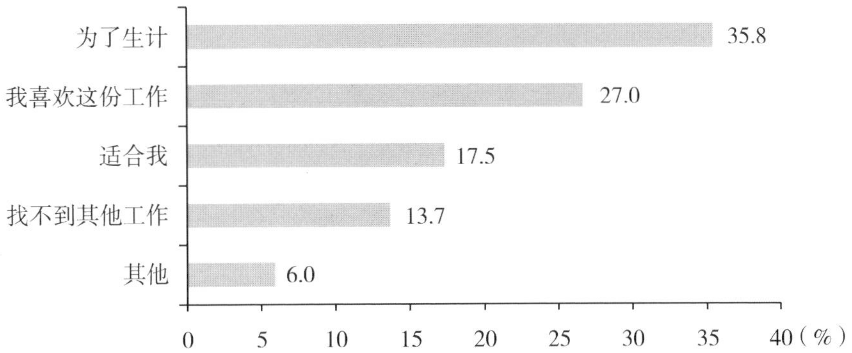

图25　被调查人群从事家政工作的原因

3. 权益保障

（1）超半数家政服务人员未购买相关保险，权益无保障（图26）。在受访的广州市家政从业人员中，超过半数的家政员表示所在的家政机构没有为其购买相关的保险（如养老保险、医疗保险和工伤保险等），少部分家政人员表示家政机构仅为其购买了意外险。反映出家政从业人员的社会保障体系不完善，家政人员的权益没有得到足够的重视和保障。

（2）熟人不签合同，口头协议居多，维权意识淡薄（图 27）。签订正规有效的劳动合同或者协议有利于保障家政人员的合法权益。超过三成的家政人员表示在家政服务期间没有与家政机构或者雇主签订相关的合同或协议，尤其当雇主是熟人介绍的情况下，以口头协议居多。说明仍有部分家政人员的法律维权意识淡薄，不重视签订劳动合同或协议维护自身权益。

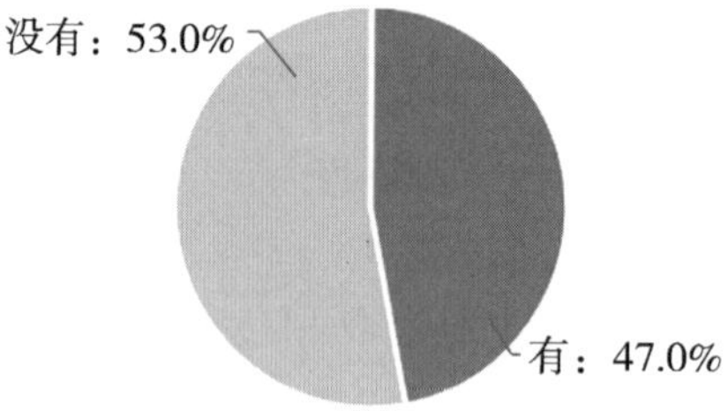

图 26　被调查人群购买保险情况

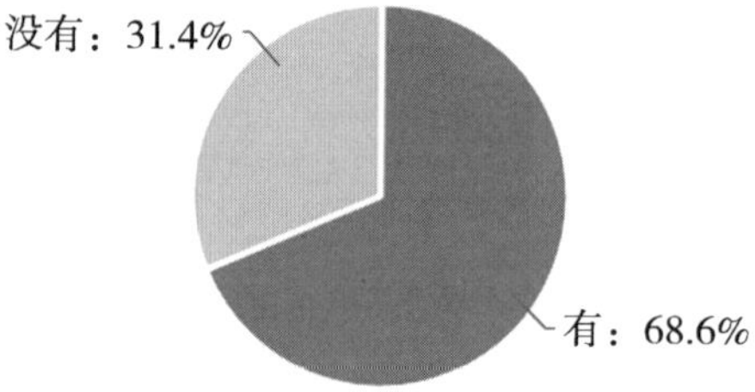

图 27　被调查人群签订合同或协议情况

（3）“提高工资”“购买保险”和“长期培训”为家政人员主要诉求。如图 28 所示，在家政机构的改进建议方面，占比排在前三名的分别是“提高工资”“为员工购买保险”和“提供长期职业培训”，说明家政人员对这三个方面的需求较大。此外，有少部分家政人员反映某些家政机构存在收取的提成或是中介费过高的问题。

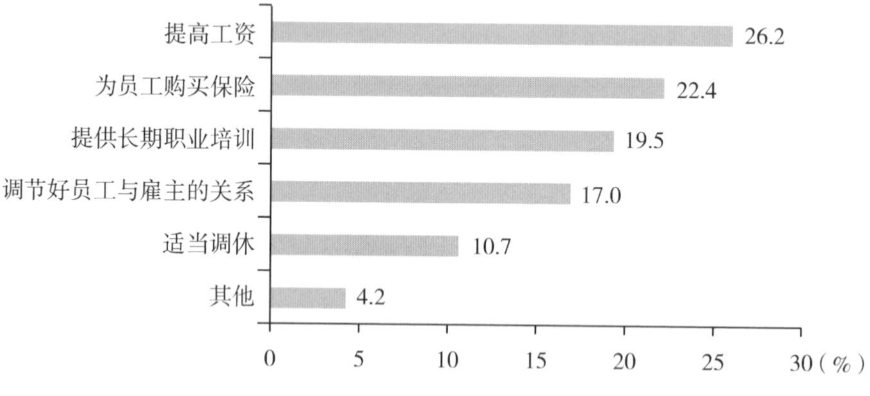

图 28　被调查人群对家政机构的建议

（4）“家政专业技能”“职业道德和行为准则”及“心理素质”呼声最高。从图 29 中可以看到，家政专业技能、职业道德和行为准则、心理素质、文化法律知识、语言能力和沟通能力等都是家政人员必须具备的素养，其中“家政专业技能”“职业道德和行为准则”及“心理素质”分别占25.1%、17.2%、13.6%。说明除了专业技能过硬外，家政服务员也需具备良好的职业道德和心理素质，家政机构在对家政人员进行培训时应该加强这三个方面的素质培养。

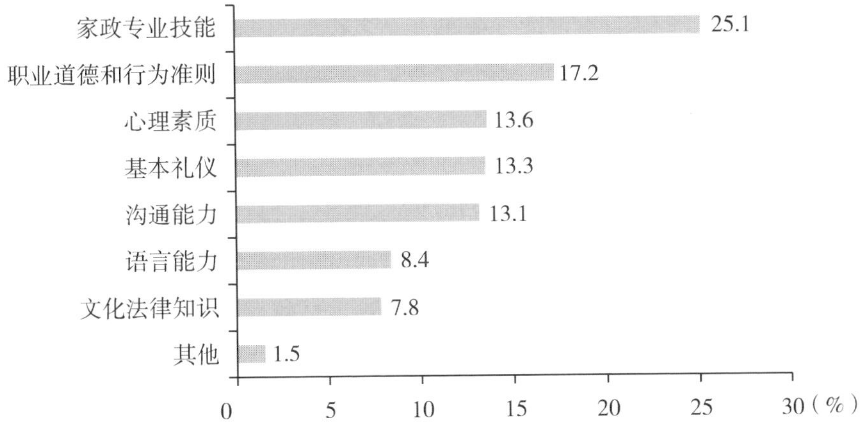

图29　家政从业人群必备的基本素养

4. 从业人员结构

（1）家政服务人员女性男性比为99∶1，性别严重失衡。“阿姨”一度成为从事家政服务人员的统称，保姆、月嫂、育婴师等工种因工作内容和服务对象的特殊性，服务主体基本是女性群体。数据结果显示，调查对象中女性的比例为99%，男性仅占1%，呈现严重的性别比例失衡，反映出家政从业市场女性占据主体地位。实际上，男性家政人员市场缺口大，尤其在男性护理方面，需求也在不断增加。

（2）被访对象41—50岁的最多，家政服务人员多为中年妇女。从图30中可以看出，31—40岁之间的家政人员比例占27.2%，年龄居于41—50岁之间的家政服务人员比例最多，占49.4%。由此可知，从事家政服务工作的大多属于中年妇女，她们有一定的家庭和工作经验；年轻人和老年人群体较少接触家政服务工作。

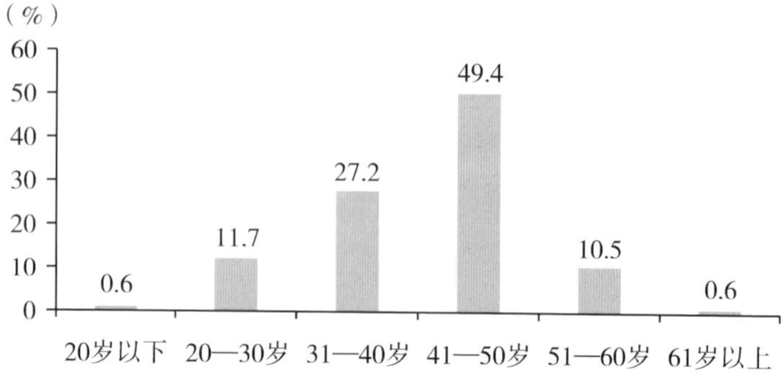

图30 被调查人群年龄分布情况

（3）农村户籍占比六五成，超六成家政服务人员集中在初中及小学学历。接受调查的家政从业人员中，65%的人属于农村户籍，35%是城镇户口。其中，被调查对象中，小学和初中学历的人群占比达67%，高中文化程度的比例为21%，本科学历只占3%。由此可见，家政服务人员文化水平不高，接受能力和素质整体偏低。如图31和图32所示：

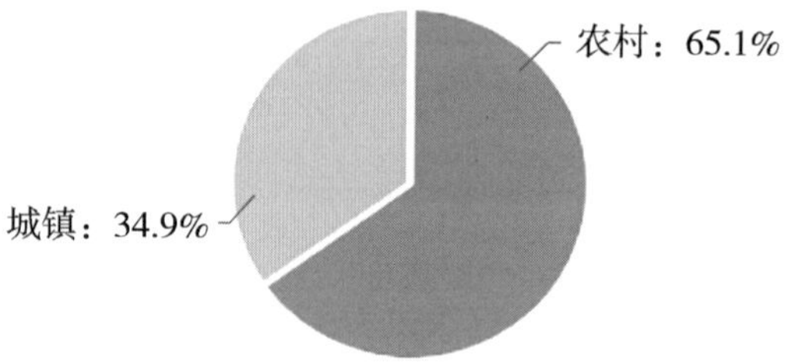

图31 被调查对象户籍分布情况

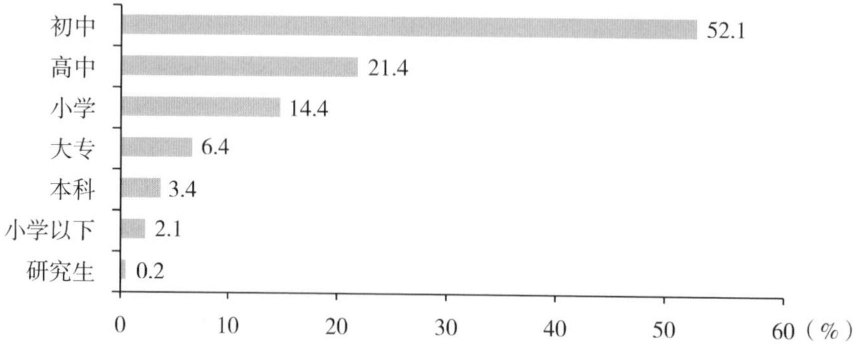

图32 被调查人群文化程度情况

（4）两广地区从业人员最多，占比超八成。如图33所示，广州市家政从业人员以广东和广西两省居多，其中广东省人数最多，占比62.8%；广西壮族自治区次之，占比20.5%。由此可见，因地缘和经济发展水平优势，家政服务人员更愿意就近选择工作。

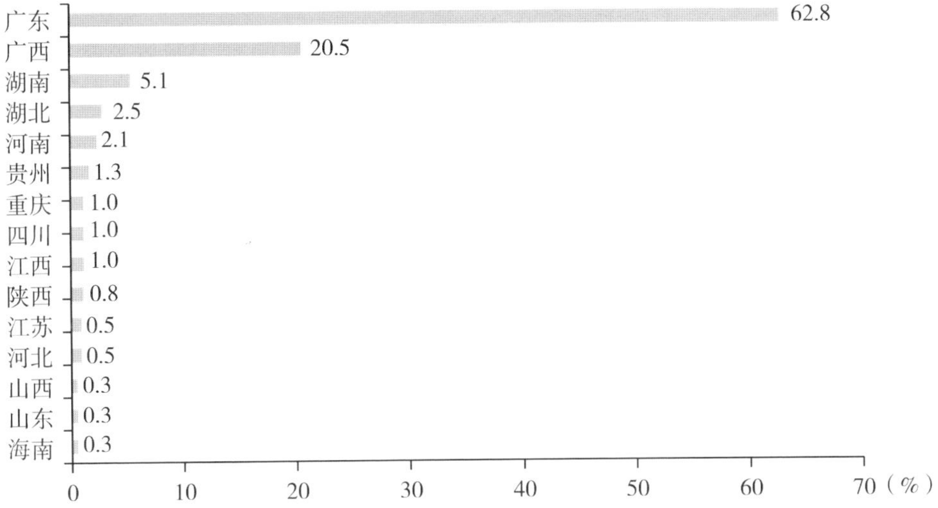

图33　被调查人群户口所在地情况

（四）广州市家政服务机构数据解读

据统计，目前国内在册的家政公司已达55万余家，从业人员1600万人。12家家政服务类公司板块已在新三板挂牌上市。据人民政协网信息，家政服务行业的从业人员缺口仍然高达40%。总体而言，家政服务行业的发展态势较好，发展空间较大。

为了调查广州市家政服务企业的真实情况，课题组采访了广州市8家家政企业及广州市家政服务行业商会会长，并主要通过网络投放的方式发放了《广州市家政服务行业机构的调查问卷》，共回收有效问卷105份，参与本次问卷填写的调查对象主要是广州市家政企业的负责人。

1. 行业内公司资质

（1）起步早、早期发展较慢、后期集中出现。图34是家政公司成立时间分布图。在本次课题组调查的企业样本中，最早的公司成立于 1986 年，已有 31 年的经营历史。2015 年成立的公司数量最多，共 6 家，占 17.14%。

可以看出，自 1986 年第一家公司成立后，一直到 2005 年，成立的公司都极少。2005 年后，整个行业开始步入发展快车道。到 2014 年开始，家政服务公司更是大批量集中出现。这与国家有关部门陆续发布的力促家政行业发展规划和意见有关。比如，2010 年，国家出台《商务部关于加快家政服务业发展的意见》，鼓励家政服务行业的发展；2015 年，国务院印发《国务院办公厅关于加快发展生活性服务业促进消费结构升级的指导意见》。各项政策的出台为行业的发展带来了新的生机与活力，政策优势吸引了更多投资者进入家政服务行业。另一方面，随着国家经济发展水平的提升，中产和富裕阶层不断涌现，人们特别是大城市居民对生活品质要求提升，整个社会对家政服务行业的需求不断增大。

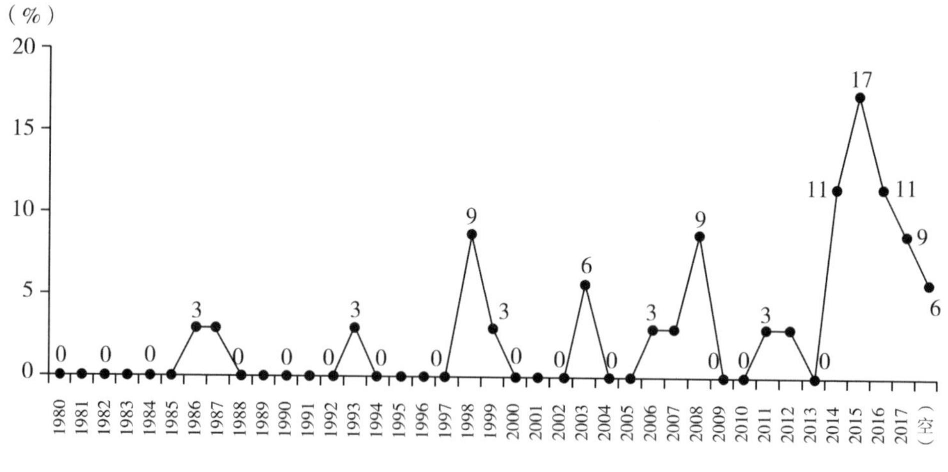

图 34　家政公司成立时间分布图

（2）服务内容集中在“母婴护理”“日常家务”及“家庭保洁”。目前，广州市家政服务公司主要提供的业务集中在 10 个方面：日常家务、家庭保洁、家居服务、家电维修、护理陪护、母婴护理、家庭教育、健康医疗、美容健身、家庭专业管理。图 35 是广州市 135 家家政服务公司的服务内容分布图，其中“母婴护理”占 74.3%，是广州市家政服务公司最主要经营的业务。第二是“日常家务”，占 68.6%，第三是“家庭保洁”，占 51.4%。仅有

2.9%的公司选择开发家电维修业务、美容健身业务和家庭专业管理业务，它们的占比分别为2.9%、5.7%和5.7%。

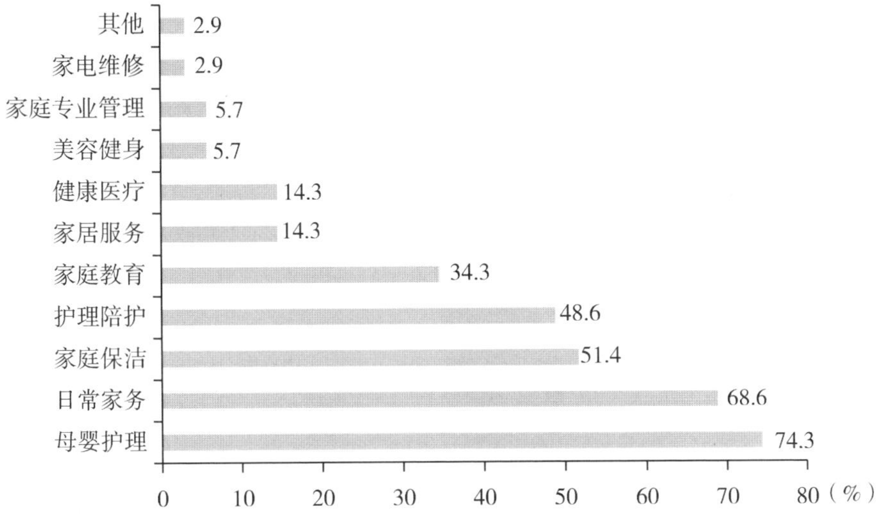

图35 家政服务内容分布情况

随着中国“全面二孩”政策的开放和老龄化趋势的逐渐加深，一老一小成为家政服务的核心群体。据券商预测，全面开放二胎后，每年将有可能新增新生儿100万至200万人，2018年新生儿有望超过2000万人，其中带来的消费红利大约在每年1200亿至1600亿元。由此可见，经济新常态下，国家政策的施行将深刻影响未来家政市场的发展走向。人口老龄化的进程使得老年人口的比例越来越多，如何保障其基本生活成为亟须解决的难题，老人护理需求增势明显；此外，伴随“85后”“90后”等年轻一代步入孕妈行列，整个社会的消费能力也将随之提升，与之对应的家政服务市场前景较为乐观。据广州市越秀区广缘家政服务中心负责人反映，目前社会生活节奏加快，年轻人服务需求更为多样，需要家政人员解决后顾之忧；其次，老人护理需求逐渐加大，公司开设医院陪护服务，和医院建立长期合作关系，因此护工供不应求，服务缺口较大。

2. 经营状况

（1）主要经营模式仍以传统的中介制为主（图36）。广州市市场上的家政服务公司采用中介制的占 57.2%，比例较大；采用混合制的公司占 31.4%；采用员工制的公司最少，仅占 11.4%，意味着目前家政服务市场以中介制的经营模式为主导。混合制的家政服务组织也比较受公司的青睐，员工类公司的家政服务员要经过统一培训、统一考核、考核合格后统一由家政服务企业负责安排工作。这种管理模式更容易建立公司与用户、公司与员工之间的黏性。二者结合后的优势明显，既方便管理，也能解决传统中介制的一些问题，而目前员工制基本没有在行业内成型。

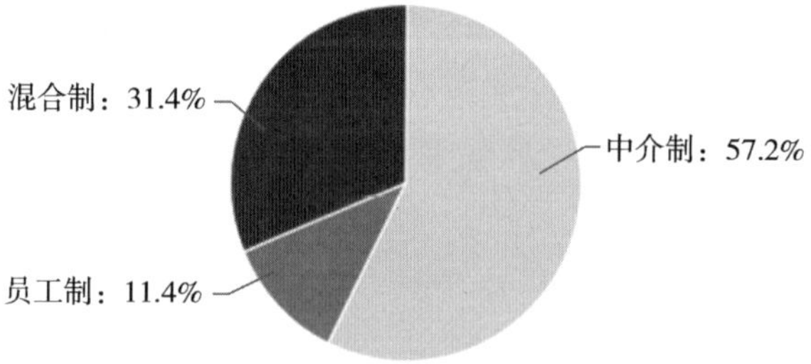

图 36　公司运营模式占比图

（2）中小型公司为主，规模化运营远未实现（图 37）。在接受调查的公司中，每周平均订单量基本在 50 单以下的，占 51.4%；50—100 单，占 28.6%。总体来说，因被调查对象以中介传统机构为主，其中大多数属于中小型规模，订单数量相对保持稳定的水平。说明整个家政行业以中小型企业为主，还没有形成规模化运营。

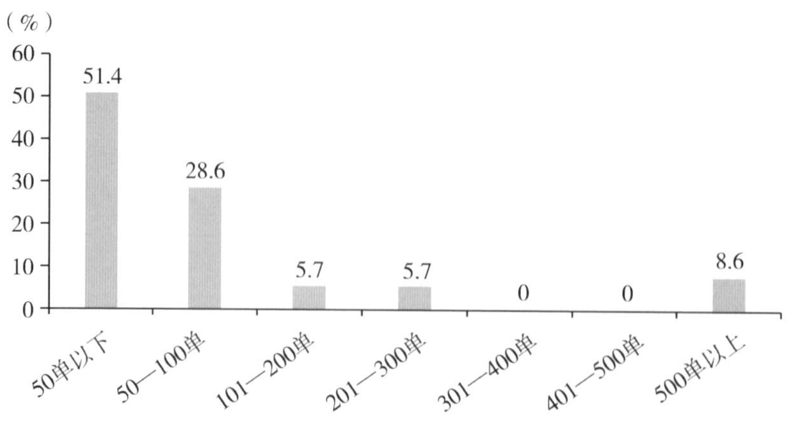

图 37　公司平均订单量分布图

(3) 公司订单量的主要来源是“老客户介绍”(图38)。家政行业因其自身行业特殊性,目前准入门槛较低,但作为第三产业的生活服务类行业,好的服务和口碑才能立足长远发展。广州市雅庭家庭服务有限公司目前还是以提供线下家政服务为主,严格把关家政服务人员面试过程,通过充分的前期沟通,旨在了解每一位应聘人员的性格、品质和背景信息,协调需求,适当匹配。公司负责人认为,家政服务前期把关很重要,服务也很重要,要找难点、痛点,做口碑,只要品牌做出来,得到客户认可,这也是传统家政的优势所在。

问卷数据显示,订单来源方面,“雇主上门”“老客户介绍”“电话订单”及“网络订单”都存在,并且占比差距不大。主要来源是“老客户介绍”,占77.1%;网络订单较少,占57.1%。说明目前广州市许多家政服务公司还没有形成规模化发展,其雇员大多通过熟人关系网络,一定程度上靠口耳相传提升业务量。

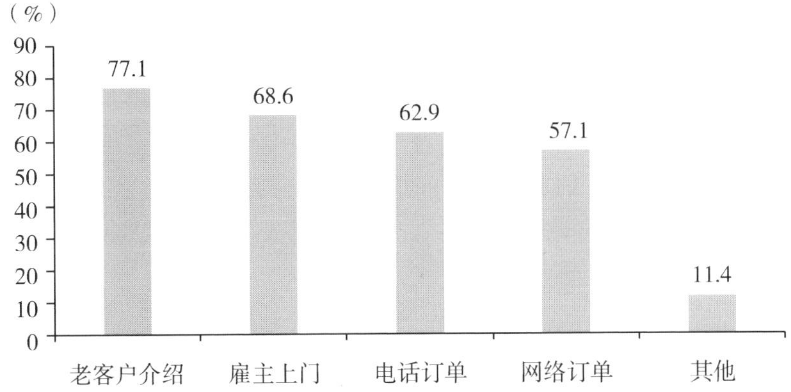

图38 公司订单来源对比图

3. 家政服务人员技能及素养培训现况

(1) 公司基本已普及培训(图39)。在调查中,对所有家政服务人员及大部分家政服务员进行了培训的公司占94.2%,小部分或全部未培训的仅占5.8%。说明在目前的广州市家政服务公司中,岗前培训已基本普及;而在访谈中,基本所有的机构负责人都提及阿姨们上岗前都会接受培训,其相关课程或是机构提供或是具有合作关系的培训机构提供。

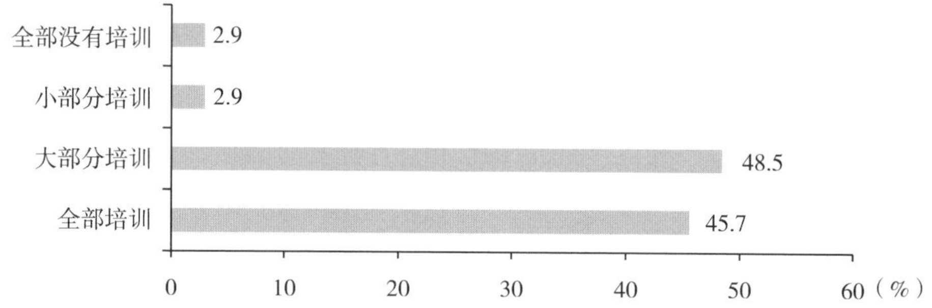

图 39　公司培训情况分布图

（2）培训内容主要集中在“基本礼仪”“家政专业技能”及“职业道德和行为准则”（图 40）。家政服务公司为家政服务人员提供的培训包括家政专业技能、基本礼仪、职业道德和行为准则、心理素质、文化法律知识、语言能力、沟通能力等 7 个方面。其中最为公司所重视的是“基本礼仪”，有 123 家公司在培训内容中涉及此项内容，占 91. 1%。另外，“家政专业技能”与“职业道德和行为准则”也是公司在提供培训时比较重视的方面，各占 76. 5%。相比较而言，公司涉及语言能力方面的培训内容较少，仅占 20. 6%。因广州市本身语言环境比较复杂，普通话、粤语、英语交织使用，语言的培训相对而言较为困难，基本上以普通话为标准开展语言方面的培训。

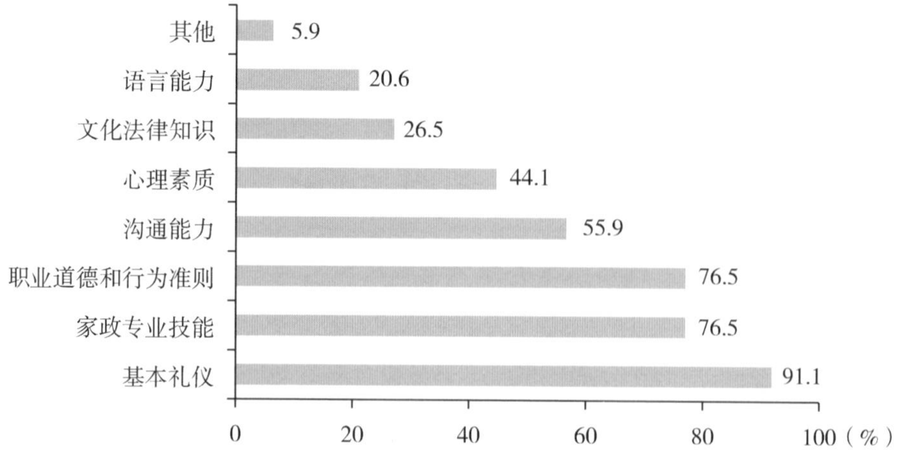

图 40　家政服务公司所提供培训的内容占比图

事实上，家政服务人员是一个非常特殊的职业群体，加上工作场所的私密性和工作时间的灵活性，服务对象是不同的家庭、不同的个人，而每个家庭、每个人的生活习惯和个性存在差异，矛盾纠纷难以避免。职业的特殊性要求家政服务人员要有一定的适应能力、承受能力、平衡能力和调节能力。广州市雅庭家庭服务有限公司负责人在访谈中也强调，只有真正进入家政行业才能体会行业的痛点，服务人员也需要良好的心理素质。访谈中，爱心与责任心被认为是成为月嫂或育婴师最为重要的品质。对于机构方，要重视家政服务人员的心理健康问题，积极开展心理疏导和素养培训，提高家政从业人员的心理健康素质。

(3）培训助益公司效益，在线培训渐成趋势。根据调查问卷的反馈，大多数公司认为家政服务人员在接受培训后为公司提升效益大有裨益，占64.7%，认为有一定帮助的公司占35.3%；而没有公司认为培训是毫无意义的。如图41所示：

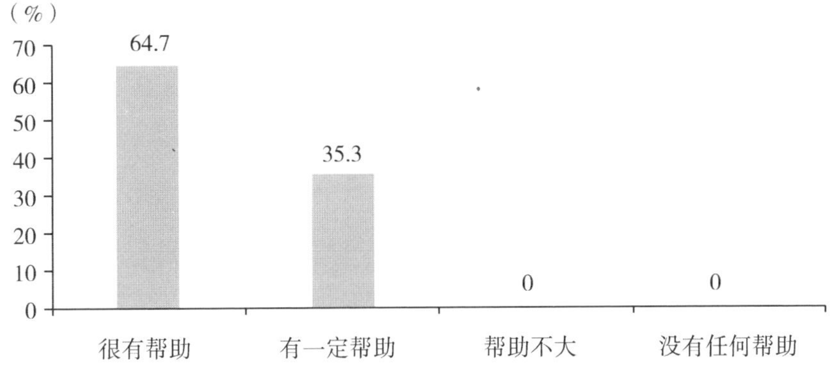

图41　培训对公司效益提升的程度分布图

互联网技术的便捷带来培训市场新变化，相比以往单一的线下实体培训形式，如今线上培训渐成趋势。从业者可根据工种类别、学习层级自主选择线上课程，灵活调配时间，反复强化专业知识，随时随地开展培训，实现自主管理和提升。

4. 家政服务人员的劳动保障权益

(1）员工购买保险的渠道并不主要来源于公司。目前，基本所有的家政公司或机构都属于中介型组织，公司与家政从业人员签订的“三方协议”并不是劳动合同，不属于“劳动关系”，而只停留在劳务派遣的关系层面，因此家政服务人员的社保依然难以落实。访谈结果表明，一般正规的家政机构都会为家政服务人员购买保险，所谓的“保险”大多是指“家政险”，包括责任险和人身意外险，而社会保障所涉及的工伤保险、医疗和养老保险是不包括在内的，也就是说无法享受社会保障。广州花城人家服务中心家政部一位负责人表示，目前公司只为广州本地户籍的家政服务人员购买养老保险，外地户籍人员不提供购买。而在家政服务人员中，外地农村妇女占比五成以上，这意味着大多数人无法享受特殊福利，只能自愿选择购买与否。

问卷调查结果显示，62.9%的公司会选择为家政服务人员购买保险，22.9%的家政服务人员选择自行购买保险，购买渠道还包括了家政协会；仅有5.7%的公司不购买任何保险。可见，对家政服务人员的保险措施依旧不完善。目前广州市的家政服务公司人员流动大，基本无法在固定的公司购买保险，享受服务。如图42所示：

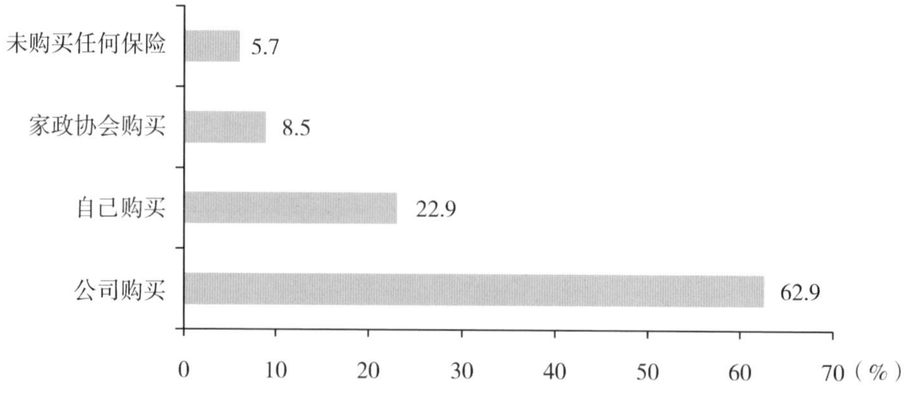

图42　家政服务员的保险购买渠道对比

（2）公司与家政服务人员之间更多选择签订“三方协议”（图43）。目前，家政服务公司与家政服务人员之间更多会选择签订一份三方协议，占62.9%。一般是中介制的家政服务公司会选择签订这类协议，同时保障三方的合法利益。未出现有不签合同、口头下单上岗的情况。

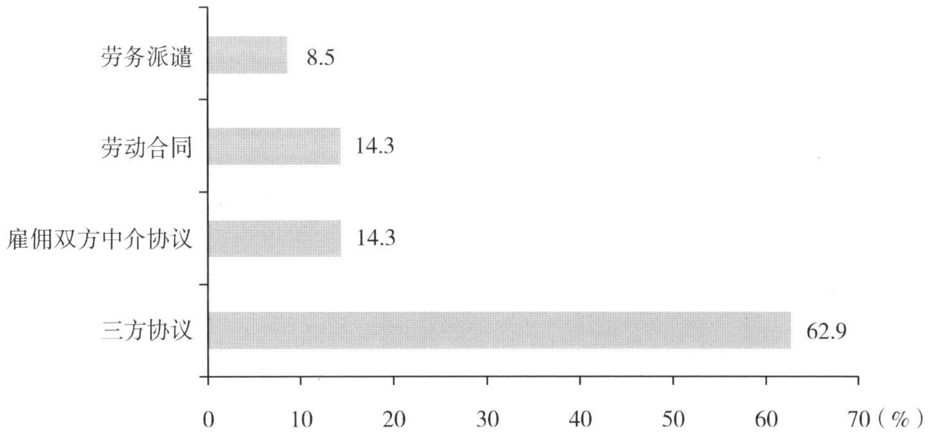

图43　签订何种协议的占比

（3）近九成五公司已经为家政服务人员建立服务档案。94.2%的公司已经为家政服务人员建立服务档案，仅有5.7%的公司并未建立。数据结果表明，家政服务公司非常注重从业人员的身份信息核查环节，确保其真实诚信的个人背景，以便于后续的人员管理和事务协调。建立档案可以保证家政服务人员的信息透明化，便于公司对其有基本的判断，以个性化的方式为其分配公司业务。对雇主而言，注册在案的家政服务员人也更能够得到用户的信任。

5. 公司品牌的树立与维护

（1）回访制度常规化。91%的公司选择建立服务回访制度，回访制度的建立一方面便于追踪了解雇员的实际服务情况，做好人员管理和维护协调；另一方面便于维护用户关系，加强用户沟通，及时地解决问题和矛盾，也是树立公司信用和增强用户黏性的强有力的手段。数据显示，仍有9%的公司还未建立回访制度，主要原因是在我们所调查的样本中，公司规模较小，还处在业务开发的阶段，可能无暇顾及回访的问题。

（2）矛盾纠纷的解决途径集中是“道歉赔偿”。在家政服务人员与雇主发生冲突和矛盾时，如何有效地解决矛盾，缓解双方关系非常重要，关系到公司的持续稳定发展。数据结果表明，大多数公司会选择“向雇主道歉赔偿”，占37.1%；仅有11.4%会采取“仲裁或诉讼”的形式来解决。当然也存在惩罚员工的情况，但较少，仅占 2.9%。由此可知，在实际纠纷处理事件中，家政机构作为中介一方，较多是扮演协调沟通的角色。道歉赔偿的方式是缓解纠纷的最佳途径，较好地维系三方的关系和利益。如图 44 所示：

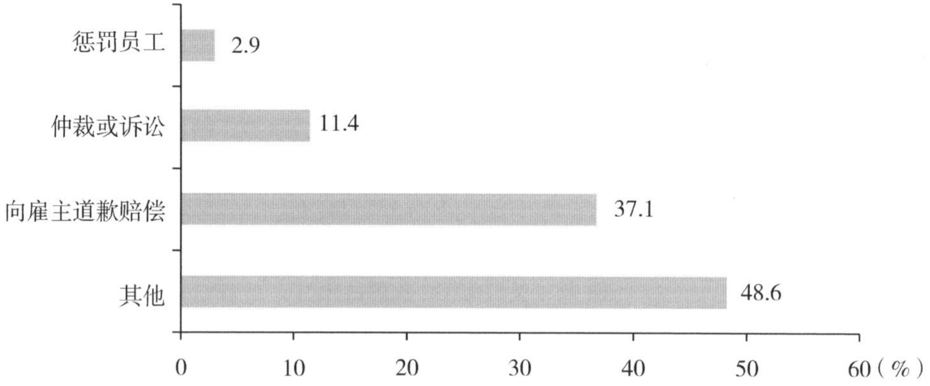

图 44　雇主与家政服务员发生冲突时公司的解决方法占比

6. 公司经营发展现存问题

广州市家政服务公司在发展过程中面临的最主要问题，首先是家政服务人员队伍整体素质不高。家政从业人员其文化水平、品行素养各有差异，不管在服务管理还是经营业务方面，都给家政公司带来一定的影响。

整体从业人员素质不高的问题，也是就业门槛的问题。访谈结果表明，不论是传统家政机构或是家政 O2O 平台，对家政服务人员的基本要求大致相同，包括提供身份证和健康证、年龄范围集中在 18—55 岁之间、学历要求初中及以上等几个方面，有无经验不纳入上岗硬性指标，其余附加条件根据所从事的具体工种而有所差异。由此可见，家政服务行业从业门槛较低，家政服务人员文化程度要求不高，整体队伍素质偏低。

培训合格率不高。在培训市场中，因学历的高低差异直接影响培训学习的最终效果。家政服务人员的文化程度参差不齐，导致他们的学习接受能力不尽相同，文化层次低的人群对家政知识体系基本没有能力接受。实际上，接受培训后真正达到上岗专业水平的占少数，尤其针对母婴护理和育婴师等专业水平要求高的工种。

其次，公司认为目前行业存在着较大的人员缺口。家政服务人员的流动量大、自由性高，多数家政服务人员不会选择持续待在同一个公司，一旦有出价更高的公司或雇主可以立即跳槽，实际上目前市场私单化现象严重。在接受访谈的家政从业人员中，较多人表示都是私自接单，真正停留在机构方的不多，这也是服务行业的弊端，导致公司雇员的流动率高，在人员管理和控制方面都存在难题。再次，开拓市场需求也是公司在经营发展中发现的很重要的问题，如何培养用户习惯、拓展市场需求是所有家政服务公司都在共同探讨的一个课题。

同时，管理和规范性也是家政服务公司面临的重要课题。在对业内人士进行访谈时发现，目前家政服务行业由于注册成本低、手续简单等原因使得行业准入门槛很低，加上供不应求的市场缺口，近几年各类家政机构和企业纷纷涌现，管理方式、商业模式、专业水平参差不齐；处在中间链条的培训市场也存在经营乱象，相关部门监管职责缺失，行业法规及规范不完善。广州市越秀区广缘家政服务中心负责人和广州市雅庭家庭服务有限公司负责人均在访谈中提及行业监管和失范问题，认为目前家政行业发展不规范，不管对于机构或是家政从业人员都很无奈，政府需要加大管理和监督的力度。因此，要明确政府、非政府组织、家政企业、雇主和家政服务人员的法律地位和责任义务，完善家政法律法规机制，推动行业有序运行，积极引导机构良性竞争，找准市场定位，为用户提供优质高效的服务。

四、菲律宾、中国台湾地区及日本家政服务行业的经验与启示

（一）“菲佣”品牌的形成与发展

菲律宾家政服务人员，被誉为“世界上最专业的保姆”。20 世纪 80 年代，菲律宾将劳务输出上升为国家发展战略，为了配合政府向海外派遣劳动的需要，菲律宾已经形成一条由劳务中介公司、技能培训学校及认证中心等构成的完整商业链。通过与海外家政市场的激烈竞争，“菲佣”群体的素质不断增强，最终形成了专业而周到的服务标签。“菲佣”作为一种家政服务的品牌，占据了东南亚、欧美国家这些成熟的家政服务市场的绝大部分份额。

1995年，菲律宾前总统拉莫斯执政时，确定了“菲律宾海外劳工”缩写为“OFW”这一称谓。20世纪70年代以前，菲律宾政府没有参与劳务输出，主要是由一些国外机构和国内某些私人机构组织进行。1974年以后，由于国内经济的长期不景气和失业率长期居高不下。国内为了缓解就业压力，转移国内民众的视线，当时的菲律宾政府便开始把劳务输出政策列为其国家发展战略的一部分，并制定了一系列政策，成立了专门的机构，积极参与劳务输出活动。从此以后，菲律宾劳务输出便日益兴盛起来，规模日益扩大。

除了国家层面的海外劳工发展战略，菲律宾政府还从多个方面保障海外劳工的权益，包括颁布《劳工法》和《海外劳工与海外菲人法》，为海外劳工提供法律保障，鼓励外出就业。

此外，菲律宾政府非常重视劳务输出人员的培训，在劳动和就业部下设海外劳工就业署、海外劳工福利署和技术培训中心，各省市县也有相应的组织机构、培训中心和管理人员。每个出国人员都要参加菲律宾劳工和就业部提供的免费培训，学习方案均由海外劳工就业署审查和批准。

目前，菲律宾劳工和就业部提供的培训和考核主要包括两个部分：一个是技能培训；一个是语言文化培训。技能培训课要求学员必须学会使用各种常用的家用电器，如洗衣机、微波炉、吸尘器等等，学会洗熨甚至叠各种面料的衣物、清理房间、根据菜谱烹饪适合雇主口味的饭菜，还要学会照料老人和儿童。通过考核者由技术教育和技能开发署颁发菲律宾国家技术认证证书NCII，有效期5年。语言和文化课的培训与考核由菲律宾海外劳工福利管理局免费提供，所有首次出国提供家政服务的菲律宾劳工都必须参加。目前，海外劳工福利管理局提供的有阿拉伯语、希伯来语、中文普通话和广东话以及英文培训等5门课程。通过1周左右的培训，受训者需要学会用目的地所用的语言与当地人进行简单的交流，课程内容包括问候、时间、数字、厨具和电器名称、食物和调料名称、度量衡以及家庭成员称谓等等。此外，受训者还需要对目的地的地理、宗教、烹饪风格、价值观、节庆、着装要求以及社会行为准则等方面有所了解。培训结束后，由海外劳工福利管理局组织考核并颁发证书。

由于菲佣在经济方面的卓越贡献，她们在菲律宾社会享有很重要的地位，每次大选前，更是政客们拉票的重要对象。在菲律宾的各大主要国际机场的出入境海关等，都为菲佣等海外劳工们设立了专用通道。自 20 世纪 90 年代起，菲佣等菲律宾海外劳工便成了新时代的国家英雄。每年圣诞节，菲佣集中归国探亲时，政府就会在首都国际机场为她们铺红地毯，总统亲自接见其代表。同时，经济收入也提高了菲律宾妇女的家庭地位。在菲佣看来，保姆是一个高尚的名词。她们并不因为自己当保姆而觉得低人一等。相反，她们非常热爱自己的职业，不断地努力提高自己，以使自己不断进步。

在当今的中国社会，很多人对家政服务业仍然存在偏见，而菲律宾人则普遍比较认同家政服务这个职业，认为当“菲佣”不但能给自己的家庭和国家带来可观的收入，而且在工作过程中还能了解当地社会，开阔眼界，甚至学习当地语言，提升自身的竞争力。

可见，“菲佣”品牌的形成离不开国家战略、政府的政策支持、完善的法律保障以及强大的培训系统，为菲佣免除了后顾之忧，还有整个社会对家政服务的职业认同，提高了菲佣的职业幸福感。

从 20 世纪 70 年代开始到现在，香港外佣市场发展迅速。根据 2016 年香港特区政府劳工及福利局给出的数据显示，时至今日，香港外佣人数已由 1975 年的 1350 人增加至 35. 2 万人，占香港本地就业人口比重接近一成，每三个育有子女的香港家庭中就有一个外佣。

据统计，目前香港 35. 2 万名外籍家庭佣工中，有 18. 9 万人为菲律宾籍。目前香港外佣的最低工资为月薪 4310 港元（约合人民币 3712 元），比菲律宾当地工人平均月薪 1700 元高 1. 5 倍。新加坡的菲佣数量为 7 万人，最低工资为 570 新加坡元（约合人民币 2826 元）。2017 年 4 月初，日本也首次“引进”菲佣，月薪为 16. 8 万日元（约合人民币 1. 02 万元），相当于菲律宾同类工作的大约 10 倍。

（二）中国台湾地区家政服务行业的经验

在中国台湾地区，住家的育儿保姆很少，多是保姆在自己家带一名或多名幼儿，称为居家托育。工作内容包括清洁卫生、活动等作息安排、回复家长咨询等，更难的是教育部分，要观察儿童发展状况、记录幼儿成长过程，如果发现发展迟缓，要寻求专业帮助，并让家长知道。

中国台湾地区对保姆的任职要求较高，要求获得相关职业资格证书，相关科系毕业，修满126小时的学分，课程包括儿童福利、婴幼儿发展、专业伦理、环境规划和活动设计等，有相关部门出具的无不良记录的证明。同时，会有专业人员对保姆家庭环境做包括40项指标在内的安全检查，保姆要购买公共责任险。督导也会定期去保姆家里做访谈，和保姆要建立非常好的关系，了解工作情况，并在他们遇到困难的时候给予支持。中国台湾地区建有社区保姆系统，是非营利组织，应用到各个县市。系统由政府提供管理端，登记合格保姆基本资料，提供在职训练、媒介、帮助家长和保姆签订契约等功能，还与托育补助机制相联系，只有家长从平台上找到合格的保姆，才能享受补助。“协力圈”则是保姆组成的小社团，除了交流外还建有资源中心，提供各种玩具、书、磁盘，让家长和保姆不用添购太多玩具和书籍。

（三）日本家政服务行业的经验

日本家政教育是基础教育阶段的必修学科，大学也普遍开设了家政课程，教学内容几乎涉及社会、经济、文化等各个领域。在日本，虽然做普通家务无需专业资格，但是《中小学学习指导要领》中对现阶段家政课程培养总目标作出了明确规定，并颁布了《教育基本法》为培养目标的实践保驾护航。日本在1987年就对护理师资格制定了《社会福利师和护理福利师法》，该法规定护理基础知识、生活支援技术、护理过程、交际技术、护理综合演习等，护理师必须通过培训机构的课程的考试，且必须通过笔试才可取得从业资格，拥有专业知识和技术。与此同时，日本在小学、初中、高中、大学都对家政教育有对应的培养体制，担任该项教育的老师都必须经历非常严格的职前测试，并采用了教师聘任制。

从2000年开始，日本开始实施“护理保险制度”。这一制度是为了解决老龄化社会的护理问题，而由全社会向需要护理的人员提供帮助。此后，以居家服务为主，越来越多的人开始利用护理保险制度，由于个人只需支付10%的费用，所以这一制度成为支撑老年人安度晚年的重要保障。

在日本，虽然做普通家务无需专业资格，但是由适用护理保险制度的护理人员提供家政服务却需要专业资格，由护理人员事务所派遣。日本的护理师资格是从 1987 年 5 月 21 日开始认定的，其认定依据的法律是 1987 年制定的《社会福利师和护理福利师法》。该法规定，护理师是拥有专业知识和技术，根据身心状况，对身体和精神上存在障碍的人员提供护理的从业人员。

（四）对广州家政服务行业的启示

菲律宾、中国台湾地区和日本家政服务行业的这些经验，给广州市家政服务行业的发展提供了重要借鉴和启示。从“菲佣”品牌的产生和发展过程可以看出，菲律宾政府在培养家政服务人员时，不仅注重全面发展的职业技能和素质，还重视保护其合法权益，努力提高家政人员的社会地位和职业幸福感，给予输出海外的家政人员最大的帮助和保护。日本将家政教育纳入正规的学校教育课程，可以称之为“全民家政教育”，这种将家政服务日常化的举动，有利于在社会营造一种尊重家政从业人员的氛围。而日本政府对护理从业人员资格的严格审查，有利于维持家政从业队伍的高水平、高素质，更能体现出家政职业的重要性。中国台湾地区的社区保姆体系，同样体现出了培养家政服务从业人员应坚持的原则：不仅要坚持高标准严要求，还要注重保护家政人员的合法权益、关心家政人员的身心健康。从菲律宾、中国台湾地区和日本家政服务行业的经验可以看出，培育“政府—家政协会—企业保障—个人尊严”的一个完整的产业链，是家政行业未来发展的一个必然趋势，这对于广州的家政服务行业也是任重道远的事情。

五、家政服务行业的发展趋势

（一）国家产业政策导向明显

2004—2009 年，中国家政服务业历经初始萌芽到稳步发展期，期间政府出台各项扶持政策重点发展家政服务业。“十二五”规划期间，政策法律框架更加健全，家政服务业市场化、产业化和标准化建设进一步推进，家政服务行业整体发展质量和水平明显提升。

2015 年 10 月，商务部发布《关于加快居民生活服务业线上线下融合创新发展的实施意见》，推动互联网技术在居民生活服务领域的广泛应用。政策与技术的优势不断助推家政服务行业转型升级，O2O 家政公司纷纷涌现，线上线下相结合成为行业发展新动向，家政服务更为多元和便捷。

2017 年 7 月，国家发展改革委出台《家政服务提质扩容行动方案》。推动家政服务供给侧结构性改革，着力推进家政服务业专业化、规模化、网络化、规范化发展，整体行业结构实现转型升级，产业体系更趋完善。如表 3 所示：

表 3　家政类国家政策的时间分布表

初始萌芽期（2004—2009）	
2004. 10	《家政企业等级标准评定》 《家政从业人员资格等级标准（试行）》
	规定家政企业管理术语、定义分类、评定标准和监督管理；规定家政从业人员四个等级从业资格的知识技能要求和考核评价
2006. 1. 1	《家政服务员国家职业标准》
	规定家政服务员的职业名称、定义、等级、环境条件、培训要求、鉴定要求、职业道德和基础知识
2007. 3. 1	《国务院关于加快发展服务业的若干意见》
	提高公共服务的供给能力和水平；坚持市场化、产业化、社会化方向
2009. 6. 1	《商务部、财政部、全国总工会关于实施“家政服务工程”的通知》
	运用财政资金支持开展服务人员培训、供需对接、从业保障
稳步发展期（2010—2014）	
2010. 5	《商务部关于加快家政服务业发展的意见》
	家政服务企业诚信体系建设；加快网络中心建设，实现“互联网、语音网、无线网”三网融合；培育连锁经营的企业品牌；完善用地、财税等配套政策，降低各方风险
2010. 9	《国务院办公厅关于发展家庭服务业的指导意见》
	市场运作与政府引导相结合；培育家庭服务市场；加大就业财税扶持力度；加强就业服务和职业技能培训；维护从业人员合法权益

（续表）

稳步发展期（2010—2014）	
2011. 6	《财政部、商务部关于 2011 年开展家政服务体系建设有关问题的通知》
	家政服务网络中心、大型龙头家政企业和中小专业型家政企业的建设规范；城市家政服务体系建设试点
2011. 12	《商务部关于"十二五"时期促进家庭服务业发展的指导意见》
	加快家政服务网络中心建设；加大力度培育家庭服务企业；加强从业人员培训；建立健全家庭服务业法规和标准体系
2013. 2	《家庭服务业管理暂行办法》
	满足家庭服务消费需求，规定家政服务组织、服务合同、服务员、消费者和教育培训机构的基本要求，维护三方合法权益
提质升级期（2015 年至今）	
2015. 10	《商务部关于加快居民生活服务业线上线下融合创新发展的实施意见》
	加快推进居民生活服务业线上线下融合创新发展；培育一批创新型生活服务企业；培养引领互联网时代发展的从业人员队伍
2015. 11	《国务院办公厅关于加快发展生活性服务业促进消费结构升级的指导意见》
	消费结构升级背景下推动生活性服务业由生存型、传统型、物质型向发展型、现代型、服务型转变
2017. 7	《关于印发〈家政服务提质扩容行动方案（2017 年）〉的通知》
	推动家政服务供给侧结构性改革；营业收入增长率保持 20 % 以上，达到 4000 亿元以上，从业人员数量达到 2800 万人左右；专业化、规模化、网络化、规范化发展

（二）O2O 家政应用平台的兴起

随着互联网技术的不断创新与发展，网络科技的应用已经深入到人们生活的方方面面，家政服务行业也同样嗅到了商机。2014 年底以来，网络技术催生了各种各样的家政 O2O 服务平台，互联网为家政服务行业带来了新的生机与活力。

在访谈中，业内人士提到："线上线下相结合"是将线上平台和实体门店相结合的新型商业模式。尤其随着移动互联网技术的快速发展，催生了传统家政行业"互联网＋"的新态势。国内O2O高速发展阶段不断衍生基于互联网的各类家政O2O平台，新型的线上模式促使许多传统家政机构开始尝试转型之路。2014年注册成立的广州燕扬家政服务有限公司原本是一家传统家政机构，定位中高端的家政服务市场。其负责人认为，互联网时代传统家政做得再好也需要网上宣传，公司于2016年开始转型涉及互联网家政业务，目前已经建有官方网站和微信公众号平台，打造线上宣传门户，延伸品牌推广业务。北京家事无忧家政服务有限公司在全国范围内开设有117家分店，目前采取的即线上线下相结合的经营模式，线上主打宣传推广，线下门店负责面试接单。从目前的行业发展来看，传统家政的线上转型是必然的，家政O2O平台也在不断涌现，线上线下的结合已趋主流。

互联网技术的接入帮助家政服务企业简化程序、优化资源、提高效率，家政O2O平台利用新技术优势也在探索自身发展的商业模式。广州互缘网络科技有限公司是2013年成立的典型移动互联网应用公司，"e家帮"是其旗下研发的移动互联网微信家政服务平台。据公司创始人介绍，区别于传统"流量模式"，公司定位"售后服务管理价值模式"，实现"技术＋服务＋管理"的一整套规范流程，力图打造中国领先的共享式家政服务管理平台，从中可以看到服务体验的价值。换言之，O2O的本质并非连通线上与线下的互联网通道，而在于平台带来的服务价值，线上布局最终还是要回归到线下服务，用户体验才是家政行业发展的核心诉求。

"互联网＋"的形式改善整个行业的服务生态，一定程度上提升整个行业的服务水平。借助多终端的线上线下一体化服务模式，提供多样化的服务体验，双向互动的评价机制加强家政服务人员、雇主、机构的三方关系，从而建立良好的服务反馈机制，提高服务质量和水平。

（三）家政服务O2O平台向垂直纵深发展

家政O2O平台目前正在向垂直纵深化方向发展。

1. 建设平台型服务模式

互联网技术催生行业新业态。家政服务 O2O 平台积极布局多终端线上业务，除了提供基本的助小养老服务外，还充分利用平台优势，延伸拓展服务内容。广州互缘网络科技有限公司（“e 家帮”）定位提供共享式的家政服务管理平台，公司创始人介绍，“共享式”的概念在于建设普适性的管理平台，实现家政公司、用户、阿姨多方位的资源开放共享，从招聘、培训到售后建立一整套流程化的服务管理体系，实现高效规范运营。“互联网 + 家政”将从流量价值转变到管理价值，服务管理将成为互联网家政的核心竞争力。此外，云家政、宁波 91980、北京无忧家政网等家政网络平台也已经在尝试家政平台运营模式，取得了良好效果。据了解，广州市妇联通过打造“花城人家”家庭综合服务平台，完善“政策宣传 + 优质服务 + 高效办事 + 大数据分析”功能，形成家政服务、家政培训、婚姻交友、早期教育、权益维护、公益服务、社会组织培育的线上线下、互联互通、开放、多元、立体的组织体系，致力于为广州市民提供全方位、一体化的线上、线下服务管理。

探索发挥平台的指导、监督、协调、沟通作用，推动家政服务业健康快速发展。未来基于海量数据库的“家政云”平台建设是家政服务业深入发展的切入口，充分利用线上线下信息流与数据流，整合优化资源，实现动态数据的同步反馈，发挥平台的联动效应，实现线上一站式综合服务体验。

2. 打造智慧社区家政服务

家庭服务已然成为普通家庭的刚性需求，随着中国老龄化加剧，未来伴随物联网、云计算、大数据等新一代信息技术的集成应用，将对居家养老、社区护理等家政服务提供新型的智能化社会管理服务。

在可以预见的未来，家政服务方式和服务内容将结合技术创新实现智能化匹配，以社区居民为服务核心，结合居民实际需求提供定制化、点对点式的高端家政服务内容，打造一站式家庭生活服务平台，为居民提供安全、高效、便捷的社区型服务，真正实现“智慧家政”，满足居民未来生存和发展的个性化需求。

（四）家政服务行业与其他行业的跨界融合

家政需求的多样化催生家政产业跨界创新生态，家政服务不再是洗衣做饭等简单的劳务服务，而是向着衣食住行、休闲旅游、健康等全方位的家庭服务转化，跨界融合已经成为家政服务行业深入探索的新思路和新趋势。

不少家政服务企业开始注重与住宿、美容美发、家电维修、养老等其他居民生活服务业的跨界合作，延伸上中下游产业链条，实现共赢发展。包括开展与家政有关的家居服务产品，健康生态产品销售与服务，联合地产、金融、教育等资源优势提供品质家政服务。例如家政结合农业打造休闲生态旅游业；家政与电商延伸线上线下价值链；家政瞄准老龄服务产业探索养老护理新模式，推进健康养老深入发展。作为深耕家政领域11年、“互联网＋家政”行业的领导品牌——“管家帮”，已经开发投放人工智能家政服务机器人，初步实现智能家居。未来“管家帮”还将依赖自身优势构建营养、健康、教育培训、金融保险等多领域家政服务生态圈，实现家政与人工智能的深度融合。总之，家政结合自身服务业的优势特点，积极跨界尝试，正在成为整个家政行业发展的新趋势。

（五）人工智能和家政服务业的深度融合

近年来，随着人工智能技术的蓬勃发展，作为AI人工智能重要应用载体的服务机器人开始走进我们的生活，并对应不同场景开发了许多智能化、智慧化服务。同时，家政机器人的广泛使用对传统的家政服务业造成了一定的影响，反映在家政从业人员方面，人工智能技术对家政人员的职业技能提出了新的要求，家政人员需要与时俱进学习新的技术和技能，适应家政市场的新变化和新趋势。同时更为重要的是，人工智能的快速发展极大地提升了用户的家政服务体验。

未来人工智能和家政服务业的深度融合将迎来一个新时代，基于大数据的家政服务将成为新的发展趋势，家政平台借助强大的数据资源优势最终会体现出独特强大的商业价值。同时根据用户需求的深度挖掘，提供精准匹配，实现场景化定制服务，打造智能化生态圈，帮助更多家庭实现高品质生活方式。

总体而言，“人工智能 + 家政”的融合趋势将重新构建家政行业、产业新生态，借助技术的新兴力量，家政服务行业不断创新突破，实现服务理念和品质的升级再造。未来的家政服务业必将是一个由人工智能引领的“强强联合”的产业。

（六）家政服务行业专业化、精细化、规范化趋势

1. 资本竞争，细分市场

人们消费水平和生活品质的提升带动家政需求的增长，激烈的市场竞争影响行业发展态势，家政行业逐渐走出一条精细化的道路，出现市场细分的趋势。管家公司、养老公司、月子会所、专业早教公司、母婴护理公司等一些专项服务公司衍生，针对特殊人群需求，提供专业细化的高品质服务。此外，专项家政公司服务人员素质、从业人员学历和服务水平得到大幅度提升，细分市场的家政企业更容易获得市场投资青睐，拥有良好的发展前景。

2. 专业服务，高端品牌

目前以洗衣、清洁、做饭等简单劳务为主的初级型服务在中国发展已经比较成熟，市场在这方面的需求表现保持平稳，而专业技术型的中级市场呈现快速增长趋势。家政服务从简单劳务型向专业技能型转变是未来行业发展趋向，专业化发展是关键节点。

社会经济的日益发展，现代家庭生活节奏的加快，消费水平和能力也逐步提升，人们对生活品质的要求呈现快速提升的趋势，未来将会提倡健康、科学、规范、高效的“管家式服务”，高端家政市场逐步拓展，品牌化成为家政服务企业的特色发展之道。

3. 行业标准，规范管理

家政行业作为一个多元化行业，面临多变的市场环境。目前中国的家政服务市场处于蓬勃发展阶段，但尚未形成规范化的体系，家政服务行业乱象丛生，缺乏统一的行业标准和规范体系，不仅侵害用户利益，也制约行业的健康发展。

家政企业同步建立完善的标准化服务体系和科学严密的家政培训体系，未来相关政府机构也将制定严格的行业标准，规范市场准入，同时加强对家政行业的监管力度，让家政服务业真正进入法制化、规范化、专业化的发展轨道。同时，行业协会发挥对整个行业的积极引导作用，连同相关部门开展家政行业的经验交流和座谈，学习港澳地区的先进管理经验，共同推进广州市家政行业的健康持续发展。

广州市妇女联合会
羊城晚报智慧信息研究中心
华南理工大学新闻与传播学院

“广州妈妈爱心互助计划”项目评估报告

李克强总理在第六次全国妇儿工作会议时强调，妇女儿童工作是一项事关全局、面向未来的重大事业。让尊重和关爱妇女儿童成为国家意志、公民素养和社会风尚。尊重关爱妇女就需要提高妇女的生活质量，保障她们的身体健康。目前，乳腺癌和其他生殖器官类癌症是危害妇女身体健康最为重要的疾病。以乳腺癌为例，全球每年新发乳腺癌病例约 167. 1 万例，每年约 52. 2 万名患者死于乳腺癌；中国女性乳腺癌发病率为 21. 6/10 万。居于癌症死亡原因第六位。《中国妇女发展纲要（2011—2020 年）》提出要提高宫颈癌和乳腺癌的早诊早治率，加大专项资金投入，扩大宫颈癌、乳腺癌检查覆盖范围。自 2009 年起，卫生部和全国妇联共同推动实施农村妇女“两癌”免费检查项目。但是检查确诊之后需要大量的资金就诊就治，这无论对于个人还是对于政府而言都是一笔不小的开支，尤其是对于家庭困难妇女。2012 年，广州市妇联推出“广州妈妈爱心互助计划”，就是由广州女性自愿捐助一笔资金资助患病女性，实现女性之间互助的公益慈善项目。

“广州妈妈爱心互助计划”一经推出，立刻在广州引起响应。第一期共有 28 万广州女性参加，实施两年使近 500 名患癌女性得到补助。2014 年又推出第二期，参加人数超过 80 万人。该项目运行近五年来，无一例投诉，也没有任何的负面信息。由于项目效果良好，本项目获得了政府的高度认可。2015 年，它获得广东省妇联创新案例第一名；2016 年，它再次获得广州市市直机关服务群众品牌项目。本报告针对前两期推行过程中出现的问题进行深度评估，以切实保障这一利国利民的公益慈善项目持续健康发展。

一、研究方法

本项目主要采用问卷调研方法。问卷采取分层抽样的方式，在广州 11 个区中随机抽取 4 个，进而根据参加“广州妈妈爱心互助计划”人员的比例，确定为海珠区瑞宝街、荔湾区西村街、番禺区东涌街、从化区良口镇。另外，抽取了 2 个事业单位，分别为广州妇女儿童医疗中心和广州市第三中学。

由表 1 可见，调研共发放问卷 1950 份，其中向城镇项目参与者（包括资金捐助者和受资助者）发放问卷 1350 份，向农村发放 600 份，共回收问卷 1396 份，有效率达到 71.6%。从文化程度来看，大学以上所占的比重最大，达到 39%；初中所占到的比重也不少，有 30%，而研究生所占的比重最少，只有 5%。从年龄结构来看，主要是 20—50 岁，共占到 75%，而 70 岁以上和 20 岁以下占的比重都不高，分别为 1% 和 6%。具体见表 2：

表 1　调研单位及其问卷数量

调研单位	问卷数量	调研单位	问卷数量
广州妇女儿童医疗中心	700	荔湾区西村街	300
广州市第三中学	50	番禺区东涌街	300
海珠区瑞宝街	300	从化区良口镇	300

表 2　调查对象的基本情况（N = 1396）

项目	类别	频次	百分比（%）	项目	类别	频次	百分比（%）
文化程度	初中及以下	414	30	年龄	20 岁以下	81	6
	高中	363	26		20—30 岁	373	27
	大学	552	39		30—50 岁	664	48
	研究生	67	5		50—70 岁	259	18
					70 岁以上	19	1

二、“广州妈妈爱心互助计划”项目评估

（一）“广州妈妈爱心互助计划”第二期基本情况

“广州妈妈爱心互助计划”是广州市妇联倡议，由广州市妇女儿童福利会承接运作的大型慈善、互助性计划，是为关爱妇女身体健康，搭建广州妇女互爱、互助的爱心平台，汇聚广大羊城妇女的力量，帮助患重病的姐妹及时得到救治，共享健康幸福生活。从2014年开始推动第二期，共有865696位妇女参加，筹款总额4357.13万元；加上205.45万元银行存款增值额，合计4562.58万元；扣除按10%计提办公经费的435.71万元，可用于患病救助的款额为4126.87万元。到2016年10月，共补助2464名（其中低保户22人，按规定每人补助1.2万元；特例5人，每人补助1000元；其余2437人按常规补助1万元），共支付补助金2463.9万元。

相比较第一期而言，“广州妈妈爱心互助计划”第二期在以下几个方面有所突破。一是扩大保障范围。本项目第一期只覆盖四类癌症，即乳腺癌、卵巢癌、宫体癌、宫颈癌。而到第二期时，福利会大胆探索，将本项目的保障范围拓展到了与女性生殖器有关的所有原发性癌症。二是延长保障年限。本项目第一期的是30元保障2年，而到第二期时调整为50元保障3年。三是去除免责期。第一期中，福利会规定了100天的免责期，即受益人在参加互助计划后100天内患病的，福利会得以免责。而在第二期计划中，本项目取消了该免责期的规定。加入本项目的妇女可直接享受相关保障。四是放宽补助发放范围。在第二期实际运行中，由于资金宽裕，福利会也探索性地放宽了补助金的发放范围。比如有妇女采用非手术治疗，而是采用靶向治疗的，虽然按照合同约定，不能给予补助，但考虑到靶向治疗费用较省，而且部分妇女只能接受该项治疗，所以也决定给予1万元的补助；又比如，针对患有非原发性癌症并去世的妇女，福利会也决定发给1000元补助资金，福利会先后发放了近10例此类补助款。

（二）“广州妈妈爱心互助计划”运行特点

（1）“广州妈妈爱心互助计划”理念新颖。本项目的基本理念是充分运用“互助保险+慈善”的方式为广州市妇女提供福利。所谓“互助保险”的形式，是指“广州妈妈爱心互助计划”的资金来源是加入项目的女性群体缴纳的资金，每位缴纳50元的妇女在未来3年内如果患以上四类癌症，可以获得一定的补助（一般是1万元）。从这点来看，它具有商业保险的味道，但是它又具备慈善的色彩。一是因为相比较商业保险而言，缴纳的费用相对较低，只有50元。二是缴纳的费用并不是传统意义缴纳的保险金额，广州市妇女儿童福利会称之为“捐赠”，捐赠金额不设上限，鼓励多捐。捐赠人可以指定自己或其他任何一名符合条件的人作为受益人，然后由福利会提供一份“额外保障”。三是在这3年期间患上四类癌症的女性所获得的资金并不是传统意义上的“保险赔付”，广州市妇女儿童福利会称其为“补助金”，补助金一般为1万元，但受益人持有广州市低保、低收入证的，补助金将提高到1.2万元。补助金额度不因捐赠额的多寡而变化。所以，本项目的基本理念是为女性群体提供福利。其虽以“互助保险”的形式，但本质上却立足于为女性群体提供福利。“以往活动多为自上而下的、全面动员的方式。例如针对妇女重大疾病帮扶，一般采取‘我给你’的方式，即由妇联组织筹集资金，再拨付补助给患病妇女。……‘广州妈妈爱心互助计划’是市妇联创新载体和服务手段的尝试，与传统方式最大的不同在于把‘我给你’变成‘我和你’。”①互助计划的这一特点决定了它与商业保险不同。所以，很多商业保险上可以采用的管理方式、项目模式在互助计划上无法使用。比如，商业保险经常设计一些高风险的项目，以高额回报吸引客户投保。互助计划就不能采用这种方式来招揽客户。

（2）“广州妈妈爱心互助计划”的组织结构独特，运行成本低。“广州妈妈爱心互助计划”的直接领导组织是广州市妇联，整个项目的设计、宣传推动、组织费用收缴、资金发放等都是由广州市妇联完成。该项目的日常管理

① 袁微：《让妇女群众的评价进入评价体系》，《中国妇女报》2015年8月24日。

则是由广州市妇女儿童福利会完成，包括参与人和获得资助人员信息的整理、收集，统计所筹集的资金以及发放的资金数量等等。对患病补助申请进行审核则是“广州妈妈爱心互助计划”工作审核小组的工作，该小组负责审查申请人提交的患病补助申请资料；参加广州市妇女儿童福利会组织召开的审核会，并在《“广州妈妈爱心互助计划”患病补助申请表》上填写审核意见；落实补助金拨付事宜；参加对代理单位的不定期检查及对患者的探访、慰问等关爱活动。此外，专家组必须对患病申请者提供的病理材料进行专业审查。

在接受“捐赠费用”和发放补助金的过程中，还有一个非常重要的组织发挥着不可替代的作用，那就是代理单位，代理单位是广州市各区、街、镇妇联及市直各机关单位妇委会、系统、直属妇委会、市妇联团体会员、市妇联直属单位的妇女组织。与此同时，各街镇还将各居（村）委会的妇女干部吸纳到代理机构中来，形成一个村居—街镇—区（直属机关）的组织结构体系，真正让“广州妈妈爱心互助计划”扎根基层。代理单位负责组织、动员代理区域内的妇女群众积极参与“广州妈妈爱心互助计划”活动；负责对申请参加活动人员的身份资格审核、费用收缴、活动申请表格的填写申报工作；负责把所代理的参加人员活动费用按要求划入到甲方指定的银行账户；负责把告知书发至参加人员；负责对申请补助人的材料进行审核；协助做好“粉红丝带”进农村、企业、社区及乳腺癌早期防治培训师的培训工作；参与探访慰问患病妇女的工作。在“广州妈妈爱心互助计划”中，广州市妇联充分发挥各级妇联的作用。通过它们，既可以将项目落实在基层妇女之中，保证该项目无论是在收缴费用还是在发放补助金的环节中材料的真实性，这也是广州市妇联推动妇联转型面向基层妇女的重要举措，同时也可以节省运营成本。据了解，广州市妇女儿童福利会只投入了 1 名正式工作人员，外加市妇联发展部的 5—6 名人员兼管，就成功地运营了本项目，且近四年来的行政开支不过 50 万元，管理费用也只占到整个费用的 10%，有利于将更多资金为妇女提供补助。

（3）“广州妈妈爱心互助计划”的制度规范，操作流程严格。为了确保“广州妈妈爱心互助计划”第二期有效快速地推行，广州市妇联和广州市妇女儿童福利会建立了一套完善的制度体系。首先，制订第二期“广州妈妈爱心互助计划”实施方案，详细规定“广州妈妈爱心互助计划”的参加对象、实施时间、缴费标准、参加办法及流程、补助办法、申请患病补助程序以及日常关爱行为，让代理单位、参加者了解整个项目的各个环节如何操作、各自的权利义务。其次，为了确保代理单位能够明白自己同广州市妇女儿童福利会在这个项目中各自的权利义务，二者还签订代理协议，这有效地规范了二者的行为。最后，制订第二期“广州妈妈爱心互助计划”患病补助申请程序和“广州妈妈爱心互助计划”患病补助申请内部审核流程，对于患病补助者所需经历的程序、所需提交的材料以及时间进行明确的规定，同时也对“广州妈妈爱心互助计划”内部管理人员以及相应的参与者的职责权限进行规定，有助于提高审批效率。

在规范制度时，广州市妇联和广州市妇女儿童福利会对于患病补助的审批流程也进行梳理改造，以期既保证申请者的合法权益得到保障，又保证申请者的情况是真实可靠，不至于弄虚作假。福利会为本项目设计了一套严格的审查流程。一是提供医院证明。要申领补助的妇女必须首先获得由三甲医院医务科出具的申领材料，并加盖医院公章。二是审核小组审核。针对部分妇女没有条件到三甲医院就诊的情况，福利会组织广州市妇女儿童医疗中心的专家组成一个审核小组。该审核小组的成员共 13 人，全部是妇科、检验科等的知名专家，在业内具有权威地位。福利会将这批专家分为两组，每组负责一个月的审查任务。他们主要负责审查非三甲医院出具的材料，特别是审查拨片，以确定申请人是否确实患有原发性癌症。三是进行现场探访。福利会每月会抽取一些患者，特别是申请补助的患者，到患者所在社区、家庭、工作单位、医院进行现场探访和抽查。探访的目的，一方面是为了了解患者的身体康复情况，表示关怀；另一方面也是为了确证部分申领材料存在缺陷的患者的情况是否属实。探访所得情况汇总后，将提交给会审会议讨论。四是会审会议。妇联的发展部、纪检部、办公室以及福利会代表共同组成一个会审会议，负责审查上述三个方面提供的材料。通过讨论后，会审会议最后会就补助发放形成会议记录，上报给广州市妇联党组，经审查批准后，才能完成补助发放的审核流程。

（4）“广州妈妈爱心互助计划”注重宣传推广，配套服务完善。本项目的宣传推广主要依赖广州市妇联的推进。具体做法是召开宣传会，通知各个区妇联的带头人、社区妇女干部、积极分子参会，并将宣传单页发给她们；然后再由她们结合本地区的情况，开展传播。在宣传过程中，各个地方单位也会结合自身特点，充分发挥积极性与创造性，采用特色传播方式，如微信群传播、短信通知等。比如，某街道编写了一条短信："50 蚊（元）补助一万"。这条信息很快发遍了该街道每一名女性的手机。为进一步完善"广州妈妈爱心互助计划"，广州市妇联和广州市妇女儿童福利会还尝试开展配套服务。为了给受益人群提供更全面的福利，福利会联合专业机构，初步建立了一支家居护理志愿者队伍。在患病女性结束治疗后，该志愿者队伍会在两个月时间里提供 4 次免费上门服务，服务内容包括量血压、术后保健操、心理辅导等。

（5）"广州妈妈爱心互助计划"参与人群广泛，获得社会好评。从 2012 年"广州妈妈爱心互助计划"推广开始到现在，广大妇女参与其中。不同于商业保险，"广州妈妈爱心互助计划"并没有明显的年龄、农村或城市户口限制，凡是合适的广州女性都可以参加。本项目的受益群体是拥有广州市户籍的女性，而且主要是社会保障和商业保险所没有覆盖到的群体，也即退休后的社区妇女、农村妇女。鉴于中国政府的社会保障体系不够完善，农村妇女等群体的社会保险覆盖率较低，同时商业保险多以 60 岁为限，一般不接受退休后的女性入保，"广州妈妈爱心互助计划"既没有设定年龄限制，也没有伺机而动资格限制。无论是高龄妇女，还是农村非职工妇女或社区散居妇女都可以参加本项目。据了解，目前每月广州市妇女儿童福利会发放的补助约为 100 例，资金超过 100 万元。在这其中，接受补助的 91.8% 为社区散居人员、农村人员，且年龄普遍较大，其中甚至有 90 多岁的高龄妇女。到目前为止，两期"广州妈妈爱心互助计划"共有近 115 万人参加，占到广州市户籍女性的 22%，并且该项目在广大女性中知名度和美誉度都很高，已然成为广州市妇联的一个服务品牌。

（三）"广州妈妈爱心互助计划"满意度评估

1. 满意度评估的设计

产品服务质量被认为是区别服务产品及建立竞争优势的主要原因，服务质量的研究起源于 20 世纪 80 年代的欧美国家。1982 年，北欧学派的代表人物芬兰学者 Ghristian Gronroos 根据认知心理学的基本理论，提出“顾客感知服务质量”的概念，认为服务质量是一个主观概念，取决于顾客对服务质量的期望同实际感知的服务水平之间的对比。本课题对“广州妈妈爱心互助计划”的服务质量的研究主要是通过满意度评估来完成。

当前对服务满意度评估的主要方法是 SERVQUAL 模型，它是由美国的 A. Parasuraman、Valarie A. Zeithamal 和 Leonard L. Berry 于 1985 年提出并于 1988 年完善，将服务质量的满意程度分为有形性、可靠性、响应性、保证性和移情性。有形性指服务产品的有形部分，包括提供服务工具、设备、工作场所等；可靠性指提供服务的部门是否可靠准确地履行服务承诺；响应性指服务的部门及其员工能否为顾客提供快捷的服务；保证性指服务的部门是否有足够的能力提供服务、是否有足够的耐心提供服务；移情性指服务单位及其员工能否了解顾客的需求并提供个性化的服务。根据这个 SERVQUAL 模型，本项研究将“广州妈妈爱心互助计划”的满意度评估按照有形性、可靠性、响应性、保证性、移情性和便利性 6 个一级维度 20 个二级维度设置 22 个问题，考察“广州妈妈爱心互助计划”的顾客服务满意度问题，具体见表 3。在确定测量标度时，本文采用五点指标评价体系，即“完全同意”“同意”“一般”“不同意”和“完全不同意”。其中“完全同意”为 100 分，“同意”为 90 分，“一般”为 80 分，“不同意”为 70 分，“完全不同意”为 60 分。具体的计算公式如下：

广州爱心妈妈互助计划服务满意度按下式计算：

$$y = a_0 + a_1x_1 + a_2x_2 + \cdots + a_nx_n$$

公式中：

y—广州爱心妈妈服务项目满意度；

x—6 个一级评估指标；

a—6 类评估指标的第 i 个评估因子的权重分值（这个权重通过线性回归计算而得）。

表3　基于SERVQUAL模型的“广州爱心妈妈互助计划”服务质量评价模型

评价一级维度	评价指标	问卷问题
有形性	1. 办公场所安全舒适	B1. 您认为申请“爱心妈妈互助计划”的办公地点让您感到舒适
	2. 办公地点指示标识清晰	B2. 您认为申请爱心妈妈互助计划的办公地点指示牌清晰
可靠性	3. 向参与者承诺的事情都能完成	B3. 您认为参与“爱心妈妈互助计划”后如果患病一定能够获得足额资助
	4. 能及时办理相关事宜	B4. 您认为参与“爱心妈妈互助计划”后如果患病一定能够及时获得资助
	5. 公开透明地办理相关事宜	B5. 在参与“爱心妈妈互助计划”后福利会给您开具真实有效的凭证
	6. 申请资助过程公正	B6. 患病后申请资助不需要找关系
响应性	7. 迅速服务	B7. 在提出参与“爱心妈妈互助计划”后福利会能够迅速帮助办理相关手续 B8. 在提出申请资助后福利会能够迅速帮助办理资助
	8. 及时答复	B9. 对于自己提出的问题福利会能够及时答复
	9. 随时帮助服务参与对象	B10. 福利会随时帮助您参与“爱心妈妈互助计划” B11. 福利会随时帮助您申请相关资助
	10. 及时纠正错误或者虚心接受参与者的批评	B12. 您对福利会提出的关于“爱心妈妈互助计划”过程中他们出现的错误或者您提出的批评，他们迅速积极回应
保证性	11. 员工是值得信赖的	B13. 服务人员具备充分的知识、技巧、能力为参与者提供优质的服务
	12. 在参与“爱心妈妈互助计划”过程中会感到放心	B14. 在参与“爱心妈妈互助计划”过程中会感到放心吗？
	13. 员工是礼貌的	B15. 服务人员对待参与者的态度总是礼貌、热情，无论是参与捐助还是申请资助

（续表）

评价一级维度	评价指标	问卷问题
移情性	14. 福利会会针对参与者的需求提供个别的服务	B16. 福利会能够对参与者提供个别个性化的服务，例如相应调整服务时间和服务内容
	15. 会给予参与者个别的关心	B17. 服务人员能够对您给予个别的关注吗？
	16. 了解参与者的需求	B18. 您认为福利会能够了解您对于参与“爱心妈妈互助计划”的特别需求
便利性	17. 办公地点合理方便	B19. 您认为申请爱心妈妈互助计划的办公地点合理方便
	18. 手续简单	B20. 您办理“爱心妈妈互助计划”的手续简单方便
	19. 网上办理	B21. 您可以在网上办理“爱心妈妈互助计划”
	20. 信息畅通	B22. 您可以在网上或者福利会获取办理“爱心妈妈互助计划”的所有信息

2. 参与者满意度评估

根据前面的设计以及调查问卷，通过 SPSS 软件的计算，参与者的满意度情况如表 4。

表 4　基于 SERVQUAL 模型的“广州爱心妈妈互助计划”服务质量评价每题得分表

题目	A	B	C	D	E	总计	得分
Sj1	185	234	107	5	2	533	91. 16
Sj2	201	229	90	10	2	532	91. 60
Sj3	140	258	118	11	2	529	89. 87
Sj4	160	253	92	23	2	530	90. 30
Sj5	177	271	78	1	1	528	91. 78
Sj6	199	252	72	4	1	528	92. 20

（续表）

题目	A	B	C	D	E	总计	得分
Sj7	201	238	86	2	1	528	92.05
Sj8	206	225	96	1	1	529	91.98
Sj9	176	259	90	2	1	528	91.50
Sj10	180	258	89	1	1	529	91.63
Sj11	178	255	93	—	1	527	91.56
Sj12	193	248	87	—	1	529	91.95
Sj13	181	271	75	1	1	529	91.91
Sj14	191	261	76	1	—	529	92.14
Sj15	206	247	76	—	—	529	92.46
Sj16	170	275	81	2	—	528	91.61
Sj17	169	247	111	2	—	529	91.02
Sj18	169	275	85	—	—	529	91.59
Sj19	174	258	94	3	—	529	91.40
Sj20	216	224	86	3	—	529	92.34
Sj21	189	244	91	5	—	529	91.66
Sj22	186	243	95	5	—	529	91.53
总计	4047	5525	1968	82	17	11639	91.60

从该表的得分情况来看，“广州妈妈爱心互助计划”的参与者对项目的组织者所提供服务的满意率还是比较高的，总分达到91.60分。不仅如此，参与者对于所提出的每个问题的反馈都比较积极，并没有明显的短板，即组织者在各个环节所提供的服务的满意度都比较高。在22个问题中，第15题“在参与爱心妈妈互助计划过程中会感到放心”这个问题的得分最高，为92.46分。这说明广州妇女对于由广州市妇联背书的爱心慈善项目比较有信心，也表明广州市妇联在妇女中的地位较高，得到她们的信任。进一步将22个问题凝练成保证性、便利性、可靠性、响应性、移情性和有形性后，总的

评分为91.60分，即满意度依然很高。其中保证性最高，达到92.17分，其次为响应性和便利性，分别达到91.78分和91.73分；而可靠性和有形性的得分相对比较低，分别为91.04分和91.38分，具体见表5。可靠性比较低的原因是在调研中发现，一些患有妇科疾病的妇女在住院后没有得到补助，因此认为不可靠。这主要是宣传过程中，她们并不知道只是患有四类癌症而不是妇科疾病才有补助，主要是宣传不到位造成的。便利性的得分相对较低是由两个原因造成的，一是因为在申报补助时广州市妇女儿童福利会的办公室不容易找；二是因为报名过程中没有使用微信、网络等手段。

表5 基于SERVQUAL模型的“广州爱心妈妈互助计划”服务质量评价六大要素评分表

性质	A	B	C	D	E	总计	得分
保证性	578	779	227	2	1	1587	92.17
便利性	765	969	366	16	—	2116	91.73
可靠性	676	1034	360	39	6	2115	91.04
响应性	1134	1483	541	6	6	3170	91.78
移情性	508	797	277	4	—	1586	91.41
有形性	386	463	197	15	4	1065	91.38
总计	4047	5525	1968	82	17	11639	91.60

三、“广州妈妈爱心互助计划”项目实施中存在的不足

（一）宣传规划

“广州妈妈爱心互助计划”在第一、第二期的宣传工作由广州市妇联牵头，通过代理单位在全市推广。具体做法包括如下几点：①由市妇联组织全市代理单位召开宣传会，通知各个区妇联的带头人、社区妇女干部、积极分子参会，并下发宣传单页；②由各代理单位结合本地区情况，开展传播。③宣传方式五花八门，具体由各代理单位自行确定，包括单页发放、微信群

传播、短信通知等；④宣传对象是城市社区妇女；⑤宣传期限为一个月时间。

通过问卷调查以及实地调研，我们发现宣传工作存在如下几个方面的不足：

第一，宣传内容不统一。在前两期宣传工作中，爱心妈妈的宣传工作缺乏统筹，既没有统一的宣传通稿，也没有统一的宣传窗口。所以在实际工作中，爱心妈妈的宣传工作呈现出口径多元化、内容多样化的状况。而一旦信息传播是以多元化、多样化形式推进的，难免导致信息失真、信息冲突等问题。所以，在本次调研中，我们发现不同街道的妇女对爱心妈妈的理解是不同的。甚至有部分地区的妇女对爱心妈妈完全理解错了，以为是商业公司开展的商业项目。

第二，宣传责任落实不到位。在前两期宣传工作中，爱心妈妈的宣传工作主要是由广州市妇联牵头，各代理单位依靠自觉自愿加以落实的。而在实践中，我们发现有的地区的代理单位工作负责认真，能够将这项工作落到实处，向来问询的妇女作解释时也能做到耐心、周全。但也有部分地区的代理单位仅将这项工作作为本职工作以外的一项额外的任务来看待。所以，他们在宣传工作方面投入的精力是不足的，在对待妇女的问询方面也存在不够耐心、不够仔细的情况。这不仅导致基层群众对爱心妈妈产生误解、产生情绪，也导致爱心妈妈的宣传工作无法落实到位。

第三，宣传方式不够多样化。通过问卷调查，在城市社区中，妇女了解爱心妈妈的主要渠道是妇联。有19.94%妇女认为宣传渠道太少，有6.2%妇女认为宣传方式老套，有6.43%妇女认为没有网络、新媒体宣传。而在前两次宣传工作中，广州市妇联主要采用的是宣传单张发放这种方式。这种宣传方式比较陈旧，很难全面覆盖到全部社区妇女。特别是在现代社区中，很多妇女都是上班族，白天较少在家，代理单位也难以将这些宣传单张送发到妇女手中。此外，这种传统的宣传方式的社会影响力较小，也缺乏互动性，难以吸引除广州市社区妇女以外的社会集体关注。当然，在第一、第二期爱心妈妈宣传工作中，我们也配套了一些媒体宣传，但由于现在新闻媒体的影响力也在减弱，如果不能开拓新的社会宣传渠道，则第三期爱心妈妈依旧难以形成较大规模的社会影响力。

第四，宣传对象较为单一。第一、第二期爱心妈妈的宣传工作主要以吸引社区妇女报名为主，所以宣传对象主要面向社区妇女。这种做法固然能吸引较大数量的妇女报名，但对于扩大爱心妈妈整体的品牌影响力，将爱心妈妈打造成广州知名品牌这一中长期目标还是较为不利的。在实地调研中，我们也发现，部分妇女认为爱心妈妈的品牌影响力不足，甚至有很多妇女没有听说过爱心妈妈。问卷调查的数据也反映了这一情况。

第五，宣传时间过短。第一、第二期爱心妈妈的宣传时间是一个月时间，但广州市户籍人口超过1300万人，其中女性人口超过500万人。要在一个月的时间内覆盖这么多妇女，是不可能完成的任务。所以，在前两期爱心妈妈报名过程中，因为宣传期限过短，导致了很多问题。比如，有些女性是在报名期完结后才听说这一计划，并向代理单位表达了不满情绪。代理单位为了安抚她们的情绪，只能将自己报名的资格让给了对方。再比如，有很多女性是在报名期限将要完结时才听说这一项目，所以她们都在很短的时间内集中到代理单位报名，造成代理单位出现因工作量过大，而一时难以应付的情况。问卷调查的数据也反映了这一情况。在所有接受调查的妇女中，有35.36%的妇女认为宣传周期太短。

第六，宣传轮次太少。第一、第二期爱心妈妈的宣传工作因为没有统筹，所以在宣传工作开展过程中，也没有所谓宣传轮次的概念。这些宣传工作实际上只有一轮，这一轮宣传将所有信息集中向社会推出，既没有前期社会舆论制造，也没有后期主办方与社会公众的互动。所以，这也就限制了爱心妈妈的实际影响力，使其品牌直接影响的群体相对单一。

上述六大方面的问题是前两期爱心妈妈宣传工作中存在的主要问题。在第三期爱心妈妈宣传工作中，应加以优化。

（二）报名工作

第一、第二期爱心妈妈的报名工作，主要有如下几点做法：

第一，低费率，固定的涵盖病种，长期限。爱心妈妈的缴费额度较低，第一期为30元，第二期提升为50元，属于普通公众能够承受的范围。同时，爱心妈妈涵盖的病种范围相对固定，为女性生殖器官的癌症，且主要为四类多发的癌症。爱心妈妈覆盖的期限也相对较长，第一期为 2 年，第二期为 3 年。所以，在本次调研中，多数女性反映这一项目比较实惠。

第二，从第二期开始，对参加了第一期的女性取消免责期。从第二期开始，爱心妈妈对已经参加了第一期的女性取消 100 天免责期的规定。在这一期限内患病的女性，可以直接申请享受补贴。

第三，报名工作主要通过代理单位完成。前两期爱心妈妈的报名工作主要依靠代理单位完成，也即妇联下属各单位、企业、街道、居委会、村委会等的女职委、妇联等。妇联与代理单位签订委托协议，委托代理单位负责开展报名工作。

第四，报名期较短，且全部为现场报名。前两期爱心妈妈的报名期限较短，只有 15 天。而且，前两期全部采用现场报名的形式，即到代理单位提交材料、交费报名。

调研发现，上述几点做法存在一些问题。主要是：

第一，报名期限过短。前两期爱心妈妈的报名期限为 15 天，而报名人数却高达几十万。虽然爱心妈妈在全市有上千家代理单位，但在短时间内就接收这么多人来报名，对于代理单位造成了较大的工作压力。

在调研中，有代理单位人员表示，2014 年我们第二期爱心妈妈报名时，刚开始报名人数较少，但随着后期项目宣传大规模推进后，报名人数猛增。结果代理单位的工作人员无法应付，只能先收钱和身份证复印件。等全部收完后，再在晚上逐个登记报名。

问卷调查的结果也反映了这一问题。经统计，有 20% 的被调查者都认为 30 天是比较合适的报名期限。

第二，报名方式单一。前两期爱心妈妈的报名方式只有现场报名一种，方式单一。但并不是所有人都偏好现场报名的。在调查中，有女性反映说，她之前就因为没有时间去街道而错过了报名时间。

而且代理单位也反映说，正是因为限定于现场报名这一种报名方式，导致在上一期爱心妈妈报名过程中，有的妇女过了期限也没有报上名。这些妇女直接越过他们，去找了上级领导请示。

问卷调查的结果也反映了这一情况。据统计，在所有接受调查的女性中，偏好现场报名的人数仅占总人数的39.71%，而更多人则偏好网络微信报名，占总人数的58.49%。

第三，合作机制没有理顺。虽然妇联和代理单位采用委托代理制的形式，但由于妇联没有向代理单位制度酬劳，代理单位也就不愿意承担风险。而事实上，正是由于采用了现场报名的形式，代理单位在开展报名工作时，难免会遇到收到假币及报名费错收、少收、漏收等情况。而这部分风险则是由代理单位的工作人员自行承担的。他们对此表示不满。比如在本次调研中，有人表示，他们并不是专业财务，也没有验钞机，更不知如何保管，一下收了这么多钱，他们感觉风险较大。

第四，属地管理存在不便。有人提出前两期爱心妈妈覆盖病种只涵盖了女性生殖器官的癌症，覆盖人群只涵盖了广州市户籍女性。他们希望第三期爱心妈妈互助计划能够拓展覆盖的疾病和人群范围。我们认为这两个建议并不合理。

首先，针对拓展病种的建议。根据复合二项风险模型核算，当爱心妈妈放开病种范围限制，拓宽到诸如肺癌、肝癌等高发的疾病时，爱心妈妈资金池耗尽的风险比原初有大幅提高。其中，拓展到肺癌时，风险会提高59.1%；拓展到肝癌时，风险会提高33.4%。而且经过统计，多数妇女认为现有的覆盖病种是合理的，提出要增加疾病的人数仅占总人数的9%。

其次，针对拓展人群的建议。根据“福利洼地”理论，当某地的福利水平明显高于其他地区的时候，该地方就会成为福利洼地。如果当地没有做出其他限制，理性人就会做出选择，向该地流动，直到当地的福利体系不堪重负，与其他地方的福利水平持平为止。所以，一步到位地打开爱心妈妈的限制，向所有外来女性开放，是有较大风险的。这可能导致临近地区的女性，没有在广州居住，也没有为广州作出贡献，却也到广州来享受福利的情况。一旦出现这一情况，会导致明显的不公平现象。

而且向所有外来女性开放爱心妈妈，在管理上也有难度。诚如上述，向所有女性开放互助计划，会冲击互助计划只限定广州医院出具的证明这一规则，引发很多争议。如果一个福利计划导致了争议，那就背离了福利计划的本意。

所以，我们不认为应该拓展爱心妈妈的覆盖病种和覆盖人群。

（三）后期管理

爱心妈妈在第一、第二期的后期管理工作由广州市妇联牵头，代理单位协助完成。主要管理内容包括补助申报、补助审批、补助发放、信息反馈等几个方面。在实际运作中存在如下几个方面的问题：

第一，申请材料烦琐。在本次调研中，有不少街道的妇女都反映说，第一、第二期爱心妈妈补助申请所需材料过多，材料准备过于烦琐。他们指出，有部分材料是完全没有必要的，不能反映疾病的情况，而且用其他材料也可以予以替代。而且为了准备这些材料，申请人经常要跑很多趟。这造成了申请人虽然最后领到补助，但满意度却并不高。问卷调查也反映了这一情况。在 110 名领取了补助的妇女中，有 32 名认为所需材料太多，占总数的 17.2%。

第二，材料提交麻烦。第一、第二期爱心妈妈的材料提交需要经过三道程序，而且每一道都是以纸面形式提交。所以，这直接导致两个问题：一是申请人不得不专程跑一趟代理单位，将材料交给代理单位。这使得不少申请人感觉很麻烦。而且因为有的申请人不能一步到位地备齐所有材料，而是要反复多次地予以提交，所以他们的不满情绪就更为强烈了。二是材料都是以纸面提交的，逐层上交需要时间，这也拉长了申请的整体流程。问卷调查也反映了这一情况。在 110 名领取了补助的妇女中，有 14.52% 的妇女认为材料需要现场提交太麻烦。

第三，审核流程过长。第一、第二期爱心妈妈需要经过三道审核流程，其中特别是专家组审核和广州市妇联工作审核小组审核，都是定期召开的，这也就拉长了审核的整体流程。所以在本地调研中，我们发现有大量的女性都反映这一审核流程过长，最长能到 3 个月的时间。问卷调查也反映了这一情况。在 110 名领取了补助的妇女中，有 53.55% 的妇女认为审批周期过长。

第四，缺少过程反馈。第一、第二期爱心妈妈的审核过程是没有任何反馈的。而又由于这一审核经常要 2—3 个月的时间，导致有不少妇女不得不去找代理单位问询；而代理单位又不了解情况，不得不向上一级妇联问询。这样多层制的信息传递方式，不仅低效，而且效果不好。所以在本地调研中，我们发现有不少妇女都集中反映在审核过程中，信息不透明的问题。她们不知道自己的材料被审核到哪一步了，也不知道自己的材料是否获得批准。问卷调查也反映了这一情况。在 110 名领取了补助的妇女中，有 7.53% 的妇女认为材料审批过程不透明。

第五，结果反馈不到位。在第一、第二期爱心妈妈中，申请人的申请获得通过后，妇联会直接将资金下拨给妇女，并将情况知会代理单位。但有的时候，代理单位不能及时收到信息，或者不能及时将信息通知给当事人。所以，这不仅使当事人感觉不满，也使得代理单位感觉很麻烦。在调研中，有部分地区的代理单位认为，结果反馈的工作应该由广州市妇联来承担，而不应再经过代理单位。

第六，后台数据不共享。在第一、第二期爱心妈妈期间，广州市妇联的后台信息并不与代理单位共享。比如，本社区的妇女获得补贴的情况、申请审批情况等。而事实上，经常有妇女来问询相关情况，代理单位自身也需要开展管理工作。所以，在调研中，也有代理单位的工作人员提出，市妇联能够向他们共享所属地区的后台数据。

第七，其他服务欠缺。在第一、第二期爱心妈妈运作过程中，广州市妇联的后期管理集中在申报审批方面，没有其他配套服务，如流程指引、用户咨询等。这也引起了部分群众的不满。

上述七大方面的问题是前两期爱心妈妈后期管理工作中存在的主要问题。在第三期爱心妈妈运行过程中，应加以优化。

（四）专业服务

在第二期爱心妈妈运营过程中，广州市妇联联合专业机构，初步建立了一支家居护理志愿者队伍。在患病用户结束治疗后，该志愿者队伍会在两个月时间里提供 4 次免费上门服务，服务内容包括量血压、术后保健操、心理辅导等。调研发现上述做法存在如下几个方面的问题：

第一，服务内容单一。调研中有妇女反映，现有服务内容过于单一，只有几项简单的上门服务。这几项服务无法满足妇女们多样化的需求。比如，有妇女希望获得专家的咨询意见，能够在专家的指导下实现术后康复。但爱心妈妈并没有提供这一服务，问卷调查也反映出这一情况。人们希望获得的深度会员服务项目各自所占的比例是63%。

第二，服务覆盖面小。调研中我们发现，现有服务的覆盖面太小。这些服务只面向患病女性，而且只面向患病女性中的少数人。所以在接受调研的人中，只有极少数接受过专业的服务，而绝大多数人则表示从未接受过此项服务。

第三，用户互动太少。调研中我们还发现，在前两期爱心妈妈运行过程中，并没有开展用户互动活动。所以这些人群虽然参加了我们的项目，却依旧是外在于项目的人群，甚至有一些报名者都忘掉了自己曾经为该项目交过费。直到当地代理单位提醒，她才想起来有这么一件事。而事实上，爱心妈妈的参加者是很喜欢互动活动的。比如，有妇女表示，希望主办方能组建一个病友群，方便病友之间的交流。他提出，毕竟大家都是第一次得这些病，缺乏术后恢复的经验。所以如果能在病友之间开通一条交流渠道，方便听取经验，互帮互助，则将更有助于术后身体的恢复。问卷调查也反映了这一情况。统计显示，不喜欢社群互动的女性仅占全部女性的7.2%。

第四，缺乏预防服务。现有服务全部集中在术后康复方面，但没有术前预防服务。而事实上，爱心妈妈的多数用户都是没有患病的女性。这一人群占总人数的99%以上。针对这么庞大的人群，更需要提供预防服务，而不是术后的康复服务。

上述四大方面的问题是前两期爱心妈妈专业服务工作中存在的主要问题。在第三期爱心妈妈运行过程中，应加以优化。

四、第三期“广州妈妈爱心互助计划”管理架构设计建议

根据前两期计划实施情况及存在不足，我们建议第三期“广州妈妈爱心互助计划”采取以下工作架构设计，见下图：

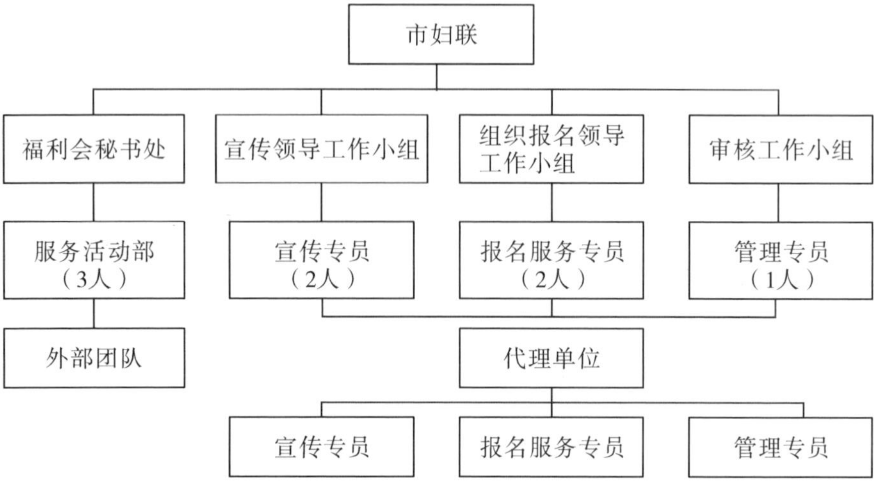

第三期“广州妈妈爱心互助计划”管理架构

第一层 市妇联

第二层 福利会秘书处、宣传领导工作小组、组织报名领导工作小组、审核工作小组

第三层 服务活动部（3 人）、宣传专员（2 人）、报名服务专员（2 人）、管理专员（1 人）

第四层 代理单位（对应设立宣传专员、报名服务专员、管理专员）、外部团队等

附录：“广州妈妈爱心互助计划”对标项目

17 互助平台案例

17 互助平台成立于2016 年 5 月 22 日，是一个基于健康和意外风险管理的共享经济平台，其立足于网络互助这一全新领域，旨在“一起互助”，借助互联网高效、便捷、透明的优点和团队丰富的风险管理优势，为大众提供低成本、高性价比的服

务，实现“一人生病，众人均摊”。目前为止，该团队已拥有六大互助社群，覆盖了0—70岁全年龄段的人群。其具有以下几个较为显著的特点：

一、定位为互助保障，但又有捐赠属性。本项目立足于网络互助的全新领域，即以互联网发起平台的方式组织互助保障业务。它采用共享经济的方式，以类似众筹的形式，以极低的互助保障费用，承担和分散实际生活中面临的风险和困难。它基于互联网大数据并进行风险控制，并以社交关系圈为媒介传播和发展，服从保险精算赔付的原则，和商业保险性质相似，但发起平台本身并不从中盈利、不拿互助费投资理财、不计渠道成本。虽然17互助与商业保险具有类似的性质，但其最大的不同在于敬畏风险、尊重规律，绝不从事车险及车险周边的互助保障的平台，坚决不碰大宗财产、长期保障、投资理财类保障。

另外，本项目对自身的定位是，它不属于保险，而是单向的捐赠或捐助行为。它提出自己不能预期获得确定的风险保障，并且提出它的运营原则是不给政府添乱、不给监管添堵，甘心做保险的补充和缓冲。

此外，17互助还聘请了业内著名的两家公估公司——商保通和中瑞国际对项目风险进行评估，利用专业勘核降低欺诈、不实报销等风险，帮助会员降低成本，确保真实有效的保障能够实行。

二、划定明确的受益群体和保障范围。本项目刚刚上线的时候，只有3个互助保障计划，且以保障中青年白领的“789重疾互助计划”为主，年龄上限为46岁。后来由于用户需求的扩大和年龄分层的原因，才将项目逐渐扩大到现有的6个互助计划，包括适用于1—17周岁少儿癌症等重大疾病、意外事故的少儿大病、意外互助计划，未满36周岁的孕妈或备孕妈妈在孕期、孕产的疾病及婴儿疾病等的“80后”孕妈婴宝互助计划，18—46周岁成年人的癌症、心梗等25种重大疾病的789互助计划，46—70周岁人群的癌症等重大疾病、意外事故的中老年互助计划，3—15周岁儿童大病、意外、走失、辍学等的留守儿童互助计划，以及16—60周岁人群的公共交通、旅游意外等的交通、旅游意外互助计划等六大保障计划。

由此，17互助建立起了涵盖幼、青、中、老等不同年龄阶段的全方位保障，并建立起志愿者建设、大病救助、寻子寻亲、健康社群、医疗服务等在内的五项服务内容。所有的互助内容都围绕上述人群的上述病种开展。其中，参加者以中等以下收入人群为主，“80后”以下人群占据了70%，且主要分布在沿海地区。

据了解，截至2016年11月30日，共有93.7万人加入17互助计划，累计互助金近300万元，虽然目前为止尚未发生互助事件，但仅10月，平台就完结了7次大病救助，救助资金近10万元。

三、设计了完善的管理机制和流程。在项目管理过程中，平台主要采取委托代理机制。即在资金托管方面，将会员缴纳的互助会员费，全部托管于某基金会，由基金会代为管理，平台为此支付部分管理费用，托管保障金所产生的增值部分，全部用于符合基金会宗旨的人道救助事业。新发起的项目计划资金，则视支付平台的规则，直接支付到基金会的支付账户中。

在团队建设方面，它融合了阿里金融企业信贷部门创始人高竟、阿里网商银行平台事业部负责人吴云昌等多名具有创业和风投项目经验的资深人员，获得了执一资本、经纬创投、晨星资本以及十大天使投资人李治国等众多行业人员的支持，同时还与招商银行合作，开设单独的资金账户，全程监控，定期披露财务明细，并聘请浙江某律师事务所作为法律顾问，以咨询平台在发展过程中可能出现的法律问题，防患于未然。

在参与流程方面，平台设计了一套严密的体系，会员需先加入相应的互助计划，在经过180天免责期后即可申请互助。在此，会员需要先行提出互助申请，然后由平台委托第三方公估公司——商保通、中瑞国际对互助事件进行详尽的核实，确保互助事件真实有效。通过评估审核后，平台会将申请信息在平台上予以公示，确认无误后再将资金划到申请者的账户中。互助的详细情况及金额，平台会每月总结一次，在官网上公示，以保障会员的知情权。

在补助方面，平台采用的是报销制，而不是给付制。给付制即用户患上疾病，平台就需要满额给予互助金，这在一定程度上会引导欺诈的产生。但在报销制下，平台上的用户去看病，每隔一段周期，需要上传相关凭证，超出医保范围的治疗费用，平台才会给予一定的补助，这样能降低欺诈的概率。一般，患者在治疗期间，需要经过放射科、诊疗科、住院部等七八个科室的联合治疗，这样用户就很难把造假的单据做全。

四、配套服务齐全。为了给会员提供更加全面的福利，平台还开展了志愿者建设、大病救助、寻子寻亲、健康社群、医疗服务等在内的五项服务内容。以医疗服务为例，平台通过整合优质的医疗资源，为偏远地区人群和弱势群体提供免费或低折扣的医疗服务，实现足不出户，省城专家远程复诊。目前为止，网上服务已联合春雨医生、丁香诊所、就医160、若水医生等多家网站和APP，为会员尤其是“789重疾互助计划”会员提供大量免费服务，具体包括以下几项：

（1）全天候的医生全科咨询，涵盖病理科、超声医学科、放射治疗科、妇产科、高压氧、急诊科、精神心理科、康复科、口腔科、麻醉科、内科、皮肤性病科、全科、疼痛科、外科、五官科、眼科、医学影像科中医科、重症监护中心（ICU）等20个科室；

（2）高效率的直连医生问诊，包括浙江大学医学院附属第二医院肿瘤外科医学博士潘驰、国家二级心理咨询师王攀、上海交大附属瑞金医院北院普外科主治医师李军等多名专家；

（3）海量专家号免费赠送，涵盖了浙江大学附属第一医院杭州市妇产科医院杭州市肿瘤医院、浙江省肿瘤医院、浙江大学附属第二医院、浙江省立同德医院、杭州市中医院等16家医院，且暂定了700个免费挂号的名额。此外，在线开具处方配送药品服务也在研发，即将上线。

五、多方位宣传。诚如上述，17互助平台是基于互联网大数据，并凭借社交关系圈传播和发展的。一方面，其借助互联网强大的传播能力，拓宽了传播的范围和时间，比传统的纸质传播更为方便快捷，能够迅速打开外围市场。另一方面，其借助社交关系圈，利用自身的六大社群进行会员内部的传播和宣传，并通过会员的微信、朋友圈及其他传播渠道进行扩散，使信息传播得更远、更持久，也更容易直接接收相应的信息。此外，志愿者、医疗服务等服务内容也是其传播的一种渠道。

诚如上述，平台基于互联网，利用大数据，突破了传统传播媒介的时间和空间限制，使得相关信息的传播更及时、方便、快捷，同时也使会员和平台之间的信息对称程度大幅度提高，减少了信息不透明、不及时所带来的不必要麻烦。

六、适应市场，不断创新。虽然作为新兴的互助平台，成立时间并不长，但17互助平台却有不少创新之处。

（1）立足互联网，运用大数据。诚如上述，本项目立足于网络互助的全新领域，基于互联网大数据并进行风险控制，以社交关系圈为媒介传播和发展。

（2）服务对象相对稳定。本项目刚刚上线的时候，只有3个互助保障计划，且以保障中青年白领的“789重疾互助计划”为主，年龄上限为46岁。后来由于用户需求的扩大和年龄分层的原因，才将项目逐渐扩大到现有的6个互助计划，并且建立了五大服务内容，覆盖了0—70岁全年龄段的人群，形成了比较全面、完整的互助和服务。但是在形成较为完整的服务体系后，平台一直坚持现有的服务对象，不盲目扩大市场，增加不必要的风险。此外，平台还坚决“四不做”：绝不从事车险及车险周边的互助保障的平台，坚决不碰大宗财产、长期保障、投资理财类保障。

（3）聘用第三方评估。会员患病提出互助申请后，平台会委托商保通和中瑞国际等第三方公估公司对互助事件进行详尽的核实，以确保互助事件真实有效，杜绝欺诈风险。

（4）采用报销制。在补助方面，平台采用报销制。平台上的用户去看病，每隔一段周期，需要上传相关凭证，超出医保范围的治疗费用，平台才会给予一定的补助，以此来降低欺诈的概率。

诚如上述，平台自2016年5月22日成立至今，虽然尚未发生互助事件，但截至11月30日，共有93.7万人加入互助计划，累计互助金近300万元，且仅10月份，平台就完结了7次大病救助，救助资金近10万元。

安康计划

“安康计划”是由广州市总工会于1999年发起，不以营利为目的的公益活动。自1999年发起以来，大致以3年为一期，目前已经成功举办了6期，累积超过20万在职工会女会员（含离岗退养、进城务工人员）参保。其具有以下几个较为显著的特点：

第一，项目理念。本项目的基本理念是为在职工会女会员（含离岗退养、进城务工人员）提供福利，主要资金来源是加入项目的女性群体缴纳的资金。旨在减轻患病的职工妇女的经济负担，并给予精神上的支持，以个人献爱心、大家同受益的方式充分发挥“有病人帮我，无病我帮人”的互助互济精神①，实现权利与义务相统一。每个单位在职女性只要缴纳50元互助金，就能在3年保期内享受相应的保障。

① 穗番禺区总工会提高职工互助医疗保障计划保障金，http://www.gdftu.org.cn/xw/jc/201607/t20160701_778655.htm

本项目与商业保险具有相似性质，都是以保险人参保而后在保期内获得理赔，参保金额固定，理赔标准固定，且具有一定时间的免责期（本项目免责期为180天），申请人即为受益人，同一病种只能申报一次，但可以申报不同的险种，2016年这一定额理赔标准提高到了17500元。因此，本项目具有更多的互益性质。

第二，受益群体特定。本项目的受益群体是广州市总工会管辖的在册工会女会员。包括：①在职的工会女会员（含离岗退养、进城务工人员），不包括任何原因已经办理了离退休手续人员和办理了离退休手续后返聘的人员。②已经达到法定退休年龄（以身份证的出生日期为准），但因工作需要继续留用且未办理离退休手续的（参、续保时必须附有本单位人事部门提供未办理离退休手续的证明或社保机构批准其延期缴费的证明），且目前尚无扩大收益人群的计划。

由于社会保险具有强制性的特点，且部分病种报销比例并不高或不能有效地缓解经济压力，所以“安康计划”便是对社会保险的补充和完善，但其范围仅局限于工会内部的女性成员，成员数量和范围有限，因此有利于相关业务和信息的管理，提高效率，且由于人群特定和数量有限，其传播形式更为便捷，会员和组织间的信息不对称情况也较少。据了解，仅2016年，“安康计划”已发放保障金220余例，金额超过400万元。

第三，保障范围特定。“安康计划”主要参保对象为工会在职女职工，因此保障范围也以女性疾病为主，目前主要包括四种重大女性疾病：原发性乳腺癌、卵巢癌、宫颈癌、宫体癌（包括胚胎恶变的肿瘤）。对于曾患恶性肿瘤史的，如果参保人在患病补助生效期内再患另一种类恶性肿瘤，必须把病理切片送指定医院专家组鉴定为原发性恶性肿瘤，这样才能申请患病补助。

同商业保险类似，“安康计划”在实施期间也有一定的除外责任，以避免恶性骗保和重复领取保障金等不良现象，做到急有所需。有下列情况之一的，本计划不予患病补助：①患非原发性乳腺癌、卵巢癌、宫体癌（包括胚胎恶变的肿瘤）、宫颈癌的；②不符合参（续）保条件而参（续）保本计划的；③在免责期内（180天）或不属于患病补助生效期内患有本计划保障范围内的四种原发性妇科恶性肿瘤之一的；④曾领取过本计划补助金的原发性乳腺癌、卵巢癌、宫体癌（包括胚胎恶变的肿瘤）、宫颈癌中的同种类恶性肿瘤的；⑤自确诊之日起（以手术送检的病理活检报告日期为准），超过180天不提出患病补助申请的；⑥因本人拒绝手术治疗无法提供手术送检的病理报告，造成诊断不明确的；⑦隐瞒病史、伪造或篡改病史以及其他各种欺骗、作弊行为的；⑧医院误诊的；⑨在广州市以外的医院治疗诊断的。

第四，管理机制和参保流程。在本项目管理过程中，广州市总工会采取自愿报名、分散管理的直线制的管理机制，即由下辖的工会接收报名，收集参保者的信息和资料并进行审核，代理收费，然后将参保信息和费用集中交给市总工会审核，经审核后再通知参保人（见下图）。后期补助金也采用相同的方式。

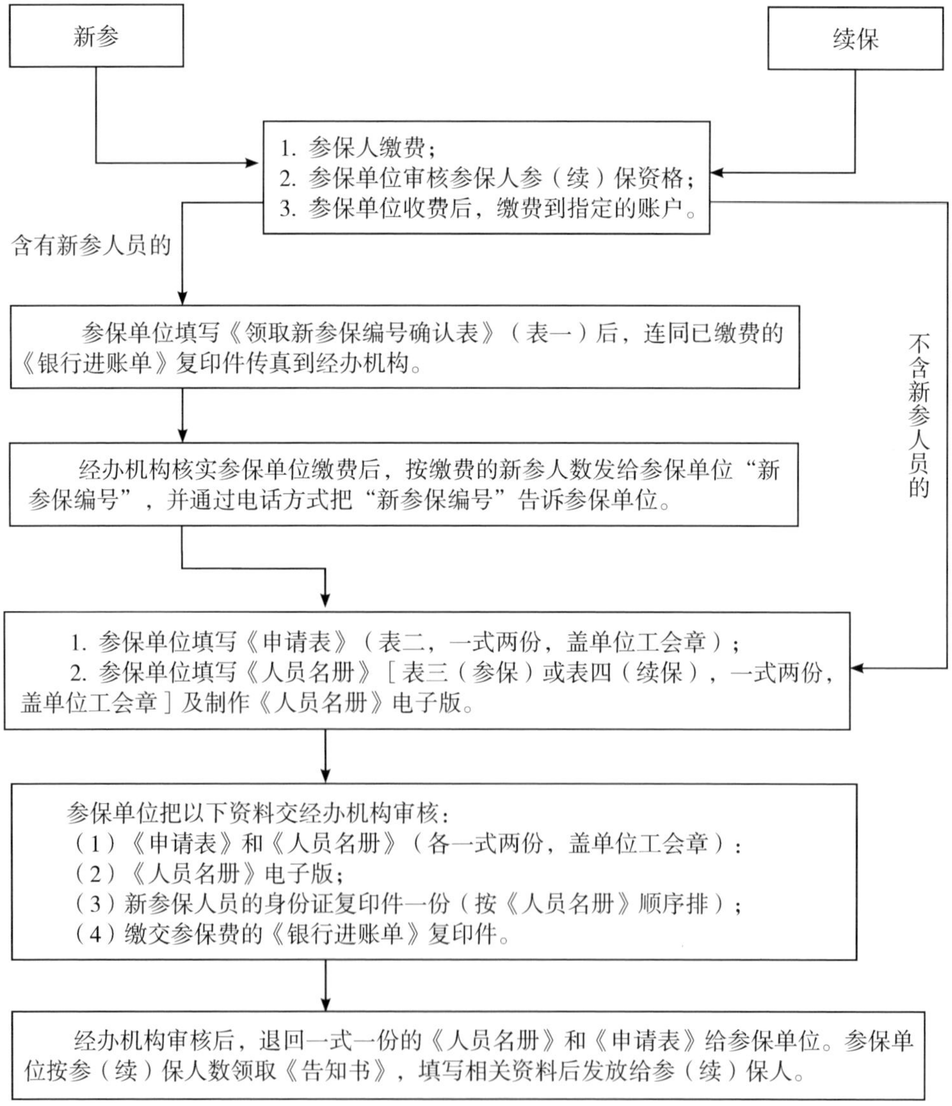

广州市女职工安康互助保障计划参（续）保流程图

在接受参保的过程中，下辖工会最初先集中接收了一批参保者，后续有个别参保者可以随时申请，工会则按照固定的时间（一般为两个月）集中处理，保证每个参保者都能及时地参保。管理单位只限于工会内部，且只能以工会为单位集中参保和提交纸质版参保信息，不接受个人单独参保和网络参保；且无固定的参保期限，时间灵活，高效直达，使参保率逐步提高，目前已有约22万名工会在职妇女参保，参保率超过90%。

第五，无需大力宣传。“安康计划”只针对工会内部女性员工，受益人群范围和数量有限，且都属于组织内部，其信息传递范围小且迅速，一有任何消息便会在内部立即传播开来，无需项目执行者大力地宣传，这样就减少了不少的宣传成本。

诚如上述，本项目自1999年运行至今，已覆盖工会内女职工约22万人，参保率超过90%，是对社保的良好的补充和完善。低成本、高赔付，非营利性，排他性，民意基础，参保时间灵活高效，范围小而专等都是本项目得以持续运营，收到良好效果的因素。同时值得注意的是，由于没有固定的参保时间，申请者可以随时参保，这在给参保者带来自由、便利的同时，也导致项目需要时常有人跟进，耗费较多的人力、精力，使管理成本逐步提高。如何在保持灵活性的同时降低项目成本，是接下来尤其需要注意和探讨的。

日本农协

日本的互助保险制度是在二战后才蓬勃发展起来的，其中农业方面发展比较大的是日本农民协会制度（以下简称“农协”，即JA）。农协的前身是1900年建立的“产业组合”，是农民们为了保护自己的利益，防止单个农民之间发生农产品销售的恶性竞争而自发组成的供销团体。当时并没有将农民互助保险事业放在主要工作范围之中，而仅仅是将分散的农户组织起来，为农业产业化经营、理顺农产品流通渠道提供一种组织形式。经过100多年的发展，农协才形成了现在比较完整的互助体系。相比中国现有的互助产品，其具有以下几个较为明显的特点：

第一，人群特定。在日本，保险制度大致可以分为：国家举办的社会保险、民营的商业保险、国营的邮政保险以及共济保险（也称互助保险）。由于日本的社会保障实行的是“救济型”的社保制度，而不是“福利国家”型的社保制度。因此，在社保和商保之间就留下了一块很大的空间，即商业保险不涉及的群体及虽然享受社保、但是个人负担明显加重、无法获得有效需求的这部分群体。因此，农协将服务对象定位为社保和商保之外且风险性较大的农民。更确切地说，是农民们自发组织起来维护自身利益，从事农产品生产、加工和销售，相互提供生产资料、技术经营指导等产前、产中、产后服务，并形成了一条完整的“产业链”，以此来分担风险，共同互助。

据悉，2004年日本的总人口约为1.28亿人，农村人口约为940万人，这940万人全都参加了互助保险。①

第二，组织结构。日本的农业保险通常采用“三级”制共济制度，一是在市、町、村一级设立由农民组成的农业共济组合；二是在都、道、府、县设立农业共济联合会；三是在农林省设立全国农业保险协会。中央政府再给予农民一定比例的保费补贴，并承担联合会及共济组合的部分人员的经费和经营管理费用。上一级对下一级承担一定的风险责任，均摊风险。由此，日本保险形成了从地方到中央的三级共济及风险承担制度。

在农协内部，其也根据功能分成了4个组织，并借以实现其职能。一是承担经济事业的全国农业协同组织联合会，主要为成员提供农产品销售以及农需品的采购服务；二是承担信用事业的农林中央金库，主要提供储蓄、信贷服务；三是承担共济事业的全国共济农业协同组织联合会，主要提供生命共济、损害共济和年金共济等服务；四是承担指导事业的全国农业协同组合中央会，主要对成员指导、监督，进行农政活动，并提供教育服务等。

诚如上述，日本的互助保障制度建立起了横向和纵向的组织结构，专业分工，各司其职又互相协作，层层分担风险以减少后顾之忧，完整而高效。这是目前中国互助保障制度所远不能达到的。

第三，自主发起。诚如上述，农协是日本农民为保护自己的利益，防止单个农民之间发生农产品销售的恶性竞争而自发组成的供销团体。其是纯粹的民间自发的团体，虽然获得了政府的支持，但并不是由政府主办的，不带有明显的公营性质。而社会保险则多由政府主办，且具有强制性，具有明显的公营性质。

---

① 文娴：《日本互助保险制度对中国的启示》，《重庆与世界》2004年第12期。

另外，由于是农民自己的合作组织，各级农协的管理人员都由农民自己选举产生，其正常运转的经费则主要来自对农民提供的金融及保险服务。这样做不但可以从人事和财政上保证农协高层真正代表农民的利益、传达农民的声音，而且更能取得农民的信任，极大地促进各种业务的推进。同时也由于农民都处在同一地域，会员和组织间信息不对称的情况相对较少，也不用刻意地宣传，会员即能获得有效的信息。

广州市妇女联合会

广东省公共事务与社会治理研究会

番禺区女性养老服务调研报告

随着中国老龄化社会的到来，老年人逐渐成为社会关注的焦点，其中老年女性养老的问题也引起了全社会的广泛重视。截至2013年底，番禺区户籍老年人103675人，占户籍总人口的12.63%，其中老年女性人口57115人，占老年人口的55.09%，并随着年龄的增加，所占比重也随之增加。作为番禺区老年人口中的较大部分的老年女性，由于历史、传统、社会制度以及老年女性自身等多方面的原因，使得老年女性在养老保障中处于较弱势的地位。根据番禺区的实际情况，妥善解决好规模大的老年女性，尤其是广大农村老年女性和孤寡老年女性的养老问题，使她们和其他群体一样享受到社会进步、经济发展的成果，应是番禺区解决老年问题的核心所在。

一、番禺区女性养老人口基本情况

截至2013年末，番禺区户籍老年人口达103675人，占户籍总人口的12.63%，其中女性老年人57115人，占老年人口的55.09%。老年人口按照年龄分：60—69周岁59891人，其中女性32210人，占该年龄段老年人口的53.78%；70—79周岁30266人，其中女性16170人，占该年龄段老年人口的53.43%；80—89周岁11657人，其中女性7347人，占该年龄段老年人口的63.03%；90—99周岁1793人，其中女性1328人，占该年龄段老年人口的74.07%；100周岁以上68人，其中女性60人，占该年龄段老年人口的88.24%。此外，番禺区103675名户籍老年人中，农村老年人达64253人，占农村总人口的 22.15%，占老年人口的 61.98%，其中一半以上是老年女性。

从番禺区女性养老人口基本情况可知，老年女性人口的数量、规模、增速和预期寿命，均超过了老年男性人口，从而呈现出“老龄人口女性化”“高龄人口女性化”“农村人口老龄化”特征。因此，老年女性已成为番禺区老年人口中极为重要、不可忽视的一个群体，是番禺区人口老龄化研究的重点对象。老年人口问题从某种程度上而言就是老年女性问题，解决老年女性问题是解决番禺区人口老龄化问题的关键。

二、番禺区女性养老服务体系基本情况

中国的养老服务体系并未有细分为男性、女性，因此本章介绍的番禺区女性养老服务体系是整个番禺区养老服务体系。目前，番禺区已形成“政府主导、社会参与、全民关怀”的养老服务体系，养老服务体系以政府提供的机构养老和居家养老为主。

（一）机构养老服务

目前，全区各类养老机构 13 间，其中区级 1 间、镇街 9 间、民办 2 间、村办 1 间，机构养老床位 2665 张，其他养老服务床位 255 张，每千名老人拥有养老服务床位数 29 张。2014 年，广州市下达给番禺区新增养老床位任务 741 张，为此，番禺区积极推进机构养老床位建设：一是继续抓好区福利院新大楼建设工作（已封顶），正在装修中，建成后将新增养老床位 280 张。二是做好日间托老机构建设。2014 年，市新型城市化督办项目将沙头街、东环街、小谷围街、大龙街日间托老机构建设列入全市督办计划，完成建设后将新增 80 张养老服务床位。三是积极扶持社会力量兴办养老机构。南村镇江南村康强颐养院、石碁镇大刀沙村荔园老年公寓 2015 年投入运营。通过上述措施，2014 年动工新建机构养老床位 779 张。每千名老人拥有养老服务床位数 37 张，达到国务院颁发的《社会养老服务体系建设规划（2011—2015 年）》

要求到2015年，中国“每千名老年人拥有床位数达到30张”的规定。

（二）居家养老服务

居家养老是指老年人居住在家中，结合社区照顾、安度晚年的形式，是实现老年人老有所养、老有所为、老有所乐的重要途径。伴随人口老龄化以及家庭结构的变迁，传统的家庭养老和尚未成熟的社会养老均受挑战。2008年，全国老龄办、民政部等十部门联合下发《关于全面推进居家养老服务工作的意见》，反映了养老方式及其发展的趋势，居家养老迅速发展。2013年，国务院制定《关于加快发展养老服务业的若干意见》，明确要大力发展居家养老服务网络，发挥居家养老便捷服务和网络信息服务。近年来，番禺区也将居家养老服务作为解决养老困境的重要举措，加快推进居家养老服务体系建设。目前，全区共设有1个区级居家养老服务中心和16个镇街居家养老服务部。

1. 区级居家养老服务中心

根据《广州市人民政府办公厅关于加强社会养老服务体系建设的意见》，“到2015年，市本级、区（县级市）和1万名老人以上的街（镇）建有1个集生活照料、家政服务、餐饮配送、文娱活动、日间托老、康复保健、心理慰藉、信息支援、紧急援助为一体的居家养老服务示范中心”的要求，番禺区拟建设区居家养老综合服务中心。目前，区居家养老综合服务中心已获得区政府同意，完成选址工作。

2. 镇街级居家养老服务部

番禺区16个镇街均建有居家养老服务部，居家养老服务部均以公办的运作模式，总建筑面积2600平方米，大部分都设立在敬老院、星光老年之家、社区服务中心内，以便更好地利用资源，为辖区内的服务对象开展服务。全区共有居家养老服务对象312人，均享受以生活照料、护理康复等为主的政府购买服务。

此外，番禺区还积极探索拓展居家养老服务内容，建立每个镇街1个日间托老机构服务平台。目前，全区已建有12个镇街日间托老机构，余下沙头街、东环街、小谷围街、大龙街日间托老机构已于2014年3月向市申请建设经费，是年底建成后提前实现镇街全覆盖。下一步，番禺区将开拓老年人日间照料服务，完善政府购买居家养老服务补助措施，进一步推动社区居家养老服务向纵深发展。

3. 星光老年之家

番禺区已建成星光老年之家90个，正准备新增2个，实现了社区星光老年之家全覆盖，并根据星光老年之家的级别，每年给予7万、5万、3万元的运营资助。

4. 农村老年人活动站点

为使农村老年人就近享受基本养老服务，番禺区积极开展“农村老年人活动站点”建设工作。自2012年开展以来，番禺区共投入600万元建设60个农村老年人活动站点，目前该60个农村老年人活动站点基本建成。2013年番禺区审批通过了70个农村老年人活动站点，目前这70个站点的资助资金700万元已划拨到各镇街，正在如火如荼地建设中。番禺区还将继续在余下的47个村建设农村老年人活动站点，争取在2015年前实现全覆盖。同时，继续探索农村养老项目，建好“颐养居、颐乐居”项目。目前，番禺区石楼镇岳溪村和化龙镇潭山村已获广东省、市级建设经费资助80万元。

（三）社会组织参与养老服务

近年来，番禺区社会组织发展迅速。目前，全区登记在册的社会组织已超过500家，自发组织成立番禺区社会组织联合会。遍布全区各行各业的社会组织，承担了转移政府职能、整合社会资源、推进公益事业发展、维护社会公平与稳定等任务，其中有不少社会组织参与到养老服务中。

1. 番禺区义工联长者服务部

番禺区义工联长者服务部成立于1996年，现有注册义工500多名。18年来，义工秉承“老吾老以及人之老”的宗旨，为老年人提供日常探访、生日聚会、参观游览、临终关怀等丰富多彩、富有特色的服务。目前，长者服务部有恒常服务对象45名，她们主要是居住在市桥街的孤寡、独居老人，其中3/4为老年女性。

2. 家庭综合服务中心

番禺区16个镇街均成立了家庭综合服务中心，提供青少年、家庭、长者、志愿者、妇女、残障康复等服务，其中长者服务是家庭综合服务中心的一项重要服务。桥南街家庭综合服务中心是省居家养老服务的示范点之一，为村居独居长者、困难高龄长者提供探访、家居清洁、送餐等居家服务。桥南街家庭综合服务中心还建有日间托管服务中心，为长者提供健康护理、就餐、文化休闲活动等服务。

3. 南村镇商会

南村镇商会成立于2001年，现有会员100多名。2013年，南村镇商会组建村级老年人颐乐站，该项目被广州市社工委确定为广州市第二批24个社会创新观察项目之一，是唯一一个以企业为主题的社会组织承担的社会公共服务。村级老年人颐乐站除了由企业直接提供服务外，还通过购买服务、转介服务等形式，为农村老年人提供志愿服务、居家养老、日间托老服务、专业社工老年人服务、文化艺术培训服务、舞蹈曲艺体育培训服务、文化演出活动、健康养生、义诊医疗服务、团队旅游服务、慈善募捐服务等10多种。目前，南村镇商会已在全镇16个村及永大社区启动了老年人颐乐站，共为颐乐站筹款233万元，开展了义诊、保健讲座、健身操、曲艺欣赏以及敬老等26场活动，受到村民、社区居民的普遍好评。

三、番禺区女性养老服务困境

（一）机构养老以政府为主导，呈现结构性矛盾

全区现有各类养老机构 13 间，提供床位 2665 张，入住人员 2100 名，入住率 70%。其中区福利院因环境好、服务水平高、收费受市物价局定价普遍偏低，并享有政府每年财政补贴、社会资源扶持，深受老年人喜欢，已出现一床难求的状况，现在等着排队入住的老年人有 209 名，平均轮候时间半年。9 间镇街养老机构主要为所在镇街和周边孤寡、独居老人提供照料，共有床位 1500 张，入住老人 1000 名，收费标准基本在 2000 元左右，每年都需镇街政府补贴财政经费才能达到收支平衡。民办养老机构则因区内公办养老机构相对完善，加之区内传统文化的固化，使得市场不成熟，发展比较缓慢。2013 年建成的松明尚苑有 524 个床位，到 2014 年仅有 70 多人入住，入住率不到 15%。

养老问题的实质是经济问题，老年人的收入保障是养老问题的核心，它直接关系到老年人的生活质量。受文化、传统限制，老年女性的经济收入和消费水平都明显低于老年男性，个人资产也明显少于老年男性。受经济条件、身体状况制约，老年女性对机构养老的需求更大。目前，番禺区老年女性入住养老机构的比例高于男性。

（二）社会化的居家养老服务机构发展缓慢，都以政府举办为主

老年女性受经济条件、传统观念制约，与机构养老相比，居家养老服务更容易被接受。目前，全市的居家养老实属狭义上的居家养老，还只限于政府购买服务阶段，主要以政府供养人群服务对象为主。一方面，由政府出资聘请专人照顾孤寡老人的日常生活。根据广州市居家养老服务管理办法及资助标准，全区符合购买政府服务的服务对象共有 312 名，其中孤寡、残疾老人都能申请享受该项服务，老年女性占 65%。另一方面，由政府出资购买家

庭综合服务中心的服务，由专业社工开展老年人服务。目前，家庭综合服务中心开展的助老服务，主要是组织老年人开展文化娱乐活动、开展健康知识讲座以及走访探访等服务。

镇街居家养老服务部大部分设立在敬老院、星光老年之家、社区服务中心内，这虽有利于整合资源，但敬老院、星光老年之家、社区服务中心本身工作重、人手少，同时兼顾居家养老服务工作，加上政府购买的居家养老每月服务费标准过低（200 元、300 元、400 元标准），每接受多一个新增申请，镇街财政多补一个预算，因此严重打击居家养老服务部发展的积极性。与此同时，由于人力成本的进一步上升，护理人员流失率大，政府难以培养一支稳定专业的服务队伍，部分居家养老服务部因待遇较低，甚至无法聘请到合适的工作人员。

（三）养老从业人员年纪大、待遇低

无论是入住养老机构的老年人，还是享受居家养老服务的老年人普遍年龄偏大，平均年龄基本在 75 岁以上，而且行动不便、疾病缠身，绝大多数生活不能自理，对从业人员有很高的要求。然而，从业人员普遍年纪偏大，以“40 后”“50 后”为主，文化水平低，大部分人员没有经过系统的专业培训，缺乏专业服务知识。因养老护理工作累、待遇低（平均月收入在 2000 元左右），加上社会认同感低，年轻人不愿意从事养老服务。目前，1 名养老护理人员基本要照料 4 名老人，仅能为老人提供基本的日常生活照料，无暇顾及医疗服务、精神慰藉、文化娱乐等层次的服务。

（四）医疗服务不能满足老年女性需求

老年女性在日常功能上一般不如老年男性，也就是说，虽然老年女性的预期寿命较长，但她们却处于亚健康状态。面对老年人发病率高，看病就医成了老年女性最忧心的问题，因为她们受经济条件限制而拥有的卫生资源较少，享受医疗保险的比例较低。老年女性因发病率高需要经常去医院，加上医院人满为患，每次看病平均需要 2—3 个小时，也没有专门为老年人看病的医院，老年女性就医难。同时受自身经济条件限制，老年女性医疗承受能力差，容易出现“因病致贫、因贫拒医”的困境。

（五）生活照顾和精神慰藉需求无法满足

老年女性长期以来依赖于传统的家庭养老模式，但随着时代进步和社会经济的快速发展，因子女数的减少、代际居住方式的改变、劳动力社会参与率的提高以及社会竞争的加剧，使不少子女陷入“拼搏事业”和“孝顺父母”的角色冲突中，这直接影响了家庭的养老功能；精神慰藉和日常照料功能的弱化已在许多家庭中出现。一般来讲，配偶是重要的护理资源。由于健康状况较差，老年女性对生活照料的需求较高，尤其是高龄女性；但实际上她们可获得配偶照顾的少之又少。由于高丧偶率，相当多的老年女性得不到老伴的照料，倒是老年男性获得配偶照料的比较多。

番禺区第六次人口普查数据显示，番禺的家庭户结构以三口和两口之家为主，在全区常住人口中共有家庭户 51.16 万户，家庭户人口 135.01 万人，户均人口为 2.64 人，比 2000 年第五次全国人口普查的 3.34 人减少 0.70 人，家庭规模缩小。离开社会生活，离开配偶，缺乏子女的关爱和照护，致使老年女性处于孤立无缘的境地。大多数老年女性教育程度低，生活圈子小，社会交往缺乏，孤独、寂寞等消极心理使其生活质量下降。

（六）农村老年女性服务体系明显滞后

据番禺区农村养老服务调研情况显示，农村老年人养老保险水平低，医疗保障水平也不高，因而消费能力低。老年人只着重现状的生活，并没有长远的养老规划，主要依靠传统的家庭式代际养老，一旦家庭经济出现问题时，赡养老人就成为负担问题。村干部对完善农村基层养老设施没有明确的方向，即便在农村建设集中供养的五保村等，基层干部能否为老年人开展养老服务，值得进一步探讨。同时，社工人才缺乏、社工机构组织难以延伸到农村，基层干部是否愿意配合社工机构开展服务，农村老年人的服务需求也要逐步培育发展。

四、番禺区女性养老服务的意见和建议

（一）从性别视角出发，建立老年女性养老服务需求体系

第一，要建立完善合理的老年女性社会化养老服务体系。养老问题是一个家庭问题，更是一个社会问题。要从制度上、政策上和法律上保障社会力量的有效参与，建立健全养老保障的社会化服务体系。可借鉴国外的做法，在养老政策中加入社会性别的视角，修订《中华人民共和国老年权益保障法》《中华人民共和国妇女权益保障法》，增加对老年女性权益保障的内容。同时，尽快建立起一个女性的养老保障体系，要不断深化社会保障的社会化改革创新力度。

第二，要不断完善社会保障中的医疗和养老金保障体系。把老年人的医疗保障从社会医疗保障中突显出来，形成专门针对老年人的医疗服务机构，如将番禺疗养院建成专门为老年人服务的医院，使需要特殊医疗服务的老年女性能够得到全程高质量的有效医疗保障。更要合理筹集、管理、分配养老资金。要在老年女性的养老保障上投入适当的资金以保障老年女性的生活得到最基本的保障。逐步形成社会化养老服务体系，放宽民间社会化养老准入门槛，培育社会福利民营企业的发展。

第三，要进一步加大对老年女性老年文化、休闲娱乐等方面的投入。要根据番禺区经济发展的实际以及老年人对于精神文化生活的实际需求，进一步完善社区或城市的老年娱乐设施建设。更要引导构建积极健康的社区老年文化氛围，有效组织社区老年女性参与社区业余娱乐活动，如组织社区老年女性艺术团等。

（二）拓展居家养老服务，解决老年女性养老问题

根据广州市政府的规划，“十二五”期间广州市养老体系目标是“9064”，即到2015年90%的老人在社会保障和社会服务体系的支持下通过居家养老解

决，6% 左右的老年人可由社区提供日间照料和托老服务，另外 4% 的老人可入住养老机构。因此，居家养老服务是解决老年女性养老问题的关键。

一是发挥非政府组织的作用，提高社会有效参与。政府直接提供服务存在成本高、效率低的弊病，在居家养老服务中，政府应充分发挥区义工联长者服务部、基层妇联组织、家庭综合服务中心、南村镇商会等非政府组织的作用，推进社会的有效参与，提高居家养老的经济效益和社会效益。

二是探索分层次的服务方式，拓展居家养老覆盖面。居家养老服务的宗旨不只是解决部分高龄特困老年人的养老问题，而是面向全体老年人的服务。要探索集福利化、社会化、市场化服务为一体，无偿、低偿、有偿服务相结合的服务模式。福利化服务是指政府出资为经济困难的老年人提供一定内容的无偿服务；社会化服务是指通过整合各类社会资源，开发为老服务项目，为老年人提供一定内容的抵偿服务；市场化服务是指运用市场化运作机制，为全社会老年人提供优惠、优选的有偿服务。

三是建立完善志愿服务的刚性机制。居家养老服务除了需要家人、亲属及专业工作人员之外，还需要相应的志愿者队伍提供支撑。政府要出台政策，积极鼓励社会各界从事志愿助老服务，共青团、妇联等群众团体要发挥各自的组织优势，组织开展志愿为老服务。社区也要鼓励健康低龄老人组建自己的志愿者队伍，为高龄、孤寡老人等困难的老年人提供帮助，鼓励老年人之间的互助，增进社区老年人之间的交流与互助。政府还须出台政策加以规范和扶持，以保障志愿助老活动长久有效地开展下去。同时，针对老年妇女相对弱势的现状，志愿服务要建立对老年女性的倾斜机制，优先为高龄独居贫困老年妇女提供志愿服务。

四是培育社会化居家养老服务机构，发展自费居家服务工作。通过建设番禺区居家养老综合服务中心，引入多间有资质社会化居家养老服务机构，开展社区自费的居家养老服务，为番禺区有需要的老年人提供生活照料、家政服务、餐饮配送、文娱活动、日间托老、康复保健、心理慰藉、信息支援、紧急援助等服务，并设立热线电话为老年人提供日托等直接服务或转介服务。

五是引入专业人才，提高从业待遇。政府特别是劳动保障部门要加大对居家养老从业人员的培训力度，出台支持政策，采用学习费用由政府财政负担的办法，鼓励、支持从业人员参加业务培训，并开展上岗业务考核。政府要加大投入力度，逐渐提高从业人员的工资福利待遇，尊重他们的工作，让他们能安心长期工作，并吸引更多高素质的专业人才加入居家养老的管理与服务工作。

（三）发挥妇联优势，做好老年女性利益“代言人”

妇联是党和政府联系广大妇女的“娘家”。妇联的基本职能是联系妇女、教育妇女、代表妇女、维护妇女的合法权益。妇联要充分发挥联系妇女的组织优势，做好老年女性利益的“代言人”。

一是做好老年妇女的利益“代言人”。开展调查研究，了解番禺区老年妇女的生存状况、养老需求；关注老年妇女特别是空巢老年妇女的精神需求，并通过撰写调查报告递交给党委、政府；通过人大议案、政协提案反映老年妇女需求；借用新闻媒体等多渠道表达老年妇女的利益诉求，为老年妇女的权益大声疾呼，让党委、政府主动关注、改善老年妇女的生存状况和养老环境。

二是发挥妇联工作优势，弘扬尊老敬老的传统。家庭是妇联传统的工作领域，要持续有效地开展“五好文明家庭”创建活动，在群众中树立一批好儿女、好媳妇、好公婆典型；开展丰富多彩的“尊老”“敬老”文化活动；通过法律帮助维护老年妇女权益，以此在全社会弘扬尊老、敬老传统。

三是开展巾帼志愿活动，丰富老年女性生活。继续利用区、镇街、社区（村）“妇女之家”、女性社会组织等载体，发挥巾帼志愿者的作用，加强老年女性心理疏导等服务工作，整合区女企业家协会等社团组织资源，开展健康有益的文体活动，丰富老龄妇女精神生活，为老年女性提供全方位的服务。

四是加大对从业女性的引导，提高她们尊老、敬老的意识。配合劳动部门开展为老服务培训，提高从业女性的专业水平。开展优秀为老服务女明星评选表彰活动，激励从业女性的上进心，营造良好的社会氛围，转变社会上轻视为老服务的传统观念，推进女性就业，从而在为老年妇女提供更好的服务的同时，实现女性自身的发展。

（四）健全农村老年女性养老保障体系，推进居家养老

与老年男性以及城镇老年女性相比，农村老年女性更处于弱势地位，她们的养老问题也显得更为突出和重要。因此，充分重视农村老年女性的养老问题，努力解决她们的生存困难，提高其社会经济地位，改善她们的生活环境，是老龄化背景下完善农村社会保障制度应给予特殊关注的方面。

首先，要不断完善城乡居民养老保险和城乡居民医疗保险制度，以扩大对农村女性社会养老的覆盖面，并不断提高保障标准，让农村老年女性老有所养、病有所医。同时，经济条件许可的村，可建立敬老基金，开展敬老活动，对生活困难、患疾病的老人进行救助。其次，镇街敬老院在现有全托的基础上，增加配餐、日间照料等服务，引领农村居家养老工作的开展。在有条件的村联合农村社区卫生站提供医疗康复、护理保健、家庭病床等便民服务。再次，要组建一支服务农村老年女性的专业队伍，可将各村空闲劳动力组织起来，通过培训，成为专业的养老护理人员，为村里有需要的老人提供服务。一方面可以让村民足不出村实现就业，另一方面又能解决老年人的养老问题。同时，倡导“邻里相守、邻里相帮、邻里互助、邻里相望”，解决广大农村老人养老的实际困难。大力倡导乡亲邻里“一帮一”的形式，为高龄或生活不能自理及残疾老人义务助老。最后，解决农村老年女性的养老问题，需进一步健全家庭养老，实现家庭养老与社会养老相结合的养老方式。加大孝道文化宣传教育的力度，在全社会形成“尊老养老光荣，歧视老人可耻，虐待老人犯法”的强烈氛围，为农村养老服务体系建设奠定坚实的思想道德基础。

（五）强化老年女性养老意识，提倡自立养老

在养老问题上，老年女性应当转消极被动为积极主动，提升自身养老能力，努力实现自我保障。首先，老年女性应改变退休就开始养老的消极观念，

延长进入老年期的年龄，在心理上消除“走下坡路”的念头。老年女性不仅要有健康的心理，还要有健康的身体。尤其是孤寡老年女性，应该建立良好的心态，将人世间的生老病死看作自然而然的规律，理性地去面对；同时要好好锻炼身体，提高自身免疫力，预防各种老年病的侵袭。

其次，学习是持续终身的宏伟事业，应该提倡“活到老，学到老”的学习观，端正老年女性的人生观、价值观，提升老年人自我保障的能力，老年人不能因为自己年龄大了，学习无用武之地了，就放松思想学习和进步，与时俱进是所有人都应该秉承的理念。因此，老年女性应该老有所学，积极参与到社会再学习中，积极勇敢地参与社会竞争，从而充分实现自身的社会价值，给自己的晚年画上圆满的句号。政府和社会组织也应该加大对老年女性养老的宣传工作，呼吁老年女性自身和社会都投入到老年女性养老的关注和思考中来，不断强化老年女性自身养老意识，积极主张自己的养老权利。

番禺区妇女联合会

MIN　SHENG　FU　WU

民生服务

广州市0—3岁托幼服务专题调研报告

2015年10月，党的十八届五中全会作出“坚持计划生育的基本国策，完善人口发展战略，全面实施一对夫妇可生育两个孩子政策”的重大战略决策。2015年12月31日，中共中央、国务院印发《关于实施全面两孩政策改革完善计划生育服务管理的决定》（以下简称《决定》），正式宣告中国进入“全面两孩”的新时代。为了落实好“全面两孩”生育政策，《决定》提出要“合理配置公共服务资源。根据生育服务需求和人口变动情况，合理配置妇幼保健、儿童照料、学前和中小学教育、社会保障等资源，满足新增公共服务需求。引导和鼓励社会力量举办非营利性妇女儿童医院、普惠性托儿所和幼儿园等服务机构”。2017年2月召开的全国计划生育工作会议提出：要以实施好“全面两孩”政策、鼓励按政策生育、完善配套政策措施为主线，深化计划生育服务管理改革，促进家庭发展和流动人口基本公共卫生计生服务均等化，构建生育友好的社会环境。2017年10月18日，党的十九大报告指出要“促进生育政策和相关经济社会政策配套衔接”。

“全面两孩”政策实施以来，广州市人口出生高峰已逐步显现，户籍人口的总出生数和二孩数攀升更为显著。据卫计委统计，2015计生年度广州市常住人口出生数为15.06万人，2016年已上升到18.5万人（二孩率43.47%）。2017年上半年继续大幅上升，常住人口出生达12.36万人，其中二孩7.08万人（二孩率57.28%），户籍人口出生8.9万人（二孩率59.55%）。截至2017年7月，常住人口和户籍人口的二孩率进一步攀升到58.37%和60.87%。伴随着“全面两孩”出生高峰的到来，对托幼服务的呼声日益高涨，成为广州建设生育友好型城市亟待破解的课题。

2017 年6—9 月间，广州市妇联联合广东社会学学会开展托幼服务专项调查研究。组织多场专题座谈会，面向市民群众发放回收有效问卷4670 份，走访调研了相关政府职能部门和61 个街道、174 个托幼机构以及10 多个企事业单位，深入了解当前广州市托幼服务的发展现状，以及“全面两孩”生育政策下公共托幼服务的社会需求，推动完善政府公共服务配套政策。

一、广州市0—3 岁托幼服务现状调研数据分析

（一）入托意愿与入托现状分析

1. 有近六成人士要求入托

近六成受访者表示“一定会入托”或者“如果有合适的托幼机构，会入托”，而选择“不会入托”的仅有二成左右。

调查发现，有7. 58% 的受访者表示“一定会入托”，有高达46. 94% 的受访者选择“如果有合适的托幼机构，会入托”，还有18. 71% 的受访者选择“到时再说”。说明如果条件合适，至少有54. 52% 的需求人群肯定会将孩子送到托育机构。如果“到时再说”的人群里也有一半（9. 36%）会选择的话，加在一起就达到63. 88%，而明确表示“不会入托”的只有22. 42% 的人士。(图1)

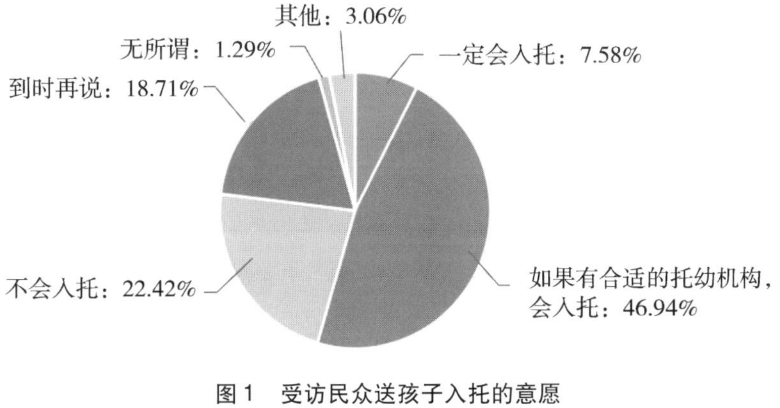

图1　受访民众送孩子入托的意愿

数据还显示，已育一孩人群选择“如果有合适的托幼机构，会入托”的比例显著高于其他生育状况组，未孕未育人士因为还没亲身体会到生育、养育孩子的情境，所以选择入托的比例低于其他生育状况组，而选择“到时再说”的比例高于其他生育状况组。（表1）

表1 不同生育状况群体送孩子入托的意愿比较（%）

生育状况	生育状况（%）					
	一定会入托	如果有合适的托幼机构，会入托	不会入托	到时再说	无所谓	其他
未孕未育	5.41	29.72	14.86	37.84	5.41	6.76
已孕未育	6.11	43.51	22.90	25.19	0.00	2.29
已育一孩	8.24	55.06	20.60	14.61	0.37	1.12
已育二孩	9.02	45.12	28.57	9.77	2.26	5.26
已育三孩	0.00	50.00	40.00	10.00	0.00	0.00
其他	20.00	0.00	20.00	40.00	0.00	20.00

2. 只有4.68%婴幼儿在托

调查数据显示，在孩子的养育方式方面，爷爷奶奶带的比例最高（39.03%），其次为全职妈妈带（17.10%），由外公外婆带的也有16.77%，仅有4.68%的人将孩子放在托儿机构。（图2）

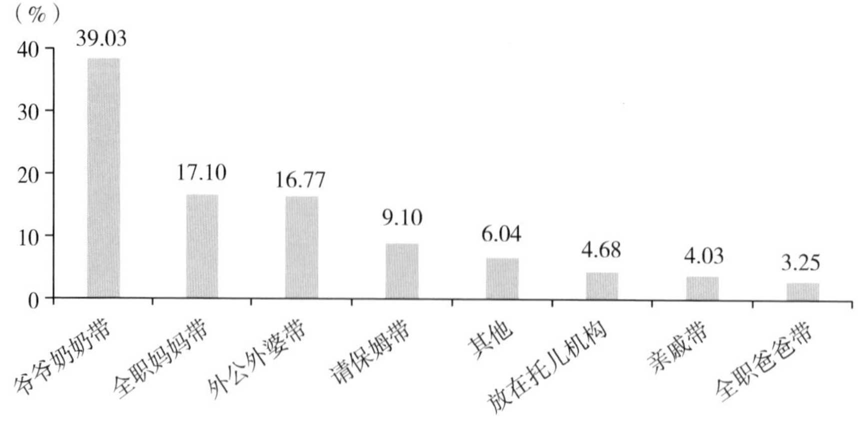

图2 受访民众孩子的养育方式

对有幼儿在托的人群特征分析结果显示：年龄方面，37.93%的人处于30—34岁、24.13%的人处于35—39岁，两者加在一起超过了60%，说明30—40岁的中青年对托幼需求很迫切；家庭月收入方面，5001—8000元、8001—12000元的人所占比例均为20.68%，16001—20000元以上的占17.24%，显示收入与入托的关联不太紧密；婚姻状况方面，已婚（国内）的占86.21%；生育状况方面，已育一孩的占72.41%，已育二孩的占17.24%，显示已育孩子的家庭对托幼需求很迫切。综合来看，30—40岁之间的已育家庭对托幼服务需求旺盛。

3. 有没有托幼机构已经开始影响人们的生育意愿

调查发现，有没有托幼机构已经开始成为影响人们生育意愿的现实因素。已育一孩和不要孩子人士在对不想要（或不想再要）孩子主要原因的回答中，有5.80%的人士理由是“没有托幼机构”，说明人们已经将托幼服务作为是否决定生育的一个现实的考虑因素。另外，因为没有老人或亲戚带、请保姆不放心、怕影响职业发展以及不愿当全职妈妈或全职爸爸四方面原因不想要（或不想再要）孩子的比例合计高达48.02%。（图3）

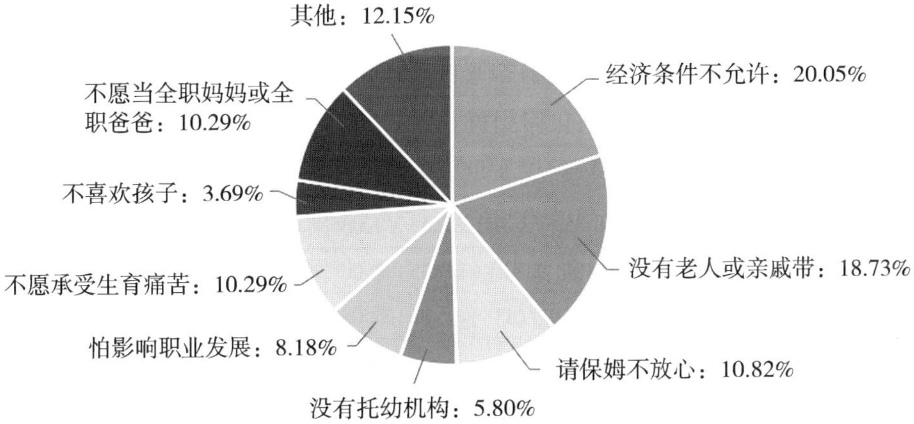

图3　受访民众不想要孩子的原因

同时，值得注意的是，在生育意愿的调查分析中可以看出，愿意生育两个及以上孩子的受调研者，比例不到60%，而且未孕未育人士中有4.05%的人明确表示“不要孩子”，“没有也不勉强”的占6.76%。不同收入人群之间的生育意愿差别不太明显（表2）。这说明，越是生育少的人，越是年轻的人，生育意愿相对越低。而将自己的生育意愿与有无托幼机构联系在一起的，主要就是这部分人士。在这个意义上，要想提升这部分人士的生育意愿和生育水平，鼓励他们按政策生育，就应该加大托幼服务工作的力度，帮助他们有效解除带孩子的后顾之忧。

表2　不同生育、收入状况人群的生育意愿对比分析

分类	生育意愿（%）							
	2个	3个	多多益善	1个	不要孩子	无所谓，有了就要，没有不勉强	说不好	其他
生育状况								
未孕未育	47.30	6.76	1.35	27.03	4.05	6.76	5.41	1.34
已孕未育	45.80	2.29	0.76	35.88	0.00	7.63	6.87	0.77
已育一孩	54.31	4.12	1.12	28.84	0.37	6.74	4.12	0.38
已育二孩	81.20	5.26	2.26	0.75	0.00	6.02	3.01	1.50
已育三孩	0.00	70.00	0.00	20.00	0.00	0.00	0.00	10.00
其他	60.00	0.00	0.00	40.00	0.00	0.00	0.00	0.00
收入状况								
5000元以下	64.00	8.00	1.33	16.00	0.00	4.00	5.33	1.34
5001—8000元	54.48	4.83	1.38	24.14	0.00	7.59	6.21	1.37
8001—12000元	53.51	5.26	0.88	24.56	1.75	8.77	4.39	0.88
12001—16000元	56.16	2.74	1.37	27.40	1.37	6.85	4.11	0.00
16001—20000元	62.35	1.18	2.35	23.53	0.00	3.53	5.88	1.18
20001—25000元	58.75	5.00	1.25	26.25	0.00	7.50	1.25	0.00
25001—30000元	44.83	13.79	0.00	31.03	0.00	6.90	3.45	0.00
30000元以上	47.37	15.79	0.00	21.05	5.26	5.26	0.00	5.27

（二）托幼机构数量及其分布特点分析

1. 受调研的61个街道现共有297家托幼机构

问卷调查显示，全市61个街道反馈现共有297家托幼机构（表3、图4）。

表 3　全市各区街镇托幼机构调查数据统计分析表

地区	常住人口（万人）	户籍人口（万人）	街道数	镇数	有效调研的街镇数	街道反馈现有的托幼机构数	有效调研的托幼机构数
全市	1404.35	870.49	136	34	61	297	174
越秀区	116.11	117.44	18	—	10	22	16
海珠区	163.79	102.26	18	—	4	97	44
荔湾区	92.50	72.69	22	—	7	19	12
天河区	163.10	86.77	21	—	11	34	20
白云区	244.19	94.36	18	4	9	68	41
黄埔区	108.26	45.75	14	1	7	24	14
花都区	105.49	72.38	4	6	2	6	5
番禺区	164.11	88.65	11	5	7	27	22
南沙区	68.74	39.26	3	6	1	—	0
从化区	63.53	61.85	3	5	2	—	0
增城区	114.53	89.08	4	7	1	0	0

说明：①常住人口、户籍人口数据来源于广州市统计局于 2017 年 3 月 1 日发布的《2016 年广州市人口规模及分布情况》；②街道数、镇数数据来源于《2016 广州统计年鉴》；③南沙区、从化区的“街道反馈现有的托幼机构数”填写“未知”。

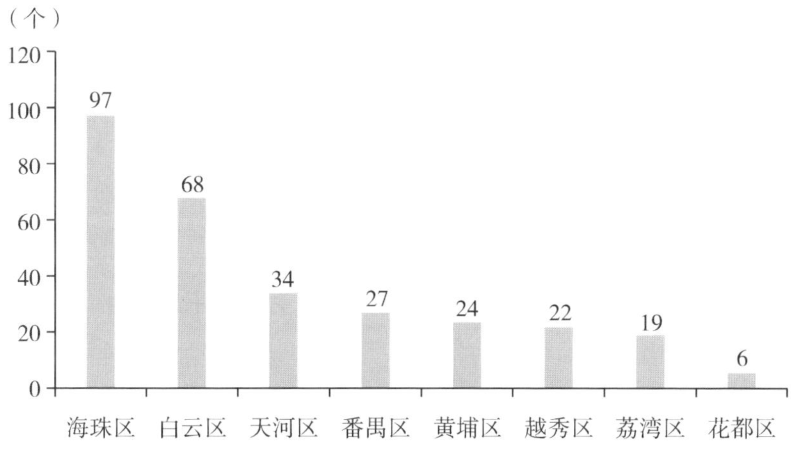

图 4　街道反馈目前拥有的机构数量

说明：增城区的街道反馈现有的托幼机构数为 0，南沙区、从化区填写“未知”。

2. 数字显示的几个主要特点

（1）托幼机构的多少与区域位置相关。全市的大部分区已建有一定数量的托幼机构，几个新区更为缺乏。

（2）托幼机构的多少与城镇化水平相关。城镇化水平越高的区，相对托幼机构会多些；而从化、增城、南沙、花都等镇较多的区，面积较大、农业人口较多、每平方公里居民相对较少，托幼机构就少些。

（3）托幼机构的多少与地区人口数量相关。常住人口较多的白云区、海珠区、天河区、番禺区、越秀区等区域，现有的托幼机构也相对多些，反映出人口数量与托幼服务需求之间存在相关性。

（三）托幼机构业务活动的供需对比分析

以下从托幼服务的业务活动内容、运作方式、具体实施等方面，对比分析供需之间的对应关系。

1. 托幼机构的主要工作内容

绝大多数托幼服务的需求方认为“托管”应该是托幼机构的最主要工作内容，但在受调研的托幼机构中，绝大部分却将“教育”作为最主要的工作内容。

从表4可以看出大多数受访民众（82.58%）认为“托管”应该是托幼机构的最主要工作内容；但绝大部分托幼机构（93.24%）却将“教育”作为最主要工作内容。同时，超过74.19%的受访民众认为“卫生”应为托幼机构的主要工作内容之一，但仅有43.24%的受调研托幼机构提供了这一服务内容，这说明当前托幼机构的“卫生”服务还有待加强，特别是婴幼儿群体的小、弱等特征，决定了高质量的“卫生”服务特别重要。

表 4　受访民众期待托幼机构的工作内容与托幼机构提供的工作内容比较

工作内容	受访民众（%）	托幼机构（%）
托管	82.58	68.92
餐饮	78.23	55.41
休息	67.90	55.41
娱乐	64.52	62.16
教育	77.10	93.24
卫生	74.19	43.24
安全	77.42	—
其他	4.35	16.22

2. 关于托幼机构接收婴幼儿的合适年龄范围

大多数受调研的人都认为婴幼儿从 1 岁开始进入托幼机构比较合适，现有托幼机构已有三成以上开始接受 1 岁以下的婴幼儿入托。

调查发现，有 35.00% 的人认为托幼机构接纳的婴幼儿合适年龄范围是 1—3 岁，而且呈现出未孕未育人群（39.42%）到已育三孩人群（29.89%）比例逐渐降低的特征。认为合适年龄范围是 2—3 岁的比例为 25.52%，4 个月至 3 岁的比例为 5.28%（表 5）。对于具体入托时间的选择，46.94% 的人表示有需要时就入托；19.35% 的人选择孩子 2 岁时入托（图 5）。

表 5　不同生育状况民众认为机构接纳婴幼儿的合适年龄范围

生育状况	接纳的婴幼儿合适年龄范围（人）									
	4 个月至 3 岁		6 个月至 3 岁		1—3 岁		1 岁半至 3 岁		2—3 岁	
	人数	比例（%）	人数	比例（%）	人数	比例（%）	人数	比例（%）	人数	比例（%）
未孕未育	44	6.33	94	13.53	274	39.42	113	16.26	170	24.46
已孕未育	21	5.51	84	22.05	141	37.01	56	14.69	79	20.74
已育一孩	38	4.47	119	14.00	285	33.53	185	21.76	223	26.24
已育二孩	22	5.06	57	13.10	134	30.81	85	19.54	137	31.49
已育三孩	6	6.89	19	21.84	26	29.89	21	24.14	15	17.24
其他	1	1.92	14	26.92	15	28.85	8	15.38	14	26.93
合计	132	5.28	387	15.48	875	35.00	468	18.72	638	25.52

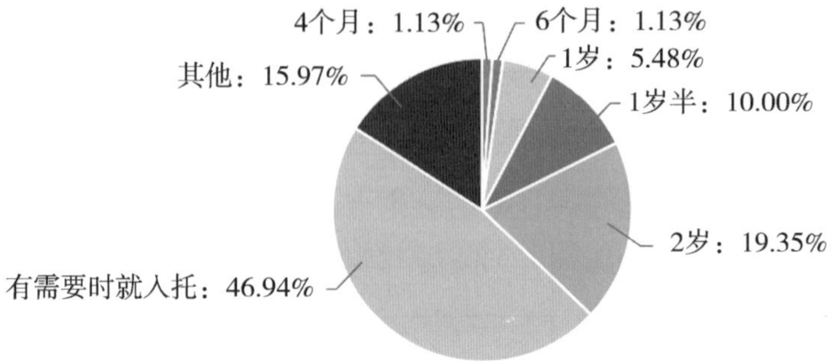

图5 受访民众计划送孩子入托的时机

现有托幼机构接受婴幼儿的年龄情况是：1 岁以下开始收的机构有 33.89%，接收婴幼儿的初始年龄为 1.6—2.0 岁的机构有 32.20%（图 6）。27.12% 的机构接收婴幼儿的结束年龄为 2.6—3.0 岁，也有 54.24% 的机构可以托育孩子到 5 岁以上（图 7）。实地调查中课题组也发现，个别托幼机构开始接受 4 个月大的婴儿参加全日制托管。

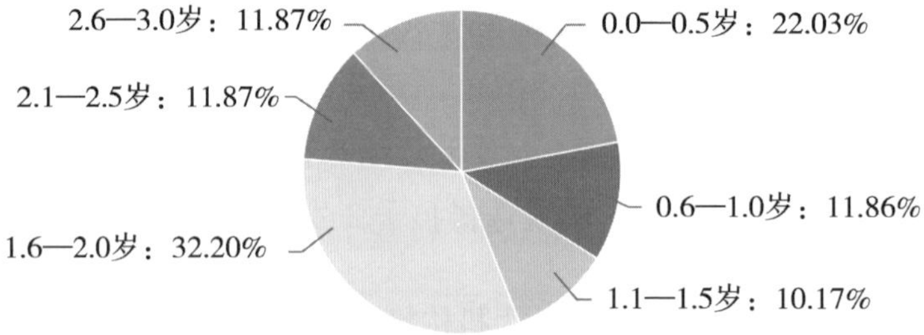

图6 受调研托幼机构接收婴幼儿的初始年龄

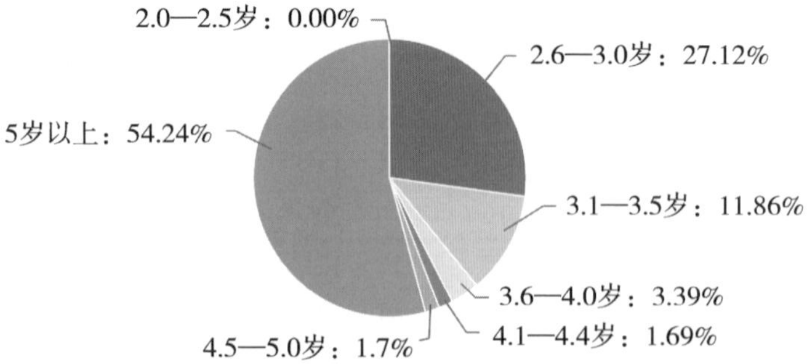

图7 受调研托幼机构接收婴幼儿的结束年龄

（四）托幼机构保障条件

1. 托幼机构的队伍建设

受调研托幼机构的工作人员配备情况并不如人意。调查中发现，有42.11%的受调研机构配备教师在5名以下，72.88%的托幼机构保育员数量在5名以下（表6）；有30.51%的受调研机构还没有炊事员，15.25%的受调研机构未配备行政后勤人员（表7）。

表6　托幼机构的工作人员、教师、保育员数量分布

工作人员数量（人）	托幼机构比例（%）	教师数量（人）	托幼机构比例（%）	保育员数量（人）	托幼机构比例（%）
0—5	13.56	0—5	42.11	0—5	72.88
6—10	25.42	6—10	33.33	6—10	10.17
11—15	13.56	11—15	7.02	11—15	6.78
16—20	10.17	16—20	5.26	16—20	6.78
21—25	5.08	21—25	0	21—25	0
26—30	5.08	26—30	1.75	26—30	3.39
31—35	1.69	31—35	1.75	31—35	0
36及以上	18.66	36及以上	1.75	36及以上	0
未填写	6.78	未填写	7.03	未填写	0

表7　托幼机构的炊事员、具有其他证件人员以及行政后勤人员的数量分布

炊事员（人）	托幼机构比例（%）	具有其他证件人员（人）	托幼机构比例（%）	行政后勤人员（人）	托幼机构比例（%）
0	30.51	0	40.68	0	15.25
1	27.12	1	22.03	1	27.12
2	23.73	2	8.48	2	28.82
3	6.78	3	6.78	3	6.78
4	3.39	4	3.39	4	1.69
5	1.69	5	0	5	6.78
—	—	6及以上	11.86	6及以上	6.78
未填写	6.78	未填写	6.78	未填写	6.78

2. 托幼机构的用房面积

托幼机构的用房面积普遍较小，35.06%的受调研机构面积在500平方米及以下，501—1000平方米的占受调研机构的22.99%，1500平方米以上的占27.59%。（图8）

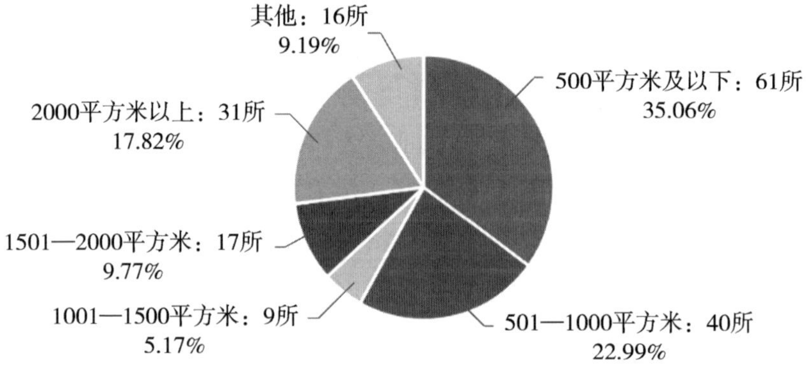

图8 受调研的托幼机构用房面积分布

3. 托幼机构的场地房屋产权属性

调查显示，托幼机构租房的比例最高，达75.68%（图9）。实地调研过程中了解到，有的托幼机构的场地是街道政府提供的，但大多在政府其他办公地点里辟出一处空间来，场地小、较拥挤，而且几乎封闭，没有室外活动场地。

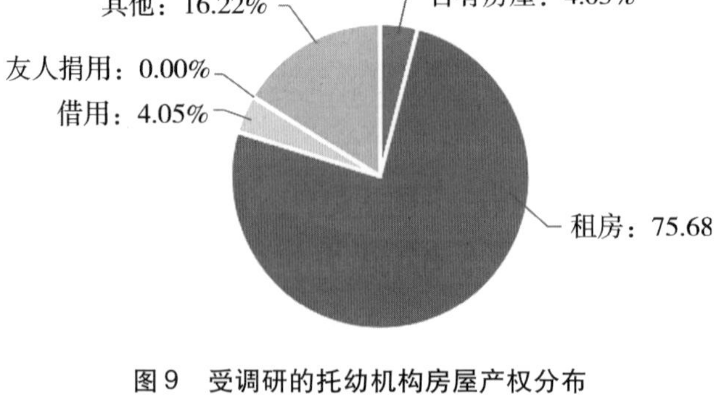

图9 受调研的托幼机构房屋产权分布

（五）托幼机构服务管理的供需对比分析

1. 托幼机构的承办主体

托幼服务的需求方大多数期望托幼机构应该是“政府举办”，体现对公益性托幼机构的需求比例更高；但目前托幼服务的供方，超过一半为“自营”的托幼服务机构。对市民群众的问卷统计结果显示，表示会优先选择托幼机构属性为“政府举办”的比例高达64.03%；其次为选择“幼儿园办托班”，比例也高达20.65%。（图10）

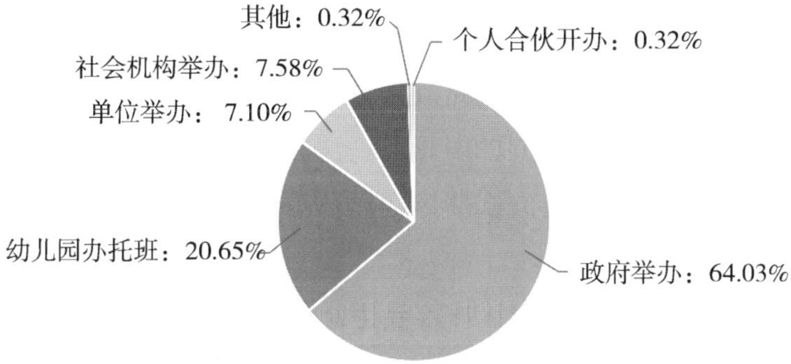

图10　受访民众会优先选择的托幼机构

对现有托幼机构的调研结果显示，“自营托幼机构”比例占54.05%，“幼儿园办托班”占20.27%，“其他”（包含政府举办）仅占17.57%（图11）。托幼机构的属性决定了受益对象的范围和层次，公益性的托幼机构能更好地发挥“托底”作用，更好地保障大部分社会人群的需求。广大民众希望由政府出面主办托幼机构，提供托幼服务。

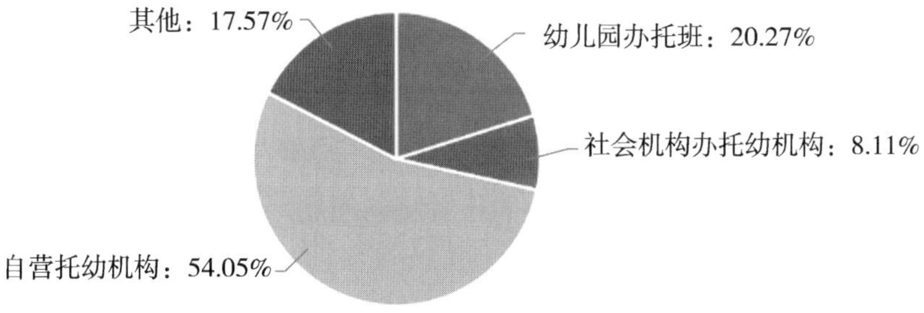

图11　现有托幼机构属性分布

2. 关于托幼机构的收费

对需求方的问卷调查显示，能接受一个孩子的每月入托费用集中在501—1000元、1001—1500元、1501—2000元区间。不同收入、职业人群对费用的接受度存在一定差异，如1万元以上月收入群体能接受月收费1500元以上的比例远远高于5000元以下收入群体。对现有托幼机构收费调研显示，每月接收一名婴幼儿收取费用为501—1000元、1001—1500元、1501—2000元、2001元及以上的比例分别为24.32%、18.92%、18.92%、21.62%。显示不同等级收费之间的比例较均衡，也反映出托幼机构的收费存在标准的不统一。(图12)

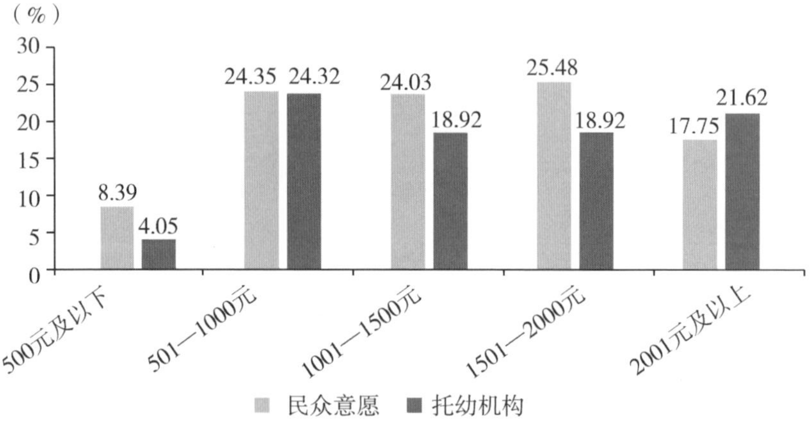

图12　受访民众意愿与托幼机构实际收取的费用比较①

二、广州市0—3岁托幼服务存在的主要问题

从对广州市托幼服务现状调查数据的分析可以看出，当前广州市托幼服务的现状不能令人满意。在政府管理、行业运营、社会支持等方面，都存在供需不相适应的突出矛盾。尤其是政府规划、师资培养、社会支持等方面，是当前托幼机构建设和发展过程中亟待解决的问题。

① 托幼机构收费调研中有12.17%未就此问作答。

（一）供需矛盾突出

据有关部门统计，广州市户籍出生人口 2014 年为 11.39 万人，2015 年为 15.04 万人，2016 为 13.73 万人，2014—2016 年广州市户籍人口出生共 40.16 万人。2017 年 1—8 月，广州市常住人口出生 14.73 万人，比去年同期增加 29.19%；户籍人口出生 10.70 万人，比去年同期增加 41.66%。[①] 本次调研数据显示，当前广州市有超过六成的人群会选择将孩子送托幼机构，但现实中只有 4.68% 的婴幼儿入托。全国 2016 年底的调查分析数据是，4% 左右的婴幼儿进入了托幼机构，而一些发达国家的入托比例甚至达到了 50%。[②]

（二）认知存在误区

由于托幼服务开展较迟，而且由于诸多历史和现实的原因，托幼服务在实践中还存在一些不尽人意的地方，使得社会上人们对托幼服务还心存疑虑，甚至还存在一些误解。主要表现在以下几个方面：一是在态度上，不相信托幼机构。现实中，托幼机构收费标准不一，有的确实收费较高但服务却不一定到位，服务管理存在不足，更加重了人们的这种印象。二是在功能上，将托幼机构混同于早教机构，过分看重早教的价值作用。本次调查的 174 个托幼机构中有 93.24% 将“教育”作为托幼机构最主要任务，这与超过 90% 的受访民众将“托管”作为托幼机构最主要任务形成较大反差。三是在行动上，以为可以“一托了之”。有的家长对托幼机构的期望过多，以为将孩子送到托幼机构就万事大吉了，自己可以当“甩手掌柜”了，发生了一切问题都要由托幼机构负责。

（三）发展缺乏规划

2015 年 12 月，中共中央、国务院印发《关于实施全面两孩政策 改革完善计划生育服务管理的决定》；2017 年 3 月，广东省人民政府发布《广东省

---

① 数据来源：广东省卫生计生委出生人口动态监测简报。

② 《国家卫生计生委：去年 1786 万人出生 45% 以上是二孩》，北京：人民网，2017 年 1 月 23 日，http://bj.people.com.cn/n2/2017/0123/c82840-29636994.htm

卫生与健康“十三五”规划》，均提出要依法实施“全面两孩”政策，强化政策解读和宣传，鼓励政策内生育，建立健全相关配套政策，做好托幼、教育、卫生、社会保障、住房、就业等相关政策衔接。为加强托幼机构建设、推进托幼事业发展提供了明确的政策依据。但是，至今还没有一个单独的关于推进托幼机构建设和托幼事业发展的全局性规划，所谓的加强做好托幼工作，还只是停留在一般性规划、号召阶段。

（四）建设缺乏领导

目前，无论是在市一级还是在区和镇街一级，都没有一个组织协调机构。当然，国家和省也都没有。在市委、市政府的领导成员中，也没有明确的分管此项工作的领导。开展托幼服务工作以及建设托幼服务机构，都缺乏组织领导。主要表现在以下三个方面：

1. 建设主体不明确

托幼机构的属性决定了受益对象的范围和层次，公益性的托幼机构能更好地发挥“托底”作用，更好地保障大部分社会人群的需求。只有政府作为托幼机构的建设和管理主体，才能保证托幼机构和托幼服务的普惠性和公益性。调研到的托幼机构中，属于幼儿园办托班的占20.27%，自营托幼机构占54.05%，社会机构办托幼机构的占8.11%，另有其他占17.57%。政府没有发挥主导作用。而受访民众则更倾向于政府主导，高达64.03%的人表示会优先选择“政府举办”的托幼机构，20.65%的人选择“幼儿园办托班”。

2. 管理主体不明确

当前，最突出的是没有具体的负责部门，导致登记、监管等都很难执行。根据对174份托幼机构答卷的分析得知：在教育部门登记的占51.15%，在工商部门登记的占21.84%，在民政部门登记的占18.97%，未登记及其他占8.04%。（图13）

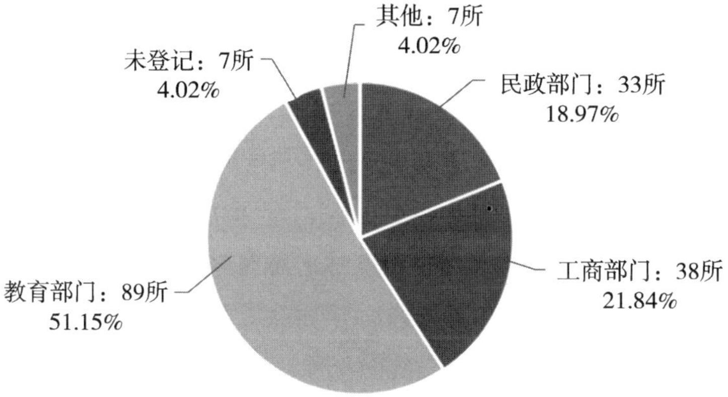

图13　受调研的托幼机构登记部门分布

教育、工商、民政都可以登记，似乎都有这个职能职责，但实际上又不完全是，甚至不清楚是不是。实际上，从多种调研的途径来看，没有在任何部门登记的托幼机构应该占相当的比例，处于无登记状态。目前全市究竟已有多少个托幼机构，谁也无法提供准确数字。法定责任不明细，导致托幼机构很难登记成为合法机构。调查数据显示，有近四成的调查对象认为当前托幼机构“登记有困难”。课题组在调研过程中经常被机构拒绝，重要的原因就是这些机构没有办理（没有办到）合法的登记手续。面对调研人员，他们担心自己是“非法经营”，担心自己被当成“违法违规”人员，担心自己的机构被取缔，故而拒绝调研。

3. 投入没有制度保证

对于托幼机构建设，政府没有专项经费投入，社会投入也十分有限。当下，城区里可供开办托幼机构的场地十分有限，要找到符合国家规定要求的场地就更加困难了。调查数据显示，目前大多数机构都是租借场地和利用自有房屋来开办托幼机构的，其中租房占了75.68%。大多是简易的，设施配备较少。这些场地大多面积小、缺少消防等安全设施，更不容易配备室外活动空间了，存在安全隐患。调查到的托幼机构和民众都十分希望政府加大对托幼机构建设的投入，全面布点，改善环境，增加功能，提升质量。

（五）行业缺乏标准

建设运营托幼机构开展社会服务，场地、设施、消防安全、营养配餐、教育活动、健康维护、收缴费用等都应有统一标准。但现实是没有统一的托管、养育、教育、收费等一系列的标准，包括指南、手册、教材、规定等。少数的早教机构自己抄抄编编，作为教材；还有的早教机构直接用外国的所谓教材，宣称不同的先进育儿理念和教学内容，收费很高，体现出浓厚的功利色彩。没有标准，必然出现较混乱的现象。

目前中国只有一个托儿所的建设规范。2016 年 11 月 1 日开始，由国家住房和城乡建设部颁发的《托儿所、幼儿园建筑设计规范》（简称《规范》）在全国执行，对于规范托幼机构建设具有重要指导意义。但广东省、广州市还没有具体的实施办法。《规范》将托儿所界定为“用于哺育和培育 3 周岁以下婴幼儿使用的场所”。但在具体执行过程中，也遇到不少现实问题。比如，《规范》要求“托儿所应布置在一层”，“每班应设专用室外活动场地，面积不宜小于 60 平方米，各班活动场地之间宜采取分隔措施”等，这些要求具体执行起来会遇到实际的困难。正因为执行起来不容易，一些民营托幼机构很难符合这些要求，于是不敢去申请登记，也不知道到哪里去申请登记。

（六）人员缺乏训练

当前配有育婴师、营养师等专业人员的托幼机构极端稀少，一般情况下只有从事早教的托幼机构才会有少量的专业人员，不以早教为主要营运内容的托幼机构很少有专业人员。即使有专业人员，他们也普遍比较年轻，专业水平、工作稳定性、理论和实践相结合的能力都还不够，在教育学、心理学、卫生学和社会学等方面的综合素养亟须补课。调查也发现，目前还没有专门培养托幼机构人才的教育部门和培训机构。人才匮乏，直接影响托幼机构的养育和教育质量。

（七）安全缺乏保障

许多托幼机构的场所没有配备配齐消防设施，机构没有经过严格的消防检查，没有配备消防安全责任人员，员工缺乏必要的消防安全培训。一些已经登记的托幼机构，其消防安全方面的设施等条件要求也不一定齐备，无疑会留下较为严重的安全隐患。值得注意的是，仅有10.81%的托幼机构认为自身存在一定的安全隐患，更加凸显了安全保障是托幼机构的现实问题。

三、发达国家和地区托幼服务基本情况

联合国儿童基金会1994年的工作报告指出：婴儿出生以后的36个月是成长的关键期，期间的营养和刺激对大脑的发育产生深刻的影响，呼吁各国政府及家庭重视儿童的养育。长期以来，由于中国的学制由3—6岁起始，中国学前教育的相关领域研究大多局限在此阶段，导致0—3岁阶段的研究数据亟待补充。[①] 相较之下，不少国外发达国家已经开展了较为丰富的研究与实践经验，并取得了一定的积极成果。本文主要梳理总结近20年来国外尤其是欧美发达国家的研究成果，以期为国内托幼服务发展提供有益借鉴。

（一）0—3岁年龄阶段划定

长期以来，学前教育习惯上将年龄阶段分成0—3岁的婴儿教育和3—6岁的幼儿教育两个阶段，这两个阶段在总体发展水平上有明显的差异。脑科学及心理学研究表明，儿童的大脑、神经系统及心理机能（思维、语言、情感和个性等）的发展，都以36个月为分水岭，并将“婴儿期”定位在0—3岁。[②]“婴儿期”是儿童各种心理和行为先后发生和初步发展的时期，这一时期婴幼儿在大脑发育、语言习得、智力发展、个性形成、习惯养成方面的发展程度尤为关键。而在此期间对婴幼儿给予某种特定类型的信息输入，能促进其大脑形成并且巩固长期保持的结构。与此同时，“左右脑分工理论”认为婴儿时期是大脑发育最迅速的时期，在此时期促进左右脑的协调活动可以开发大脑的最大潜能。[③]

---

① 顾明远：《教育大辞典》，上海教育出版社，1999年。

② 朱智贤：《儿童心理学第五版》，北京：人民教育出版社，2009年。

③ 李燕：《学前儿童发展心理学》，上海：华东师范大学出版社，2008年。

（二）0—3 岁托幼服务概念及其内涵

国际上，大多数国家习惯使用“学前教育”这一概念来统指所有接受义务教育之前的幼儿照看/照料与教育阶段。但有的国家例外，如法国，由于其自身比较特殊的学前教育体制包含了具有学校教育性质的“幼儿学校”（即幼儿园），所以用“学前教育”的概念并不适宜，因此通常使用的概念是“照看方式”或“接收方式”。另外也有的国家惯常使用“幼儿保育”和“幼儿教育”的概念，如日本。①

本文使用的“托幼服务”即采用“幼儿照看和教育体制”的双重概念，既包括幼儿照看体制，也包括学前教育体制。世界各国由于其历史、文化、经济、社会情况的不同，以及各国政府对家庭和教育所采取的政策不同，其托幼服务形式存在较大的差异。

（三）0—3 岁托幼服务性质与职能

随着社会观念的变革与经济的发展，法国、英国、德国、美国、澳大利亚等发达国家日益重视本国的幼儿教育，免费的公立教育开始向 3 岁以下幼儿延伸，而且加大了对托幼机构的政府财政投入，以期促进社会公平、性别平等与加强国家人力资源的储备。不同国家根据其托幼性质与类型不同，又将托幼类型主要分为以下几种：

1. 照看制和学前制

即通过对幼儿实施照看和教育的成人是否受到培训，以及对儿童是侧重保育还是教育两个方面内容进行分类。照看制主要包括国家承认的“母职助理”（包括在家里雇佣一个保姆或亲属和在家庭以外找人看管幼儿），并作为主要的教养方式广泛存在于大多数国家；而学前制主要在欧洲国家发展较快，如法国、意大利、卢森堡、荷兰、葡萄牙、希腊、西班牙等，包括公立和私立的幼儿接收机构（包括托儿所、幼儿园、照看中心、游乐中心、幼儿花园等）。

① 王海燕：《家庭福利政策的选择——转型期日本社会福利政策调整的圭臬》，《社会保障研究》2006 年第 12 期，第 187－197 页。

2. 保姆/娱乐中心/托儿所、隶属学校教育机构及独立学校教育机构

第一种机构多接收 3 个月至 6 岁的幼儿，在所有欧洲国家和美国都存在。而隶属学校教育的机构主要存在于欧洲国家，因属于学校教育的一部分而多面向 3 岁或 4 岁幼儿，只有法国和比利时是允许接收 2 岁幼儿进入学校体制的国家。独立学校教育则旨在对幼儿进行教育，是独立于学校教育制度的机构，大多存在于丹麦、德国、西班牙和葡萄牙等国。相比之下，对于从业人员的资质要求，第一种没有明确的要求，而后两者的从业人员却需要获得与教育相关的学位。

3. 混合式照看中心

随着儿童出生率的增高、妇女就业率的增加，父母对家庭外的照看方式的偏好和需求逐渐增大。不同于以往的亲职照看为主，现在的父母首选的方式是由集体托幼机构或国家认可的“母职助理”照看。有调查表明，在法国有 43% 的父母采取的儿童照看方式并非他们所想，而其中有 21% 的父母认为让就业父母最满意的儿童照看方式是集体托幼机构，但事实上只有 13% 的父母得到了这种机会；10% 的父母认为最令人满意的照看方式是在家里雇佣一个保姆，但实际上只有 3% 的人真的实现这一想法；与此同时，14% 的父母不得不求助于国家不承认的照看方式，但只有 2% 的人认为这种方式令人满意。此外，在新加坡等国家，还存在专门针对自闭、残障、智力残疾、唐氏病等有特殊需要的儿童开办的幼儿机构，这些机构以政府为主导，对这些特殊孩子给予针对性的教育训练。①

（四）0—3 岁托幼服务质量与规范

世界各国对托幼机构教育质量评定的内容和具体规定，不可避免地受到本国文化和经济发展等因素的影响，但在其内涵和对托幼机构质量的评定标准的主要价值观方面，却有着相当程度的共性。

---

① 王茜：《促进儿童早期发展的国际经验及其对中国的启示》，《人口与计划生育》2016 年第 5 期，第 15 – 17 页。

1. 评价重点

总的来看，各国评价标准都强调以下几个方面：①给儿童提供一个安全、卫生和具有丰富刺激的教育环境；②给儿童提供足够的操作材料和自主学习的机会；③注重教师的职前专业培训和在职进修；④关注教师与儿童互动的质量以及教师对儿童的关爱、尊重和引导；⑤督促托幼机构通过与家长的合作来完成机构的教育任务等。

2. 结构性、过程性质量标准

目前，托幼机构教育质量一般由两个维度来测量。一是结构性质量，包括一些可具体规范和控制的变量，如教师、儿童比率、班级人数、师资条件等；二是过程性质量，它是与儿童的生活和学习经验有更直接联系的变量，如儿童—教师互动、学习环境、家长参与等。其中，结构性质量指标往往容易量化，相对比较容易评估；而过程性质量研究关注较多的是儿童—教师互动这一因素，评估难度较大。研究发现，教育质量的过程性变量对儿童发展的影响比结构性因素更大，因而它是托幼机构质量评价中最重要的部分。[①]

3. 加强评估

除相应标准制定外，为确保托幼机构教育质量，还需定期对托幼服务机构进行质量评估工作。以英国为例，英国教育部门在加强外部督导的同时，积极推进托幼机构自我评估制度的建立。在教育标准办公室的要求和指导下，经过长期的发展，英国托幼机构的自我评估制度已在实践中得到逐步完善和发展，并对英国托幼机构教育质量的不断提升起到重要的推动性作用。

（五）0—3 岁托幼服务投入与支持

近年来，学前教育的重要性已经被大众普遍接受，各种脑科学关于早期经验对于终生学习潜能的影响的研究，也引起了公众对于这些婴幼儿保教机

① 项宗萍，廖贻：《六省市幼教机构教育评价研究》，北京：教育科学出版社，1995 年。

构质量的广泛关注。儿童的成长和发展的各个领域之间都存在相互联系，如何建立从出生一直到小学阶段的一体化保育和教育体系，就成了许多研究者关注的热点问题。

1. 早期教育投资理论

2006 年，诺贝尔经济学奖获得者 James Heckman 发表《经济学、神经生物学和行为科学的综合视角：培养美国未来的劳动力》一文，提出早期的保教项目可以提高低社会经济地位家庭中儿童的高中毕业率和大学入学率，从而使更优质的劳动力作为支柱参与到国家经济发展中。他对此制定了“动态人力资源积累生命周期模型”，该模型表明：对人力资本形成的最佳投资时期是学前教育阶段，而人力资本投资的回报率，也以学前教育阶段最高，相当于此后所有年龄阶段人力资本投资回报率之和。[①]

2. 美国的实践探索

20 世纪 60 年代以来，美国联邦政府、各州和地方政府不断增加对儿童早期保教项目的投资，通过为低收入怀孕妇女、婴儿、学步儿家庭提供教育、医疗、营养服务以及家长教育，从而改善孕妇的健康状况，促进婴幼儿身体、社会性、情绪和认知的发展。具体实施有三种主要的组织形式：一是以托幼中心为基础的形式；二是以家庭为基础的形式；三是混合形式提供上述两种形式的综合服务。[②] 2009 年，奥巴马总统又在此基础上发布了 0—5 岁计划，承诺每年为儿童早期教育投入 100 亿美元。

3. 英国的实践探索

随着 20 世纪 60 年代的剧烈转型，英国从缺补式社会救助时代开始进入以家庭为单位的社会救助时代，与儿童教育相关的家庭政策也开始初见雏形。

---

① Eric Ik，James JH，Judy LC，et al. Economic，neurobiological and behaviroal perspectives on building America's future workforce［J］. *World Economics*，2006，7（4）：10155 - 10162.

② United States Department of Health and Human Services，ACF. Head Start and Early Head Start. ［EB/OL］. https：//www. benefits. gov/benefits/benefit - details/616

其主要内容包括：一是生育管理方面，儿童的父母均可享受产假；二是始终坚持“友好型”的工作—家庭平衡政策；三是单亲家庭政策，为单亲家庭提供就业培训、就业指导和儿童护理服务；四是通过立法保障一些非婚同居家庭权益，使之更好地承担抚育责任。此外，英国政府还相继于2006年通过了《儿童保育法》及儿童福利金、监护者津贴、儿童税收减免、儿童信托基金、托儿券等多项育儿福利措施。

4. 法国的实践探索

与此同时，法国政府也已经开始采取一些重要措施，保障和促进国家许可的集体托幼机构的开办与发展。比如：一是建立公共照看幼儿机构发展专项基金以扩大托儿所的接收能力。二是采取实际措施鼓励企业特别是贸易和运输业建立或资助企业托儿所。如2004年开始执行“托儿所计划”，增设2万个托儿所，公司企业赞助0—3岁托儿所将获免税优惠等。三是改善和增加补助方式及额度。如从2006年始，出生第三个孩子的家庭，可选择一个补助金额度较高，但缩短至一年的父母假期，使父母可以兼顾家庭与工作等。

综合分析各国家庭政策的目的和出发点，其背景主要源于这三个方面的因素：一是由于社会经济的发展需要劳动力资源；二是出于人口学上的考虑，即提高生育率以满足人口增长的需要；三是当前社会认识和观念变革的结果，如社会公正和社会公平的思想，特别是性别平等观念、早期教育之中人的发展价值的认识，以及对可持续发展和未来人力资源重要性的认识日益深入等。对此，广州市应借鉴其他国家政府的有益做法，尽快在科学研究的基础上，制定符合广州市实际的婴幼儿托幼服务标准，同时要重视托幼师资的培养，提高从业人员的待遇与保障，以大力推动广州托幼服务事业的健康发展。

四、中国0—3岁托幼服务基本情况

中华人民共和国成立后不久，国家就正式开始兴办托幼机构，发展托幼服务事业，直至20世纪60年代后遭受挫折。改革开放以来，国家重新重视托幼服务工作，国家卫生部、全国妇联、教育部、人口计生委都曾先后具体主持过托幼工作。在此期间，由于在实践中相对重视早期教育而淡化托管、相对重视市场而淡弱政府，因此托幼机构的普惠性、公益性受到伤害。实施“全面两孩”政策后，托幼服务成为社会大众十分关注的现实问题，各地都在顺应社会发展和群众实际需要，努力开展托幼服务工作。

（一）托幼服务发展的社会背景

据统计，全国婴幼儿在各类托幼机构的入托率仅为4%[①]，托幼服务严重不足直接影响到家庭的发展和幸福感，影响到“全面两孩”政策的有效落地。

从生育主体看，女性作为当前养育照料的主要承担者，其生育二孩最大的顾虑在于，孩子0—3岁期间要花大量时间和精力照料，这对她们的就业和职业发展产生重大的不利影响。

从看护主体看，祖辈照料已成为无奈之举，托幼服务的缺失导致双职工家庭不得不由老人看护孩子，本应享受天伦之乐的老年人再次承担起抚育婴幼儿的重任。

从社会层面看，用人单位和家庭成本过高，“全面两孩”政策实施后，女性面临两次产假、哺乳假的问题，单位用人成本增加；由于缺乏托幼服务，育儿嫂和保姆行情不断上涨，导致双职工家庭父母负担过重。

从养育环境看，育儿理念的偏差影响孩子健康成长。一些托幼机构抓住家长不惜为孩子倾囊投入的心理，背离科学早教理念，忽略3岁以下儿童在品德和习惯上的培养，过分强调开发智力，早教机构作用被夸大，引发家长对孩子成长环境的强烈担忧。大力发展3岁以下托幼事业，是妇女的大事，也是家庭的大事，更是广大社会的民生大事。

（二）中国0—3岁托幼服务的历史演进

1. 中华人民共和国成立后至20世纪50年代[②]

这一时期，人民政府通过发布条例、规程和意见等，初步奠定了党领导

---

① 《中国八成婴幼儿都由祖辈参与看护》，北京：腾讯网，2017年1月24日，http：//cd. qq. com/a/20170124/007764. htm

② 唐淑，钱雨，杜丽静，郑影：《中华人民共和国幼儿教育60年大事记（上）》，《学前教育研究》2009年9期，第66－69、71页。

下的中华人民共和国托幼事业发展的基本政策和制度框架，规定了托幼园所的任务、性质、管理体制及托幼事业发展方针等。在这样的方针政策指引下，托幼事业发展较快，极大地满足了人民群众的需求。

中华人民共和国成立后，党领导下的人民政府规定了幼儿园的双重任务。1952 年发布的《幼儿园暂行规程（草案）》，规定幼儿园的任务是：教育幼儿，使他们的身心在入小学前获得健全的发育；同时减轻母亲对幼儿的负担，以便母亲有时间参加政治生活、生产劳动、文化教育活动等。尽管没有单独规定托儿所的目标任务，但参照幼儿园的要求，托儿所理应负有并承担起减轻妇女照料幼儿的责任和角色。

托儿所的社会福利保障性质被法律条例所确定。1951 年，中央人民政府政务院发布《中华人民共和国劳动保险条例》，规定各企业工会基层委员会应根据企业情况与职工需要，办理托儿所等集体劳动保险事业，奠定了托儿所为职工提供劳动保障和社会福利的性质。

在托幼机构管理上，中央规定了托儿所和幼儿园的归属部门。1956 年，教育部、卫生部、内务部《关于托儿所、幼儿园几个问题的联合通知》规定，凡收托 3 岁以下儿童的机构称托儿所，统一归卫生部门领导；凡收托 3 岁以上儿童的机构称幼儿园，统一由教育部门领导。在此通知中，中央对快速发展托幼的方针、政策和制度也有了明确规定，指出今后应当按照“又快、又多、又好、又省”的方针，“根据需要与可能的条件积极发展托儿所、幼儿园”。1958 年，党中央、国务院进一步提出全国应在 3—5 年的时间内基本完成“使学龄前儿童大多数都能入托儿所、幼儿园的任务”。

20 世纪 50 年代中后期，由于受到中央大力发展托幼事业方针政策的指引，托幼事业取得突飞猛进式的发展。1954 年 11 月 26 日，康克清同志在《中国人民保卫儿童全国委员会年会上的工作报告》中提到：“五年来全国的托儿组织、幼儿园和小学校都有迅速的发展。全国各城市与农村按照群众参加生产的需要，逐渐成立了各种类型的托儿组织。根据国家统计局 1953 年统计，全国为工厂、机关、学校女职工开办的托儿所（不包括哺乳室、街道托儿站和农村抱娃娃组），已比解放前增加了 30 倍。”迅速发展的福利性质托幼事业，为大量多子女妇女就业解除了后顾之忧。

2. 20 世纪 60 年代至 80 年代

这一时期是托幼政策和事业发展的波折期。1961 年，中共八届九中全会决定对国民经济实行“调整、巩固、充实、提高”八字方针，托幼机构的发展也朝着巩固和提高的目标逐步发展秩序。但到了“文革”时期，托幼事业发展受到严重影响，托幼机构数量大幅减少，其中 3 岁以下托幼事业发展同样受到很大影响。

20 世纪 70 年代，国家开始重新提出要重视发展托幼事业，托幼事业逐步得以恢复发展。1979 年，第五届人大二次会议政府工作报告中指出，“要十分重视发展托儿所、幼儿园，加强幼儿教育”，随即教育部、卫生部等 13 个单位联合召开了全国托幼工作会议，中共中央、国务院转发《全国托幼工作会议纪要》，提出在国务院设立托幼工作领导小组及其办事机构，负责研究和贯彻有关托幼工作的方针、指示，制订事业发展规划等。

至 80 年代，托儿所、幼儿园数量大幅增长，托幼事业重新得以发展，特别是家庭托儿所受到群众欢迎。1980 年，国务院托幼工作领导小组成立，办公室设在全国妇联。从 1979 年 7 月全国托幼工作会议至 1980 年底，全国 29 个省、市、自治区一级建立了托幼工作领导机构和办事机构。在妇联等群团组织的大力鼓励和支持下，家庭托儿所等社会力量领办的托儿事业也得到快速发展，解决了很多家庭对幼儿照看的需求。1981 年，中共中央转发全国妇联党组《关于两个会议情况及一九八一年妇联工作要点的报告》的通知，提出全国妇联“应把抚育、培养、教育三亿以上的儿童和少年，作为自己的工作重点”。全国妇联则按照中央的指示，对儿童少年工作，其中包括托幼工作进行了全面部署。

但遗憾的是，随着国家机构改革，全国托幼领导小组及其办事机构在 1982 年被撤销，托幼领导机制的建立健全受到影响。1987 年，国务院办公厅转发国家教委、国家计委、卫生部等《关于明确幼儿教育事业领导管理职责分工的请示》，要求重新重视托幼工作，提出“托儿工作对提高中国人口素质有重要意义，对此也要予以重视和加强”。

3. 20 世纪 90 年代至 2010 年前①

这一时期的主要特点是社会力量为主体的办园方针确立和托幼社会化、市场化倾向突出，并由此带来入园难、入园贵及托儿所萎缩等问题。

从 20 世纪 90 年代起，儿童工作领导机制逐步健全完善。1990 年国务院妇女儿童工作协调委员会成立，1993 年更名为国务院妇女儿童工作委员会。但这一时期，社会力量为主体的办园方针和托幼事业发展的社会化、市场化倾向也逐步确立和发展。从颁布的纲要和相关法律中可以看出，这一时期托幼方针政策出现“重教轻托”“重市场轻公益”“重社会轻政府”等倾向。1992 年发布的《九十年代中国儿童发展规划纲要》，明确强调社会力量办园方向。2001 年颁布的《中国儿童发展纲要（2001—2010 年）》，规定了学前教育的主要目标和发展学前教育的方针，即“适龄儿童基本能接受学前教育。发展 0—3 岁儿童早期教育。建立并完善 0—3 岁儿童教育管理体制”。2003 年国务院办公厅下发《关于幼儿教育改革与发展的指导意见》，明确今后五年幼儿教育改革和发展的总方针是“继续坚持动员全社会力量，发展幼儿教育”，进一步强调了社会力量办托幼机构。

4. 2010 年以来

2010 年是托幼政策与事业发展的又一历史转折点，党中央和国务院出台一系列托幼公共服务相关政策规划和行动计划，突出强调托幼服务的社会公益性，同时对面向 3 岁以下托幼也提出一定要求，但托幼事业发展还不能满足家庭实际需求。

2010 年，中共中央、国务院印发《国家中长期教育改革和发展规划纲要（2010—2020 年）》，提出要重视 0—3 岁婴幼儿教育。2010 年，国务院颁发《关于当前发展学前教育的若干意见》，提出着力解决“入园难”问题，满足适龄儿童入园需求，但该意见没有对 0—3 岁托幼服务作出具体要求。

《中国儿童发展纲要（2011—2020 年）》在“儿童与教育”目标中指出：

---

① 唐淑，钱雨，杜丽静，郑影：《中华人民共和国幼儿教育 60 年大事记（下）》，《学前教育研究》2009 年第 10 期，第 60 - 67 页。

“促进0—3岁儿童早期综合发展。基本普及学前教育。……积极开展0—3岁儿童科学育儿指导。积极发展公益性、普惠性的儿童综合发展指导机构，以幼儿园和社区为依托，为0—3岁儿童及其家庭提供早期保育和教育指导。加快培养0—3岁儿童早期教育专业化人才。”从中可以看出国家对面向0—3岁幼儿的公共服务体系构建有了一定设想和要求。

国内有学者对中国3岁以下婴幼儿托幼服务的相关政策做过梳理（表8）[①]，认为这个领域的政策沿革是顺应经济社会转型和家庭需求的产物。但整体来看，旧有的政策设计明显碎片化且与新形势下的社会需求不相适应，需要调整和变革。

表8　国内3岁以下婴幼儿托育服务相关政策沿革

	政策法规	颁布机构	重要描述	颁布时间
国家层面的法律法规	《幼儿园管理条例》	国家教委	本条例适用于招收三周岁以上学龄前幼儿，对其进行保育和教育的托儿园。	1989年
	《托儿所、幼儿园卫生保健管理办法》	卫生部 国家教委	为提高托儿所、幼儿园卫生保健工作质量，保证儿童的身心健康。	1994年
中央的政策性文件	《政务院关于改革学制的决定》	政务院	实施幼儿教育的组织为幼儿园，幼儿园收三足岁到七足岁的幼儿，使他们的身心在入小学前获得健全的发育。	1951年
	《关于深化教育改革全面推进素质教育的决定》	国务院	要重视婴幼儿的身体发育和智力开发，普及婴幼儿早期教育的科学知识和方法。	1999年
	《中国儿童发展纲要（2001—2010年）》	国务院	发展0—3岁儿童早期教育。大中城市和经济发达地区适龄儿童基本能接受学前三年教育。建立并完善0—3岁儿童教育管理体制。	2001年

① 余宇：《构建0—3岁婴幼儿早期发展服务体系的思路与建议》，《调查研究报告》2016年第20期。

（续表）

	政策法规	颁布机构	重要描述	颁布时间
中央的政策性文件	《关于基础教育改革与发展的决定》	国务院	大力发展以社区为依托，公办与民办相结合的多种形式的学前教育和儿童早期教育服务。	2001 年
	《关于全面加强人口和计划生育工作统筹解决人口问题的决定》	国务院	要大力普及婴幼儿抚养和家庭教育的科学知识，开展婴幼儿早期教育。	2007 年
	《国家中长期教育改革和发展规划纲要（2010—2020 年）》	国务院	重视 0—3 岁婴幼儿教育。	2010 年
	《中国儿童发展纲要（2011—2020 年）》	国务院	促进 0—3 岁儿童早期综合发展。积极开展 0—3 岁儿童科学育儿指导。积极发展公益性、普惠性的儿童综合发展指导机构，以幼儿园和社区为依托。为 0—3 岁儿童及其家庭提供早期保育和教育指导。加快培养 0—3 岁儿童早期教育专业化人才。	2011 年
	《国家贫困地区儿童发展规划（2014—2020 年）》	国务院	开展婴幼儿早期保教。依托幼儿园和支教点，为 3 岁以下儿童及其家庭提供早期保育和教育指导服务。	2014 年
部委的政策性文件	《关于托儿所、幼儿园几个问题的联合通知》	卫生部、教育部、内务部	托儿所和幼儿园应依儿童的年龄来划分，即收三周岁以下的儿童者为托儿所，收三至六周岁的儿童者为幼儿园。	1956 年
	《三岁前小儿教育大纲（草案）》	卫生部	三岁前是小儿体格和神经心理生长发育的重要时期。	1981 年
	《托儿所、幼儿园卫生保健制度》	卫生部	对幼儿进行体、智、德、美全面发展的教育，使其身心健康活泼地成长。	1985 年

（续表）

	政策法规	颁布机构	重要描述	颁布时间
部委的政策性文件	《关于幼儿教育改革与发展的指导意见》	教育部	为0—6岁儿童和家长提供早期教育和保育服务。全面提高0—6岁儿童家长及看护人员的科学育儿能力。	2003年
	《国家教育事业发展第十二个五年规划》	教育部	加强对学前教育机构、早期教育指导机构的监管和教育教学的指导。加强学前教育科学研究，推动学前教育和家庭教育相结合，依托幼儿园，利用多种渠道，积极开展公益性0—3岁婴幼儿早期教育指导服务。	2012年
	《关于开展0—3岁婴幼儿早期教育试点的通知》	教育部	确定在上海市、北京市海淀区等14个地区开展0—3岁婴幼儿早期教育试点。	2012年

5. 广东托幼服务发展历程

广东的托幼服务事业与全国的发展进程基本一致，解放后迅猛发展。1958年底，全省有托儿所168603间（许多由小型合并为大型），受托儿童2892297人，占3岁以下婴儿总数的88%；但1961年后快速萎缩。1980年2月，广东省成立托幼工作领导小组，由副省长任组长，13个有关单位的领导同志参加领导小组，由省妇联牵头管理。各地积极响应，推动全省托幼事业发展。1982年机构改革时，全国托幼领导小组及其办事机构撤销。广东省在1983年将托幼工作领导小组与儿童少年工作领导小组合并为省儿童少年工作协调小组，托幼办归协调小组领导，但仍由省妇联管理。从1988年10月起，幼儿教育工作由省教育部门负责牵头管理。[①] 2013年6月，0—3岁科学育儿工作开始由省人口计生部门牵头管理。近年来，受社会化、市场化的冲击，

① 参见广东省地方史志编纂委员会编：《广东省志·妇女工作志》，第七章第二节“托幼工作”，广州：广东人民出版社，2007年。

出现“重教轻托”“重市场轻公益”“重社会轻政府”等现象，使得托幼服务发展缓慢。

随着“全面两孩”政策的实施，家庭和社会对托幼服务的要求越来越紧迫，《关于实施全面两孩政策改革完善计划生育服务管理的决定》《国家卫生与健康“十三五”规划》等重要文件，也适时提出要大力发展普惠性、公益性托幼机构，引导托幼服务健康发展，作为鼓励群众按政策生育、依法实施“全面两孩”政策的重要配套制度。

（三）当前各地加强0—3岁托幼服务的实践探索

针对当前托幼服务供需严重不足的问题，全国各地都在努力探索，也积累了一些经验，主要有以下一些做法：

1. 实施公办幼儿园新建、改建、扩建工程

扩大现有托幼园所的规模，加大硬件投入，增加现有托幼园所的容纳量，落实住宅小区配套幼儿园建设。同时，继续增加公办托幼园所的数量，优化资源配置，发展质优价廉、中低收入家庭负担得起的公共托幼服务。天津市将用三年时间，新建、改建和扩建120所公办幼儿园，落实住宅小区配套幼儿园建设，做到同步设计、同步建设、同步交付使用。对已挪作他用的，要限期收回。其次，实施农村幼儿园提升建设工程。天津市将对146个乡镇中心幼儿园进行提升改造，每个乡镇至少建设1—2所独立建制的公办中心幼儿园，还将全面推进500个村级标准化幼儿园建设。①

2. 探索托幼机构多元化开办模式

鼓励公民、法人和其他组织采取多种方式举办幼儿园，面向社会提供公共服务。对民办的托幼机构进行补贴和扶持，积极引入社会资本兴办学前教育，建立政府主导、多元化办学的学前教育公共服务体系。早在2011年，中央财政设立“扶持城市学前教育发展奖补资金”，针对城市学前教育发展的

---

① 《天津启动学前教育四大工程 改扩建120所幼儿园》，北京：中国教育新闻网，2011年3月11日，http：//www. jyb. cn/china/gnxw/201103/t20110301_ 416601. html

难点和薄弱环节，着力解决城市普惠性学前教育资源不足的问题。其中规定，扶持企事业单位办幼儿园和集体办幼儿园，中央财政依据各省制定的政策措施和扶持资金数给予奖补。2016 年，杭州市推出了一份《杭州市学前教育第二轮三年行动计划（2016—2018）（征求意见稿）》[①]。这个三年行动计划一旦实施，对民办幼儿园的支持力度较大，政府会按照生均事业费的 20% 对民办幼儿园进行补贴，一个孩子身上起码能补贴三四千元，这对民办幼儿园提高教师工资、增加设施设备等是一种强力的扶持。

3. 鼓励社区和职工单位开办托幼机构

一些地区支持社区发展公共服务，提供亲子活动的场所，鼓励居家养育；鼓励女职工集中的单位恢复托儿所，探索开展职工子女托幼服务，在职工需求集中且有条件的企业、园区、楼宇等单位开展职工子女的晚托、暑托、寒托等。有能力的企事业单位可以主动申请，作为试点，这样就减少了强制摊派任务产生的问题，也给予有担当社会责任的企事业单位一个机会，对其宣传也具有积极作用，可以彰显其承担社会责任的勇气，对于自己的员工也更具有凝聚力。2017 年 3 月，京东总部的托幼中心正式开张，员工子女不仅可以免费入学，还可以免费享用为宝宝们提供的母婴产品。京东总部的托幼中心面向内部员工，接收 4 个月到 3 岁的孩子，由第三方机构提供服务。[②] 上海市总工会也在三八国际妇女节期间推出“职工亲子工作室”，首批试点单位 12 家，目前已经扩展到 59 家。企业也即将“上线”暑托班，暑假期间有适龄儿童的职工将可以实现“带着娃来上班”。

4. 加强监督管理

对无证托幼机构进行排查，在办学条件上进行摸底检查，包括办学场地、面积、出入口、安全设施、消防、玩教具和师资状况等，针对规模较小、管

---

① 《学前教育三年计划正在公示支持鼓励企事业单位申办幼儿园》，北京：网易新闻，2016 年 3 月 16 日，http：//news. 163. com/16/0316/08/BI91VVJL00014AED. html

② 《京东总部托幼中心开张　刘强东：让员工带孩子上下班》，凤凰科技网，2017 年 4 月 13 日，http：//tech. ifeng. com/a/20170413/44572609_ 0. shtml?

理不规范、安全隐患较大的无证园坚决关停取缔；对规模较大、暂时不达标的，要求限期整改，纳入监管范围。2016 年 8 月 28 日，安徽省第十二届人大常委会三十一次会议听取了检查《安徽省学前教育条例》实施情况的报告[①]，报告中指出，无证幼儿园的管理问题依然很突出，目前安徽省无证民办幼儿看护点仍有 4169 所，在园幼儿 38.2 万人。要将无证幼儿园纳为民办幼儿看护点，分为 A、B、C 三类，实施准入一批、整改一批、取缔一批的动态监管，但是整顿任务很艰巨。看护点都是非正规幼儿园，其中 A 类看护点经过提升可以成为合格幼儿园，B 类与正规幼儿园差别比较大，需要通过整改向合格幼儿园提升，而 C 类办园条件很差。安徽省政府和各市已采取措施，强制取缔条件差、安全隐患严重、限期整改后仍不能提升达标的 C 类民办幼儿园看护点。

五、广州市加强 0—3 岁托幼服务的对策建议

积极应对社会和家庭对托幼服务的需求快速增长，解决日益突出的托幼服务供需矛盾，是推进加快建设健康、幸福广州，建设生育友好型城市的重要内容。我们建议：

（一）树立正确全面的托幼观念

1. 充分认识做好托幼服务工作的重要意义

在“中国人口发展呈现出重大转折性变化”的新时代，逐步调整完善生育政策，促进生育政策和相关经济社会政策配套相衔接，对增进家庭和谐幸福、促进人口长期均衡发展具有特别重要的意义。

（1）做好托幼服务工作是落实“全面两孩”政策的重要支撑。落实“全面两孩”政策，重点在鼓励群众按政策生育两孩，难点就在于做到全面，即全面实施、全面配合、全面支持、全面跟进。做好托幼服务工作，把正处于

① 《幼儿暑期托管不能成“脱管”》，北京：法制网，2016 年 8 月 29 日，http：//www.legaldaily.com.cn/Lawyer/content/2016－08/29/content_ 6781280.htm

工作与事业奔波中的青年父母从“带孩子”的困身状态中解放出来，解除“不敢生”的生育焦虑，正是对落实“全面两孩”政策的重要支撑。

（2）做好托幼服务工作是提高人口素质的重要条件。开展托幼服务工作，让0—3岁婴幼儿进入托儿所接受有计划、有目标、有手段的养育训练，培养好习惯、好性格，开发情商、智商，学习与人相处，学会独立思考、自立自尊，对于提高婴幼儿生活和养育水平，提高婴幼儿综合素质，具有十分积极的作用。

（3）做好托幼服务工作是促进家庭幸福的重要力量。习近平总书记说：家庭是社会的基本细胞，是人生的第一所学校。不论时代发生多大变化，不论生活格局发生多大变化，我们都要重视家庭建设，注重家庭、注重家教、注重家风。毫无疑问，每个家庭都会十分重视用自己的方式养育孩子。但由于知识水平和处事方式等方面的差异，家人之间往往会在养育孩子的问题上产生矛盾。将孩子送进托儿所，在孩子接受托儿所看护和教育的同时，家长也会参与学习，学会怎样做一个合格的家长。这对于促进家庭幸福和谐，同样具有重要意义。

（4）做好托幼服务工作是为民办实事的重要内容。群众利益无小事。习近平总书记在党的十九大报告中指出：“我们要坚持把人民群众的小事当作自己的大事，从人民群众关心的事情做起，从让人民群众满意的事情做起，带领人民不断创造美好生活。”当前，在落实“全面两孩”政策的过程中，做好托幼服务工作，正是人民群众十分关心的且与自己切身利益密切相关的“小事”。党和政府要实现以人民为中心的承诺，就必须将做好托幼服务工作当作自己分内的“大事”，当作为民办实事的重要内容。

（5）做好托幼服务工作是全社会的重要任务。托幼服务所存在的问题，并不仅仅只是某一个或某几个方面的问题，而是牵涉到服务管理、运营发展、供需均衡等多方面的问题，是关系到全社会和谐发展的全局性、系统性问题。表面上看只是关于小孩的问题、关于家庭的问题，实际上却比较复杂。仅仅在管理方面，就涉及场地、房屋、设施、人员、收费、安全、消防、教育、培训等多方面问题，只有多方努力协同，才能真正解决问题。加强托幼服务工作并不仅仅只是解决近几年生育堆积的问题，而是立足注重家庭发展、促进孩子成长、构建人口均衡性社会的长远问题。所以说，做好托幼服务工作，并不仅仅只是政府的工作，而是全社会的工作，是一项社会系统工程，需要供给侧和需求侧同时发力，需要你我他大家一起努力，共同参与、共同建设、共同服务、共同享有。

2. 科学定位托幼服务的本质属性

（1）托幼事业是一项社会公益事业。首先要明确的是，托幼服务机构是普惠性、公益性的社会公共服务机构，而不是追求经济利益的经济组织，不能只是或首先是经济单位。中央在倡导发展托幼事业时，已经明确了托幼机构的公益、普惠性质。托幼服务的本质属性是社会公益性，离开了公益性，托幼服务的发展就会偏离正确轨道。中国在 20 世纪 90 年代开始托幼服务社会化、市场化进程，结果反而是托幼服务走向式微，丧失其应有的社会地位和社会作用。放眼世界，发达国家和地区在此问题上的趋势都是强化政府对公共托幼服务的责任和义务，都在加大投入、增加服务。这种世界性的发展趋势值得我们认真借鉴。正反两面的实践都在提示我们，在托幼服务工作中，政府需要强化自身对公共托幼的责任和义务，而不应该将育儿责任更多地推给家庭和市场，放任托幼事业走社会化和市场化的道路。政府对公共托幼服务的责任和义务，最重要的就是通过一系列政府行为，确保托幼服务的公益性质，发挥托幼服务的最大功能，引导和规范托幼行业有序健康发展。

（2）托幼服务应该满足家长需求。新时代计划生育工作的主线，就是“增进家庭和谐幸福、促进人口长期均衡发展”[①]。因此，托幼服务工作的立足点，就是服务家庭、支持妇女等家庭成员发展、不断提升家庭发展能力。从供需两侧来看，托幼服务应该在数量、布局、收费、质量和服务方式等方面尽可能满足家庭和家长的基本需求，使全体有幼儿的家庭都能相对公平地享受到公共托幼服务，同时还要通过适当减轻托幼费用负担等措施，加强对弱势群体的政策扶持。将收费、经济效益放到不恰当的位置，忽视家庭和家长的实际需求，这样的托幼服务只会离托幼服务的本质越来越远。

---

① 《中共中央　国务院　关于实施全面两孩政策　改革完善计划生育服务管理的决定》，北京：中央政府门户网站，2016 年 1 月 5 日，http：//www. gov. cn/xinwen/2016 －01/05/content_ 5030806. htm

（3）不能用早教代替托幼服务。托幼服务是指3岁以下婴幼儿在正式或非正式的机构接受照顾服务[1]，托幼机构就是专门照顾和培养婴幼儿生活和学习能力的地方。在这里，父母离开而由受过训练的服务人员按照规定程序照顾孩子，在地理空间上，实现父母与孩子完全分离。托幼机构的主要功能，就是对婴幼儿进行“保护”（保育）和“教育”，兼具“养”“教”两大功能[2]。“保育”的任务是在于保护和促进婴幼儿身体和心理健康发展，这是托幼服务的最主要功能；“教育”的任务主要是指导婴幼儿掌握生活技能和适应生活的一切认知和态度。可见，托幼机构的育儿方针应该是“以养为主，养教结合”。而早教服务则是早期教育、学前教育的重要组成部分和操作形式，主要由专业的老师在固定的场所进行有系统、有计划的教育指导。早教机构是专门为婴幼儿父母或家人提供婴幼儿早期教育培训指导和帮助的服务机构[3]。早教机构的职能是以智力开发、早期教育为目的，主要服务对象既包括0—6岁儿童，同时也包括儿童家长，在服务过程中按照时间收费，家长常与儿童待在一起，而非分离状态。托幼机构最直接的特征就是将孩子“托付”给托幼机构，实现家长与孩子的分离，帮助家长“松开手”，腾出手来去上班、去工作。如果达不到这个目标，所谓的“托”也就失去了真正的意义。而早教机构大多是在规定的时间内，给孩子从事教育活动，家长还要在旁边或教室外等候，家长并没有“脱”开身，并没有离开孩子。过分强调“学前教育”和“早期教育”功能，而忽略托幼的“养育”与“教育”的一体化功能，托幼服务就会走样。尽管早教机构也接纳0—3岁的婴幼儿，但却不能算是真正意义上的托幼机构。同时我们也要看到，托幼机构与早教机构之间也可以互动，实现令人满意的有效衔接，从而既能达到“托”的目的，又能实现“教”的需求，更好地促进儿童健康成长。

（4）不能用托管帮助代替托幼服务。所谓儿童托管，是指父母因工作没时间照顾孩子，而委托他人暂时性照看孩子。现实中的托管中心，其功能多

---

① 史薇，王晖，刘中一，刘冬梅，邹艳辉：《全面两孩政策背景下托幼服务研究：综述与展望》，《人口与社会》2017年第2期。

② 田茂，王凌皓：《台湾地区托育服务的功能及启示》，《现代教育科学》2017年第3期。

③ 百度百科：“早教中心”，https://baike.baidu.com/item/%E6%97%A9%E6%95%99%E4%B8%AD%E5%BF%83/2469506

为临时性照看，属于短暂性服务，而非提供长期的固定式的托幼服务。在托管过程中，时间上比较弹性，通常以小时或天数为单位进行计算和收费，常见的有课后托管、午托、晚托、寒暑假托管、寒暑假全托、学科辅导托管等形式。在服务对象上，儿童托管的范围较为广泛，包括从咿呀学语到中小学各个年龄段的儿童。在服务体系上，托管中心的服务内容较为广泛，不仅包括儿童看管、教育，还可以为儿童及家长提供其他服务。例如提供孩子接送服务、提供孩子午餐的“小餐桌”服务、提供中小学寒暑期教育管理服务，以及提供孩子课外辅导服务等等。目前，许多儿童托管机构都处于自发零散状态，在管理上较为混乱，缺乏相应的行业标准和正式的监管考核标准。可见，托管服务具有托幼服务的部分功能，但不能相互替代。在0—3岁阶段，托管服务可以逐渐发展为托幼服务，作为托幼服务的“预备”“预演”阶段，托幼服务则是托管服务的进一步延伸和展现，两者之间可以实现良好的衔接。超过3岁，托管服务还可以继续，而托幼服务却已经终止了。

（二）成立职责清晰的领导组织

托幼服务是一项社会性的工作，需要有一个组织来领导、引导、指导，否则就会无序、混乱、失控。组织的作用就在于整合资源、理清关系、展开逻辑、牵引发展。

1. 政府是托幼服务的领导者

托幼服务属于公共服务；托幼机构，也就是普惠性、公益性的，提供托幼服务的社会公共服务机构。中华人民共和国成立60多年的托幼服务实践历程有力说明：由政府统一组织领导，托幼事业就会健康快速发展；由群团组织领导，托幼事业发展的力度会有所减弱；而任由社会和市场自行发展，托幼服务的普惠性、托幼机构的公益性就很难保证，甚至会走向反面。虽然发展托幼服务事业需要全社会的共同努力，但牵头组织者却只能是政府。要保持托幼机构的公益、普惠性质，就一定要突出政府的主导地位，发挥政府多部门之间的密切配合和有效协同的主导作用。没有政府指导把关，没有政府各有关部门之间的大力协同，托幼机构的公益性质、为公共服务的基本职能就很难保证。政府的职能就是要为大众提供公共产品、公共服务。习近平总书记多次提出要坚持以人民为中心的价值观。在十九大报告中，他将其作为新时代坚持和发展中国特色社会主义的重要内容。在这个意义上，统一组织领导托幼服务工作，正是各级政府义不容辞的责任。

政府主导并支持是促进托幼机构和托幼服务事业发展的必要条件，也是民心所向。在问卷调查中，高达72.10%的人认为托幼机构建设管理应该由各级政府负责。可见，大部分的人们期望各级政府在托幼机构的建设和管理过程中作为牵头负责方。要做好托幼服务的领导工作，政府就必须要有一个组织、一张蓝图、一把尺子。所谓有一个组织，就是要建立一个由政府相关部门组成的托幼工作领导小组。明确卫计、教育、财政等相关行政部门在托幼工作中的具体职责，健全跨部门合作的工作机制①，有序有效领导托幼服务工作。所谓有一张蓝图，就是要对托育服务体系建设进行顶层设计②，出台引导托幼服务的指导意见以及相关配套政策和工作规划，从顶层开始设计服务管理体制、运行机制、投入保障、服务模式建设和服务内容创新等③。所谓有一把尺子，就是政府要统一制定完善托幼服务标准和管理规范，对托幼服务机构的场地、设施、师资、卫生、营养、消防安全、学习教育等提出明确要求并给予实际支持，营造友好的托幼服务社会环境④，引导相关机构稳健成长。

2. 成立“广州市加强托幼服务工作领导小组”

加强组织领导是做好托幼服务工作的组织保证，建议成立“广州市加强托幼服务工作领导小组”。由市政府班子成员里指定一名副市长分管全市托幼服务工作，兼任“广州市加强托幼服务工作领导小组”组长；市卫生计生、发展改革、财政、教育、民政、人社、工商、宣传、食品药监、住建委、公

---

① 盘海鹰：《0—3岁婴幼儿科学育儿公共服务体系的构建——以苏州为例》，《江苏幼儿教育》2014年第1期。

② 张航空：《儿童照料的延续和嬗变与中国0—3岁儿童照料服务体系的建立》，《学前教育研究》2016年第9期。

③ 刘中一：《多措并举　加强0—3岁幼童托育工作》，《人口与计划生育》2016年第11期。

④ 田茂，王凌皓：《台湾地区托育服务的功能及启示》，《现代教育科学》2017年第3期。

安消防、城管等政府部门，以及工会、共青团、妇联等群团组织作为成员单位。

领导小组的主要职责是：构建“政府主导、部门协同、社区组织、多元共建、公益普惠”的托幼服务工作机制，调动多方力量，引导和规范托幼服务健康发展；领导制订全市托幼服务工作总体规划和年度计划，将托幼服务工作纳入全市经济社会发展目标，作为市政府执政为民的重要民生工作统一计划安排，专项安排经费投入，专项安排配套场地、设施等；制定统一的“养”与“教”的标准，专项培养专业人才，建设专业队伍。

3. 确定牵头部门，明细各部门责任

托幼服务是一项综合性公共服务，需要多个政府部门和群团组织共同努力、相互协调、通力合作。在托幼服务工作领导小组的领导下，明确牵头部门，明晰各相关部门职责。此处仅列举几个部门，作一探讨。

卫生计生部门的主要职责是：①卫计部门可以考虑作为牵头部门，主持制定本市有关政策文件，制定托幼服务行业标准及实施细则，促进托幼服务专业队伍、管理队伍和保障队伍发展。②具体负责托幼服务中有关卫生计生的工作。包括婴幼儿体检、营养计划、疾病预防筛查等。处理好社区、单位、托幼机构、卫生计生机构之间的关系。③组织托幼机构的登记、证照发放、审核、督查等工作。④组织成立全市托幼事业行业协会，加强行业组织自我管理。⑤与保险公司合作，设立托幼机构婴幼儿健康保险险种，增强婴幼儿健康安全风险防范能力。

教育部门的主要职责是：①教育部门也可以考虑作为牵头部门，制订婴幼儿教育发展中长期规划和近期计划。②具体制定托幼服务从业人员职业标准，探索建立托幼服务从业人员培训课程、培养模式，逐步实现从业人员持证上岗制度。③开设婴幼儿教育专业，编写婴幼儿教育培训教材，实行托幼服务职业职称评定和聘用制度，培养促进婴幼儿健康发展的专业队伍。④检查验收托幼机构的教育实效，开展评级活动。⑤制定政策，鼓励有条件的幼儿园开办托班。

财政部门的主要职责是：①将托幼服务纳入公共服务财政范畴统筹考虑，

整体安排。②设立托幼服务专项经费。将托幼服务的内容细化，分项目安排财政资金。包括统一规划经费、场地征用经费、人员待遇及培训经费、设施配置经费、婴幼儿健康保险启动经费等。③制定托幼服务机构收费参照标准，指导各类托育机构规范、公平、有效发展。

民政部门的主要职责是：①将托幼服务纳入城市社区建设总体规划，作为城市社区整体建设的一个重要组成部分。②在拟订社区建设的相关配套政策并组织实施时，考虑托幼服务的相关配套政策并组织实施。③引导、组织社会力量积极参与托幼服务工作，包括资金投入、项目承包、人员培训、第三方评估等。

其他有关部门和单位，应该结合自己的实际情况，密切配合，配备专人做好联络协调工作，创造性地做好自己的分内工作，共同推进托幼服务工作有序有效开展。

为了进一步落实责任，力求实效，建议建立市、区、街（镇）、社区（村）多层次托幼工作体系。根据各自实际情况，因地制宜开展具有区域特色的托幼服务活动。各区卫生计生局应明确有专人负责，各相关部门要明确有专人作联络员，各街道均应落实专职工作人员。

（三）形成一套共建共享的发展机制

习近平总书记在党的十九大报告中指出，要“打造共建共治共享的社会治理格局”。这一重要论断为在新时代加强和创新社会治理指明了方向、提供了遵循。为了更好调动多方力量，引导和规范托幼服务健康发展，政府应该牵头负责构建“政府主导、部门协同、社区组织、多元共建、公益普惠”的托幼服务工作机制，让多方主体共建共享，共同推进托幼事业快速健康发展。

1. 鼓励机关事业单位自办托幼机构

机关事业单位是所谓“体制内”的组织，其机构和人员都需要纳税人提供的税金由财政分配供养。一方面，他们经常代表政府或者经允许代表政府发言发声，制定和发布政策；同时，他们也是政策的执行者和实践者。作为利益复合体，他们应该承担部分政府应该承担的公共服务责任，为政府分忧、为政府担当。从这点来看，机关事业单位应该积极主动承担起托幼服务的责任，为本机关本单位职工提供力所能及的托幼服务。

其实从20世纪50年代开始，包括广州在内的全国各大城市在致力于大规模工业和城市建设时，也纷纷在机关、事业单位开设了托儿所、幼儿园。带着孩子去上班，是80年代许多城市居民每天最普通的事情。但从90年代开始，机关事业单位施行制度转型，公办托儿所被市场化的幼儿园逐渐替代，渐渐淡出了人们的视线。[①] 如今，为缓解“全面两孩”政策实施后的育儿压力，中国多地正组织出台措施，鼓励机关事业单位自办托幼机构。例如，上海发布《上海“职工亲子工作室”设置及管理办法》，并推广“职工亲子工作室”托幼模式[②]；安徽省提出明确支持事业单位和集体办园的实施方案；深圳市也将修订《深圳市民办学前教育机构设置标准》，探索举办规模较小、服务形式灵活多样的学前教育机构[③]。

实践证明，机关、事业单位自建托幼机构是一种很好的托幼服务方式，既能使女职工们安心工作，充分保障哺乳期母亲和孩子的权利，又有利于保障用人单位的人力资源配置，建设生育友好型单位。政府应鼓励有条件的机关、事业单位根据自己的实际情况开展托育服务，解决职工无暇带孩子的后顾之忧，还可根据实际情况与有关单位、相邻社区合作开办托幼机构，以及采取购买服务等方式，为职工提供多样化的托幼服务。

2. 支持企业开办托幼机构

企业是经济组织，获取最大经济效益是其追求目标，也是其贡献社会的主要方式。但同时，企业是社会组织系统中的重要组成部分，在拥有社会权利的同时必须承担一定的社会责任。根据需要开办托幼机构，作为员工的福利，正是企业履行社会责任的重要内容。[④]

---

① 唐淑：《中华人民共和国幼儿教育60年大事记（上）》，《学前教育研究》2009年第9期。

② 《市总工会发布“职工亲子工作室”设置及管理办法》，央广网，http：//www. cnr. cn/shanghai/tt/20170808/t20170808_ 523890401. shtml

③ 《多地发文鼓励企事业单位办幼儿园　专家建议出台独立标准》，央广网，http：//china. cnr. cn/ygxw/20170819/t20170819_ 523908821. shtml

④ 《双职工父母“托幼”需求迫切　“带娃上班”值得点赞》，《南方日报》2017年8月12日。

从广州本市以及上海、北京等开展自办托儿所的企业来看，一些发展成熟的大型企业正考虑职工福利的多元化，认为职工福利不仅仅是物质和经济奖励，还应包括食堂、托儿所、身心健康服务等广义的职工福利。广州一些企业自办托幼机构为单位职工服务，作为单位的一项福利制度，对于调动职工积极性、营造温馨环境，效果事半功倍。

政府在把握大方向的前提下，应鼓励有条件的大中型企业尤其是女职工集中的企业，根据职工的年龄结构和生育情况，在获得相关资质的情况下，在企业内部开办托幼机构，解决女职工哺乳、幼儿无人照料和无人教育等现实问题，促进企业女职工家庭、工作的协调发展。[①] 对于尚不具备条件的中小型企业，尝试在工业园区或所在社区开办托幼机构，满足企业职工需求。

政府还可以成立托幼服务专项基金，以发放托育津贴的形式支持有条件的园区、楼宇、企业开展托幼服务。对举办托儿所的企业单位可以给予激励政策，并通过各种税收优惠、文明单位评比等途径提升企业单位参与托幼服务的积极性。

3. 支持社区开展托幼服务

社区是由生活在一定地域范围内的人们以家庭为基础所形成的一种社会生活共同体。[②] 作为连接家庭与社会和政府的桥梁，社区应成为托育服务体系的落脚场域和平台抓手。[③] 在城市里，不管属于什么单位，住所总是属于某个社区。因此，家庭问题、托幼服务问题，最直接的关系就是社区。社区就是社会的最基层单位，政府的政策都要通过社区来实施、发挥效益。所以，社区要利用自身的组织资源，整合社区各类服务资源，调动社区各部门、各家庭的积极性，为托幼服务创造良好的环境氛围和实际的平台。

考虑到托幼服务具有距离近、范围小等特点，以及及时性、安全性等方面的要求，落实托幼服务管理工作最直接、最有效的组织力量就是街道社区。各街道社区要根据自己的实际情况，具体落实托幼服务工作，尽量满足街道

---

① 杨菊华：《健全托幼服务，推动女性工作与家庭平衡》，《妇女研究论丛》2016 年第 2 期。
② 张建波：《构建 0—3 岁婴幼儿社区早教公共服务体系的实践模式》，《理论观察》2013 年第 10 期。
③ 杨菊华：《建构多元一体的婴幼儿托育服务体系》，《中国社会科学报》2017 年 8 月 23 日。

社区群众对托幼服务的现实需求。

在资源整合上，将托幼公共服务纳入社区基本公共服务配套，以社区为依托，鼓励街道社区自主建设管理，也可参照家庭综合服务中心建设模式，采取政府购买服务等方式引入有资质的服务机构运营，建立托幼机构，为社区居民提供普惠性的托幼基本服务。

在社会托幼服务体系建设过程中，社区能有效且广泛地吸收卫生计生、教育、民政、企事业单位、社会团体、家庭乃至公民个体等多方面力量，形成政府、社会和个人共同参与、相互补充、共同发展的多元社区托幼服务体系。政府可将托育服务设施的建设、项目的推行、服务的提供、家庭照料人员的培训等责任分配到各社区，通过社区发挥作用、解决问题。社区中的社区管委会、居委会、业主委员会、计划生育协会、家庭综合服务中心、社区卫生服务中心、幼儿园等组织和单位，都是宝贵的资源，整合社区内的这些服务资源，可以提供良好的托幼服务。如此，政府由直接的托幼服务提供者逐渐转变为监督者、规范者和引领者，群众则通过社区直接参与并享受托幼服务。

4. 引导和鼓励社会力量举办托幼机构

中共中央、国务院《关于全面实施两孩政策 改革完善计划生育服务管理的决定》指出：要“引导和鼓励社会力量举办非营利性妇女儿童医院、普惠性托儿所和幼儿园等服务机构。”所以，各级政府要以开放的姿态引导和接纳各方社会力量参与托幼服务工作，共同推进托幼事业发展。

要充分利用人才、资金以及政策优势，在投资建设、参加管理、购买服务等方面向社会开放，积极探索多元化、多层次的办托模式，努力形成多元共建共享局面。要大力鼓励支持符合条件的境内单位、社会团体、慈善机构、街道集体、有关组织、公民在现有法律框架下合法合规承担分解社会责任，积极参与托幼服务建设。[1] 因为各级政府的资源也是有限的，必须引导各种社会力量有序进入托幼服务领域，发挥各自特长，把托幼服务做大做强。只

---

① 《建言制定托幼服务公共扶持政策》，《上海科技报》2016 年 5 月 17 日。

有发动群众，开发社会，以开放的姿态接纳多种社会力量参与托幼服务工作，探索多种类型的办托模式，形成多元共建的局面，才能将工作做好，做得更细更踏实，共建、共管、共享，共同推进托幼事业健康发展。

要鼓励有资质的民营和社会机构根据市场需求，兴办民营托幼机构，坚持“以养为主，养教结合”，提供多元化、差异化的托幼服务，满足多层次需求。在合作形式上，要积极探索混合所有制、股份制、控股、全资等多种灵活的办托体制，面向社会提供公共服务，满足市民对托幼服务的优质和多样化需求。在资金政策上，鼓励社会资本进入托幼服务领域，开办针对3岁以下婴幼儿的托儿所、幼儿中心等机构。同时，政府还可以通过购买服务、财政补贴、减免税收、价格监督、用地租房优先等方式，支持和引导民办托幼机构积极提供优质廉价、中低收入家庭负担得起的托幼服务。在机构属性上，政府在直接投资大力兴办公办托幼机构的同时，一定要通过鼓励公办民营、公建民营、民办公助、民办民营等多种方式，积极支持社会力量举办托幼机构。

鉴于以往的经验教训，在鼓励引导各种社会力量进入托幼服务领域时，一定要突出托幼服务的公益性和社会性，注意防止出现“重社会轻政府”“重市场轻公益”“重形式轻实效”等倾向，保证多种社会力量在政府主导下各尽所能、各司其职、各有所得、共同发展。

5. 支持家庭做好托幼服务工作

家庭是为儿童提供经济支持、养育、照顾的最主要场所，能够为儿童提供最为亲密、安全、稳定、个人化的成长环境。这一点是再好的托幼服务也替代不了的。在这一点上，无论什么等级的托幼服务都不能替代家庭养育。另一方面，让孩子参加托幼活动，接受托幼机构的托幼服务，对于帮助家长“松开手”“脱开身”去工作，兼顾家庭和事业，促进家庭和谐，对于婴幼儿安全、科学、健康成长，都具有极其重要的积极作用。将家庭教养的亲情属性与托幼服务的科学属性很好地结合起来，无疑是实现共建共享的最好机制。

但现实中有的家长对托幼服务的认识不准确。有的家长对托幼机构的期望过多，将孩子的抚育、教育责任都推给托幼机构；有的家长望子成龙心切，将托幼目的放在孩子智力开发教育上，将托幼服务与早教服务混合；有的家长则对托幼机构服务抱有不信任甚至否定的态度，拒绝托幼服务，这些误解曲解都会影响托幼事业的发展。

因此，在给予和接受托幼服务的过程中，一定要处理好托幼机构与婴幼儿原生家庭之间的关系，积极调动家庭的积极性，帮助家长理解并遵守办托只是“托管”而非“全管”的委托原则，帮助家长们树立正确的育儿价值观，掌握并运用科学的养儿知识和方法，实现婴幼儿与父母在社会服务系统中的良好互动。

（四）制定一批长效规范的行业标准

没有规矩不成方圆，制定标准的意义就在于步调一致，减少直至消除无序状态，保持事业进步的方向性和稳定性，实现健康发展。

1. 出台《广州市加快推进0—3岁托幼服务工作的指导意见》

建议在市级层面出台《广州市加快推进0—3岁托幼服务工作的指导意见》，在明确工作目标后，逐步推广发展。在此方面上，南京[①]、上海[②]、苏州[③]等国内托幼服务发展较早地区已经积累了一些经验。概况而言，该指导意见应包括广州市托幼服务发展的总体要求、发展目标、重点工作内容、奖补项目及目标、保障措施等基本内容；并针对如何管理指导广州市托幼服务机构的业务、如何对托幼服务机构进行考核评估、如何对托幼机构进行监督管理等问题提出指导性意见。

2. 制定托幼服务规范标准

托幼机构对专业性、技术性要求高，同时对婴幼儿照顾的设备设施、人

---

① 参见《南京市政府办公厅关于印发〈南京市0—3岁婴幼儿早期发展工作提升行动计划（2017—2020年）〉的通知》。

② 王峥：《上海市以社区为基础的0—3岁儿童服务中心的运行走向研究》，华东师范大学博士学位论文，2005年。

③ 华红艳：《江苏省0—3岁婴幼儿早期发展管理模式及工作机制研究——以S市为例》，《兰州教育学院学报》2013年第4期。

员资质要求也比较高。为规范托幼服务发展，需要制定托幼机构的行业标准。目前，只有国家住房和城乡建设部颁发的行业标准《托儿所、幼儿园建筑设计规范》，规范了托幼机构建设。

在没有其他相关规范文件的情况下，广州市可以根据自己的实际情况，由市卫生计生委牵头组织制定托幼服务的一系列行业规范标准。对托幼机构的场地、设备、人员资质、卫生、营养、教育、训练、安全、收费标准等诸多条件和环节作出明确规定，使得托幼机构能够切实服务于婴幼儿，缓解父母照顾子女和兼顾工作的沉重压力，进而实现婴幼儿照顾责任的社会化，为婴幼儿健康成长提供标准化的社会环境。

当然，还要考虑到广州市各地区的差异性。在制定托费等具体标准时，要充分考虑广州各地区之间的差异和特点，制定有针对性的符合实际发展的各项标准和工作办法。尤其是要打破城乡二元结构、户籍差异等因素的影响，多关注广州女工集中地区、城郊农村等薄弱地区的托幼服务，考虑广州市内的流动人口、农村留守儿童等弱势群体的托幼服务需求。要努力建构公平化、均等化的社会托幼服务体系。

3. 加强托幼服务队伍建设

0—3 岁婴幼儿的护理、照顾、教育有其特殊性，婴幼儿教师一方面需要有婴幼儿护理的专门知识，另一方面需要有启蒙教育的教育能力，这些要求不同于一般的婴儿保育员，也不同于一般的幼教师资，需要有多方面的技能。所以，要多渠道培养托幼服务人才。

（1）拓展教育体系。要鼓励高校和托幼机构开展合作，高校开设婴幼儿早期发展专业，为托幼机构输送优秀的专业人才和管理人才。鼓励在学前教育专业中增加 0—3 岁幼儿教育课程，在中高职教育中增加婴幼儿教育专业，加强婴幼儿护理教育的职业教育，建立健全婴幼儿教师的职业资格审批制度，确保婴幼儿护理、照顾以及教育的高水平和高质量。

（2）加强在职培训。要加强对育婴师、保育员等人员的在职培训，促进托幼机构的工作人员转型为符合托幼服务需要的专业人才，持证上岗。加大婴幼儿教师队伍的补充力度，提高非公办婴幼儿教师待遇。

（3）建设专家团队。要加强托幼服务专家队伍的投入建设力度，建立托幼服务专家库，适时定期组织开展培训和交流活动。组织专家和实际工作者共同努力，编写系列托幼教材、读本、手册等，为托幼服务顺利实施提供智力支持。

（4）完善福利待遇。要完善相关从业人员社会保障，通过完善职业规划、加强能力建设、理顺晋升通道、提高工资待遇和增加补贴等多种方式，逐步提高托幼服务后勤从业人员的吸引力和凝聚力，减少保育人员的流动性，保证服务人员梯队的稳定性。

4. 建立健全监督评估体系

建设与监督是并行的两个车轮，缺一不可。只建设、缺监督，往往会虎头蛇尾，不了了之，甚至事与愿违。因此，要维护家庭和家长的权益，促进婴幼儿健康成长，就一定要加强监督评估工作，建立健全监督评估体系。

（1）将托幼服务工作纳入考核体系。加强评估督导是托幼机构健康发展的重要保证。要建立共同但有区别的托幼服务责任制度，细化各级各单位各机构责任；明确各级各单位各机构年度和阶段性的工作任务、具体要求和支持条件；将托幼服务状况纳入卫生计生、民政、教育、财政等政府部门的年度考核指标体系，纳入市政府、区政府、街道和社区的年度考核指标体系，纳入各级领导任期内的考核指标体系，定期考核，实行责任追究制度。

（2）建立市、区、街道、村（社区）四级监管体系。要通过建立市、区、街道、村（社区）四级监管体系，对托幼机构实施动态监管。各社区、企业负责托幼服务管理的机构要进行日常巡查，对重点对象进行定期巡防，对违反有关规定的服务机构予以惩罚和撤销；对服务质量不合格、有问题、有隐患的机构要及时签发监理通知单，要求服务单位及时整改。整改完毕后，监管机构要对整改情况进行复查，提出复查意见。尤其是在消防、卫生、安全、防疫等环节，一定要严格把关。要切实保障各类托幼机构良性发展，切实保障婴幼儿的健康安全。要重视民众投诉，对举报内容要及时核实，避免乱举报、乱投诉，并及时给予回应。

（3）建立多层立体督导评估体系。要建立健全开展托幼服务机构自我评价、相互评价、行业评价以及第三方评价等多种类的督导评估机制。要制定广州市托幼服务的评价指标体系、监督考核制度。要通过定期考核和及时监控相结合的方式，对广州市托幼服务体系的整体经费运作、组织工作成效、托幼服务质量、托幼资源配置等方面进行系统评估，并提出对策意见和建议，多方努力，切实提高各级托幼服务工作的质量和效果。

广州市妇女联合会

广东社会学学会

妇联组织参与公益早期教育工作调研报告

婴幼儿早期教育已被列入国家教育改革和发展规划，《中国儿童发展纲要（2001—2010 年）》《国家中长期教育改革和发展规划纲要（2010—2020 年）》和《广东省儿童发展规划（2011—2020 年）》都明确提出要重视发展 0—3 岁婴幼儿的早期教育。鉴于 0—3 岁婴幼儿早期教育的重要性越来越凸显，党和政府越来越重视早期教育，而妇联是妇女儿童工作的重要力量，广州市妇女儿童社会服务中心联合广州开发区优公益社会工作研究中心进行了此次有关妇联介入早期教育的角色和功能的调研，以期找准定位，推动 0—3 岁婴幼儿早期教育的发展。

一、研究方法及执行情况

本研究采用文献研究和定性深访相结合的方式。

首先通过文献研究，收集了有关早期教育的相关政策、早期教育目前面临的挑战、妇联在早期教育中的探索和经验，其中有不少经验对广州市妇联介入早期教育工作领域有参考价值。

此次研究主要运用深度访谈这一定性研究方法。首先，研究人员组织广州市具有代表性的区妇联主席进行焦点小组访谈，分享了目前妇联在早教领域的经验，以及对妇联介入早教的建议。其次，研究人员分别与广州市妇联儿童部部长、中山市妇联儿童部主任，以及广东女子职业技术学院早期教育专业的老师进行深度访谈。通过深度访谈，了解妇联介入早期教育的方向、优势和资源。

二、妇联组织介入早教的可行性分析

（一）当前0—3岁婴幼儿早期教育存在的问题及挑战

当前0—3岁婴幼儿早期教育主要由市场上的早期教育中心提供，如金宝贝、东方爱婴等。综合众多对早期教育的研究，研究人员发现存在以下的问题及挑战：

1. 缺乏市场监管部门与行业认证

从监管层面来看，目前国家尚未出台有关的法规政策，对早教服务机构的开办及发展给予指引和监管。虽然广东省大部分早教服务机构都在工商部门完成注册，但经工商部门登记的机构仅按照教育咨询服务来进行审查，对其设置的课程、师资、收费和场地设施并无统一监督标准，由教育局按照幼儿园办学标准来核准的早教机构更是难以寻查，早教行业鱼龙混杂的状况引人担忧。

2. 缺乏统一收费标准与价格调控

市场上的早教中心收费不一，但普遍收费较高，很大部分婴幼儿未能获得早教服务，尤其是贫困家庭的子女。

3. 缺乏专业培训机构、资格认证

目前高校鲜少专门针对0—3岁婴幼儿早期教育的专业，亦缺乏针对0—3岁婴幼儿早期教育从业人员的专业培训机构。此外，由于缺乏对从业人员的资格认证，出现了有些早期教育中心从业人员不具备幼儿教师资格证、育婴师证的情况，使得早期教育的质量难以得到保证。

4. 缺乏正确早教定位与家长引导

目前早期教育中心大多数是以婴幼儿为直接指导对象，忽视对早教实施主体——家长的指导。由于家长不明白早教活动对于孩子的意义和价值，会质疑一周一次、一个年龄段几次的早教活动对孩子发展的价值。家长没有掌握促进孩子发展的方法，缺少在家里和孩子一起的练习，早教活动的成效就大打折扣。

5. 缺乏优质课程设置与教学设计

目前，大部分早教中心引进国外的早期教育课程，稍微进行了“本土化”。而本土的课程大多是参照幼儿园教育来设计的，缺乏针对0—3岁婴幼儿的发展特征而设计的课程。

6. 缺乏特殊幼儿教育与师资支持

目前市场上的早期教育主要是针对一般儿童，在特殊幼儿的早期教育方面存在很大的空白。而有研究表明，婴幼儿时期是儿童身心迅速发展的阶段，对不同类型的特殊儿童来讲，早期教育有不同的意义和内容。

综合上述，早期教育存在的问题及挑战在一定程度上，可以归因于早期教育缺乏统筹和监管。目前，0—3岁婴幼儿的早期教育未纳入国家教育体系，仅依靠政府来为0—3岁婴幼儿提供完善的早期教育服务十分不够。因此，充分调动更多的教育主体参与儿童抚育和教养，是符合中国当前儿童教育发展的客观要求。而妇联主要的工作对象是妇女和儿童，0—3岁婴幼儿的早期教育正是妇女和儿童工作的重要部分。0—3岁是儿童发展的重要时期，而这个阶段，家庭教育发挥重大的影响。所以妇联组织有很大的空间，可以发挥自身的资源和优势，帮助广大家长树立科学的教育理念、掌握正确的育儿知识和方法，把核心价值观的精神融入日常生活中，根据儿童早期发展特点进行有针对性的教育和培养，促进孩子良好道德行为习惯的养成，为孩子多元智能发展和健康人格建立打下良好的基础。

（二）当前妇联在0—3岁婴幼儿早期教育的探索和经验

因应《中国儿童发展纲要（2001—2010年）》提出要发展0—3岁婴幼儿的早期教育的要求，全国各地开展政府部门介入0—3岁婴幼儿的早期教育的探索。其中，广东省妇联有很多介入早期教育的尝试，积累了丰富的经验；而上海市在0—3岁婴幼儿的早期家庭指导方面有很多值得借鉴的经验。

1. 广东省妇联介入普惠型早期教育初探——“小脚印”项目

2005年，广东省“小脚印”家庭养护支持中心是获得联合国儿童基金会开发支持的“社区儿童早期综合发展”示范项目，在广东省中山、珠海、惠州等8个城市开展试点工作。“小脚印”家庭养护支持中心是依托妇联系统，面向社区家庭开放的公益性服务。它以儿童的家长、监护人、保姆等养护人为主要服务对象，以亲子互动为手段，为有需要的家庭提供多元化、个性化、亲情化的家庭养护支持。彭毅敏在《社区儿童家庭养护支持模式探索——以“小脚印”项目为例》一文中，分享了惠州地区的儿童早期发展与教育的干预方法，当中“立足早期教育中心、辐射社区，构建0—6岁儿童家庭养护干预模式”的经验，非常有参考价值。

“小脚印”项目有很多成功的经验，但也遇到了一些挑战。广州市从化区妇联曾开办“小脚印”家庭养护支持中心，项目运行的负责人在焦点小组访谈中，分享了项目在运作的过程中遇到的一些挑战。首先是师资问题。“小脚印”项目的师资主要来自幼儿园老师，经过相应的培训，以兼职的形式聘请参与项目，缺乏专业、稳定的师资。其次是缺乏家长参与，导致效果不太理想。部分家长的不合理观念影响家长的参与，如有些家长认为把子女送到中心，让他们接受老师的专业训练就可以了，自己不懂所以不用参与太多。但其实一次早教课程不到一个小时，老师能够发挥的作用有限，因而需要家长积极参与、学习和掌握协助子女训练的方法，在家多与子女练习，才能有比较好的效果。最后是因普惠性质以致出席率不稳定。“小脚印”项目获得联合国儿童基金会的支持，是面向社区家庭开放的公益性服务。但是有些家长会质疑免费的服务代表质量不是太好；也有家长因为不用投入成本，所以常常出现迟到、早退、不出席的现象，这在一定程度上影响了服务的成效。在焦点小组中，参与的妇联代表对上述的挑战作出回应，并讨论应对的策略，包括：要把家长作为早期教育的主要对象，帮助广大家长树立科学的教育理念、掌握正确的育儿知识和方法；通过象征性以及阶梯式的收费来提高出席率等。这些经验总结为未来妇联提供普惠型早期教育提供了方向。

“小脚印”项目在中山市妇女儿童活动中心最终能够落地生根，从最初的简陋，到目前硕果仅存，至今已开办10多年。该早教项目服务面向10个月至4岁的婴幼儿及其家长，采取公益性的收费，课程体系重点在于提升亲子关系和家长养育技巧。而其师资则是从幼教转型过来，多年来通过经验的累积，逐渐成熟；但缺乏系统的专业知识。据中山市妇联反映，“小脚印”项目受益人群的覆盖面有限；并提出建议，构建面向社区的普惠型早教服务的前提是，要了解该社区的受益群体的数据，也就是要首先摸查社区内0—3岁婴幼儿家庭的数量，以明确服务需求能否支撑中心的运营成本。

2. 上海市在摸索中前进的早期教育探索——早期教育指导与服务中心

上海市作为最早回应《中国儿童发展纲要（2001—2010年）》中发展0—3岁婴幼儿的早期教育的城市，在早期教育方面作了很多的探索。

上海市相继在各区成立了公立性质的0—3岁婴幼儿早期教育指导与服务中心，并由中心辐射在各个幼儿园的亲子指导站。在探索初期，各早教中心及所属亲子指导站设计和组织的一系列活动，仍以0—3岁婴幼儿为直接指导对象，成了婴幼儿活动站，早期教育的效果并不理想。后来，各早教中心及所属亲子指导站经过探索，确定了早期教育指导活动的目标，就是要提高婴幼儿家长科学教养儿童的能力，通过转变家长错误的教养观念，掌握必备的教养知识，实践正确的教养技能，从而更有效地促进儿童的长期发展。根据这一功能定位，早教中心不仅为婴幼儿提供直接的服务，即创设适宜婴幼儿全面发展的环境，让环境、教师直接与婴幼儿发生相互作用；同时，还要帮助家长成为儿童的第一任教师，促进婴幼儿的长效发展，而后者才是机构的主要职责，早期教养指导就承担着这一主要职责。

该早教中心采取了三种早期教养指导形式：现场指导、场外指导和网络指导。现场指导是教师通过如何与婴幼儿互动的示范，以及通过亲子互动中的问题讨论，向家长宣传正确的教养观念，传递科学的教养技能，从而实现早期教养指导的目标。同时，场外指导中的家长沙龙、专家咨询以及网络指导中的交流论坛和专家问答等指导方式，作为现场指导的辅助，对家长的科学育儿指导具有重要意义。

3. 广州市在社区中突破的早期教育探索——活力社区早期发展项目

活力社区项目秉承“每个流动儿童都有更好的生活”的理念，为流动儿童及其家庭提供教育支援的亲子早教项目，旨在促进流动儿童早期教育机会均等，有助他们未来更好地融入城市生活。该项目让家长聚在一起交流育儿经验，由老师和助教连同家长一起学习，培养“早教妈妈”，并开展与儿童年龄相对应的课程，帮助幼儿在运动、语言、认知、社会、艺术五个方面得到发展。项目监测评估结果显示家长深度参与了项目，80%的家长每天与孩子一起的有效亲子时间增加，80%的家长养成与孩子一起阅读的习惯，80%的家长采取在亲子课程及其他活动中学到的方法与孩子作良好的沟通相处，而60%的孩子入幼儿园后表现积极，获得邻居积极评价。

活力社区不仅在广州开放了社区活动中心，在北京、上海也有开展早期发展项目，其经验移植到了花都狮岭，优势力社会工作发展中心的特大镇外来人员服务项目也开展两期早期教育小组，并通过慈善会捐赠，为流动人口提供免费的早教课。

家庭教育是妇联工作的重要组成部分，妇联在家长的早期教育指导方面有很大的平台和优势，可以借鉴上海市0—3岁婴幼儿早期教育指导与服务中心的经验，通过妇联遍布各个社区的平台，运用多种早期教养指导方式，帮助广大家长树立科学的教育理念、掌握正确的育儿知识和方法，从而促进婴幼儿健康成长。

三、广州市妇联组织介入早期教育的定位

综合上文所述，根据广东省妇联组织在早期教育方面的经验，借鉴全国各地妇联介入早期教育的模式（特别是上海市0—3岁婴幼儿早期教育指导与服务中心模式以及广州市活力社区早期发展项目的经验），结合妇联组织的优势，笔者认为广州市妇联组织介入早期教育的定位，可以包含三个层次（图1），构建“妇联机关单位规范引导、妇联事业单位示范引领、妇联孵化的社会组织直接提供服务”的上中下金字塔式的顶层设计模式，通过发挥机

关单位、事业单位及社会组织的综合优势来推动公益性早教的发展。

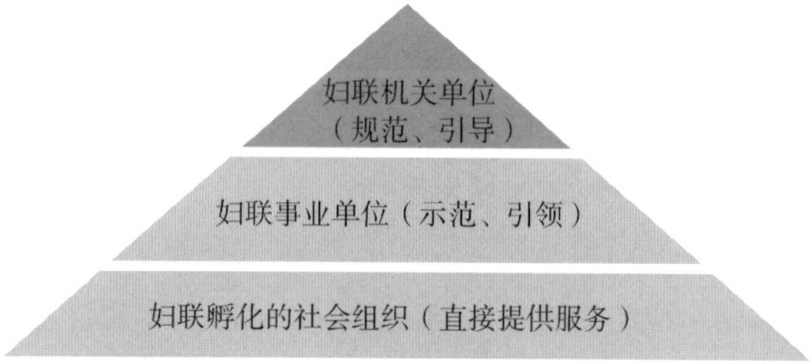

图1 广州市妇联组织介入早期教育的定位层次

（一）妇联机关单位——规范、引导

根据上文所述，目前早期教育存在的问题及挑战主要是以市场主导、收费贵、没有监管、服务质量参差。面对这些问题，妇联要在政策层面去规范和引导早期教育的发展。

1. 建立早期教育指导服务联席会议机制

相对于外国，中国的早期教育模式处于初探阶段。专业性、系统性较强的0—3岁婴幼儿早期教育指导服务工作的有效开展、规范运作，需要多领域、多部门的通力合作。为此，妇联可以与教育局、卫生局和人口计生委联合发文，建立0—3岁婴幼儿早期教育指导服务联席会议机制，为0—3岁婴幼儿早期教育指导服务工作的有序开展提供可靠的制度保障。

2. 建立早期教育行业规范制度

目前的早期教育行业缺乏统筹和监管是亟待解决的问题，妇联可以从以下几个方面牵头建立行业规范。

建立监督、评估和激励机制，有效发挥早期教育中心和教师的积极性。妇联联合教育局、卫生局、人口计生委、工商这些部门，共同制定行业的监督、评估机制。对评估不合格的早期教育中心，通报警告；对提供优质服务的早期教育中心，通过表彰、创建示范基地等激励机制，发挥早期教育中心和教师的积极性。

完善早期教育从业人员培训机制，严把上岗资格关，提高早教的科学性。2014 年 11 月，广东省早期教育行业发布《广东省早期教育服务机构现状调研报告》，显示在广东省内工商注册并有招生活动的“早教”机构从业人员中，只有 10% 有教师资格证，77% 的“早教”教师均属无证上岗。广州女子职业技术学院的老师在深度访谈时亦提出，她在调研的过程中发现，目前早期教育从业人员的准入机制尚未建立，有些早期教育中心聘请的教师甚至未取得幼儿教师资格证，更没有相应的育婴方面的知识。而在早期教育中，教师发挥重要的作用，故要完善早期教育从业人员的培训机制，提高准入门槛。妇联可以联合人社部和职业技能鉴定中心发文，规定早期教育从业人员必须接受相应的培训，取得相应的职业资格，如国家育婴师、幼儿教师资格证等，才能从事 0—3 岁婴幼儿早期教育。

建立早期教育专业人才队伍，促进行业科学、专业发展。目前中国 0—3 岁早期教育质量堪忧。市场上提供既不规范也不系统的快餐式早期教育的培训机构大量涌现，合格师资严重匮乏，师资问题是制约中国早期教育健康发展的瓶颈。长期以来，高等师范院校本科学前教育专业、专科师范院校和中等师范学校学前教育专业的人才培养目标定位为为幼儿园培养师资，0—3 岁早期教育师资培养在整个师资培养体系中处于十分薄弱的地位。因此，当前我们面临着与高校合作，尤其是妇联主办的高校，尽快建立 0—3 岁早期教育师资培养体系，更快速地回应国家、社会的强烈需求。此外，妇联组织要建立一支专业的人才培训队伍，搭建指导服务平台，为各家长学校、育婴指导站、家庭服务中心及早期教育中心的从业人员提供专业培训和指导，促进行业的科学、专业发展。

3. 加大宣传力度，提高公众对 0—3 岁早期教育重要性、科学性的认识

妇联可以从父母在 0—3 岁婴幼儿早期教养活动中应扮演的角色方面做好宣传工作。而且宣传不仅要面向 0—3 岁婴幼儿家庭、孕妇家庭，还要面向新婚未育家庭。提前宣传，扩大宣传面，有助于提高宣传效果。

妇联可以充分利用广播、电视、报刊、网络等各种新闻媒体，宣传早期

教育工作的重要性和必要性；通过举办早期教育专家讲座，开展“早期教育社区行”等公益性活动，普及优生、优育、优教知识；通过大型节日的主题活动，如“宝宝爬行大赛”“寻找最可爱宝宝”等，提高公众对早期教育的关注度；以及根据工作要求，制作内容丰富、形式多样、生动形象的视听文图宣传品，发放到育龄群众手中，引导广大群众树立科学的育儿观念，提高广大群众对早期教育科学知识的知晓率。

4. 加强早期教育政策倡导，推动早期教育法制规范化

0—3 岁婴幼儿早期教育的重要性越来越凸显，社会对早期教育的需求越来越大，而市场提供的质量参差不齐的早期教育未能满足大众需要，这一矛盾需要政府发挥调控作用。妇联作为在最前线为 0—3 岁婴幼儿家庭提供早期教育指导的部门，可以把促进 0—3 岁婴幼儿早期教育发展这一任务写入《广州市妇女儿童发展纲要》，倡导政府加快制定保障 0—3 岁婴幼儿早期教育规范发展的政策，推动早期教育往法制规范化的方向发展。

（二）妇联事业单位——示范、引领

1. 为 0—3 岁婴幼儿早期教育中心提供参照标准，发挥示范作用

广州市妇女儿童社会服务中心（简称“妇儿中心”）目前在广州地区开展的早教服务，更多是以广州市内常住家庭为对象开展的。服务的覆盖面不在于广且众，而在于少而精。“小脚印”项目对妇儿中心来说，其借鉴意义在于，首先要持之以恒地不断实践，在实践中积累经验，形成稳定的师资队伍；其次要引导家长端正家庭教育观念，有效地陪同子女成长；再次，服务有必要收取一定的费用。妇儿中心性质属事业公益二类，其早教服务收费可以实行普惠模式，以惠及不同收入水平的家庭，如贫困家庭或是外来务工人员子女。

妇儿中心可以根据研发 0—3 岁婴幼儿的特点，参考各地妇联在早期教育方面的经验，研发一套为 0—3 岁婴幼儿提供直接服务的适切的课程，内容包括大脑与五官刺激、身体素质与身体协调能力、情绪能力和心理健康、语言能力、良好个性与人格、良好生活习惯、社会性能力、求知欲开发与保护、

知识积累与学习能力（读写算）、审美趣味与能力、特殊才能发现以及特殊技能培养，以促进婴幼儿的全面发展。在此研究中不再详述。

同时，也要设计一套为家长提供家庭教养指导的课程。课程可以以准父母、父母、婴幼儿、祖辈以及保姆为服务对象，以“提高胎儿出生时的健康水平”“为父母提供全面的健康与心理健康的服务，提升养育及支持孩子成长的技能”“加强指导亲子间互动沟通，父母与孩子共同成长”“促进婴幼儿身体、社会生活、情感以及智力的发展，增进胎儿健康发展”“营造家庭社区良好的生态环境”为主要内容，以指导家长、服务家庭和社区、培训指导教师、开发婴幼儿课程、联合社区其他部门开展服务等功能为主要方向，以构建社区为依托，服务婴幼儿、家庭、社区，促进教师、早期教育中心共同成长的早期教育网络为目的。

妇儿中心可以实践研发的课程，为0—3岁婴幼儿提供直接的服务，为家长提供家庭教养指导的课程。在实践中总结经验，修正和完善课程设计，从而形成一套具有专业性、科学性及可行性的课程体系，以及总结一系列优质、有效的早期教育服务和家庭教养指导服务的标准。从而为市场上的早教中心及提供普惠性早期教育的机构提供参照标准，发挥示范性作用。

2. 为0—3岁婴幼儿早期教育中心提供指导，发挥引领作用

妇儿中心除了为早期教育中心提供示范标准之外，亦可以把上述研发的婴幼儿课程和家庭教养指导课程在广州市的儿童活动中心，以及家长学校的平台上推广，甚至可以推广到市场上的早期教育中心、社会服务机构的早教服务中，为这些提供0—3岁婴幼儿早期教育中心提供指导，引领这些早期教育中心往专业化、科学化、规范化的方向发展。

（三）妇联孵化的社会组织——直接提供服务

除了妇联机关可以在上层建筑上推进婴幼儿早期教育的规范发展，妇联事业单位推动早期教育专业化发展，妇联孵化的社会组织亦可以发挥其在前线接触婴幼儿家庭的优势，为婴幼儿及其家庭直接提供服务。

1. 建立行业协会，促进行业规范发展

广州市妇联可以通过建立行业协会来规范早期教育行业的发展。行业协会实行会员制，经费来源包括会费、捐赠、政府的经费资助、在核准的业务范围内开展活动或服务的收入、其他合法收入以及利息。行业协会具体可从以下几个方面介入：

（1）倡导儿童早期综合发展理念，宣传、贯彻、执行国家关于儿童早期教育的相关方针、政策。

（2）接受政府相关职能部门委托和授权，开展儿童早期发展领域的相关人员资质认定及等级评定、专业技术职称、执业资格评定、行检行评等工作。

（3）受政府相关职能部门委托，开展调研，参与涉及该领域的决策及政策制定。

（4）代表和维护会员的合法权益，反映会员的利益诉求；协调会员之间、会员与非会员之间、会员与消费者之间涉及经营活动的争议。

（5）加强会员间评估、评优、通报，加强会员和行业自律，开展学术研究、培训、交流等活动。

（6）组织会员向社会宣传、普及科学的幼儿教育知识，为幼儿教育工作者、家长及相关人员提供咨询服务。

（7）促进资源整合，共享政府、会员单位、专家团队的优质资源，为政府的惠民项目提供落地系统支持，充分发挥桥梁纽带作用。

（8）编辑相关刊物，开展和指导就业前的技术培训和考核工作，支持会员面向广大家庭切实提供儿童早教指导和服务等。

（9）承担政府职能部门委托的相关工作。

2. 依托综合家庭综合服务中心，推广普惠性早教

广州市自2010年推行家庭综合服务中心（简称“家综”）至今，每条街道都有家综。而每个家综都设有家庭部，为辖区内的妇女儿童提供服务。妇联组织已经开始做嵌入家综开拓妇女儿童之家的尝试，依托家综为区内的贫困家庭提供普惠性的早教服务。妇联组织可以总结依托家综推广早期教育的

经验，以购买服务项目的形式推广普惠性早教，让更多婴幼儿及其家庭可以获得优质的服务。

四、广州市妇联组织介入早期教育的模式

现今早教服务主要以市场为主导、收费贵，出现了进入早教服务的高门槛与家长期望得到早教服务的高期望之间的矛盾。鉴于这个矛盾，很大部分婴幼儿未能获得早教服务，尤其是贫困家庭的子女。然而婴幼儿阶段是教育的重要时期，是为以后的学习奠定基础的关键时期。针对上述早期教育中出现的矛盾，妇联可以整合资源，运用下述几种模式（图 2），推动 0—3 岁婴幼儿早期教育的发展。

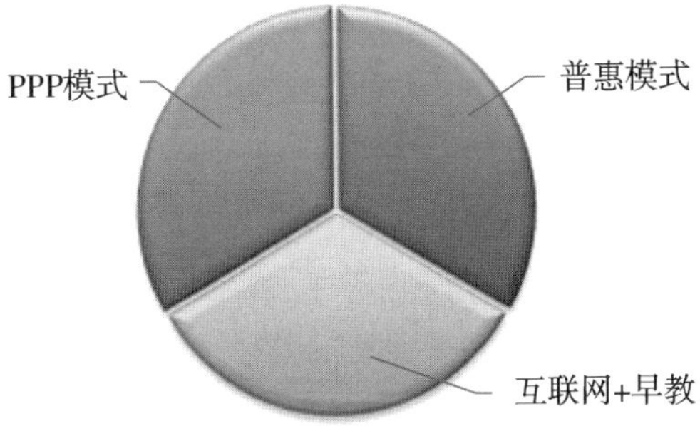

图 2　广州市妇联组织介入早期教育的模式

（一）PPP 模式

PPP 模式即 Public—Private—Partnership，是指政府与私人组织之间，为了合作建设城市基础设施项目，或是为了提供某种公共物品和服务，以特许权协议为基础，彼此之间形成一种伙伴式的合作关系，并通过签署合同来明确双方的权利和义务，以确保合作的顺利完成，最终使合作各方达到比预期单独行动更为有利的结果。

0—3 岁婴幼儿早期教育作为教育的重要的一部分，是具有公益性质的。但是由于当前 0—3 岁早期教育尚未纳入学前教育体系，公益性的早教资源比较缺乏，主要依靠市场的早期教育中心提供服务。而市场的高收费导致很多

婴幼儿未能获得早期教育服务。0—3 岁婴幼儿早期教育应是一种公共服务，所以可以采取 PPP 的模式，由妇联机关单位牵头，和市场上的早期教育中心建立合作关系，合力为没有足够的经济能力在市场上获得早期教育的家庭提供服务。

据悉，广州市政府计划要在每一个儿童公园内建立儿童活动中心，该活动中心可以作为 0—3 岁婴幼儿早期教育的平台。妇联可以利用这个平台，和商业早教中心合作，即由政府提供场地、妇女儿童中心提供管理人员、早教中心提供教师和课程，以此降低早教平台的成本，而 0—3 岁婴幼儿家长可以以较低的价格获得早期教育服务。

（二）普惠模式

所谓“普惠型早教机构”，是指在政府相关政策指导下，坚持优质服务和适度收费的早教机构。普惠型早教机构可以具有以下特征：有质量保证，达到早教行业协会制定的服务质量要求；面向社会大众服务；收费与当地经济发展水平相适宜，当地家庭普遍接受，例如低收入家庭凭证明可享受一年至少 4 次免费的早教课程，或全勤参与某一阶段课程即可获得 70% 甚至全额补助等。

目前妇联和家庭综合服务中心合作建立的妇儿之家，就是以社区为基础的服务系统，可以形成以儿童为中心，父母、教师、保育员、其他家长、社会其他成员共同成长的关系网络。这是妇联有效利用资源、搭建早期教育平台，推动普惠型早期教育的一种途径。

此外，妇联组织的职能需由行政性指导转向社会性服务。妇联可以着力在政府购买社会服务的项目管理，支持符合条件的基金会、协会、学会、团体会员和具有专业优势的社会组织，通过项目购买、公益创投等方式参与政府购买服务。这也是妇联促进普惠型早期教育发展的路径。

（三）“互联网 + 早期教育”模式

实现 0—3 岁婴幼儿早期教养指导的零拒绝，最优化服务内涵包括早教指导的公益化、人性化与便捷化，是今后早教指导工作的发展方向。随着“互

联网 +”概念的提出，借助信息技术建立虚拟的早教指导与服务平台，不仅可以满足其他形式未能满足的家长需求，为家长提供更多的自主权，让其随时、随地享受指导和服务，还可以节省早期教育中心大量的人力、时间、物力等，大力扭转指导紧缺的情况，重塑早教指导与服务的现代化格局。

上文提到的上海市 0—3 岁婴幼儿早期教育指导与服务中心采取三种早期教养指导形式，其中的一种形式就是网络指导。某区早教中心的网络平台在服务对象群体上大致有 4 个：婴幼儿、指导教师、各类专家与家长。在婴幼儿服务模块中，主要是教师和家长对婴幼儿信息的建立、管理和维护；指导教师模块是教师专业问题的交流场所；专家模块主要是指专家针对教师和家长教养中的问题，提出自己见解的地方；家长模块则是家长间就教养中感兴趣的主题（如早期阅读）、困惑的难题、组织活动问题等对话的平台。网络早教指导的内容一般包括：第一，结合季节，婴幼儿日常养护与常见疾病防治，以婴幼儿适应季节变换护理偏多。第二，婴幼儿日常教养游戏与玩具、图书选择。第三，家长关注的热点、难点问题研讨。第四，早教政策、法规、活动信息通知。第五，特殊儿童的早期发现与干预。网络指导的好处，一是通过网络化早教指导，以期能实现指导管辖内不遗漏一个需享受指导和服务的家庭。此外，升华服务内涵，从零拒绝到零距离，即从不忽略一个孩子与家长，到尽可能为所有家庭提供最贴切的指导。二是网络指导还致力于家长教养自主、自信能力的培养。

上海市 0—3 岁婴幼儿早期教育指导与服务中心推行的网络指导模式，可以作为广州市发展“互联网 + 早期教育”模式的借鉴。此外，研究人员发现华东师范大学教授朱家雄提出的“互联网 + 早期教育”的模式也具有参考价值。

朱教授经过几年研究，积累了 7362 个孩子成长的有效数据，拥有了目前世界上最大最全面的 0—3 岁婴幼儿成长数据库，以及最贴近儿童成长的家庭成长方案。在此基础上，以“互联网 +”的创新模式，开发了“麦麦育儿机器人”。该系统对 0—3 岁婴幼儿家庭每日科学育儿方案有标准化的设定，其中包括日常生活安排、亲子互动、感官游戏、科学饮食、音乐故事。每个活动都有文字、图片以及视频示范，为父母和服务师提供了系统整体的保育早教的标准手册，适合于任何层次的家庭，全免费服务，实现了早期教育的公平、普及教育。而且让年轻父母有了完整的育儿指南和助手，远离了以“碎片化知识”养育给宝宝带来的危害，促进了家庭幸福和谐。还有与这套系统配套的“MTOY 教玩具”“APP + 教玩具”，可谓家庭教育的完美组合。

“互联网 + 早期教育”模式在目前的早期教育发展形势中有很大的可能性，值得去探索，以期使早期教育能够惠及更多的0—3 岁婴幼儿家庭。

广州市妇女儿童社会服务中心
广州开发区优公益社会工作研究中心

广州市公共场所母婴室建设管理调研报告

党的十八届五中全会提出推进健康中国建设的重大战略和实施“全面二孩”政策的重大决策。据广东省人口发展研究院课题组预测，受“全面二孩”政策影响，未来几年广州出生的婴儿数为：2016 年 23.9 万人，2017 年 28.7 万人，2018 年 27.1 万人，2019 年 25.1 万人，2020 年 23.1 万人，2021 年 21.3 万人。中共中央、国务院《关于实施全面两孩政策 改革完善计划生育服务管理的决定》指出：要“根据生育服务需求和人口变动情况，合理配置妇幼保健、儿童照料、学前和中小学教育、社会保障等资源，满足新增公共服务需求”。加大母婴室建设和服务的力度，已经成为越来越重要的民生吁求，也是政府和社会深入贯彻“全面二孩”政策的重要抓手。为切实推动广州市公共场所母婴室建设，摸清广州市母婴室建设管理基本情况，为市委、市政府进行相关决策提供参考建议，广州市妇联联合广东人口发展研究院和广东省社会学学会组建课题组，开展广州市公共场所母婴室建设管理专题调查研究。

一、调查方法和样本基本情况

为全面摸清广州市母婴室建设管理情况，课题组对全市已知已建、已知应建母婴室的重点公共场所进行现场实地调查，详细了解各类公共场所母婴室建设的数量、质量、功能、分布等情况，认真搜集地点、设施、导引等图像，分别编号、登记、照相、造册。同时，为了解公众对公共场所母婴室建设活动的需求认知（包括母婴室功能、选址、设施等标准，投资主体、管理服务、工作机制等内容），课题组在全市范围内进行了民意需求抽样问卷调查。

（一）实地调研样本分布

区域分布：在全市11个区的范围内，分15个大类进行筛选，对已知已建、已知应建的单位逐一排查排列。先后进行了两轮筛查，总共拟定了770个调研对象，实际调研对象为745个。其中越秀171个、荔湾85个、海珠97个、天河170个、白云59个、黄埔34个、番禺71个、南沙26个、花都14个、增城10个、从化8个。

场所分布：医院95个、大型商场超市225个、汽车客运站20个、地铁站153个、火车站5个、机场2个、港口12个、公园54个、旅游景点16个、大型企事业单位13个、重要文化场所（图书馆、博物馆等）49个、星级酒店11个、办事大厅18个、志愿者（爱心）驿站50个、其他（服装店、发型屋、公司、早教中心等）22个。

（二）需求问卷调查样本分布

实际发放问卷1230份，实际回收有效问卷1213份。从人口集中度上考虑，具体的区域分布及占比情况是：越秀区共218份，占总数的18.0%；荔湾区共99份，占8.2%；海珠区90份，占7.4%；天河区204份，占16.8%；白云区100份，占8.2%；黄埔区80份，占6.6%；番禺区100份，占8.2%；南沙区81份，占6.7%；花都区80份，占6.6%；增城区81份，占6.7%；从化区80份，占6.6%。

调研对象结构特征包括：

（1）性别特征。被调查者共1213人，其中男性被访者208人，占17.2%；女性被访者1005人，占82.8%。

（2）婚姻特征。未婚的314人，占26.6%；已婚的849人，占71.9%；离异的11人，占0.9%；丧偶的2人，占0.2%；再婚的4人，占0.3%。近四分之三的被访者是已婚人士。

（3）生育特征。0孩的441人，占37.3%；1孩的460人，占38.9%；

2 孩的 233 人，占 19.7%；3 孩及以上的 48 人，占 4.1%。六成以上的被访者是已育人士，另有 127 位被访者是已婚未育人士。

（4）年龄特征。20 岁及以下的 70 人，占 5.8%；21—25 岁的 325 人，占 27.1%；26—30 岁的 320 人，占 26.7%；31—35 岁的 280 人，占 23.4%；36—40 岁的 117 人，占 9.8%；41—45 岁的 53 人，占 4.4%；45 岁以上的 33 人，占 2.8%。可见，21—35 岁的人群为主要受访人群。

（5）户籍特征。广州市户籍 483 人，占 40.3%；省内其他地区户籍 447 人，占 37.3%；外省 262 人，占 21.9%；境外 4 人，占 0.3%；外国 2 人，占 0.2%。

（6）职业特征。公务人员 48 人，占 4.1%；事业单位人员 236 人，占 20.4%；国有企业人员 100 人，占 8.6%；私营企业人员 311 人，占 26.8%；自由职业者 428 人，占 36.9%；农民 36 人，占 3.1%。自由职业者占比较高，说明广州的就业格局越来越多元，尤其是“全职妈妈”“全职太太”的比例越来越高，家庭结构、家庭就业、家庭发展等都开始出现了新的趋势。

（7）经济特征。被访者的收入状况是：月收入 3000 元及以下的 287 人，占 24.6%；3001—4000 元的 283 人，占 24.3%；4001—5000 元的 221 人，占 19.0%；5001—6000 元的 137 人，占 11.8%；6000 元以上的 237 人，占 20.3%。

二、调研结果统计分析

（一）母婴室设置情况

本次实地调研的点共有 745 个，其中设有母婴室的 267 个，占 35.8%；没有设的 478 个，占 64.2%（图 1）。还有一些具体情况是：先设后撤的7 个，占 0.94%；原先有本次联系不上的 28 个，占 3.8%；近期准备建设的 33 个，占 4.4%；有设点，但不让调研的 16 个，占 2.1%；不准备建设的 62 个，占 8.3%。

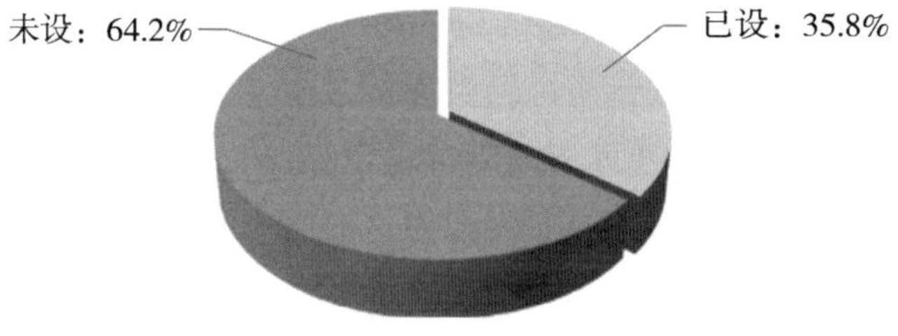

图 1 母婴室设置状况

（二）已建母婴室的地区分布

通过实地调研发现，设有母婴室的点共 267 个，其中越秀 60 个、荔湾 17 个、海珠 25 个、天河 73 个、白云 27 个、黄埔 12 个、番禺 38 个、南沙 7 个、花都 6 个、增城 0 个、从化 2 个（图 2）。设有母婴室的区前五位的分别是：天河、越秀、番禺、白云、海珠。老城区人口相对集中，城市建设相对先进，已建母婴室相对较多；而外五区地处郊区，现实条件和现实需求都相对较少。

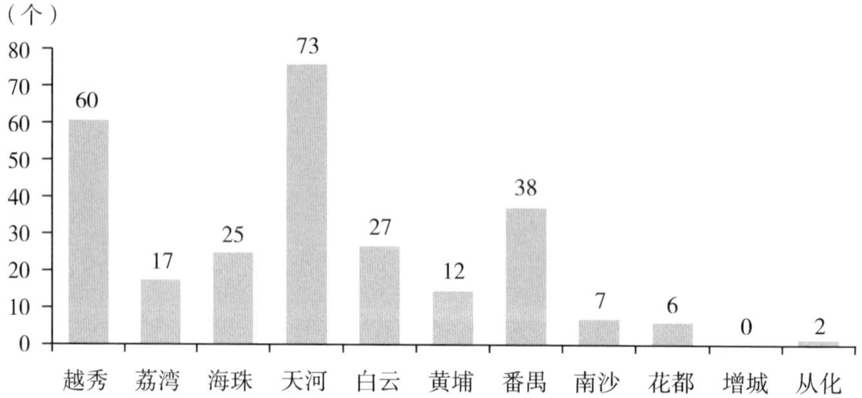

图 2 已建母婴室的地区分布状况

（三）母婴室的行业分布

1. 现场实地调研状况

现场实地调研的数量排在前五位的分别是：大型商场超市、志愿者（爱心）驿站、医院、地铁站和汽车客运站（表 1）。需要指出的是，此次调研过程中调查点的选择具有一定的针对性，并不是全行业的普遍调查，因此这里的建设率仅仅是此次选择的调查点的建设率，并不是真正的全行业的覆盖率。

表 1　各行业母婴室的调研和建设情况

类别	调研数量（个）	已建数量（个）	建设率（%）
医院	95	41	43.16
大型商场超市	225	95	42.22
汽车客运站	20	16	80.00
地铁站	153	25	16.34
火车站	5	3	60.00
机场	2	2	100.00
港口	12	0	0.00
公园	54	10	18.52
旅游景点	16	7	43.75
大型事业单位	13	5	38.46
重要文化场所	49	3	6.12
星级酒店	11	3	27.27
办事大厅	18	3	16.67
志愿者（爱心）驿站	50	44	88.00
其他	22	10	45.45

2. 需求问卷调查状况

需求问卷调查发现，被访者认为应该建母婴室的公共场所排在前十位的依次是：大型商场超市、医院、汽车客运站、火车站、地铁站、机场、旅游景点、重要文化场所（图书馆、博物馆等）、公园、志愿者（爱心）驿站（图 3）。这些公共场所都是人流密集的重点公共场所，应当作为母婴室示范点建设的首选。对调查数据进一步交叉分析发现，2 孩和 3 孩及以上的认为汽车客运站和机场应该设立母婴室的明显高于 0 孩和 1 孩的。

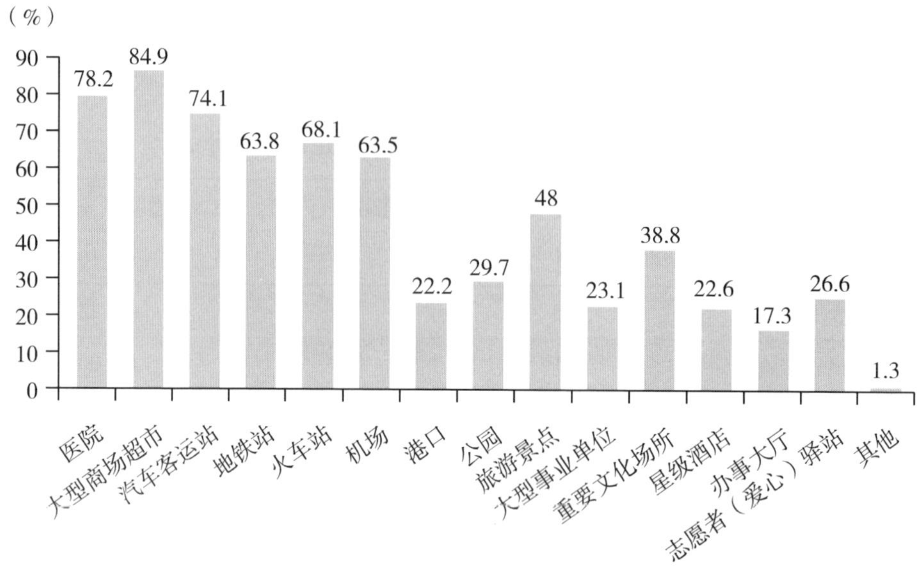

图3　需求问卷调查认为需要建设母婴室的场所比例

（四）母婴室的功能定位

1. 现场实地调研状况

通过母婴室的内部设置情况可以反映母婴室的功能，一般认为婴儿护理台是换尿布功能所必需的设施，而靠背椅是为哺乳而准备的设施。现场调查发现，设婴儿护理台的 156 个，占 58. 4%；设靠背椅的 140 个，占 52. 4%。具备换尿布功能的只有 58. 4%，具备哺乳功能的只有 52. 4%，同时具备两项功能的比例更低。

2. 需求问卷调查状况

关于母婴室应该具有的功能，91. 1% 的被访者认为应该具备哺乳功能；86. 4% 认为应该具有换尿片的功能；64. 8% 认为应该具有短暂休息的功能，还有 4. 3% 认为应该具有其他功能（图 4）。可见，绝大多数人认为母婴室应该具有哺乳和换尿片的功能，大部分认为应具有短暂休息的功能。

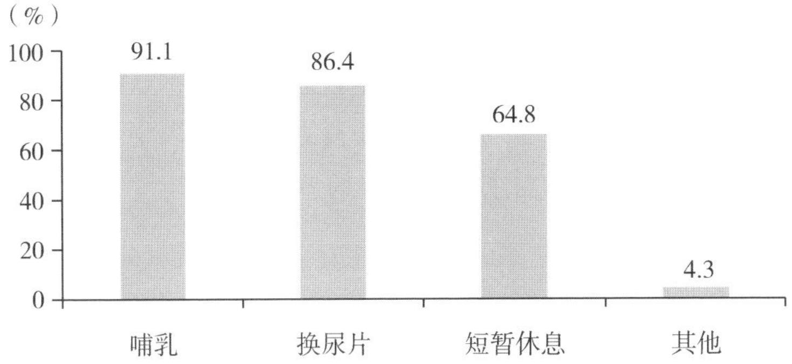

图4　需求问卷调查认为母婴室应有功能的比例

(五) 母婴室的方位

1. 现场实地调研状况

在267个已建母婴室中，独立母婴室191个，占71.5%［含志愿者（爱心）驿站44个］；与女厕合建的33个，占12.3%；与女更衣室合建的3个，占1.1%；其他（包括与孕妇课室、老人休息区、残疾人卫生间、车站控制室、母婴候车室、办公室、游客中心等合建）的24个，占9.1%（图5）。

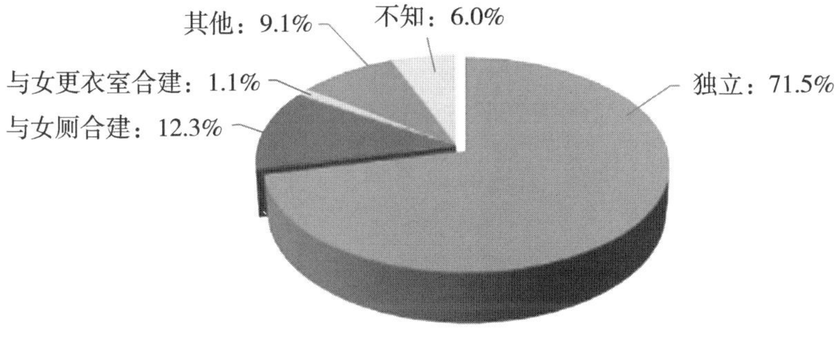

图5　已建母婴室的方位状况

2. 需求问卷调查状况

关于母婴室的方位种类，91.8%的被访者认为应该设独立母婴室；25.9%认为可以与女厕合建；33.6%认为可以与女更衣室合建；还有1.3%认为可以是其他类型（图6）。从需求问卷调查的数据可以发现，绝大多数人认为应该有独立空间作为母婴室，希望与厕所合建的比例较低，这体现了群众对公共场所哺乳场合需求有着较高的要求，而不希望随意将就。但广州市已建的母婴室只有71.5%是独立母婴室，还有近30%是属于与厕所、更衣室等其他设施合建，这与民众的需求存在一定的差距。

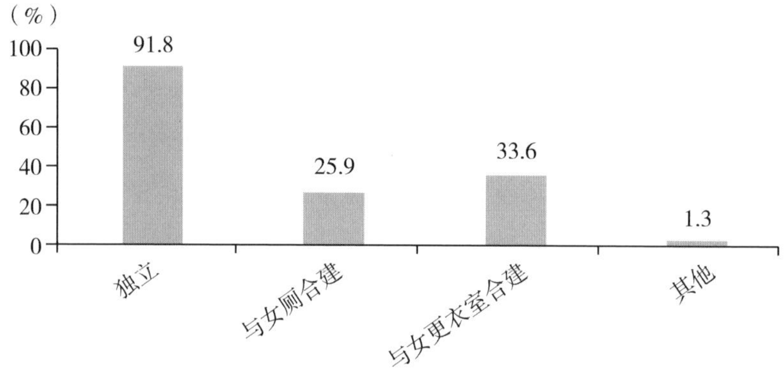

图6　需求问卷调查认为母婴室的方位的比例

（六）母婴室的面积

1. 现场实地调研状况

267个母婴室的面积，5平方米以内占34.8%、5—8平方米占17.6%、8—10平方米占11.6%、10—12平方米占9.0%、12—15平方米占5.6%、15平方米以上占12.4%（图7）。这些情况显示，面积较小的与较宽敞的并存，10平方米以下的为主流。

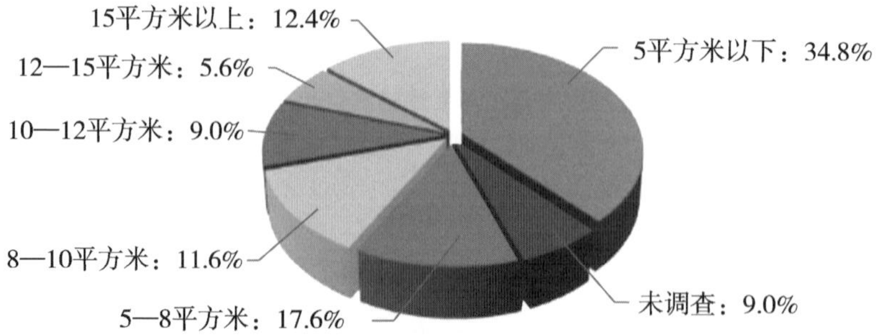

图7　已建母婴室的面积状况

2. 需求问卷调查状况

关于母婴室的面积，5. 5% 的受访者认为应该建在 5 平方米以内，28. 8% 认为应该 5—8 平方米，29. 0% 认为应该 8—12 平方米，20. 9% 认为应该 12—15 平方米，15. 8% 认为应该在 15 平方米以上。可见，认为应当 5—8 平方米、8—12 平方米和 12—15 平方米的居多（图 8）。从调查数据发现，希望 5—8 平方米、8—12 平方米的人大约各占 30%，希望 12 平方米以上的人大约占 35%，希望 5 平方米以内的当然占比很少。这说明一个现象，被调查的对象，并非都是不切实际地一味追求母婴室的大面积，而是实事求是，更从实际需要和实际能力方面提希望和要求，即便是不同收入群体之间也没有存在很大的差距。不过，广州市现有的母婴室面积 5 平方米以下的占到了三分之一以上，而其他面积的现有比例均低于群众期望。

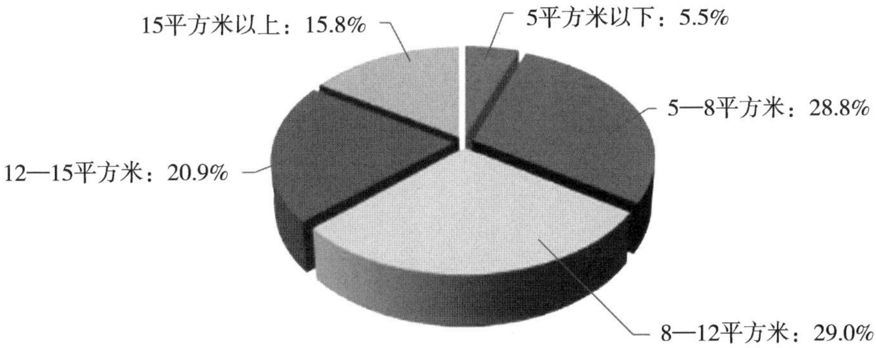

图 8　需求问卷调查认为母婴室的面积的比例

（七）母婴室的配置

1. 现场实地调研状况

已建母婴室的内设物件情况是：门口有显著标识的 178 个，占 66. 7%；设封闭门的 177 个，占 66. 3%；设拉帘的 54 个，占 20. 2%；设婴儿护理台的 156 个，占 58. 4%；设亲子卫生间的 51 个，占 19. 1%；设热奶器的 16 个，占 6. 0%；设空调的 136 个，占 51. 0%；设洗手池的 125 个，占 46. 8%；设洗手液的99个，占37.1%；设靠背椅的140个，占52.4%；设储物柜的55个，占20.6%；设照明灯的171个，占64.0%；设电源插座的104个，占39.0%；设镜子的82个，占30.7%；设行李挂钩的50个，占18.7%；设抽纸或卷纸的87个，占32.6%；设垃圾桶的154个，占57.7%；设饮水机的44个，占16.5%；设搭脚小凳子的37个，占13.9%；设使用说明（温馨提示）的60个，占22.5%；设母婴健康知识墙报的50个，占18.7%；设产品广告的4个，占1.5%；还有64个（占24.0%）设有其他物件（图9）。根据数量排列，内设物品排在前十位的分别是：门口标识、封闭门、照明灯、婴儿护理台、垃圾桶、靠背椅、空调、洗手池、电源插座、洗手液。

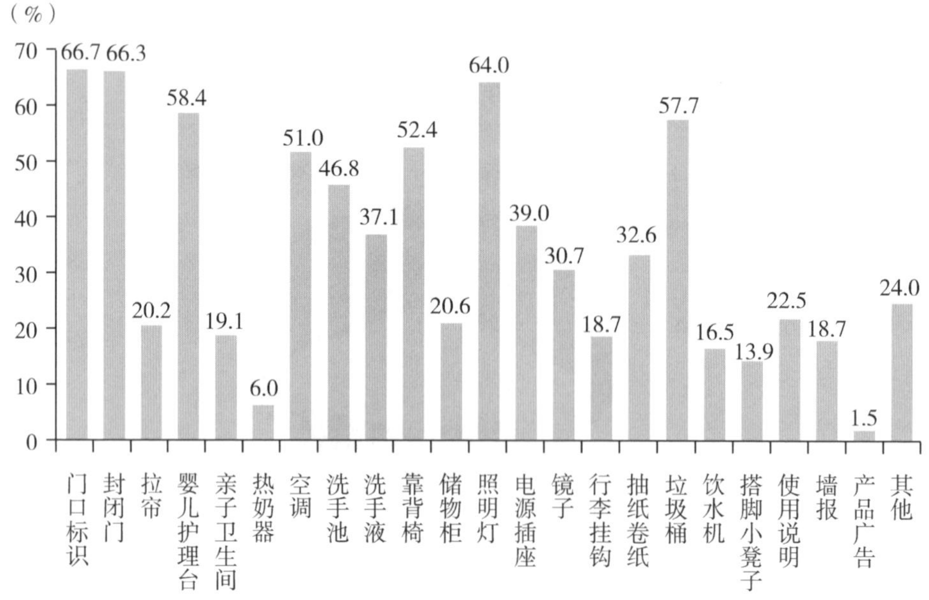

图9　已建母婴室的内设物件情况

2. 需求问卷调查状况

关于母婴室应当摆设的物件，86.6%的被访者认为门口应该有显著标识；认为应该有封闭门的占58.5%；拉帘占64.7%；婴儿护理台占77.5%；亲子卫生间占53.3%；热奶器占58.8%；空调占60.4%；洗手池占49.7%；洗手液占52.1%；靠背椅占54.2%；储物柜占26.1%；照明灯占38.1%；电源插座占36.4%；镜子占20.2%；行李挂钩占39.6%；抽纸或卷纸占37.9%；垃圾桶占62.6%；饮水机占53.8%；搭脚小凳子占35.8%；使用说明（温馨提示）占31.6%；母婴健康知识墙报占42.4%；产品广告占5.1%；其他的占1.3%（图10）。

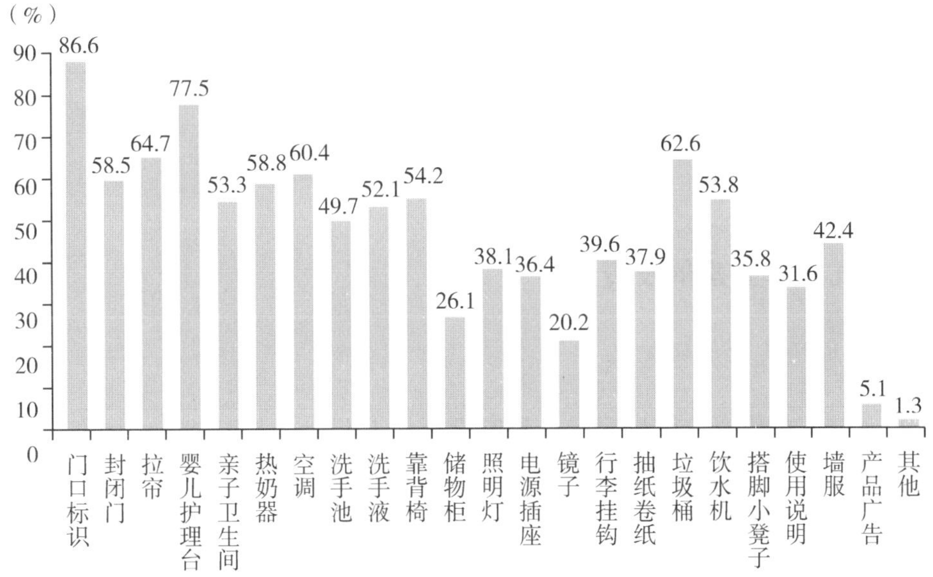

图10　需求问卷调查认为母婴室的内设物件的比例

综合来看，排在前十位的应设物品依次是：门口标识、婴儿护理台、拉帘、垃圾桶、空调、热奶器、封闭门、靠背椅、饮水机、亲子卫生间。这些设施基本都是围绕哺乳和换尿片功能的基本装置。

（八）母婴室的指引

已建母婴室指示牌设置情况是：65个设在大厅，占24.3%；90个设在楼道，占33.7%；168个设在母婴室门口，占62.9%；29个都没有，占10.9%；4个不需要设，占1.5%；还有10个（占3.8%）属于其他情况（图11）。需求问卷调查数据显示，86.6%的被访者认为门口应该有显著标识。通过对比发现，现有母婴室的指引标识较少，无法满足群众的期望，这将影响母婴室的正常快速有效使用，影响母婴室应有功能的发挥。

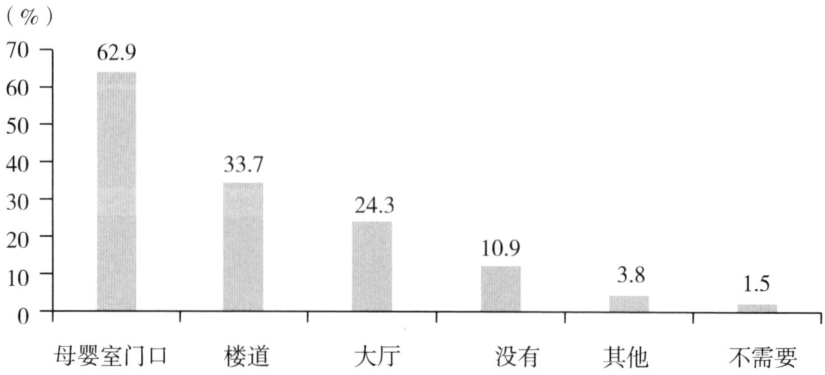

图 11　已建母婴室的指引状况

（九）母婴室的投资主体

1. 现场实地调研状况

母婴室的投资主体情况是：政府投资的 101 个，占 37. 8%；国有企业投资的 19 个，占 7. 1%；民营企业投资的 49 个，占 18. 4%；国内（外）慈善捐赠投资的 3 个，占 1. 1%；团体组织投资的 8 个，占 3. 0%；谁用谁投资的 84 个，占 31. 5%；多方组合的 3 个，占 1. 1%；其他的 5 个，占 1. 9%（图 12）。政府投资和单位自建自用的都占到 30% 以上，占比较大；其他类型也都占有一定比例，说明投资主体多元化特征已经开始显现。

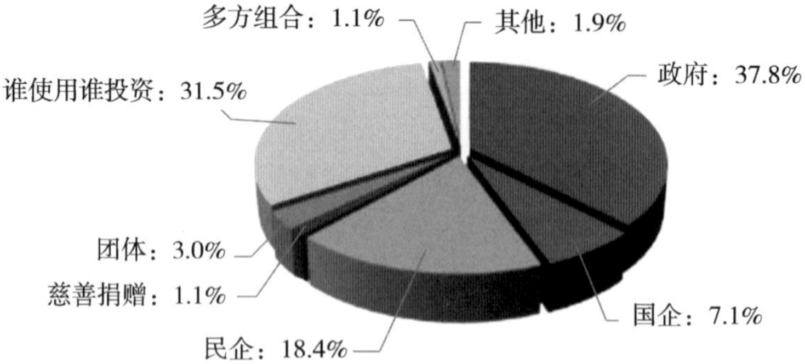

图 12　已建母婴室的投资主体

2. 需求问卷调查状况

关于母婴室建设的投资主体，89.7%的被访者认为应该由政府投资；34.1%认为应该是国有企业投资；18.7%认为应该是民营企业投资；32.5%认为应该是国内（外）慈善捐赠；43.9%认为应该是团体组织投资；6.7%认为谁用谁投资；29.4%认为应该多方组合；0.6%认为是其他投资主体（图13）。可见，群众对政府来负责建设母婴室的期望非常高。同时我们也发现，群众对多元化投资主体建设母婴室的认识还不到位，对已经开始显现的多元投资主体的特征把握不清晰。

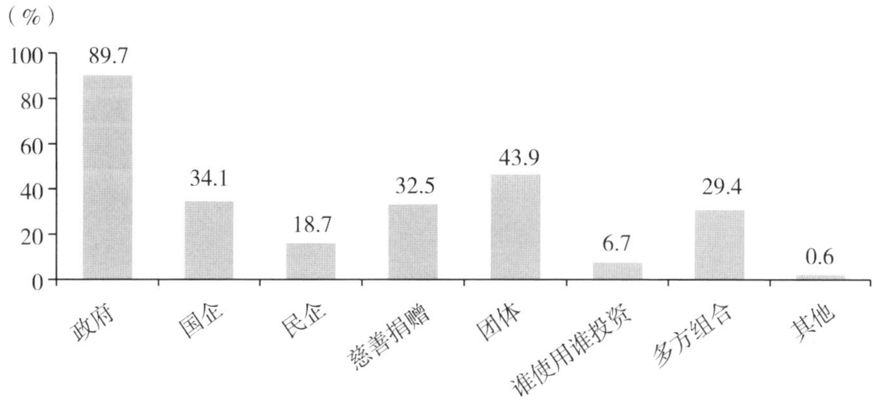

图13　需求问卷调查认为母婴室的投资主体的比例

（十）母婴室的管理维护

1. 现场实地调研状况

已建母婴室的管理情况是：专人管理64个，占24.0%；由勤杂人员统一管理155个，占58.1%；无人管理4个，占1.5%；其他（店主管理）1个，占0.4%。另有16.0%未知（图14）。

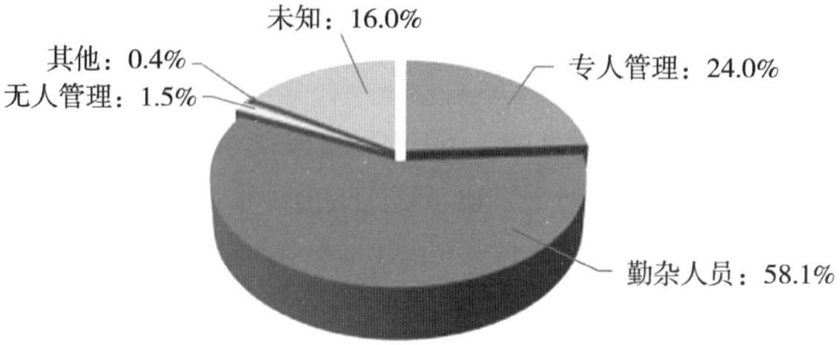

图 14 已建母婴室的管理状况

2. 需求问卷调查状况

关于母婴室是否需要专人管理的问题，80.0% 的被访者认为需要专人管理；10.3% 认为应该由勤杂人员统一管理；8.2% 认为无人管理；还有 1.5% 选择其他方式（图 15）。并且，不同特征的被访者对于母婴室是否需要专人管理的看法不存在明显差异。

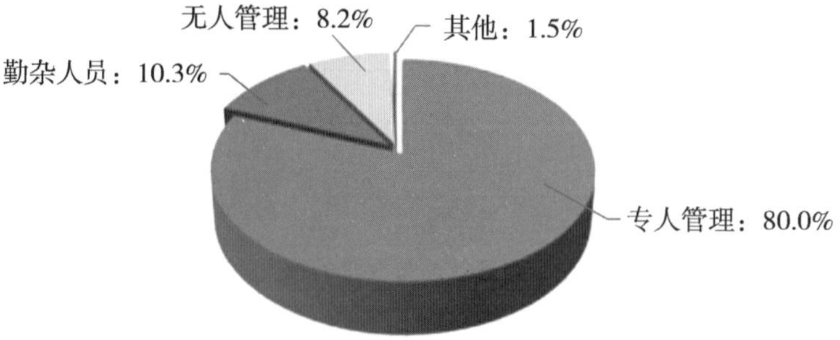

图 15 需求问卷调查认为母婴室管理方式的比例

（十一）已建母婴室的环卫特征

已建母婴室的环境卫生情况是：温馨舒适的 125 个，占 46.9%；干净整洁的 192 个，占 71.9%；安全放心的 167 个，占 62.6%；隐私得到保护的 156 个，占 58.4%；简陋脏乱的 6 个，占 2.3%；昏暗潮湿的 5 个，占 1.9%；其他（有的点正在装修，也有些点有灰尘，不算干净）8 个，占 3.0%（图 16）。可见，已建母婴室的环卫情况总体上较好，但水平都较低，需要进一步改进提高。

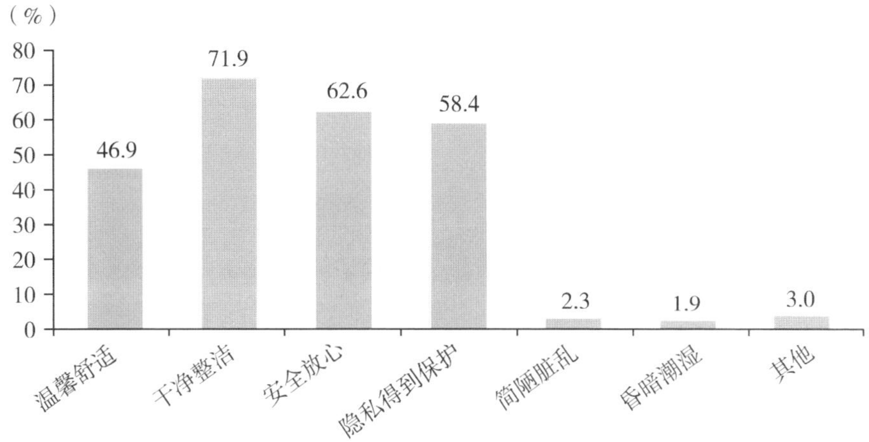

图 16　已建母婴室的环卫特征

（十二）母婴室建设的规划领导

关于母婴室建设是否需要全市统一规划领导的问题，76.6%的被访者认为需要，11.5%认为不需要，11.3%表示说不清，还有0.6%选择其他(图17)。同特征的被访者对于母婴室建设是否需要全市统一规划领导的看法不存在明显差异。这实际上也体现了群众对政府出面推动母婴室建设的呼声，反映出群众在母婴室建设方面对政府的依赖与期待。

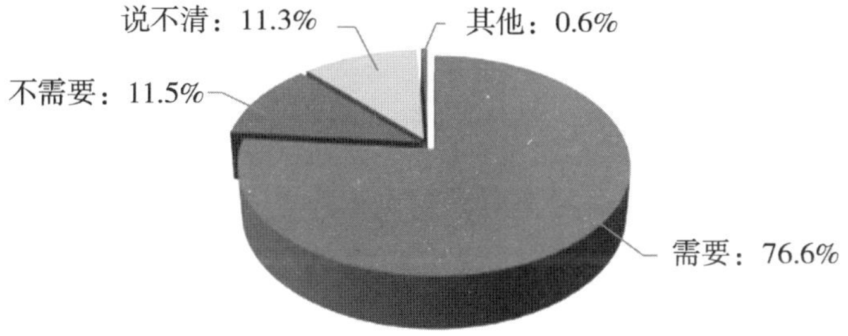

图 17　需求问卷调查认为母婴室是否需要统一规划领导的比例

（十三）母婴室的民生实事安排

关于母婴室建设是否要纳入政府年度十大民生实事，71.0%的被访者认为需要；13.2%认为不需要；15.3%表示说不清；0.5%选择其他（图18)。支持纳入民生实事的比例很高，说明大多数群众认为母婴室建设是一项社会意义重大的工作。

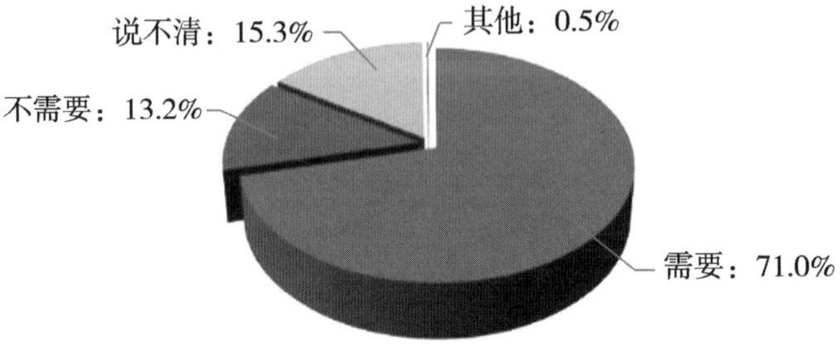

图 18 需求问卷调查认为母婴室是否需要纳入民生实事的比例

（十四）母婴室的现实问题

对于母婴室的现状，92.9% 的被访者表示母婴室数量太少，很多公共场所没有建；65.0% 认为指引标识不清晰，很难找；48.6% 认为缺少必要设备；38.6% 认为卫生条件差；19.8% 认为私密性不够；17.4% 认为装修设计不够温馨；38.3% 认为无专人管理；20.8% 认为被挪作他用；还有 1.1% 认为存在其他情况（图 19）。可见，母婴室太少和指引不清是存在的最大问题。公众对母婴室的建设现状相当不满意，超过 90% 的被访者认为数量太少，与特大城市的文明形象和公众的实际需求不相适应。

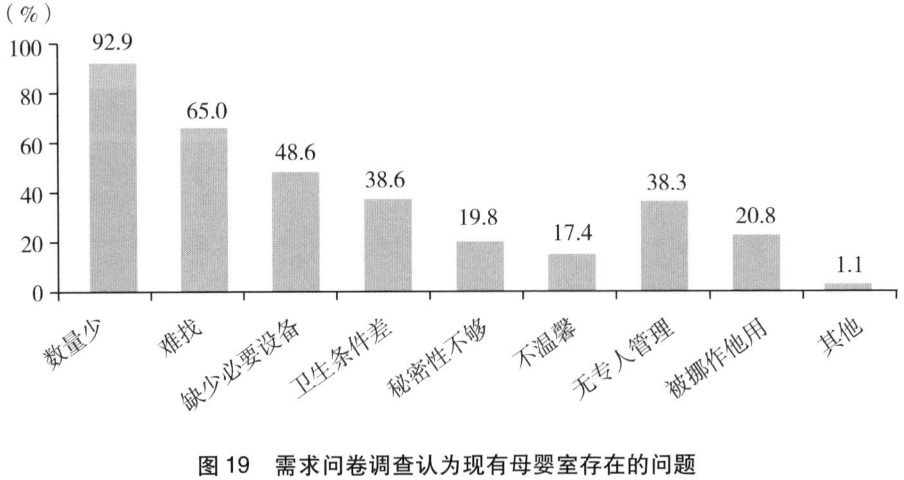

图 19 需求问卷调查认为现有母婴室存在的问题

三、对当前广州市母婴室建设状况的总体评价

（一）广州市母婴室建设管理的主要成绩

从现场调研收集到的数据看，广州的母婴室建设已经取得了一定的成绩，主要体现在：

（1）政府社会行动起来。近年来，广州市政府和社会各界越来越重视公共场所母婴室建设。市政府委托市妇联和市妇儿工委办公室牵头，已经开始启动全市公共场所母婴室建设工作，开展现状和需求调研，起草《三年行动计划》，开始进行示范点建设。各职能部门也在各自领域内积极推动此项工作，人大代表、政协委员、新闻媒体和社会组织也积极呼吁，献计献策推动公共场所母婴室建设工作，形成了较好的社会合力。

（2）区域行业均有覆盖。广州市已经在相当广泛的范围内建设并启用了一大批母婴室，不仅基本上实现了各区全覆盖，而且各个行业均已建设了一定数量的母婴室，充分体现了广州在城市文明和人文关怀方面具有超前意识。

（3）模式方法创新探索。广州的母婴室建设已经在设施配置和管理方面作了一定的探索，尤其是投资主体的多元化特征，与国内其他城市相比更为明显。这为进一步推动母婴室建设提供了良好的基础。

（二）广州市母婴室建设管理的现实差距

通过分析现场调研和需求调查数据发现，广州在母婴室建设方面还存在一些问题，尤其是相对于广州作为国际性大都市、全国文明城市的地位来讲，广州母婴室建设还存在较多的不足，与国际国内先进发达地区相比存在现实差距。

（1）数量不足，重点场合缺位。此次现场调研是对人流量较大、母婴出现几率较多的重点公共场所开展的有针对性的调查，所选的调查点均是应建母婴室的点。但即使如此，调查的 745 个点，设有母婴室的 267 个，占 35.8%；没有设的 478 个，占 64.2%。这显然不能满足哺乳妈妈对母婴室的需求。尤其是随着“全面二孩”政策的实施，对母婴室的需求会更大。

（2）标准不一，水平参差不齐。当前广州母婴室建设还没有一个得到公认的、统一的建设标准和内部配置标准。因此，现有的母婴室水平参差不齐。有的大商场相对质量较高，配置较齐全；但不少母婴室存在规模小、配置少、条件差等问题。

（3）服务不周，缺乏人性安排。一是很多母婴室私密性不够。本次调查的母婴室，设封闭门的只占66.3%，有20.2%只设了拉帘，只有58.4%的母婴室隐私能够得到保护。二是现有母婴室还存在位置偏僻、指引标示不够清楚的问题。只有66.7%的母婴室门口设有显著标志。三是有的母婴室只是摆设，没有发挥应有作用。调查中发现个别单位的母婴室堆满了杂物，灰尘较多，事实上处于停用状态。

（4）管理不善，卫生条件较差。现有母婴室专人管理的比重较低，只有24.0%。58.1%是由勤杂人员统一管理。这就意味着半数以上的母婴室管理是由楼道、厕所等处的清洁员来负责的。脏乱差现象经常存在，垃圾长时间得不到清理，很少消毒，气味难闻。现有母婴室能够算得上“干净整洁”的只占71.9%，算得上温馨舒适的只占46.8%。没有加强管理可能会引发安全等其他问题。甚至个别单位因为“公众不注意卫生”“无过多人力专门维护”而导致全部母婴室都被取消。类似先设后撤的有7个，占调查对象的0.9%。

（5）认识不清，思维方法单一。一些部门单位对母婴室的性质、建设母婴室的必要性认识不足，以有卫生间为由而认为没有建母婴室的必要。一些部门单位认为实际需求较少、使用率不高、建设不划算，因而放弃母婴室的建设。有的单位虽然设置了母婴室，但需要向服务台询问才能使用，损害了母婴室的公共性。除了一些大型商场出于商业利益自觉主动设立母婴室之外，一般单位建设母婴室的主动性都不够强烈，一些单位在决定是否建立母婴室的问题上“要看上级安排”，或因“暂未收到母婴室建设的相关通知”而未建母婴室。有的单位在母婴室建设方面都在等待政府投资，而没有主动通过多元化渠道吸取社会资金的意识和行动。一些单位虽然设有母婴室，但设施过于简单，而没有考虑其对安全、温馨、舒适等的需求。甚至个别单位的母婴室内还有电闸设施，连基本安全性都不能保障。一些单位将茶水室、更衣室等作为母婴室，即使群众有较多需求，单位也没有建设或升级改造母婴室。

以上这些现象的存在，反映出广州市目前的母婴室建设管理情况还不能令人满意，与实际需求存在较大差距。尤其是实施“全面二孩”政策以后，在近期新生婴儿快速出生的新形势下，社会对母婴室的需求快速提升，需求扩大与实际供给不足的矛盾已经并将快速凸显出来，加强全市公共场所母婴室建设管理刻不容缓。

四、广州市母婴室建设管理对策建议

建设管理母婴室是一项涉及社会诸多方面的工作。建议广州市立足建设国际大都市、国家重要中心城市的现实要求，全面落实国家和省市关于加强公共服务管理、实施“全面两孩”政策、关爱母婴等一系列战略决策，通过全社会不懈地共同努力，在广州市重要的公共场所建设符合母婴实际需要、符合母婴室建设管理标准的母婴室，为母婴提供文明、科学、安全的公共服务。

（一）政府应担当主导责任

从全市母婴室建设民意需求问卷调查分析来看，76.6%认为母婴室建设需要由市政府统一规划领导，71.0%认为需要将母婴室建设纳入政府年度十大民生实事，89.7%的人认为母婴室建设应该由政府投资。可见，政府在母婴室建设中担当主导责任是众望所归。建议市政府成立“广州市公共场所母婴室建设专项工作组”，研究制定全市公共场所母婴室建设的政策文件，协调推动解决公共场所母婴室建设过程中的重大问题，将公共场所母婴室建设纳入政府年度民生实事，具体推进落实。制定统一的母婴室建设标准和实施规划，形成建设标准统一、配备标准统一的母婴室建设管理制度。

（二）倡导多元主体建设管理

建议采取多元主体共建共管的母婴室建设管理模式。在市委、市政府统筹规划、合理布局的前提下，在发挥好政府各职能部门主导作用的同时，积极鼓励机关事业单位、各种社会组织、公益慈善机构、爱心人士等多方力量单独或联合投资建设母婴室，进一步推进和深化母婴室建设主体多元化格局。

（三）坚持市场运作

在市场经济的大背景下推进母婴室建设管理，一定不能忽视市场的积极作用，一定要运用好市场的力量和手段。市场运作主要体现在：一是市场筹资。运用市场的方法，筹集母婴室建设管理所需资金，按照市场规律使用管理母婴室建设资金。一定要打破政府单一投资的筹资模式，面向市场、运用市场，充分发挥市场的巨大潜能，激发市场的巨大热情，吸引市场的有用资金。二是市场运营。积极探索直管、代管、委托代管、购买公共服务等多种市场方式，落实公共场所母婴室的维护和管理，逐步形成和完善母婴室建设管理新机制。不要被单位属性、地域属性、人员属性等所限制，不要惧怕市场，不要墨守成规。三是市场规范。运用市场的手段并不意味着让市场随意进入母婴室建设管理领域，所谓的市场也并不意味着无序无法；恰恰相反，鼓励市场运作母婴室，是要运用市场的规律来规范母婴室建设管理，用规范来引导母婴室建设管理市场健康发展，使得母婴室建设管理工作产生应有的公共效应。

（四）坚持有序推进

建议分四步走，有序推进全市母婴室建设管理工作。第一，从无到有。已有建筑物中还没有母婴室的，应督促其尽快利用现有空间限时增设母婴室，并完善相关配套设施，新建母婴室；新建建筑物具有母婴室现实需求的，在规划设计时，就要求其将母婴室配备进建筑物内，使其一开始就包含母婴室的功能。第二，从少到多。对所在区域进行统筹规划，合理布点，科学设计，有步骤地推进母婴室建设，不断增加母婴室的数量，提高母婴室的质量。第三，从旧到新。对重点交通枢纽、大型商场超市等公共场所的现有母婴室进行优化改造，使其设施更加充实、功能更加完善，进一步提高母婴室标准和服务水平。第四，从俗到雅。对母婴室的设计、维护、服务和管理等，都要充分考虑到母婴的实际需求和审美感受，使其在使用过程中放松身心、接受教育、陶冶情操。

（五）制定统一配置标准

由于公共场所对母婴室的需求量不同，主要使用群体的需求也不同，各公共场所的基础条件也存在差异。根据调研结果，结合专业人士意见，建议将母婴室配置标准分为基础配置版、标准配置版和升级配置版三个层级版本，供各地各单位从实际出发，有针对性地建设管理母婴室。标准如下：

配置		基础版	标准版	升级版
空间形式		独立或嵌入[①]	独立	独立
面积		10 平方米左右	15 平方米左右	20 平方米以上
指引和显著标识		●[②]	●	●
喂奶设施	靠背椅或沙发	●	●	●
	封闭门或拉帘	●	●	●
	搭脚凳	●	●	●
	热奶器	—	○	○
换尿片设施	婴儿护理台	●	●	●
	垃圾桶	●	●	●
便利设施	电源插座	○	●	●
	饮水机	—	—	○
空气设施	排气扇	●	—	—
	空调	○	●	●
物品放置设施	行李挂钩	●	●	●
	置物架或储物柜	—	○	●
洗漱卫生设施	洗手池	—	●	●
	镜子	—	●	●
	洗手液	—	○	●
	抽纸或卷纸	—	○	●
	亲子卫生间	—	—	○

（续表）

配置		基础版	标准版	升级版
安全设施	消防器材	●	●	●
	紧急求助按钮	—	—	●
儿童玩耍功能区设施	玩具	—	—	●
	防撞设施	○	●	●
	安全地毯或地垫	—	—	●

说明：①“嵌入”是指：与厕所、更衣室、游客中心、休息室等建在一起。②“●”为必配；“○”为选配；“—”为不需配。

（六）全面加强监督管理

建议政府要加强公共场所母婴室建设管理的考核评估。以监督验收作为手段，明确母婴室建设与维护的部门职责。将公共场所设立母婴室作为公共服务发展的硬性指标和文明城市检查的考核范畴，将相关内容作为公共场所建设评审的考察指标，纳入相关部门的目标管理和考核体系，考核结果作为对单位、对领导班子和有关负责人综合考核评价的重要内容。将母婴室建设管理情况作为评选优秀企业、精神文明单位、巾帼文明岗、先进工会组织，以及其他先进荣誉称号的标准内容之一。推动人大代表、政协委员开展母婴室建设和使用情况的视察和监督，积极收集群众对母婴室建设、使用和管理的意见和建议，形成共同参与、共同监督的良好氛围。

广州市妇女联合会

广东社会学学会

天河区儿童游乐设施社区化建设调研报告

2014 年 6 月，时任广州市市长陈建华批示网民建议“在社区增加儿童游乐设施，改善儿童活动场地不足的问题”，要求各区按条件逐步设置。天河区委、区政府高度重视，将完善社区儿童游乐设施建设确定为 2015 年十大民生实事之一。为此，天河区妇联联合零点研究咨询集团广州公司对天河辖区内的部分街道社区、儿童公园等地方进行实地走访、与社区居民访谈、开展社区摸查并进行相关政策分析和借鉴，据此提出相关结论和建议，形成此份调研报告。

本报告所称的儿童游乐设施社区化建设，是指利用居民小区的闲置空地、边角零碎地带等，通过前期土地平整和硬化后按照标准安装若干组合的儿童游乐设施，突出公益性，免费向居民开放使用，旨在进一步优化天河区儿童成长环境。

一、调研方法及内容

本次调研主要是定量与定性相结合的方法。

（一）定量研究

1. 社区摸查统计分析

编制《天河区儿童游乐设施街道摸查表》，由全区 21 个街道、208 个社区、约 405 个小区进行填写并报区妇联汇总，对儿童游乐设施设置情况、出资主体、建设主体和维护等情况进行数据统计分析，形成全区摸查结果。

2. 家长及儿童版问卷调查分析

针对儿童和家长调查问卷，联合区教育局和各街道社区发放需求调查表，按量收集数据，进行有效分析和研究，了解社区家长和儿童的需求。

（二）定性研究

1. 实地走访

由区妇联牵头组成考察小组，联合职能部门，选取天园街、石牌街、沙东街、黄村街、凤凰街等部分代表性的街道社区实地考察，走访了小区物业公司、居委，与工作人员和部分居民访谈，考察了解不同社区现有的儿童游乐设施位置、数量、类型、使用、产权性质、管理维护情况，以及居民群众对儿童游乐设施的需求。同时，根据居民需求到火炉山公园、银排岭公园、天河区儿童公园等园区开展调研，针对公园儿童游乐设施需求及现场的游乐设施种类、场地条件、周边环境等进行调研。

2. 部门协调会议

联合职能部门及相关街道多次召开推进天河区儿童游乐项目建设的联席会议，商讨贯彻落实时任天河区区长林道平关于推进儿童游乐项目建设的批示精神，提出本部门的意见和建议，对丰富建设方案提供思路和依据。

3. 文献研究

搜集有关儿童游乐设施方面的文献资料，特别是认真研究儿童游乐设施的标准、材质等方面的要求；同时，梳理国家、省、市、区出台的与儿童身心发展及游乐设施相关的政策文件，对儿童游乐设施建设的模式、原则等深入分析，为科学合理制定建设方案提供依据。

二、推进儿童游乐设施建设的政策依据

（一）各级政府对儿童身心健康发展非常重视

（1）国务院《中国儿童发展纲要（2011—2020年）》和《广东省儿童发展纲要（2011—2020年）》。文件指出，儿童时期是人生发展的关键时期。为儿童提供良好的生存、发展、受保护和参与的机会和条件，最大限度地满足儿童的发展需要，发挥儿童的潜能，培养儿童的创新精神和实践能力，为儿童的健康成长奠定重要基础，是政府和社会的共同责任。

（2）《广州市儿童发展规划（2011—2020年）》。文件指出，2011—2020年是广州推动科学发展、加快经济社会发展方式转型、建设幸福广州的关键时期，是强化国家中心城市地位、跨入世界先进城市行列的攻坚阶段，这将为广州儿童健康成长提供前所未有的政策保障和良好的社会经济条件，为广州儿童发展迎来新的机遇。为此，大力促进儿童发展，为造就现代公民和高素质人才奠定基础，是广州全面推进国家中心城市建设、构筑现代化国际大都市的迫切需要。

（3）《天河区儿童发展规划（2011—2020年）》。文件明确指出，在2011—2020年，要加快儿童活动场所和设施建设。加强面向儿童及其家庭的公共服务。提高儿童活动场所利用率和服务水平。增加儿童课外活动设施，扩大活动场所，支持社会力量开办儿童文化活动机构，规范儿童活动场所的管理，逐步实现各类文化、科技、体育等公益性设施和活动场所向儿童免费或优惠开放。

（二）相关政策对儿童游乐设施建设提出了具体要求

（1）国务院《中国儿童发展纲要（2011—2020年）》对儿童游乐设施建设的要求。文件对关系到儿童成长的公共服务、社会环境建设等做了顶层设计，尤其是关于儿童游乐设施的内容，其中特别提到整合社区资源建设儿童活动场所。文件指出，要增加县、乡两级儿童教育、科技、文化、体育、娱乐等课外活动设施和场所，坚持公益性，提高利用率和服务质量。每个街道和乡（镇）至少配备1名专职或兼职儿童社会工作者。同时，要加大儿童活

动设施建设，将儿童活动设施和场所建设纳入地方经济社会发展规划，增加彩票公益金对儿童活动设施和场所的投入，加大对农村地区儿童活动设施和场所建设和运行的扶持力度。规范儿童课外活动设施和场所的管理，各类文化、科技、体育等公益性设施和场所对儿童免费或优惠开放，并根据自身条件开辟专门供儿童活动的区域。

（2）原建设部对城市社区儿童游乐设施的技术要求。由原建设部出台的《城市社区体育设施技术要求》（JG/T 191 - 2006）规定了设施的术语和定义、基本要求、场地与设施要求和检验及判定。其中，对儿童游乐的场地设置原则、游乐设施的设计标准等作出明确规定，是指导儿童游乐设施社区化建设的主要标准。

（3）国家发改委和国家体育总局“十二五”公共体育设施建设规划及指导手册。为贯彻落实《国民经济和社会发展第十二个五年规划纲要》和《全民健身计划（2010—2020 年）》，国家发改委和国家体育总局共同编制了《“十二五”公共体育设施建设规划》（以下简称《规划》）、《“十二五”公共体育设施建设指导手册（试行）》。旨在满足人民群众日益增长的公共体育设施服务需求，推动开展全民健身活动，提高全民族健康素质。为此，要建设和完善一批体育场、全民健身活动中心、农民体育健身工程、户外健身设施等。儿童的游乐设施（儿童游憩场地）作为全民健身活动的重要内容，在指导手册中特别列出，对儿童游乐设施（游憩场地）建设的场地要求、建设内容、材料标准等作出了明确规定。

（4）《广东省儿童发展纲要（2011—2020 年）》关于儿童友好社区建设的规定。作为落实文件精神的重要内容，儿童友好社区建设项目在全省 26 个村（社区）开始实践，设立“儿童活动中心”，作为 2—12 岁农村儿童及其家庭，主要是留守儿童及其家长或临时监护人活动的固定场所。按照不同年龄段的需求，分别设置幼儿区、童年区、监护区、露天区，按其功能配备相应设施，日常免费开放，很好地推动了亲子活动的开展。其中，露天区是用于儿童室外活动，硬件配置攀爬架、跷跷板、秋千、儿童转椅等儿童游戏锻炼设施。

（5）《广东省社区体育公园规划建设指引》对儿童游憩场地的规定。广东省住建厅和省体育局于 2014 年 3 月共同组织编制《广东省社区体育公园规划建设指引》，并下发《广东省住房和城乡建设厅、广东省体育局关于印发〈广东省社区体育公园规划建设指引〉的函》。规定儿童游憩场地是社区体育公园建设的主要内容，并且参照相关标准，就儿童游憩场地建设作出详细的规定，对具体场地设置的主要原则作出说明，要求当地人民政府统筹组织，规划、国土、体育、教育、文化等部门按照职能分工，依法履行职责。

（6）广州市民生实事小型足球场和社区体育公园规划。根据《广东省社区体育公园规划建设指引》文件精神，2014 年，广州市体育局牵头制定《广州市民生实事小型足球场和社区体育公园规划建设总体工作方案（2014—2016 年）》，对社区体育公园建设采取“政府主导、部门协同、上下结合、各司其职”的工作原则，由各级体育部门牵头，其他相关单位按照各自分工给予指导和配合。

（7）广州市儿童公园建设规划。2012 年 10 月，根据中共广州市委、广州市人民政府《关于全面推进新型城市化发展的决定》，广州市委、市政府提出《关于推进民生幸福工程的实施意见》。其中第五十一条提出：“维护妇女儿童合法权益……到 2015 年，建成新广州儿童公园，力争各区（县级市）各建有一所儿童公园。”根据市统一部署，在天河区委、区政府的正确领导及区相关部门通力支持配合下，天河区儿童公园已于 2015 年 6 月 1 日前完成建设并对外开放，并且形成了成熟的建设模式。

（8）《天河区儿童发展规划（2010—2020 年）》对儿童活动场所和设施建设的规定。天河区制定出台《天河区儿童发展规划（2010—2020 年）》文件，明确要“加快儿童活动场所和设施建设”。提出“增加儿童课外活动设施，扩大活动场所，支持社会力量开办儿童文化活动机构，规范儿童活动场所的管理，逐步实现各类文化、科技、体育等公益性设施和活动场所向儿童免费或优惠开放”等政策。

以上对现有政策规划的研究可以发现：一是从国家层面到省、市、区一级，都十分重视儿童的身心发展，出台的相关政策文件都从不同层面上对儿童游乐设施作出指导和说明。建设儿童游乐设施是落实国家、省、市、区文件精神的重要举措，落实政策文件提出的各项目标，需要前期进行充分研究，各职能部门合理分工、通力配合。二是不同政策文件对儿童游乐设施概念表达存在差异，例如儿童活动场所、游憩场地、游戏场地、儿童友好社区等，本报告认为这些概念都是从不同层面对儿童游乐设施作出的解读，相关技术要求、场地规范等都适用于本报告所称的儿童游乐设施社区化建设的概念。三是儿童游乐设施社区化建设是一项全新的民生实事，没有现成的模式可以照搬，需要借鉴社区体育公园、儿童友好社区等成熟的经验，并结合天河区的社区实际情况，逐步设置，稳步推进。

三、社区相关利益群体对儿童游乐设施需求强烈

（一）儿童游乐设施社区化建设的客观需要

1. 辖区人口年轻化、儿童占比高

目前天河区共辖21条街道、208个社区，在广州市内六区（天河、越秀、海珠、黄埔、白云、荔湾）中，天河区的人口呈现年轻化的特征。根据第六次人口普查数据，天河区65岁以上人口占全区总人口比重为4.89%，排名市内六区第五（最低为白云区，4.63%）；其中0—14岁的占比为10.57%，位列市内六区第二（第一为黄埔区，12.04%）。根据摸查情况，目前天河区内的小区平均户数为972户，小区规模大多比较小，其中49%的小区户数在0—500户（图1）。

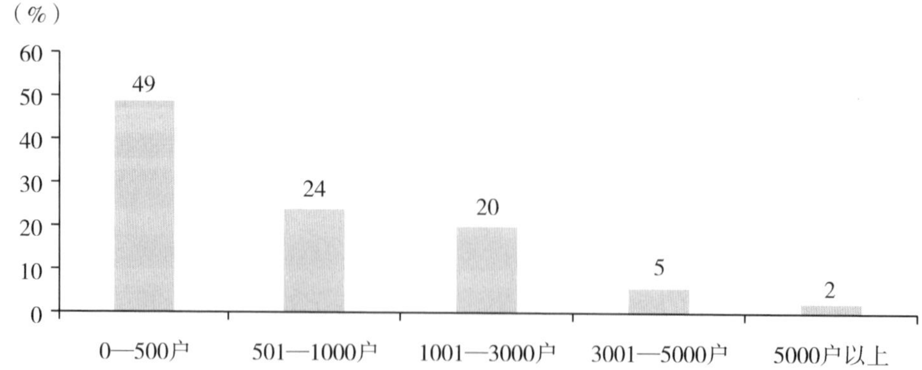

图1 天河区小区户数情况（N＝370，%）①

① N表示小区数量，部分社区下辖多个小区，图形上数据表示百分比，下同。

调查发现，3—6 岁的儿童数量在 0—100 个的小区占 70%；有 95% 的小区 3—6 岁的儿童数量在 300 个以下（图 2）。

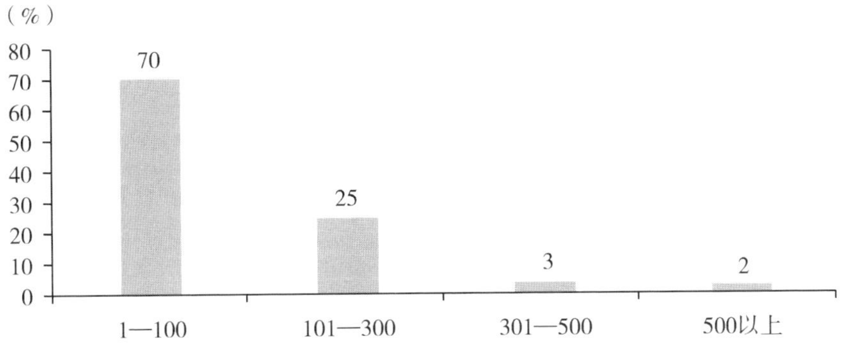

图 2　天河区小区 3—6 岁儿童数量（N＝374，%）

考虑到未来适龄儿童数量还会继续增加，从目前天河区内小区的数量以及适龄儿童数量来看，推进儿童游乐设施社区化建设是可行的，也是必要的。

2. 六成小区无儿童游乐设施

据前期摸查，全区 21 条街道 208 个社区，有将近 60% 的小区未设置儿童游乐设施（图 3），建设力度仍需加强。游乐设施项目大都是滑滑梯、跷跷板、秋千，分别由社区、物业公司管理，均为免费开放给儿童玩耍。因建设主体不同，儿童游乐设施的建设方式、维护和更新的模式各有不同。

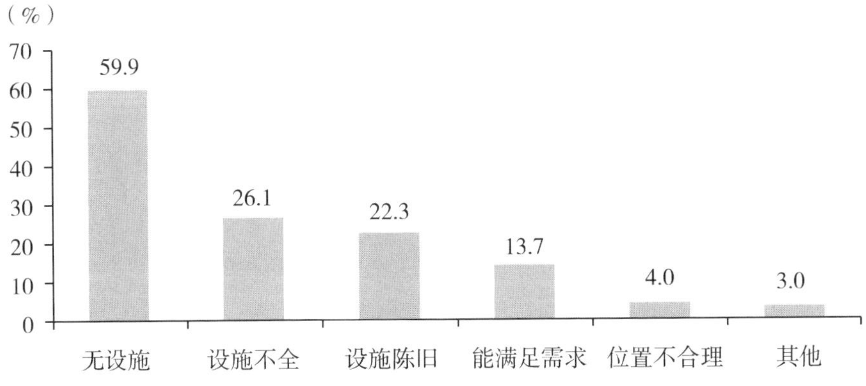

图 3　天河区街道小区儿童游乐设施现状（N＝372，%）

3. 部分小区场地符合建设要求

儿童游乐设施的建设对场地的面积和形状有特定要求。通过调研分析，目前全区各小区可供用地在100平方米及以下的占了72%（图4），而可用地方面积（包括边角零碎地带）平均为123.11平方米，超过100平方米。

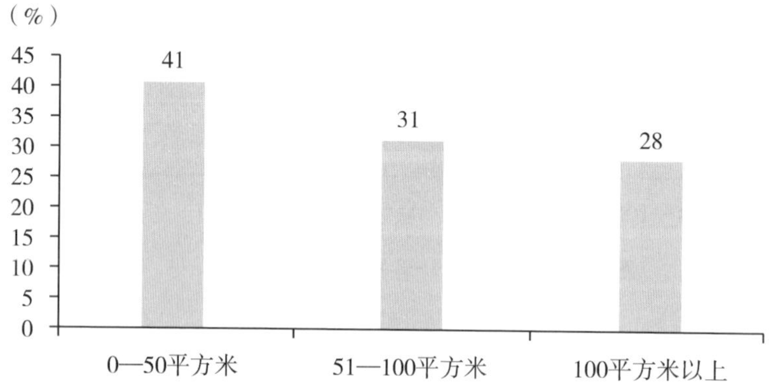

图4　天河区各小区内可供用地情况（N＝208，%）

根据摸查表分析结果，目前天河区无游乐设施的小区可供用地面积的大小主要集中在0—50平方米，也有将近一半小区的可供用地面积达到51—100平方米以上（图5）。由于可供用地的面积以及形状是影响社区建设儿童游乐设施的两个关键因素，根据前文介绍的相关技术标准，以及综合考虑儿童游乐设备的覆盖人群，即必须至少有一套儿童游乐设施组合，因此在推进儿童游乐设施社区化建设时，优先考虑场地在80平方米或以上的，并且场地形状符合建设标准的小区。

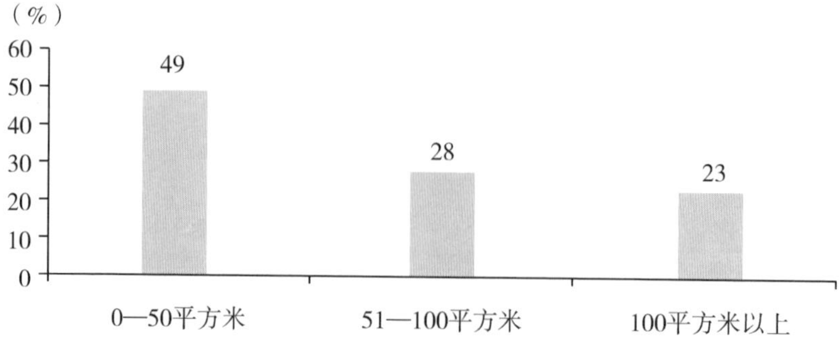

图5　无游乐设施小区可供用地情况（N＝104，%）

（二）不同利益群体的主观意愿强烈

1. 辖区居民对社区建设儿童游乐设施需求程度高

调查发现，有45.9%的小区居民要求在社区建设儿童游乐设施（图6），或者对已有的项目进行更新。大部分家长表示社区儿童游乐设施能帮助小孩认识更多朋友、锻炼身体以及培养孩子的想象力和创造力。调查也发现，家长对儿童游乐设施建设必需的考虑因素提出了建议，其中确保安全、位置合理、定期维护是家长最为关切的因素，数量充足、种类丰富等也是家长较为关注的因素。

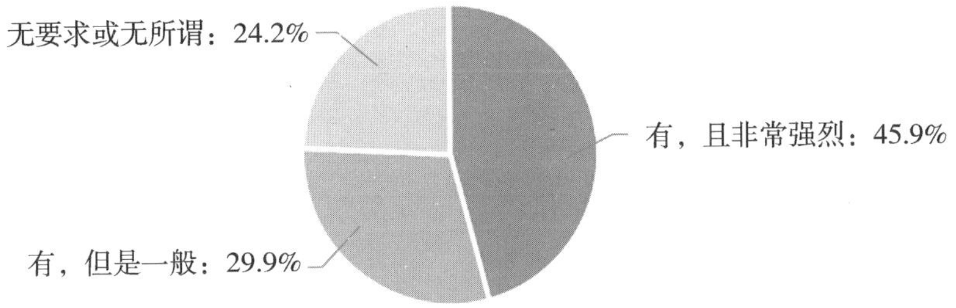

图6　居民对建设或更新游乐设施的需求程度（N＝351，%）

2. 儿童希望在小区建设小型游玩乐园

（1）儿童活动场地情况。调研发现，有47.7%的儿童活动场所在家里；其次是周边公园或广场，比例为39.4%；只有26.8%的儿童选择在小区里的活动场地活动（图7）。此外，还有一些地方是电玩室、图书馆、商场等。

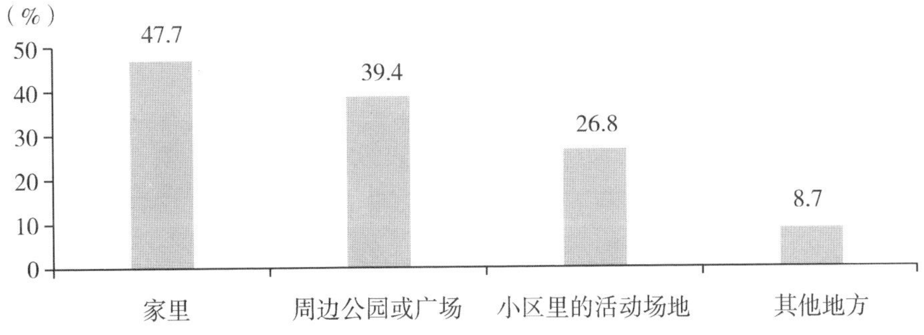

图7　儿童活动场所分布（N＝310，%）

（2）儿童游玩的设施种类。有超过一半的儿童选择和其他小朋友一起玩，48.4%的儿童会游玩游乐设备（图8），在设备上的优先选择是球类运动，这一比例为33.6%（图9），还有一些是选择滑梯、秋千、轮滑等活动。

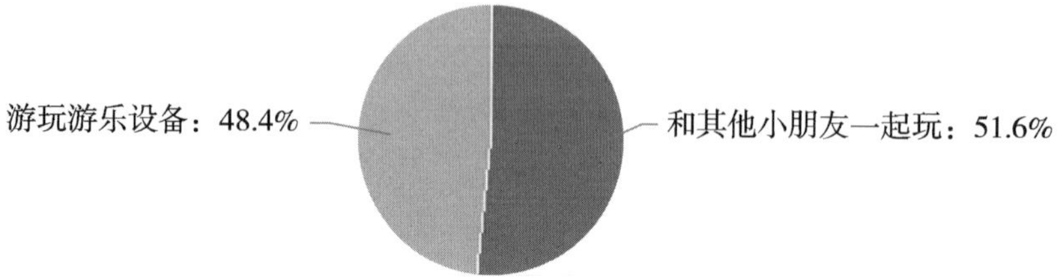

图8　儿童游玩的主要形式（N＝310，%）

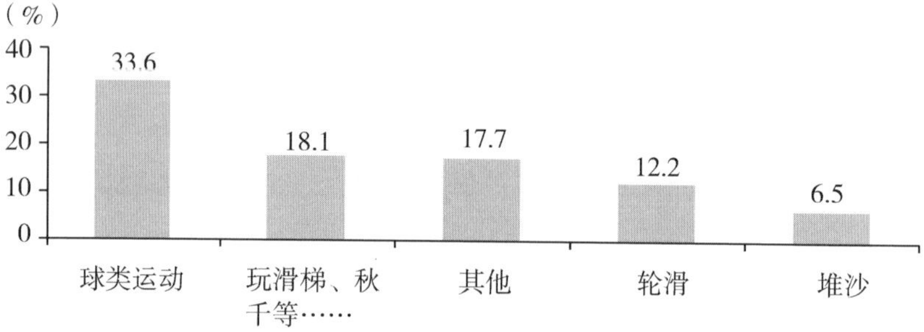

图9　儿童游玩的设备种类（N＝310，%）

（3）儿童希望在小区增加的设施种类。通过对儿童的需求摸查，有一半的儿童希望在小区建设小型儿童公园，其次是迷宫和水池，占比分别为41.0%和32.0%（图10）。

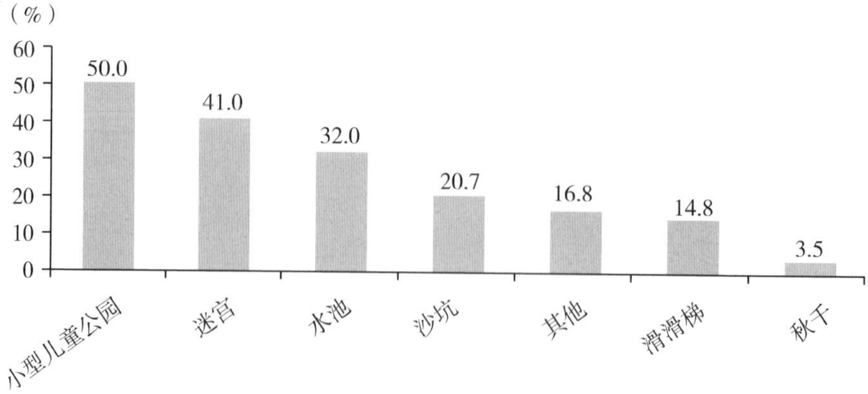

图10　儿童的需求情况（N＝310，%）

3. 物业和居委的积极态度有助于进一步推动儿童游乐设施社区化建设

走访发现，小区是否有物业管理以及业主委员会，对建设儿童游乐设施的内容和流程均有影响。一般来说，有业委会的小区有利于集中反应居民需求，体现集中力量办事的优势；此外，一部分物业公司会负责儿童游乐设施的建设和巡查，有助于儿童的安全使用。调研发现，目前天河区有物业管理的小区占比达到87%；设置业委会的小区占比16.6%，有设置业委会计划的占比18.6%。有91.9%的物业公司表示支持在社区建设儿童游乐设施。从前期实地走访中还得知，目前部分小区由物业公司承建的游乐设备，后期会通过加强巡查、定期维护、购买保险等方式保证游乐设施的安全使用。在对全区21个街道的208个社区调查摸底发现，有95.8%的社区居委支持在小区建设儿童游乐设施。从走访当中得知，部分社区反对建设的主要原因是儿童游乐设备的后期维护无法得到保证，存在安全隐患。

四、天河区社区儿童游乐设施现状与问题分析

（一）儿童游乐设施建设主体多元

据摸查，现有儿童游乐设施建设主体分别是区文广新局、街道社区、开发商（物业公司）等单位。其中，开发商（物业公司）主建的占45.4%，区文广新局主建的占38.5%，街道主建的占28.5%（图11）。

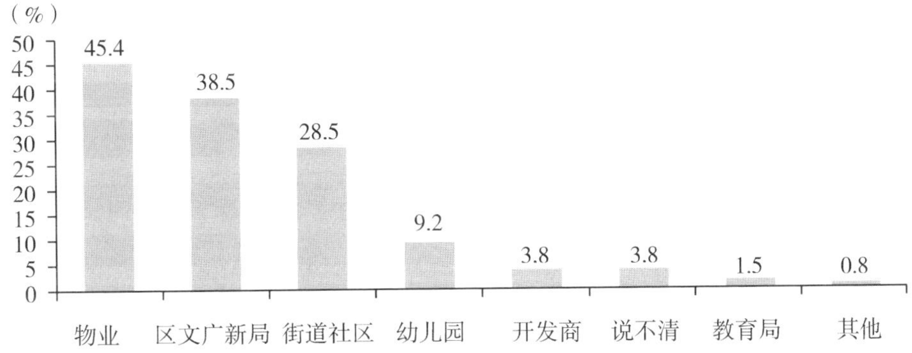

图11 小区儿童游乐设施建设主体情况（N=130，%）

说明：此部分为多选，因此比例之和大于100%。

一是开发商（物业公司）主建。多是自筹资金，自行建设，一般用于中高端新小区楼盘的推广销售，吸引人气购买，入住后则由物业公司负责管理运营，大多数没有后期维护和更新，而且资金无法得到持续保证。

二是区文广新局主建。由中国体育彩票公益金专项资金专项形成资金保障，模式和程序采取“需求申报—组织调研—年度预算—资金申请—招投标—签订采购合同—安装验收—资产移交”等步骤进行，流程清晰，运作模式成熟，形成了长效的维修维护和更新机制，这种建设模式受到社区和居民的好评。但是其中涉及儿童游乐设施的种类非常少，无法满足儿童需求。

三是街道社区主建。根据《天河区关于深入推进幸福社区建设的实施方案》文件精神，从 2013 年开始，街道社区根据居民需求申请建设儿童游乐设施（大都是滑滑梯），经区民政局审批通过后，由区财政从“幸福社区”建设专项资金中核拨至街道，最终由街道社区自行建设。2015 年是“幸福社区”建设的最后一年，目前已有兴华街新科社区等 7 个社区申报建设儿童游乐设施（基本上都是滑滑梯）。

前期调研发现，通过“幸福社区”项目建设的儿童游乐设备只有前期建设，没有明确用于儿童游乐设施建设的资金，缺乏后期的维护机制。

（二）儿童游乐设施建设主体出资金额较少

出资主体分别为开发商（物业公司）、街道、区文广新局、区民政局，绝大部分的出资金额在 1 万至 2 万元之间（图 12），大多都是单个器械，其覆盖的人群有限，无法满足居民需求。未来进行全区推广，区财政需要给予大力支持。

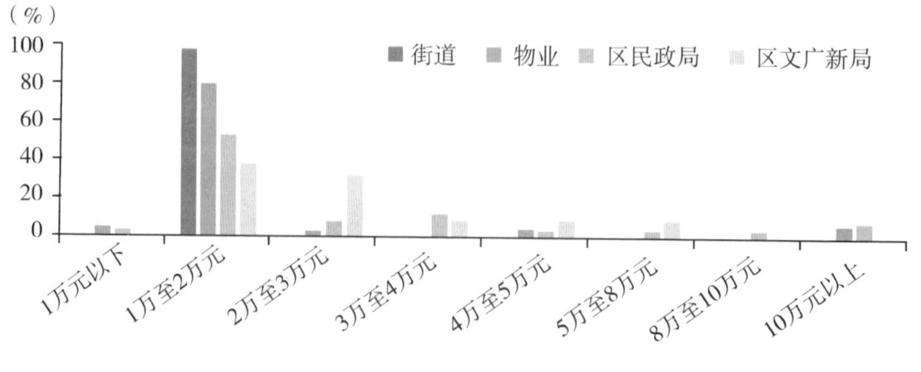

图 12　儿童游乐设施的出资主体及出资数量

（三）建设过程需进一步提高公众参与力度

如何利用公众参与机制来明确居民对儿童游乐设施需求，是确保建设方案科学合理的重要环节。摸查发现，目前有51%的小区在建设儿童游乐设施时进行了公开征求意见，并且有66%的小区在建设前进行了公示，这有利于保障建设内容贴近居民需求，反映大多数居民的利益；仍有一半的小区在建设儿童游乐设施时未公开征求居民意见。未来推进儿童游乐设施社区化建设必须将公众参与机制融入其中，使得建设内容集中反应居民的意愿。

（四）儿童游乐设施的维护管理机制亟待完善

目前小区的游乐设施巡查主体主要是物业和居委，从前面分析可知，目前有接近一半的小区儿童游乐设施是由物业出资建设，因此物业相应地负责后续巡查。也有部分小区成立了由街道、区文广新局和居委组成的巡查小组，定期进行巡查。在实地走访中发现，现有的管理机制并未能真正解决儿童游乐设施的安全隐患，此外还有2%的小区没有任何巡查及后续维护。

从儿童的安全性和设备的可持续使用角度出发，有必要针对巡查和维护建立长效机制。主要如下：

（1）儿童游乐设施安装后，要以属地管理为原则，将其划归属地街道居委进行管理，确保“建设—移交—管理—使用”的有机结合。

（2）设施建设后需要重点落实设备的日程维护与巡查，及时总结，加强督导，在部分条件允许的小区，充分发动社区居民志愿者参与日常管理，确保公益性儿童游乐设备有效维护和可持续利用（图13）。

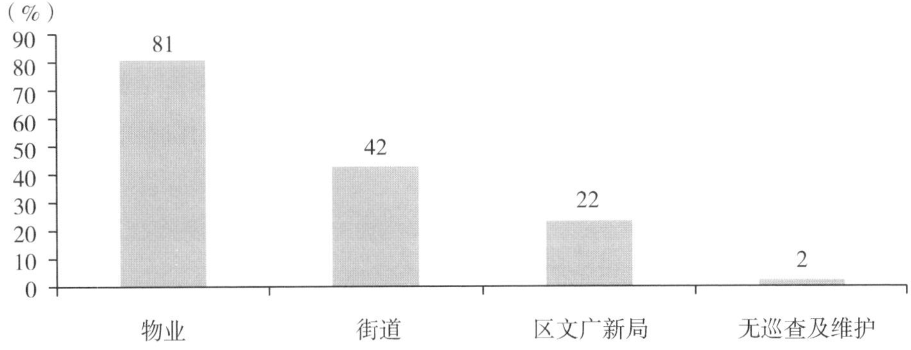

图13　儿童游乐设施的巡查及维护主体（N＝128，%）

五、儿童游乐设施建设与管理模式的分析

（一）儿童游乐设施社区化建设可借鉴的三个模式

1. 广州市儿童公园建设与管理模式

广州市儿童公园由广州市政府统一部署，市林业和园林局牵头，市各职能部门配合，于2014年6月建成开放，目前开放面积约10万平方米。公园建成后，成立了公园管理中心，开展公园日常运营管理活动。对于安保管理、卫生保洁、绿化养护和后勤服务，以政府购买服务方式面向社会公开招标采购服务，公园管理中心对其进行监督管理。

2. 社区体育公园建设与管理模式

根据《广东省社区体育公园规划建设指引》和《广州市民生实事小型足球场和社区体育公园规划建设总体工作方案（2014—2016年）》（征求意见稿）等文件精神，对社区体育公园的建设管理作了试点建设及管理要求。

建设模式采取“政府主导、部门协同、上下结合、各司其职”的工作原则，具体来说就是由各级体育部门牵头，其他相关单位按照各自分工给予指导和配合。

管理与使用机制主要采取的是：属地管理，保障资产，即建成后划归属地有关街道和职能部门管理；体现公益，共建共管，即明确主管部门牵头，多部门联动，社会各界共同参与维护工作机制；建立机制，确保运营，即属地管理机构应以建立长效机制为目标，重点落实建成器材及配套环境的管理；开展活动，提升服务，即属地管理单位有序组织社区居民开展活动，倡导全民健身、人人参与的健康生活方式。

3. 社区体育健身设施建设与管理模式

原体育局开展社区体育路径建设长达10年，其主要模式是：每年年底，依据街道、社区需求和天河区健身路径报废、分布情况，拟订下一年度健身

路径建设计划，原则上以政府购买货品的形式按照每条健身路径采购价 3 万元（根据选材情况浮动）的价格向区财局申请预算。待区财局批复后，启动招投标工作，委托有资质的代理公司在全国范围内进行招投标以确定中标公司。原体育局与中标公司签订合同后，由中标公司按原体育局指定符合安装条件的场地进行安装。为确保安装器材与招标器材一致及安装质量的可靠，明确规定由原体育局会同中标公司、居委会、街道共同进行验收。验收合格后，安装的健身路径统一移交街道、居委会实施属地管理。如在使用过程中出现损坏等情况，由居委会、街道如实上报，原体育局将依据体育设施管理办法，通知相关维修公司及时维修和更换。综合来看，原体育局的社区体育路径建设在流程、管理、维护等方面均比较成熟，儿童游乐设施社区化建设可以参照这一模式，并且结合儿童特殊需求以及设备技术要求针对性调整。

（二）儿童游乐设施社区化建设需考虑的因素

1. 儿童身心发展需求的特殊性

从儿童身心健康发展来看，儿童有自己的心理特征和活动特性，因此为他们服务的游乐空间环境会与为成年人服务的运动设施有所不同，如空间环境的各要素、设备的材质与颜色等需要贴近儿童的心理特性，儿童游乐设施的安全要求也较成年人体育建设设施更高。

不同年龄段的儿童受看管程度不同，从而影响设备的损坏程度。一般来说，幼儿由于自身的条件以及受家长监护，对设施的损坏程度较轻。少年儿童好奇心重，往往不会正常使用各项设施，由此产生比较大的破坏，因此需要特别注意设备的耐用性。

2. 兼顾社区相关群体利益的复杂性

在社区建设儿童游乐设施，需充分考虑不同利用群体的诉求。一般来说，街道、居委以及政府职能部门比较注重儿童游乐设施建设的资金来源以及建设、管理的权责划分，业委会或居民会考虑儿童游乐设施的多样性和安全性。

正如前文对利益群体的态度分析所言，部分小区的居委持反对意见在于儿童游乐设施的后续维护与管理未能得到保证，存在安全隐患。此外，要实现儿童游乐设施社区化建设真正达到便民、惠民的目的，还需要在公众参与机制中将物业、居委、街道等群体纳入其中，征求他们对于建设模式、建设流程等方面的意见。

（三）建设选址及设计原则

综合居民、居委和物业的态度情况，参照城市社区体育设施技术要求（JG/T 191－2006）的相关规定，对儿童游乐设施的选址及设计原则作如下建议：

1. 因地制宜，实事求是

充分利用小区的边角零碎地带、空闲用地等建设儿童游乐设施，兼顾不同利益群体的需求。各小区住户和儿童数量、场地条件、业委会及物业管理的设置情况存在差异，需要从小区的实际情况出发，并根据不同儿童游乐设施的功能特点及用地条件，合理布局，加强个性设计。根据前期走访，参照专业建设公司及原体育局的意见，对于拟建设儿童游乐设施的小区，场地设置尺寸应该容下至少一套儿童游戏组合器材，面积要求约80平方米或以上。

2. 方便使用，保证安全

社区儿童游乐设施建设在选址上要从居民的实际需求出发，广泛听取社区群众的意见，方便居民和儿童就近使用。同时，场地布局要符合少年儿童的使用要求，应充分考虑安全隐患并加以防范，如与居民楼、机动车道、排涝设施等保持一定距离。此外，场地建设及配套设施必须符合有关安全规定。

六、未来五年（2015—2019年）建设思路

（一）建设数量测算

从小区儿童数量、居民的需求、场地条件、利益群体的态度等情况来看，目前推进儿童游乐设施社区化建设项目具有可行性，并且基于调研的分析，

建议 2016—2019 年的建设数量约为 80 个点。测算依据如下：

（1）新建约 60 个。主要依据：一是无游乐设施的小区场地面积在 80 平方米左右或以上且长宽适宜方能建设游乐设施组合；二是优先考虑社区儿童数量较多并且需求迫切的小区；三是对于场地和儿童数量均较少的部分小区，可以和附近其他有条件的小区共享儿童游乐设施，暂不考虑儿童公园及其他有儿童游乐设施的公共场所周边小区，此外从长远来看，可以探索周边学校和体育场馆向公众开放的机制；四是考虑到未来五年还有一部分新建小区，因此初步推算新建的约为 60 个，其中每年安排建设 15 个。

（2）更新约 20 个。根据前期摸查，在已经设置儿童游乐设施的小区中，设施不足、设施陈旧需要更换的约为 84 个，综合考虑场地要求、儿童数量以及居民需求，初步推算更新设施的小区数量约为 20 个，每年安排 5 个。

（二）建设模式构思

根据财政部出台的《政府购买服务管理办法（暂行）》和《广州市政府集中采购目录及采购限额标准（2015 年）》等文件内容，结合本服务项目的需求特点，在建设模式上可采取政府购买公共服务的形式，对儿童游乐设施的安装、维护服务分别进行招标货物和服务的采购，并明确购买货品或服务的内容、期限、数量、质量、价格等要求，以及资金结算方式、双方的权利义务事项和违约责任等内容。

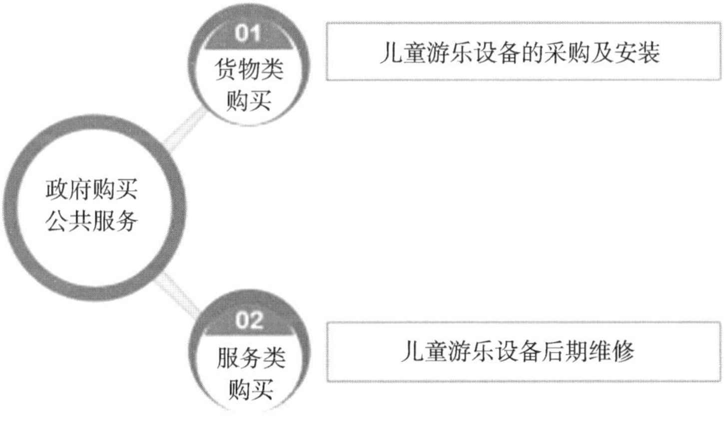

图 14　儿童游乐设施政府购买模式

（三）建设布局规划

2016—2019年将在全区推进儿童游乐设施社区化建设，需要重点考虑以下因素：一是按照推进基本公共服务均等化的要求，结合天河区情以及不同区域的功能特点，覆盖CBD、东部（城中村和城郊结合区）、北部（村改居、外来人口集中区）等典型区域；二是结合小区特征、人口分布特点以及儿童游乐设施现状等确定建设模式及建设顺序。

七、结论和建议

（一）民生工程，需求迫切

各级政府十分重视儿童的身心发展，并且出台儿童游乐设施建设政策。儿童游乐设施社区化建设投资小，用地少，成效显著。天河区内绝大部分小区对此需求强烈，物业和居委非常支持。部分小区场地条件满足要求，并且有较为成熟的模式可以借鉴。

（二）试点探索，稳步推进

虽然儿童游乐设施社区化建设可以借鉴体育健身路径建设，但儿童身心发展的特性与成年人存在较大差异，社区居民、物业、居委等利益群体的需求及考虑也不尽相同。需要做好试点，积累经验，探索在城中村、CBD、村改制社区等不同类型区域的建设模式，进一步优化建设方案内容。

（三）政府购买，财政保障

推进儿童游乐设施社区化建设，是保障基本公共服务均等化的重要举措。为提高工作效率，建议由街道或居委做好前期场地的平整，由区政府通过政府购买货品和服务的方式进行设备的采购与维修，选择具有资质的单位进行设备安装及配套设计。

（四）以人为本，因地制宜

建设内容需要结合儿童身心发展特点以及社区条件综合确定，主要步骤如图 15 所示：

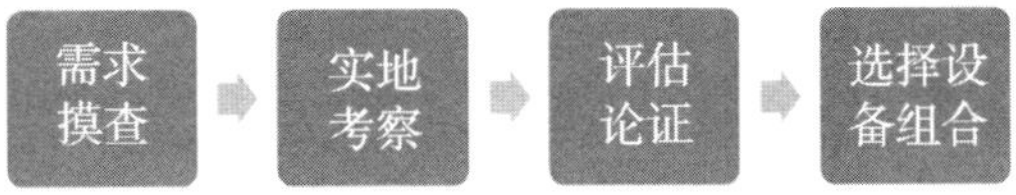

图 15　确定建设内容的步骤

同时，对不同用地面积的小区及配套的游乐设施种类作出如下建议（表 1），具体选择需根据场地条件，参照游乐设备种类来确定。

表 1　天河区儿童游乐设施社区化建设内容

场地标准	建设内容
A 类（约 80 平方米）	儿童组合乐园或 3 个游乐设施
B 类（约 120 平方米）	1 +3 组合（儿童组合乐园 +3 个游乐设施）
C 类（约 200 平方米）	1 +5 组合（儿童组合乐园 +5 个游乐设施）

（五）流程规范，公众参与

儿童游乐设施社区化建设应采用“政府主导、部门协同、街道配合、各司其职”的工作原则，将居民、物业、居委等不同群体纳入决策机制，突出公众参与机制对完善建设流程的重要作用。对建设流程建议如图 16 所示：

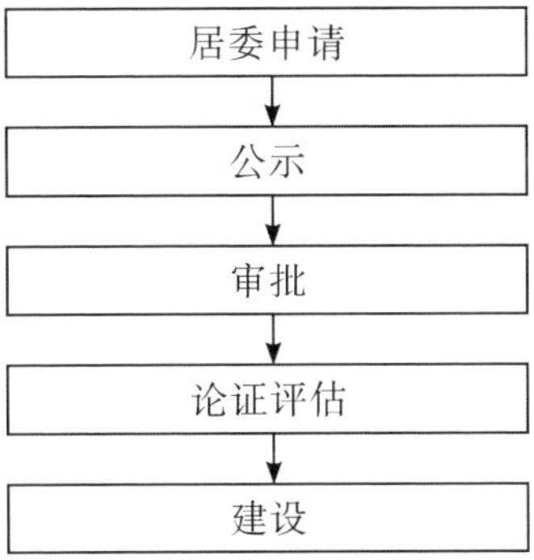

图 16　天河区儿童游乐设施社区化建设整体流程图

（六）长效机制，重在维护

要确保儿童游乐设施的安全和可持续利用，关键在于建立健全管理长效机制。首先，对已有的游乐设施开展定期巡查，确保安全使用；其次，对已经建设的点开展定期评估，及时发现管理中的问题；再次，对尚未建设的小区进行摸查，及时掌握需求信息；最后从资源有效利用的角度来看，未来可以探索部分小区共建共享以及学校游乐设施向社会公众开放的机制。

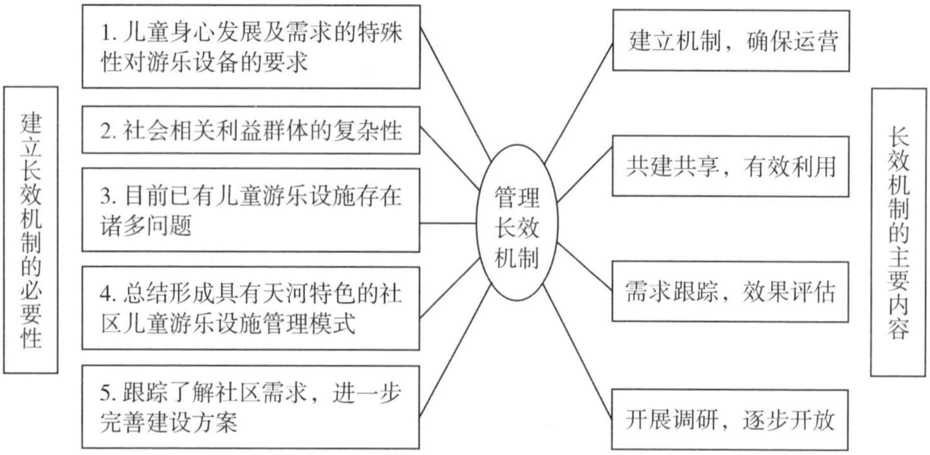

图 17　天河区儿童游乐设施社区化管理长效机制

天河区妇女联合会

零点研究咨询集团